(Vaw.: Deu - A - IX - 2)
(Vaw. Vuw.: VA -)
Deu - B - II - 6 - 28

MITTEILUNGEN
der
Geographischen Gesellschaft in Hamburg
Band 83

Im Auftrag des Vorstandes
herausgegeben von Gerhard Oberbeck
Schriftleitung Frank Norbert Nagel

1993

GEOGRAPHISCHE GESELLSCHAFT HAMBURG
FRANZ STEINER VERLAG STUTTGART

Staatlich gelenkte Maßnahmen zur Erschließung und Entwicklung der ländlichen Kulturlandschaft

aufgezeigt am Beispiel des Elbe-Weser-Raumes

von

Christian Müller-Heyne

Die Abhandlung wurde am 7. 4. 1993 vom Fachbereich Geowissenschaften der Universität Hamburg unter dem Sprecher Prof. Dr. Martin Dunst auf Antrag von Prof. Dr. Gerhard Oberbeck und Prof. Dr. Jürgen Lafrenz als Dissertation angenommen.

Gedruckt mit Unterstützung von: Freie und Hansestadt Hamburg,
                                  (Hochschulamt Hamburg)
                                  Hamburgische Wissenschaftliche Stiftung
                                  Falk -Verlag Hamburg
                                  Landeszentralbank in der Freien und
                                  Hansestadt Hamburg
                                  M. M. Warburg Bank Hamburg

Die Deutsche Bibliothek – CIP-Einheitsaufnahme

Müller-Heyne, Christian:

Staatlich gelenkte Maßnahmen zur Erschliessung und Entwicklung der ländlichen Kulturlandschaft: aufgezeigt am Beispiel des Elbe-Weser-Raumes / von Christian Müller-Heyne. Geographische Gesellschaft Hamburg. – Stuttgart: Steiner, 1993
    (Mitteilungen der Geographischen Gesellschaft in Hamburg; Bd. 93)
    Zugl.: Hamburg, Univ., Diss., 1992
    ISBN 3-515-06467-2
NE: Geographische Gesellschaft <Hamburg>: Mitteilungen der Geographischen ...

Alle Rechte vorbehalten
Selbstverlag der Geographischen Gesellschaft in Hamburg.
Ab Bd. 70 im Vertrieb durch Franz Steiner Verlag Wiesbaden GmbH, Sitz Stuttgart.
Druck: Krause Druck, 21682 Stade · Printed in Germany.

INHALTSÜBERSICHT

Seite

A	**VORBEMERKUNGEN**		1
	1	Inhalt und Ziele der Untersuchung	1
	2	Der ländliche Raum in der wissenschaftlichen Diskussion	3
	3	Das Untersuchungsgebiet	7
B	**ENTWICKLUNG DES KULTURRAUMES**		10
	1	Geomorphologische Entwicklung	10
	1.1	Glaziale Entstehung	10
	1.2	Postglaziale Prozesse	14
	2	Historisch-Genetische Entwicklung	18
	2.1	Besiedlung der Geest	18
	2.2	Besiedlung der Marschen	23
	2.2.1	Kolonisation der Marschen im Mittelalter	24
	2.3	Entwicklung der Geest- und Marschgebiete bis zur Agrarreform	28
	2.3.1	Umkehrung der Entwicklungen in Marsch und Geest	31
C	**STAATLICH GELENKTE MASSNAHMEN ZUR ERSCHLIESSUNG UND ENTWICKLUNG DER KULTURLANDSCHAFT BIS ZUM FLURBEREINIGUNGSGESETZ VON 1953**		34
I	Einleitung und Begriffsbestimmung		34
II	Hochmoorkultivierung als frühes Beispiel für die Erschließung von Kulturlandschaft im 18. Jahrhundert		39
	1	Die staatliche Moorkolonisation Kurhannovers	43
	1.1	Organisation des Kolonisationsvorhabens	44
	1.2	Kolonisationsverlauf	48
	1.3	Siedlungs- und Flurformengefüge der Hochmoorkolonien	50
	1.4	Gewässernetz	53
	2	Die neuzeitliche Entwicklung im Überblick	59
	2.1	Wirtschaftliche Entwicklung im 19. und 20. Jahrhundert	59
	2.2	Situation der Landwirtschaftsbetriebe	61
	3	Analyse und Bewertung der heutigen Struktur	66
	3.1	Die siedlungsgeographische Situation anhand von regionalen Beispielen	66
	3.2	Entwicklungspläne für den Teufelsmoor-Raum	71
	4	Zusammenfassung	73

Seite

III		Die Agrarstrukturmaßnahmen zur Entwicklung der Kulturlandschaft bis 1953	75
	1	Grundlagen der Agrarreform	75
	1.1	Die gesetzlichen Grundlagen der Gemeinheitsteilung, Verkoppelung und Umlegung	77
	1.2	Die Durchführung der Teilungen und Verkoppelungen	86
	2	Analyse regionaler Beispiele	89
	2.1	Methodische Vorüberlegungen	90
	2.2	Die Verkoppelung von Dipshorn 1876	95
	2.3	Die Verkoppelung von Sellstedt 1912	102
	2.4	Die Umlegung von Karlshöfen 1945	115
IV		Zusammenfassung der Entwicklung bis 1953	124
	1	Quantitative Entwicklung und Verteilung der Agrarstrukturmaßnahmen im Elbe-Weser-Raum	124
	2	Kulturlandschaftsgestaltung durch Verkoppelung und Umlegung	128
D		DIE ENTWICKLUNG ZUR HEUTIGEN FLURBEREINIGUNG AB 1953	139
I		Theoretische Grundlagen	139
	1	Das Flurbereinigungsgesetz von 1953	139
	1.1	Aufgaben und Ziele	139
	1.2	Organisation	142
	1.3	Die Flurbereinigungsverfahren	144
	2	Die Novellierung des Flurbereinigungsgesetzes von 1976	147
	2.1	Aufgaben und Ziele unter veränderten Rahmenbedingungen	147
	2.2	Organisation	151
	3	Die Flurbereinigung in der Diskussion	156
	3.1	Die Flurbereinigung im Spannungsfeld zwischen Ökonomie und Ökologie	156
	4	Der außeragrarische Wirkungsbereich der Flurbereinigung heute	160
	4.1	Anforderungen an die moderne Flurbereinigung	160
	4.2	Forschungsstand	163
	4.3	Dorferneuerung	168
	4.3.1	Entwicklung der Dorferneuerung und rechtliche Grundlagen	169

Seite

II	Regionale Entwicklungen im Elbe-Weser-Raum	174
	1 Analyse regionaler Beispiele	174
	1.1 Die "klassische" Flurbereinigung nach § 1 des Flurbereinigungsgesetzes	174
	1.1.1 Die Flurbereinigung Hesedorf (1960-1979)	174
	1.1.2 Die Flurbereinigung Geesteniederung Süd (1961-1992)	181
	1.1.3 Die Flurbereinigungen im Grauwall-Gebiet	193
	1.1.3.1 Die Flurbereinigung Norder-Specken (ab 1981)	194
	1.2. Die Sonderflurbereinigungen	203
	1.2.1 Die vereinfachte Flurbereinigung	203
	1.2.1.1 Die Flurbereinigung Ostersode (1958-1973)	203
	1.2.2 Die Unternehmensflurbereinigung	207
	1.2.2.1 Die Flurbereinigung Wohlsdorf (ab 1981)	207
	1.3 Das beschleunigte Zusammenlegungsverfahren	211
	1.3.1 Die Flurbereinigung Dipshorn (1958-1962)	211
	1.3.2 Die Durchführung von Flurneuordnungsverfahren mit der Primärzielsetzung Naturschutz	215
	1.3.2.1 Die Flurbereinigung Stemmen (ab 1986)	215
III	Zusammenfassung der Entwicklung nach 1953	224
	1 Quantitative Entwicklung und Verteilung der Agrarstrukturmaßnahmen	224
E	ZUSAMMENFASSUNG UND SCHLUSSBETRACHTUNG	238
F	LITERATURVERZEICHNIS	241
	1 Allgemeine Literatur	241
	2 Regionale, auf den Elbe-Weser-Raum bezogene Literatur	261
	3 Gesetze und Gesetzessammlungen, Erlasse und Verordnungen	269
	4 Atlanten und Karten	270
	ANHANG	271

VERZEICHNIS DER KARTEN

Seite

Karte 1	Naturräumliche Gliederung des Elbe-Weser-Raumes ...	9
Karte 2	Naturräumliche Einheiten der Hamme-Oste-Niederung	41
Karte 3	Siedlungsgefüge und -entwicklung in der Hamme-Oste-Niederung	42
Karte 4	Gleichmäßig geformte Moorbreitstreifensiedlungen der Kurhannoverschen Moorkolonisation: Neu St.Jürgen und Wörpedorf	57
Karte 5	Gleichmäßig geformte Moorbreitstreifensiedlung der Kurhannoverschen Moorkolonisation: Ostersode	58
Karte 6.1	Dipshorn: Kulturlandschaft im 18. Jahrhundert	99
Karte 6.2	Verkoppelung Dipshorn (1876) Neuparzellierung und Wegebau	100
Karte 6.3	Dipshorn: Kulturlandschaft nach der Verkoppelung von 1876	101
Karte 7.1	Schiffsstellen an der Geeste	103
Karte 7.2	Sellstedt: Kulturlandschaft im 18. Jahrhundert	105
Karte 7.3	Sellstedt: Kulturlandschaft vor der Verkoppelung von 1912	111
Karte 7.4	Verkoppelung Sellstedt (1912) Wege- und Gewässerbau	112
Karte 7.5	Verkoppelung Sellstedt (1912) Neuparzellierung und Wegebau (Ausschnitt)	113
Karte 7.6	Sellstedt: Kulturlandschaft nach der Verkoppelung von 1912	114
Karte 8.1	Karlshöfen / Ostersode: Kulturlandschaft um 1900 ..	119
Karte 8.2	Karlshöfen / Ostersode: Kulturlandschaft vor der Umlegung von 1945	120
Karte 8.3	Umlegung Karlshöfen (1945) Neuparzellierung und Wegebau (Ausschnitt)	121
Karte 8.4	Karlshöfen / Ostersode: Kulturlandschaft nach der Umlegung von 1945	122
Karte 8.5	Siedlungsgefüge im Raum Karlshöfen/Ostersode	123
Karte 9.a	Agrarstrukturmaßnahmen bis 1872 (Verkoppelungen)	131
Karte 9.b	Agrarstrukturmaßnahmen 1872 - 1920 (Verkoppelungen)	132
Karte 9.c	Agrarstrukturmaßnahmen 1920 - 1937 (Umlegungen)	135
Karte 9.d	Agrarstrukturmaßnahmen 1937 - 1953 (Umlegungen)	137
Karte 9.e	Agrarstrukturmaßnahmen 1953 - 1976 (Flurbereinigungen)	225

  Seite

Karte 9.f   Agrarstrukturmaßnahmen nach 1976
             (Flurbereinigungen)   228

Karte 10.1   Flurbereinigung Hesedorf (1960-1979)
             Kulturlandschaft vor dem Verfahren   179

Karte 10.2   Flurbereinigung Hesedorf (1960-1979)
             Maßnahmen der Flurbereinigung
             (Ausschnitt)   180

Karte 11.1   Flurbereinigungsgebiet Geesteniederung Süd (1961-1992)
             Entwässerungs- und Grenzgräben 1956   187

Karte 11.2   Flurbereinigungsgebiet Geesteniederung Süd (1961-1992)
             Entwässerungs- und Grenzgräben 1990   187

Karte 11.3   Flurbereinigung Geesteniederung Süd (1961-1992)
             Kulturlandschaft 1956   188

Karte 11.4   Flurbereinigung Geesteniederung Süd (1961-1992)
             Wege- und Gewässernetz vor dem Verfahren   189

Karte 11.5   Flurbereinigung Geesteniederung Süd (1961-1992)
             Wege- und Gewässerbau (Ausschnitt)   190

Karte 11.6   Flurbereinigung Geesteniederung Süd (1961-1992)
             Wege- und Gewässernetz nach dem Verfahren   191

Karte 11.7   Flurbereinigung Geesteniederung Süd (1961-1992)
             Kulturlandschaft 1990   192

Karte 12.1   Flurbereinigungen im Grauwall-Gebiet
             Entwässerungssysteme   200

Karte 12.2   Flurbereinigung Norder-Specken (ab 1981)
             Wege- und Gewässerbau nach alter Planung   201

Karte 12.3   Flurbereinigung Norder-Specken (ab 1981)
             Wege- und Gewässerbau nach neuer Planung   202

Karte 12.4   Flurbereinigung Norder-Specken (ab 1981)
             Geplante Maßnahmen zur Landschaftspflege   198

Karte 13   Flurbereinigung Ostersode (1958-1973)
             Neuparzellierung, Wege- und Gewässerbau   206

Karte 14   Flurbereinigung Wohlsdorf (ab 1981)   209

Karte 15.1   Flurbereinigung Dipshorn (1958-1962)
             Kulturlandschaft vor dem Verfahren   213

Karte 15.2   Flurbereinigung Dipshorn (1958-1962)
             Kulturlandschaft nach dem Verfahren   214

Karte 16.1   Flurbereinigung Stemmen (ab 1986)
             Flächenverteilung vor dem Verfahren   222

Karte 16.2   Flurbereinigung Stemmen (ab 1986)
             Flächenverteilung nach dem Verfahren   223

VERZEICHNIS DER ABBILDUNGEN

Seite

Abb. 1.1	Ehemalige Schiffahrtskanäle im Teufelsmoor-Raum....	55
Abb. 1.2	Klappstau im Teufelsmoor............................	56
Abb. 2.1	**Agrarstrukturmaßnahmen bis 1953** Quantitative Entwicklung	125
Abb. 2.2	Quantitative Verteilung der Agrarstrukturmaßnahmen bis 1953	130
Abb. 2.3	Anteilsmäßige Verteilung nach Verfahrenstypen	130
Abb. 3.1	**Agrarstrukturmaßnahmen nach 1953 und 1976** Quantitative Entwicklung	231
Abb. 3.2	Anteilsmäßige Verteilung nach Verfahrensarten zwischen 1953 und 1976	231
Abb. 3.3	Anteilsmäßige Verteilung nach Verfahrensarten nach 1976	231
Abb. 4.1	**Agrarstrukturmaßnahmen nach 1976 im Vergleich** Ausbauleistungen innerhalb von Flurbereinigungen - Wege und Gewässer	232
Abb. 4.2	- Bodenverbesserung	233
Abb. 4.3	- Landschaftspflege	234
Abb. 4.4	- Gesamtergebnisse	237
Abb. 5	Anzahl der Flurbereinigungen in Niedersachsen	237

VERZEICHNIS DER TABELLEN

Seite

		Strukturdaten Teufelsmoor-Raum 1937:	
Tab.	1.1	- Erwerbsstruktur	62
Tab.	1.2	- Betriebsstruktur und Besitzgrößenklassen der Landwirtschaftsbetriebe	63
Tab.	1.3	- Landwirtschaftliche Flächennutzung	64
Tab.	1.4	- Rindviehhaltung	64
		Erwerbsstruktur in den Beispielgemeinden im Teufelsmoor-Raum 1960 - 1987	
Tab.	2.1	- Teufelsmoor	67
Tab.	2.2	- Ostersode	69
Tab.	2.3	- Neu St. Jürgen	70
Tab.	3.1	Verzeichnis der Agrarstrukturmaßnahmen zwischen 1872 und 1920	133
Tab.	3.2	Verzeichnis der Agrarstrukturmaßnahmen zwischen 1920 und 1937	136
Tab.	3.3	Verzeichnis der Agrarstrukturmaßnahmen zwischen 1937 und 1953	138
Tab.	3.4	Verzeichnis der Agrarstrukturmaßnahmen zwischen 1953 und 1976	226
Tab.	3.5	Verzeichnis der Agrarstrukturmaßnahmen nach 1976	229
Tab.	4.1	Verzeichnis der Agrarstrukturmaßnahmen nach Verwaltungskreisen bis zum Flurbereinigungsgesetz von 1953: - Wesermünde	271
Tab.	4.2	- Osterholz	274
Tab.	4.3	- Stade	275
Tab.	4.4	- Bremervörde	277
Tab.	4.5	- Land Hadeln - Neuhaus	280
		Entwicklung der Agrarstrukturmaßnahmen in den Verwaltungskreisen nach Verfahrensarten:	
Tab.	5.1	- bis 1872	281
Tab.	5.2	- zwischen 1872 und 1920	282
Tab.	5.3	- zwischen 1920 und 1937	283
Tab.	5.4	- zwischen 1937 und 1953	283
Tab.	5.5	- zwischen 1953 und 1976	284
Tab.	5.6	- nach 1976	285
		Entwicklung der Agrarstrukturmaßnahmen in den Verwaltungskreisen nach Größenklassen:	
Tab.	6.1	- bis zum Flurbereinigungsgesetz von 1953	286
Tab.	6.2	- zwischen 1953 und 1976	288
Tab.	6.3	- nach der Novellierung des Flurbereinigungsgesetzes 1976	288

		Seite
	Entwicklung von Ausbauleistungen innerhalb von Flurbereinigungen 1978 bis 1990:	
Tab. 7.1	– Wege- und Gewässerbau, Bodenverbesserung	289
Tab. 7.2	– Landschaftspflege	289
Tab. 8	Entwicklung der Dorferneuerung	289
	Statistik zur Agrar- und Betriebsstruktur der Beispielgemeinden: Betriebsstruktur der Landwirtschaft:	
Tab. 9.1	– 1949	290
Tab. 9.2	– 1960/61	291
Tab. 9.3	– 1971/72	292
Tab. 9.4	– 1979	294
Tab. 9.5	– 1983	295
Tab. 9.6	– 1987	296
Tab. 10.1	Entwicklung der Erwerbstätigenstruktur in Hesedorf 1960-1987	178
Tab. 10.2	Entwicklung der Erwerbstätigenstruktur in Sellstedt 1960-1987	185
Tab. 11.0	Entwicklung der landwirtschaftlichen Betriebsstruktur in Stemmen 1949-1987	216

VERZEICHNIS DER ABKÜRZUNGEN

TABELLEN IM TEXT

Ldw	Landwirtschaft
Übr./Dlstg	Erwerbstätige in Wirtschaftsbereichen: Übrige Bereiche und Dienstleistungen

Kreisbezeichnungen:

WES	Wesermünde
OHZ	Osterholz
BRV	Bremervörde
LH-N	Land Hadeln-Neuhaus
STD	Stade
ROW	Rotenburg(Wümme)

TABELLEN IM ANHANG

Daten zu Verfahrensarten:

ST	Spezialteilung
VK	Verkoppelung
GT	Gemeinheitsteilung
T	Teilung
Priv.	Privat
Fr.abl.	Frettablösung

Daten zu Datumsangaben:

RAB	zeitgleich mit Bau der Reichsautobahn
o.R.	ohne Rezeß (keine Datumsangabe)

Sonstige:

#	Anzahl

ABKÜRZUNGEN IM TEXT

AfA	Amt für Agrarstruktur
AZ	Aktenzeichen
BauGB	Baugesetzbuch
BBauG	Bundesbaugesetz
BGBl	Bundesgesetzblatt
BNatSchG	Bundesnaturschutzgesetz
FB	Flurbereinigung
FlurbG	Flurbereinigungsgesetz
GA	Gemeinschaftsaufgabe
GG	Grundgesetz
GTO	Gemeinheitsteilungsordnung
GVBl	Gesetz u. Verordnungsblatt
ha	Hektar
i.d.F.	in der Fassung
MBl	Ministerialblatt
Nds.	Niedersachsen
NLG	Niedersächsische Landgesellschaft
NN	Normalnull
NNatG	Niedersächsisches Naturschutzgesetz
NSG	Naturschutzgebiet

RdErl.d.ML	Runderlaß des Ministeriums f. Landwirtschaft, Ernährung und Forsten
RGBl	Reichsgesetzblatt
ROB	Raumordnungsbericht
RUO	Reichsumlegungsordnung
StBauFG	Städtebauförderungsgesetz
TK	Topographische Karte
ZIP	Zukunftsinvestitionsprogramm

VORWORT

Die vorliegende Studie wurde im Dezember 1992 an der Universität Hamburg im Fachbereich Geowissenschaften als Dissertation eingereicht.

Meinem verehrten akademischen Lehrer, Herrn Prof. Dr. G. Oberbeck, der während meines Studiums mein Interesse an der Geographie geweckt hat, gebührt mein herzlicher Dank für die Betreuung der Arbeit von den Anfängen an.

Bei Herrn Prof. Dr. J. Lafrenz und Herrn Prof. Dr. F. N. Nagel möchte ich mich besonders dafür bedanken, daß sie mir für beratende Gespräche zur Verfügung standen und mir wertvolle Anregungen gaben.

Ohne die großzügige Unterstützung der Amtsleiter der Ämter für Agrarstruktur Bremerhaven und Verden bei allen die Flurbereinigung betreffenden Fragen und insbesondere bei der Bereitstellung der Verfahrensunterlagen wäre diese Untersuchung nicht möglich gewesen. Ihnen und den Mitarbeitern der genannten Ämter sowie zahlreicher Behörden und Archive, die mir mit Auskünften zur Seite gestanden haben, fühle ich mich zu Dank verpflichtet.

Mein Dank gilt ebenso dem Vorstand der Geographischen Gesellschaft in Hamburg, dem Herausgeber und dem Schriftleiter für die Aufnahme der Arbeit in die Schriftenreihe "Mitteilungen der Geographischen Gesellschaft in Hamburg".

Ferner danke ich meiner Mutter und Ulla Baake für ihre redaktionelle Unterstützung bei der Durchsicht des Manuskripts.

Bremen, im April 1993   Christian Müller-Heyne

A VORBEMERKUNGEN

1 Inhalt und Ziele der Untersuchung

Die vorliegende Arbeit hat die Darstellung der Entwicklung staatlich gelenkter Maßnahmen sowohl zur Erschließung als auch zur weiteren agrarstrukturellen Verbesserung und Förderung der ländlichen Kulturlandschaft zum Ziel. Die Untersuchung gehört damit in den Bereich der Kulturlandschaftsforschung und sieht ihren Beitrag darin, aus geographischer Sicht die Entwicklung von Agrarstrukturmaßnahmen von den Anfängen bis zu ihrer heutigen Ausprägung sowie ihre Abhängigkeit von den jeweils an sie gestellten Anforderungen aufzuzeigen.
Diese Zielsetzung bedingt zum einen die intensive Beschäftigung mit dem Instrumentarium "Agrarstrukturmaßnahme" unter Beachtung der historischen und gesellschaftspolitischen Hintergründe und zum anderen die Untersuchung der geographisch relevanten, also das Kulturlandschaftsbild prägenden Auswirkungen dieser Maßnahmen.

Um die in Teil C und D von theoretischer Seite her abgeleiteten Ausführungen zu veranschaulichen, wurden jeweils regionale Untersuchungsbeispiele gewählt und den entsprechenden Entwicklungsstadien der kulturlandschaftlichen Erschließungs- und Entwicklungsmaßnahmen zugeordnet und somit die theoretischen Grundlagen praktisch beleuchtet.
Diese Vorgehensweise wurde in der vorliegenden Studie für den gesamten Untersuchungszeitraum beibehalten. Dieser gliedert sich deutlich in drei übergeordnete Zeitabschnitte:

- Maßnahmen zur primären Kulturlandschaftserschließung (Teil C II)
- Maßnahmen zur weiteren Kulturlandschaftsentwicklung, die insbesondere die Verbesserung der Agrarstruktur zum Ziel hatten (Teil C III)
- die daraus erwachsenen Flurbereinigungen heutiger Ausprägung und Funktion (Teil D I und II)

Nach dem einleitenden Überblick über das Untersuchungsgebiet und der Einordnung in die natur- und kulturräumlichen Zusammenhänge in Teil A folgt die hinführende Darstellung der morphologischen und historisch-genetischen Entwicklung dieses Kulturraumes im Teil B. Dieser erste Hauptteil der Studie dient der Schaffung einer Basis für die Verdeutlichung der Interdependenz anthropogener Maßnahmen und der Landschaftsentwicklung.

Im Anschluß daran sollen in Teil C II in einem ersten Schritt die Auswirkungen staatlich gelenkter Maßnahmen zur Erschließung ländlicher Kulturlandschaft am Beispiel der Hochmoorkultivierung im Hamme-Oste-Raum dargestellt werden, die deutlich vor dem Beginn der eigentlichen Agrarstrukturmaßnahmen im Sinne der durch die Agrarreform des 19. Jahrhunderts bewirkten Veränderungen stattfand. Mit diesen Entwicklungen, die die ländliche Kulturlandschaft tiefgreifend beeinflußten und umgestalteten, beschäftigen sich dann in einem zweiten Schritt die weiteren Kapitel dieses Untersuchungsteils.

Der dritte Hauptabschnitt (Teil D) ist schließlich auf die letzte Etappe im fortschreitenden Entwicklungsprozeß der Agrarstrukturmaßnahmen gerichtet, der Flurbereinigung und ihrer Entwicklung bis zum gegenwärtigen Stand vor dem Hintergrund veränderter, zunehmend umweltorientierter Wertvorstellungen.

Die Untersuchung beruht in den grundlegenden, theoretischen Teilen methodisch auf der Auswertung der zur Verfügung stehenden Fachliteratur und in allen regionalbezogenen Fallanalysen auf den entsprechenden Archivalien, den Rezessen und Verfahrensakten bei den jeweiligen behördlichen Institutionen.
Die Ergebnisse aus den praxisbezogenen Teilen basieren darüberhinaus besonders auf kartengestützter Untersuchungsarbeit, wobei außer den amtlichen Kartenwerken auch die historischen Verkoppelungskarten und heutigen Flurbereinigungspläne und Fachkarten hinzugezogen wurden.

In der Fachliteratur existiert eine Fülle von Aufsätzen und Abhandlungen zu speziellen Aspekten von Agrarstrukturmaßnahmen aus unterschiedlichen Epochen, die sich insbesondere mit den historischen und juristischen Hintergründen auseinandersetzten (u.a. KAMPMANN, 1927; SCHARNBERG, 1964; BERKENBUSCH, 1972; SIEVERS, 1976; HEINRICHS, 1975) oder besondere Wirkungszusammenhänge moderner Agrarstrukturmaßnahmen zum Gegenstand hatten (u.a. HOTTES et.al., 1973/74/75/76; WILSTACKE, 1978).

Die große Anzahl von Detailanalysen und einzelnen Abhandlungen zu aktuellen Problemen in den einschlägigen Fachzeitschriften, u.a. zum Vermessungswesen und benachbarten Disziplinen, ließ eine zusammenfassende Darstellung des Forschungsstandes unter Auswertung der Fachliteratur in dieser Studie sinnvoll erscheinen. Hier soll als ein weiteres Ziel der Studie ein Beitrag zum fächerübergreifenden Wissensstand geleistet werden, zumal umfassendere Untersuchungen unter geographischen Aspekten, die die Kulturlandschaftsentwicklung mit einbeziehen, bisher fehlten.

2 Der ländliche Raum in der wissenschaftlichen Diskussion

Der Begriff "ländlicher Raum" ist vielgestaltig und wird von unterschiedlichen wissenschaftlichen Disziplinen verwandt und definiert. Zum Problem einer Begriffsabgrenzung finden sich in der Literatur unzählige Beiträge, deren Ansatz je nach Blickwinkel von statistischen, räumlichen, gesellschaftlichen oder wirtschaftlichen Grundlagen ausgeht. ELSASSER erwähnt in diesem Zusammenhang, daß in der deutschsprachigen Geographie kein Fachausdruck für den sich mit dem ländlichen Raum beschäftigenden Teilbereich der Geographie exisiert[1]. Dies sei jedoch nicht darauf zurückzuführen, daß dieser Forschungsgegenstand innerhalb der Geographie vernachlässigt worden sei, sondern vielmehr darauf, daß der ländliche Bereich aufgrund seines bedeutenderen flächenmäßigen Anteils primär immer schon ein Untersuchungsschwerpunkt bildete. Im folgenden soll ein kurzer Überblick über den Forschungsstand zu diesem Komplex gegeben werden.

In früheren Jahrhunderten waren Stadt und Land durch den historischen Stadtbegriff klar voneinander getrennt. Im Mittelalter waren Städte durch feste Bauwerke wie Burgen oder Mauern deutlich vom "Land" abgesetzt. Dieses Kriterium verwischte sich im Zuge des städtischen Wachstums im 19. und 20. Jahrhundert mit zunehmender Expansion der Städte infolge der Industrialisierung über diese Grenzen hinaus. Aus der allmählich einsetzenden Verschmelzung zwischen ländlichen und städtischen Elementen erwuchs das Bedürfnis nach einer griffigen Abgrenzung zwischen beiden Bereichen. BATZ betont, daß die Durchmischung der Bevölkerung im ländlichen Raum eine Abgrenzung nach der Flächennutzung unmöglich macht[2]. BATZ sieht als Folge und klassisches Kennzeichen dieser Inhomogenität die weitverbreitete Negativdefinition von "ländlichem Raum" an: "Der ländliche Raum umfaßt alle Gebiete außerhalb der durch städtische Siedlungs- und Wirtschaftsstruktur geprägten Teile der Verdichtungsgebiete"[3]. Auch HENKEL weist auf eine solche Negativdefinition am Beispiel des Bundesraumordnungsprogrammes 1975 hin[4].
Solche Abgrenzungen nach dem Residualprinzip zielten jedoch mehr auf den städtischen Raum ab und führten zu einer "urbanozentren" Betrachtungsweise[5].

---

[1] Als Beispiel führt ELSASSER die englischen und französischen Termini "rural geographie" bzw. "geographie rurale" an, die jedoch nicht als Synonyme für "Agrargeographie" gelten dürfen, da "ländlich" und "landwirtschaftlich" nicht automatisch gleichzusetzen sind; s. ELSASSER, 1977, S. 64.

[2] In einer Analyse der Entwicklung der Erwerbstätigkeit wurde ein zahlenmäßig starker Rückgang der Beschäftigten aus der Landwirtschaft deutlich, von denen aber der größte Teil nicht in Ballungszentren abwanderte; s. BATZ, 1977, S. 198.

[3] BATZ, 1977, S. 199.

[4] HENKEL, 1978, S. 1.

[5] ELSASSER, 1977, S. 66.

Von dieser Gruppe der Negativdefinitionen sind Positivdefinitionen zu unterscheiden, die direkt beim ländlichen Raum ansetzen und diesem Merkmale zuordnen, seine Funktion beschreiben oder Struktur analysieren.
CZOMMER faßt unter ländlichem Raum die Gebiete zusammen, in denen Land- und Forstwirtschaft die Bodennutzung bestimmen und die unter anderem dünn besiedelt sind und hauptsächlich als Ernährungsgrundlage der Menschen dienen[6]. CZOMMER stellt Merkmale für eine Definition zusammen, die den ländlichen Raum charakterisieren sollen. Ebenso verfährt MEYER, wenn er zu ländlichen Räumen solche Gebiete zählt, in denen "dörfliche und landstädtische Siedlungen, Ackerfluren, Wiesen und Weiden, Wälder, Gehölze und Gewässer das vorherrschende Element sind"[7].
Neben dieser auf Merkmalskatalogen basierenden Definition finden sich solche, die eine Funktionsbeschreibung des ländlichen Raumes vornehmen. BATZ nennt dafür folgende Kriterien[8]:
- Wohnort
- Wirtschaftsstandort
- Raum für die Sicherung der Wasserversorgung
- Standort für bodenabhängige Produktion
- Raum für Freizeit und Erholung
- ökologischer Ausgleichsraum
- Raum für Nutzungsreserven

Des weiteren mangelt es nicht an Versuchen, den ländlichen Raum mittels statistisch-quantitativer Verfahren einzugrenzen. Diese Definitionen, von denen einige bei HEINRICHS[9] im Überblick zusammengestellt sind und bei BEYER[10] ausführlicher diskutiert werden, orientieren sich u.a. an Verwaltungsbezirkseinteilungen, Bevölkerungsdichte und Wohnortgröße. Hier werden wiederum Merkmale der deutschen Agrarlandschaft auf statistischer Grundlage erfaßt und die ländlichen Bereiche nach Schwellenwerten der jeweiligen Kriterien definiert[11]. Die Schwäche dieser Ansätze beruht nach BEYER auf dem Umstand, daß es sich in der Regel nur um statistische Einzelgrößen und Momentaufnahmen handelt, die der Komplexität des Bereiches und seiner Dynamik nicht gerecht werden, und daß obendrein die erforderliche Schwellenwertbildung die Gefahr der Subjektivität birgt[12]. Einen verfahrenstechnischen Mangel sieht MAIER bei einer statistischen Abgrenzung auch darin, daß die Daten, aus der ursprünglichen Zweckgebundenheit herausgelöst, nun in anderen Zusammenhängen verwendet werden und durch mehrfache Umwälzung an Exaktheit und Aussagekraft einbüßen[13]. MAIER leitet aus dieser Kritik für eine Abgrenzung des ländlichen Raumes die

---

[6] CZOMMER, 1978, S. 17.

[7] MEYER, 1964, S. 57.

[8] BATZ, 1977, S. 199.

[9] HEINRICHS, 1975, S. 23.

[10] BEYER, 1986, S. 17 ff.

[11] HOTTES, BECKER u. NIGGEMANN 1975, S. 14.

[12] BEYER, 1986, S. 18.

[13] MAIER, 1980, S. 12.

Forderung nach einer Orientierung am angestrebten theoretischen Konzept mit genauer Zielsetzung ab[14]. BEYER stellt bei neueren Ergebnissen[15] zum Abgrenzungsproblem eine Hinwendung zu siedlungsstrukturellen Merkmalen des ländlichen Raumes fest, die auf seinem funktionalen Bezug zur Stadtregion aufgebaut sind, also städtische Maßstäbe zur Unterscheidungsfindung anlegen[16].

Allerdings wird auch angezweifelt, ob eine allgemeingültige Abgrenzung überhaupt sinnvoll ist[17], oder überhaupt noch getroffen werden kann[18], da jede Abgrenzung wiederum in einem bestimmten Verhältnis zu ihrem intendiertem Zweck steht und ihre konzeptionelle Grundlage somit variiert.

Aus der Zusammenfassung der verschiedenen Abgrenzungsversuche wird deutlich, daß eine begriffliche Festlegung sich nur am jeweiligen Untersuchungskonzept und -ziel orientieren kann und eine Definition stets zweckgebunden erfolgen muß.

Da die Zielsetzung dieser Studie die Untersuchung von Agrarstrukturmaßnahmen und ihrer Entwicklung hinsichtlich der kulturlandschaftlichen Prägungskraft ist, konzentriert sich die Betrachtung auf diejenigen Räume, die von eben solchen Entwicklungsmaßnahmen betroffen sind. Die primär agrarstrukturelle Ausrichtung legt naturgemäß den Untersuchungsschwerpunkt auf die agrarisch geprägten Räume fest, auch wenn in neuerer Zeit "Agrarstrukturmaßnahmen" durchgeführt werden, die primär eine nichtagrarische Zielsetzung haben und daher nicht zwangsläufig auf diese Gebiete beschränkt bleiben müssen.

Der Elbe-Weser-Raum ist jedoch mit Ausnahme der verstädterten Räume von Bremen, Bremerhaven und Cuxhaven ein eindeutig ländlich geprägter Raum, auf den die bei HEINRICHS getroffene Arbeitsdefinition zutrifft, die verschiedene Merkmale vereint. Als ländliche Räume werden dort solche Gebiete bezeichnet, "die sich außerhalb der Verdichtungsräume und des engeren Einzugsbereichs mittlerer Großstädte (mehr als 200 000 Einwoh-

---

[14] MAIER (1980, S. 12) warnt vor der Gleichsetzung von "landwirtschaftlich strukturierten" mit "schwach strukturierten" Gebieten, einer Verallgemeinerung, die sich aufgrund der stark differenzierten Landwirtschaft verbietet.

[15] bei GATZWEILER 1979 und im Raumordnungsbericht 1982.

[16] BEYER unternimmt in einer neueren Arbeit den Versuch, den ländlichen Raum über eine bevölkerungsgeographische Analyse zu erfassen und gegen die Stadt abzugrenzen. Durch die empirische Untersuchung eines regionalen Beispielraumes wird versucht, eine Kennzeichnung des ländlichen Raumes anhand demographischer Merkmale vorzunehmen. Dabei wird festgestellt, daß von einer ländlichen Bevölkerung kaum noch gesprochen werden kann aufgrund der Wanderungs- und Vermischungsprozesse, die zu einem verstärkten Eindringen städtischer Verhaltens- und Lebensweisen in den ländlichen Raum führen. Es läßt sich danach in der demographischen Struktur kein deutlicher Unterschied zwischen ländlichem Raum und Stadt mehr feststellen; s.BEYER, 1986.

[17] HEINRICHS, 1975, S. 24.

[18] BEYER kommt in seiner bevölkerungsgeographischen Untersuchung zu dem Ergebnis, daß die demographische Struktur im ländlichen Raum nicht mehr durch einen Gegensatz zur Stadt gekennzeichnet ist; s. BEYER, 1986, S. 159.

ner), mit einer unter dem Bundesdurchschnitt liegenden Bevölkerungsdichte (etwa nicht mehr als 200 Einwohner pro qkm), befinden und einen Anteil des Agrarsektors am Bruttoinlandsprodukt - bezogen auf die Region - über dem Bundesdurchschnitt (also mehr als 6%) haben"[19].

---

[19] HEINRICHS, 1975, S. 24.

3 Das Untersuchungsgebiet

Der Untersuchungsraum der vorliegenden Arbeit umfaßt das von den Stromtrichtern der Elbe und Weser im NO und NW sowie der Lüneburger Heide im SO begrenzte Elbe-Weser-Dreieck, dessen Eckpunkte von Hamburg, Bremen und Cuxhaven gebildet werden. Es handelt sich hierbei im Vergleich zum übrigen Niedersachsen überwiegend um Niederungsgebiete, aufgebaut aus den Landschaften der Marsch, Geest und Moor.
In einer ersten groben Untergliederung läßt sich der Raum in die Marschen Kehdingens und Hadelns nördlich der Linie Bederkesa - Stade und die südlich anschließende Stader Geest einteilen, die den Raum zwischen Bremen, Bremerhaven und Stade einnimmt und flächenmäßig den bedeutenderen Anteil am Untersuchungsgebiet hat[1]. Sie wird durch die Hamme-Oste-Niederung in die Wesermünder Geest im Westen und die Zevener Geest im Osten unterteilt.
Die im Norden gelegene Hadelner Marsch reicht tief ins Binnenland hinein und wird auf drei Seiten von Geest begrenzt: im Westen vom ausgeprägten Geestrücken der Hohen Lieth (auch Wurster Heide), im Süden durch flache Anhöhen bei Bederkesa, im Osten durch die Wingst und die Lamstedter Geest (Westerberg). Die Hadelner Marsch ist deutlich gegliedert in das flußnahe Hochland mit stellenweise 1,5 m über NN und das niedrigere Sietland mit bis zu 0,5 m unter dem Meeresspiegel.
Östlich der Höhenzüge von Wingst und Lamstedter Geest schließt sich das Kehdinger Land an mit den Marschen der Oste, Schwinge und Elbe. Die Binnengliederung ist markant aufgrund des elbparallelen Osteverlaufs, wodurch sich das zwischen dem Hochland von Oste und Elbe gelegene Sietland in Form einer langgestreckten Mulde einfügt, in der sich das größte deutsche Marschenmoor ausgebildet hat.
Die Wesermünder Geest als westlicher Bestandteil der weiträumigen Stader Geest wird im Westen von der Unterwesermarsch und im Osten von der Hamme-Oste-Senke, dem sog. Teufelsmoorraum begrenzt. Dieses ausgeprägte Niederungsgebiet stellt sowohl durch seine markante morphologische Erscheinung als auch seine natur- und kulturgeographische Bedeutung eine eigene landschaftliche Einheit dar, auf die in Kapitel C II näher eingegangen wird.
Im Osten steigt die Hamme-Oste-Niederung allmählich zur Zevener Geest, dem östlichen Bestandteil des morphologisch zusammengehörenden Geestkomplexes an.
In die Zevener Geest im Süden eingeschnitten liegt die Wümmeniederung, die die natürliche südliche Begrenzung des Untersuchungsgebietes markiert[2].
Die östliche Begrenzung desselben wird durch den allmählichen Anstieg zum Höhenzug der "Hohen Heide" oder "Nordheide" bestimmt. Dieser Höhenzug stellt die markante Eisrandlage der äußersten Wartheendmoräne (Saale-

---

[1] Vgl. Karte 1.

[2] Das Wümmegebiet gehört neben fünf anderen Landschaftsteilen als morphologische Einheit zur östlichen Stader Geest; s. SCHROEDER-LANZ, 1964, S. 17.

glazial) dar, die sich von den Harburger Bergen nach Süden über den Wilseder Berg als höchste Erhebung (169 m) bis zu den Wierener Bergen südlich von Uelzen und dann weiter nach Südosten erstreckt.

Karte 1: NATURRÄUMLICHE GLIEDERUNG DES ELBE-WESER-RAUMES

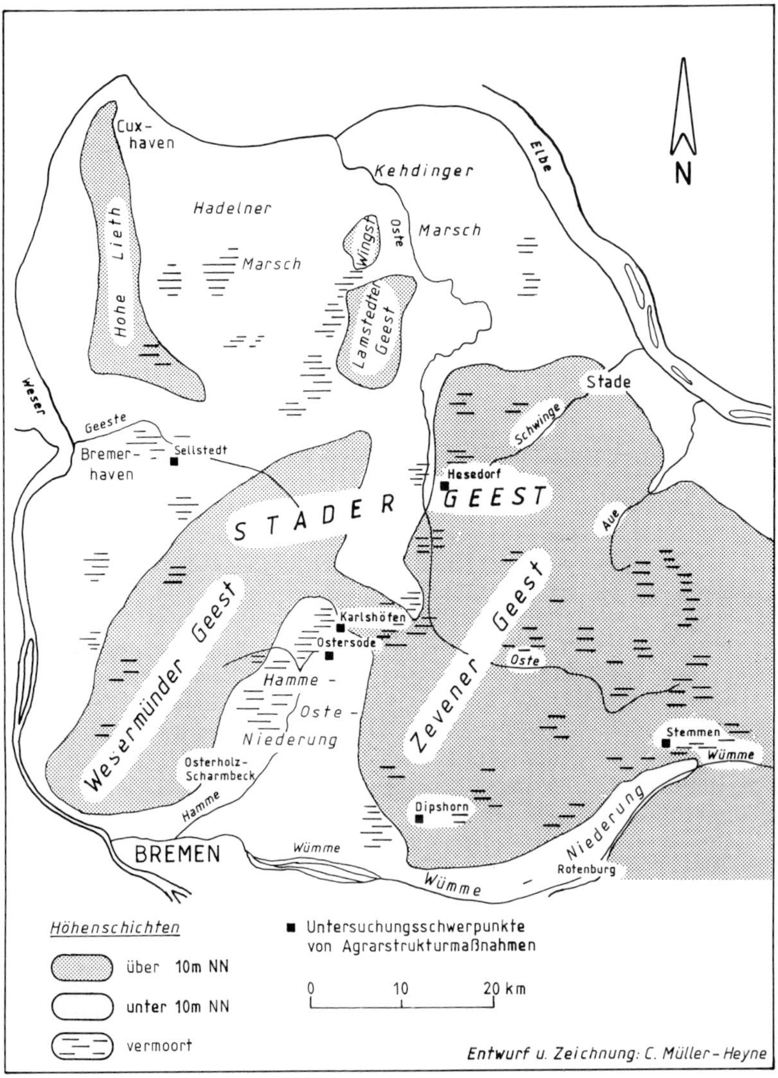

Quelle: TK 1: 100.000, Regionalkarte 3 u. 5, Ausgabe 1987.

B ENTWICKLUNG DES KULTURRAUMES

1 Geomorphologische Entwicklung

Die Entwicklung des Reliefs in dem Untersuchungsgebiet ist in erster Linie auf dynamische Prozesse der Glazial- und Periglazialzeiten des Pleistozäns zurückzuführen. Es gibt jedoch aus präpleistozäner Zeit vereinzelt Ablagerungen, die im Elbe-Weser-Raum anstehen und von wirtschaftlicher Bedeutung sind[1]. Hier sind primär die Kreideablagerungen bei Hemmoor zu nennen, die verschiedentlich untersucht und beschrieben wurden[2]. Die Kreide wurde hier durch Salztektonik aufgepreßt[3] und hat eine Mächtigkeit von ca. 1 000 m. Aus dem Tertiär finden sich ebenfalls noch Ablagerungen in Hemmoor, allerdings nur Reste tertiärer Geschiebe, die von der glazialen Erosion verschont geblieben sind[4]. Vereinzelt finden sich noch weitere tertiäre Ablagerungen (z.B. nördlich von Lamstedt), die aber durch das Eis herantransportiert und abgelagert wurden[5].

1.1 Glaziale Entstehung

<u>Elstereiszeit</u>
Von einer Gliederung des Pleistozäns in drei Kaltzeiten ausgehend waren für den Untersuchungsraum nur die mittlere, die Saaleeiszeit, mit ihren verschiedenen Phasen und Vorstößen von ausschlaggebender Bedeutung. In der ältesten Eiszeit, der Elster Kaltzeit vor ca. 400 000 Jahren, stiessen die Gletscher von Norden kommend vor. Die am Rande des Inlandeises abfließenden Schmelzwässer bewirkten die Ausbildung eines Gewässernetzes, in welchem glazifluviatile Ablagerungen (kiesige Sande) verblieben, die dann durch das weitere Vorrücken des Gletschers und die daraus folgende Verlagerung des Gewässernetzes ständig weitere Teile des Untersuchungsgebietes überzogen[6]. Mit dem späteren Abtauen wurde durch die großen Mengen von Schmelzwasser subglazial ein Rinnensystem angelegt, das sich im Endstadium über ganz Nordwestdeutschland erstreckte. Elstereiszeitliche Ablagerungen kommen im Untersuchungsgebiet in verschieden mächtigen Tonablagerungen als schluffig-tonige Sedimente vor, die heute eine wasserundurchlässige Schicht bilden, den sog. Lauenburger Ton.

---

[1] Aus einer Lagerstätte bei Hemmoor wird seit 1862 Schreibkreide abgebaut; s. LADE 1976, S. 10.

[2] SCHMID, 1955, S. 81 u. HÖFLE 1979.

[3] SCHMID, 1955, S. 81.

[4] Ein kurzer Überblick über einzelne Geschiebe und Tertiärvorkommen findet sich bei LADE, 1976, S. 12.

[5] LADE, 1976, S. 12.

[6] HÖFLE, 1980, S. 17.

Saaleeiszeit
Die Saale-Kaltzeit (vor ca. 237 000 - 183 000 Jahren v. Chr.), nach der heute gültigen Auffassung[7] durch das Treene-Interstadial unterteilt in das ältere Drenthe-Stadium und das jüngere Warthe-Stadium, hat das Relief des Untersuchungsgebietes auf zweierlei Weise geformt: durch Erosion und Denudation sowie durch Akkumulation. Von den beiden Stadien erreichte nur das Drenthe-Stadial das Gebiet mit seinen Eis- und Schuttmassen. Letzteres läßt sich wiederum untergliedern in zwei verschieden weit nach Süden reichende Vorstöße, die sich unterschiedlich auswirkten. Den älteren, für Nordwestdeutschland insgesamt bedeutenden Vorstoß, kennzeichnet die Rehburger Phase, die den markanten Endmoränenzug des Hümmlings und der Fürstenauer Berge im Südwesten Niedersachsens schuf, und somit das gesamte Untersuchungsgebiet überfahren haben muß. Der erste Vorstoß aus Nordosten führte hier zur Bildung der Drenthe-Hauptmoräne mit Ablagerungen von sandig-tonigem Schluff mit wechselnden Kies- und Geschiebeanteilen. Das im Vergleich zur Elstereiszeit deutlich langsamere Abtauen des Eises bewirkte keine deutliche Ausprägung subglazialer Rinnen. Ohne darauffolgende Warmzeit kam es zu einem erneuten Vorstoß des Eises aus NO bis O (Lamstedter Phase), der zur Ablagerung einer weiteren Grundmoräne[8] führte, die bis zur Osterholz-Scharmbecker Geest im Westen und bis zur Aller im Süden reichte und das Untersuchungsgebiet somit vollständig bedeckt haben muß.
In der zweiten Phase der Saale-Kaltzeit, dem Warthe-Stadium, kam es zu einem erneuten Vorstoß des Eises aus ost-nordöstlicher Richtung, der nur noch den äußersten Osten der Zevener Geest erreichte und die vermutlich schon drenthezeitlich angelegten Harburger Berge nur noch geringfügig überfahren hat[9].
In der Zeit zwischen Saale- und Weichseleiszeit haben periglaziale Vorgänge das Relief weiter umgestaltet. Hierbei konnten sich z.T. weite Sanderflächen ablagern[10], in die sich die ehemaligen Schmelzwässer und heutigen Flußtäler einschnitten.
Die frühere Geschiebemergeldecke der älteren Grundmoräne wurde durch Entkalkung in Geschiebelehm und im Zuge weiterer Auswaschung in eine sandig-kiesige Schicht umgewandelt[11], den sogenannten Geschiebedecksand, von dem die Geest weitestgehend überzogen ist.
Zusammenfassend ergibt sich zum Ende der Saale-Kaltzeit folgendes Bild: das Relief des Untersuchungsgebietes wird gekennzeichnet durch Geestplatten, -inseln und Niederungen, die zu Beginn der Saale-Kaltzeit vorgeformt und in der Hauptphase während des Lamstedter Vorstoßes vertieft wurden.

---

[7] LIEDTKE, 1981, S. 18.

[8] HÖFLE spricht von der "Jüngeren Drenthe-Moräne" oder "Drenthe 2"; s. HÖFLE, 1980, S. 20.

[9] MARCZINSKI, 1968, S. 110.

[10] Als ein Beispiel sei hier der Wümmesander im südlichen Bereich des Untersuchungsgebietes genannt.

[11] LADE, 1976, S. 14.

In diesem Zusammenhang entstanden die markanten Höhenzüge der Hohen Lieth und des nord-südlich streichenden Rückens, auf dem Bederkesa liegt, sowie die parallelen, bis weit nach Südosten reichenden Anhöhen der Wingst und des Westerbergs (=Lamstedter Geest). Die Hadelner Bucht ging nach DECHEND u. LANG vermutlich aus einem Zungenbecken ehemaliger Gletscher am Ende des Drenthe-Stadiums hervor[12]. Auch die Ausspülung der nördlich von Bremen liegenden Teufelsmoor-Senke und der Wümmeniederung durch Schmelzwasser ist der Saale-Kaltzeit zuzurechnen.
Schmelzwässer des Warthe-Stadiums sorgten hier für eine weitere Ausräumung der diversen Moränenablagerungen und rezenten Schutt- und Sanderflächen. Die Entwässerung erfolgte zum ebenfalls drenthestadial angelegten Aller-Weser-Urstromtal.

Zwischen dem Saaleglazial und der Weichsel-Kaltzeit lag die Eem-Warmzeit (vor ca. 100 000 - 70 000 Jahren), deren Haupthinterlassenschaft im Untersuchungsgebiet Torfe und Seesedimente sowie Bodenbildungen eemzeitlichen Alters sind.

Die Weichseleiszeit
Die letzte nordische Vereisung vor ca. 70 000 bis 8 000 Jahren war, wie auch schon das Warthe-Stadial der Saale-Kaltzeit, für den Elbe-Weser-Raum durch die Nähe des Eisrandes klimabestimmend. Das arktische Klima bedingte weitgehende Vegetationslosigkeit, was wiederum zu umfangreichen periglazialen Prozessen führte. Es kam u.a. zur Ausbildung von Fließerden, Frostmusterböden und insbesonders Tälern[13] und Trockentälern.
Die Niederschläge flossen oberflächlich ab, so daß beträchtliche Mengen von Kiesen und Sanden flußabwärts transportiert wurden.
Die Entwicklung des Gewässernetzes macht die periglazialen Einflüsse besonders deutlich: nach ILLIES war das gesamte Entwässerungssystem im Elbe-Weser-Raum bis zum Warthe-Stadial ursprünglich auf das Aller-Weser-Urstromtalsystem ausgerichtet[14]. Erst nach Entstehung der Urelbe im späten Warthe-Stadium und im Verlauf der stärkeren Einschneidung im Interglazial erfolgte durch verschiedene, sich abwechselnde Erosions- und Akkumulationsprozesse die Ausbildung der heutigen Elbe und die Gefälleumkehr der Flüsse, die vorher zum Aller-Weser-System hin entwässerten. Nach DECHEND u. LANG war die Hadelner Bucht vor dem nacheiszeitlichen Meeresspiegelanstieg eine weite, von einzelnen, zur Elbe hin entwässernden Flüssen durchzogene Niederung, die Küste lag damals nördlich der Doggerbank etwa 80 m unter dem heutigen Niveau[15].

---

[12] DECHEND, u. LANG, 1965, S. 11.

[13] Periglaziale Talbildungen und -formen zählen zu den sichtbarsten Relikten der damaligen Verhältnisse im Untersuchungsraum (z.B. das Schwinge-, Aue- und Ostetal); s. HAGEDORN, 1961, S. 39.

[14] ILLIES, 1952, S. 542.

[15] DECHEND, u. LANG, 1965, S. 12.

Die heutige Küstenlinie bildete sich erst im Postglazial durch den schnellen Meeresspiegelanstieg heraus.

1.2 Postglaziale Prozesse

Im Untersuchungsgebiet waren zwei morphologisch wirksame Prozesse für die spätere Kulturlandschaftsentwicklung prägend: die Marschen- und die Moorbildung im Holozän. Beide sollen im folgenden kurz zusammengefaßt dargestellt werden, da sie für die neuzeitliche Entwicklung der Kulturlandschaftserschließung und weiteren Kultivierung von Bedeutung sind.

Marschenbildung

Nach OVERBECK[1] wird als Beginn des Holozäns das Einsetzen derjenigen Klimaverbesserung betrachtet, die zur Ausbreitung auch wärmebedürftiger Holzarten und zur endgültigen Bewaldung Mitteleuropas führte. Dies begann mit dem Abschmelzen der Gletscher und dem Ansteigen des Meeresspiegels bis zur heutigen 50 m - Höhenlinie, die vor ca. 10 000 Jahren zu Beginn des Präboreals erreicht wurde. Im Atlantikum, zwischen 5 500 und 2 500 v. Chr., stieg der Meeresspiegel ständig durch das Abschmelzen großer skandinavischer Eismassen und hatte am Ende dieser Transgression schon in etwa den heutigen Geestrand erreicht[2]. Nach relativ kurzer Ruhepause und sogar Regressionsphasen[3] stieg der Meeresspiegel erneut an und bildete die z.T. stark geböschten Geestränder heraus. Die kontinuierliche Ablagerung von maritimen Sedimenten führte allmählich zur Bildung von Watten und im Laufe der weiteren Aufsedimentation schließlich zur Bildung von Marschen, die dem regelmäßigen Gezeiteneinfluß entzogen waren.

Die Hadelner Marsch als größtes zusammenhängendes Marschland im Elbe-Weser-Winkel entstand in dem Küstenabschnitt, wo die Hadelner Bucht weit zwischen den Stromtrichtern der Elbe und Weser nach Süden reicht. Sie gliedert sich in das in Flußnähe liegende, durch die höhere Aufschlickung ca. 1,50 m hoch gelegene Hochland und das weiter binnenwärts liegende Sietland mit Höhen um NN oder darunter. Der Niveauunterschied kann von einigen Dezimetern bis zu mehreren Metern variieren. Die tiefsten Bereiche des Sietlandes liegen in der küstenfernen Zone vor dem Geestrand mit bis zu 0,5 m unter Meeresspiegelniveau und sind meist stark versumpft und vermoort. Die Grenze zwischen Hoch- und Sietland verläuft in der Hadelner Marsch etwa auf der Linie Neuhaus - Neuenkirchen - Altenwalde.

Im Postglazial kam es hier zunächst zur Bildung von Mooren mit dem Entstehen von sog. Basistorfen, die infolge des weiteren Meeresspiegelanstiegs überschlickt wurden. Im weiteren Verlauf bildeten sich das Hoch- und Sietland heraus und die Vermoorung der tiefergelegenen Sietlandbe-

---

[1] OVERBECK, 1975, S. 397.

[2] Der mit dem Meeresspiegelanstieg verbundene Rückstau der abfließenden Schmelzwasser leitete, zusammen mit den klimatischen Veränderungen, die um die Wende vom Boreal zum Atlantikum allmählich einsetzende, großflächige Vermoorung ein.

[3] Der im Grenzbereich von Geest und Sietland häufig anzutreffende Wechsel von Torf- und Kleischichten, die sog. Moormarsch, dokumentiert diesen unregelmäßig fortschreitenden Meeresspiegelanstieg; s. LADE, 1976 S. 14.

reiche setzte ein. Zu diesen Mooren zählen im Sietland u.a. das Wilde Moor bei Stinstedt und das Ahlener Moor nördlich von Flögeln.
Der binnenwärtige Marschrand ist heute durch die tiefgründig erfolgte Vermoorung und eine Reihe von Marschrandseen[4] gekennzeichnet, die sich durch fehlende Entwässerung und Torfsackung im Untergrund bildeten.

Moorbildung

Die Moorbildung hat als morphodynamischer Prozeß das neuzeitliche Relief im gesamten Untersuchungsgebiet am nachhaltigsten geprägt und für entsprechende Bodenbeschaffenheit gesorgt. Hierbei lassen sich verschiedene Moortypen unterscheiden.

Moortypen:

Von der botanischen Zusammensetzung der Torfe, dem natürlichen Bewuchs und den Nährstoffgehalten ausgehend, kann von einer grundlegenden Einteilung in Hoch-, Nieder- oder Flachmoor und Übergangs- bzw. Zwischenmoor gesprochen werden, wobei auch die Art der Entstehung als Unterscheidungskriterium gilt.
Die Existenz von Mooren ist eng mit den Klimaverhältnissen, insbesondere Niederschlag, und den Boden- und Terrainverhältnissen verbunden. Die wichtigste Voraussetzung für die Moorentstehung ist ein Überschuß an Wasser. Dieser ist besonders in Nordwest- und Nordeuropa - morphologisch und klimatisch bedingt - der Fall.
Mehr als die Hälfte aller Moore der Bundesrepublik Deutschland[5] befindet sich in Niedersachsen (ca. 13% der Landesfläche). Die reichlichen Niederschläge in Verbindung mit Meerestransgressionen setzten die Vermoorung in Gang.

a) Niedermoor

Niedermoorbildung erfolgt häufig durch die Verlandung von Seen, Gewässern oder überflutetem Gebiet. Die Moorbildung vollzieht sich im Bereich des nährstoffreichen Grundwassers. Diese Nährstoffversorgung ist Voraussetzung jeglicher Bildung von Niedermooren. Sie werden auch als eutrophe oder mineratrophe Moore bezeichnet, da ihr Vorkommen unabdingbar an eutrophe Böden gekoppelt ist. Niedermoore sind durch üppige Grünlandvegetation gekennzeichnet, deren Pflanzenreste - nach dem Absterben - durch den Grundwasserkontakt besonders rasch zersetzt werden. Sie sind nicht unmittelbar an bestimmte Niederschlagsmengen gebunden, sondern kommen auch in niederschlagsarmen Gegenden vor, solange die Wasserzufuhr von unten durch das Grundwasser oder auch durch Überflutungen gewährleistet ist. In der Literatur wird überwiegend der Terminus "topogene Moore" für alle Niedermoore gebraucht, deren Entstehung auf topographisch bedingte

---

[4] Hierzu zählen nach VÖLKSEN die Seen bei Dahlem, Halem, Flögeln und Bederkesa sowie der Balksee und der Stinstedter See. Die Marschrandmoore Wildes Moor, Ahlenmoor und Hörner Moor bilden die östliche, westliche und südliche Grenze der Hadelner Marsch; s. VÖLKSEN, 1988, S. 11.

[5] ehemaliges Gebiet.

alle Niedermoore gebraucht, deren Entstehung auf topographisch bedingte Ernährung durch hochanstehendes Grundwasser zurückzuführen ist[6].
Das Niedermoor wächst also durch die eigenproduzierte organogene Anhäufung an. Es ist dann für die weitere Entwicklung entscheidend, ob der Grundwasserspiegel mit ansteigt oder aber die Pflanzen aus der Reichweite des nährstoffreichen Wasserspiegels herauswachsen. Nur wenn dies der Fall ist, kommt es zur Hochmoorbildung, sonst schreitet die Verlandung im eutrophen Milieu fort. Die Mächtigkeit von Niedermooren kann von wenigen Dezimetern bis hin zu einigen Metern schwanken. Die Standortverhältnisse, und damit auch die Vegetationsgesellschaften, wechseln, es kommt somit zu Unterschieden in Mächtigkeit und Profilaufbau. Im Bereich von Flußmarschen sind die Niedermoore häufig überschlickt. (Sie tragen dann die Bezeichnung "Moormarsch", wenn die Überschlickung > 0,4 m beträgt).

b) HOCHMOOR
Hochmoore werden als "ombrogen" bezeichnet, was so viel wie Ernährung durch ombrogenes Wasser (Regenwasser) bedeutet. Sie entwickeln sich unter dem Einfluß des nährstoffarmen Niederschlagswassers auf zweierlei Weise:

- Sie bilden sich entweder direkt auf gründlich vernäßtem, das Regenwasser stauenden Mineralboden (sog. "wurzelechte" Hochmoore)

oder

- Sie entstehen ombrogen dort, wo die Niedermoorvegegtation aus der Reichweite des Grundwassers wächst.

Beide Typen sind vom Grundwasser unabhängig und verfügen über ein autonomes Wasserregime, welches durch eine positive Wasserbilanz gewährleistet wird: N > (A + V), wobei N = Niederschlag, A = Abfluß und V = Verdunstung ist. Es kommt zur Ansiedlung anspruchsloser Sphagnummoose, die ihren Nährstoffbedarf ausschließlich aus dem Regenwasser decken. Diese Sphagnumarten unterstützen aufgrund ihrer anatomisch bedingten enormen Wasserspeicherungskapazität die Aufrechterhaltung des ständig hohen Wasserstandes.
Die typische Hochmoorgestalt ist, besonders im zentralen Bereich, aufgrund vermehrter Pflanzenproduktion uhrglasförmig aufgewölbt. Hochmoore haben nicht nur ihren eigenen Wasserhaushalt, sondern auch ihr eigenes Entwässerungssystem zum Moorrand hin[7].
Die Hochmoorbildung setzte zu Beginn des Atlantikums (ca. 7 000 J.v.Chr.) mit der Bildung des stark zersetzten Schwarztorfes (älterer Hochmoortorf) ein. Während des Subatlantikums (ab 500 v. Chr.) überwogen dann die schnellwüchsigen Sphagnen und bilden heute unter der charakteristischen

---

[6] GÖTTLICH, 1980, S. 4.

[7] Entwässerung in diesem Zusammenhang ist allerdings ein relativer Begriff. Hochmoore geben nur das überschüssige, ungespannte Wasser an die Umgebung ab. Ihr hydrographisch-klimatischer Einfluß beruht in erster Linie auf einer höheren Verdunstung; s. GÖTTLICH, 1980, S. 216.

Aufwölbung den schwächer zersetzten Weißtorf (jüngerer Hochmoortorf)[8]. Das Wachstum der Moore war zum Teil so stark, daß es regelrecht zur Vernichtung ganzer Wälder kommen konnte, da die Torfmoose nasse Waldböden überwucherten und die Wurzeln der Pflanzen und Bäume durch Luftmangel erstickten. In vielen Mooren endete die Moorbildung durch anthropogene Einflüsse.

---

[8]Die beiden Torfbezeichnungen entstanden durch das kontrastreiche Aufeinandertreffen beider Arten im sog. "Schwarz-/Weißtorfkontakt", welcher häufig als scharfe Trennungslinie ausgeprägt ist. Sie bezeichnen Torfe verschiedenen Entstehungsalters und Zersetzungsgrades, wobei das unterschiedliche physikalische Verhalten von Bedeutung ist. Der ältere Schwarztorf ist aufgrund des höheren Zersetzungsgrades wasserundurchlässig und kaum wasseraufnahmefähig. Er zeichnet sich durch einen hohen Heizwert aus und wurde früher allgemein als Brenntorf verwendet. Der dagegen nur schwach humifizierte, jüngere Weißtorf ist wasseraufnahmefähig wie ein Schwamm und wird wegen dieser Eigenschaft als Bodenverbesserungsmittel, nach Aufbereitung auch als Düngemittel, verwendet.

2 Historisch-Genetische Entwicklung

Für die Darstellung von Entwicklung und Bedeutung gelenkter kulturlandschaftlicher Veränderungen, also der anthropogenen Ge- und Umgestaltung des Elbe-Weser-Raumes, ist auch das grundlegende Verständnis der historisch-genetischen Zusammenhänge dieser Region erforderlich.
Hierfür muß zunächst zwischen den Hauptlandschaftstypen Geest, Marsch und Moor und den damit im Zusammenhang stehenden Siedlungs- und Flurformen differenziert werden. Schon ein erster Blick auf die regionale Verteilung sowohl der ersten Verkoppelungen und Teilungen als frühe Agrarstrukturmaßnahmen als auch später der Flurbereinigungen ermöglicht die Ausweisung verschiedener "Aktionsräume", deren Ausprägung unter Berücksichtigung der historischen Grundlagen eine Aussage über die entstandene Notwendigkeit dieser Maßnahmen erlaubt[1].
Im folgenden soll, auf dieser zunächst naturräumlichen Unterscheidung aufbauend, ein kurzer Überblick über die historisch-genetischen Grundlagen in diesen Siedlungsräumen gegeben werden, wobei das Hauptgewicht auf der unterschiedlichen Entwicklung der Marsch- und Geestgebiete liegen muß, da es sich hier um die zuerst besiedelten Räume handelt[2].

Der Besiedlungsgang des Elbe-Weser-Raumes wurde bisher verschiedentlich aus unterschiedlichen Perspektiven und regional differenziert betrachtet. In der siedlungsgeographischen Forschung bildete dabei die Besiedlung und spätere Kolonisation der Marschen und Moore in diesem Raum den Forschungsschwerpunkt. Die Vielzahl der Bearbeitungen macht dies deutlich[3]. Insgesamt aber finden sich in der geographischwissenschaftlichen Literatur nur wenige umfassende und keine neueren Arbeiten, die den Elbe-Weser-Raum aus kultur- und siedlungsgeographischer Sicht untersuchen.

2.1 Besiedlung der Geest

Die Besiedlung der Geest hat schon vergleichsweise früh, in der Bronzezeit, begonnen. Hierauf deuten Ringwälle und bronzezeitliche Hügel hin, die sowohl auf den Geesthügeln der Hohen Lieth und der Wingst sowie auf der Lamstedter Geest nachgewiesen wurden[4]. Die Altsachsen, die dieses

---

[1] Karte 9.a zeigt deutlich die "Vorranggebiete" der Verkoppelungen sowie Teilungen in Verbindung mit Verkoppelungen außerhalb der Niederungsgebiete in ihrer reliefabhängigen Verteilung.

[2] Bei der Kultivierung und Besiedlung der Hochmoorgebiete handelt es sich um gelenkte und geplante Vorhaben, die im Hauptabschnitt C II berücksichtigt und an einem regionalen Beispiel dargestellt werden.

[3] RÜTHER 1906, ABEL 1932, SCHÜNKE 1938, RAUPACH,v. 1940, HÖVERMANN 1951, PIEKEN 1956 u. BIERWIRTH 1967.

[4] SCHÜNKE, 1938, S. 19.

Gebiet als erstes umfassender besiedelten, bevorzugten im Gegensatz zu den bronzezeitlichen Siedlern überwiegend die Geestränder[5]. Für die spätere Prägung des Raumes ist die Kulturperiode der Nachvölkerwanderungszeit wichtig, in der Sachsen und Friesen den Raum bevölkerten. Ausgangspunkt der Besiedlung waren hier die mit Wald und Busch bestandenen Geestränder der nördlichen und die noch bewaldeten Gebiete der südlichen Hohen Lieth, sowie die entsprechenden Gebiete der Lamstedter Geest. Die Bodenbeschaffenheit war dort günstiger für Schweinezucht und Roggenbau.

SCHÜNKE stellt in seiner umfassenden Arbeit die Siedlungsentwicklung in Marsch und Geest im nördlichen Bereich des Elbe-Weser-Raumes dar, den er als Großhadeln bezeichnet, wobei die Geestenniederung die südliche Grenze bildet[6]. Im folgenden sollen auf dieser Arbeit aufbauend die siedlungsgeographischen Grundlagen aus historisch-genetischer Sicht geschaffen werden.

Die Kulturlandschaft bestand aus den folgenden drei Elementen: <u>Siedlung</u> im Kern(1), daran anschließend die <u>Feldmark</u>(2) und außen die <u>Allmende</u>(3) in einer annähernd ringförmigen Anordnung.

1. Das wirtschaftliche Zentrum einer Gemeinde war das Dorf, welches aus den Häusern mit den dazugehörigen Wirtschaftsflächen bestand. Dies waren die Hof- oder hofnahen Feldgärten, Wiesen und Weiden (die sog. Kohl-, Gras- und Wischhöfe), die sich im Privatbesitz der Bauern befanden und entsprechend von ihnen genutzt wurden. Die Wege und Dorfplätze blieben Gemeindeeigentum.
Die Wohnlage wurde durch den sozialen Status bestimmt mit den Althöfen (Vollhöfe) in der besten Wohn- und Wirtschaftslage zwischen dem höhergelegenen Ackerland und dem tiefergelegenen Grünland.
Die durch Vererbung entstandenen kleineren Halb- oder gar Viertelhöfnerstellen hatten ebenfalls diese Lage, nur mit jeweils geringerem Anteil an den Weideflächen.
Die nachfolgende Siedlungsgruppe waren die Brinksitzer mit ihren etwas abgelegenen Stellen. Es waren primär keine Bauern, sondern Handwerker, die sich erst später Land kaufen konnten, um ebenfalls Landwirtschaft betreiben zu können.
Die jüngste Schicht waren die Häuslinge, die keine eigenen Hofstellen mehr bekommen konnten und sich daher meist als Knechte, Viehtreiber oder Lohnarbeiter verdingten und mit auf den Höfen wohnen konnten.

2. Die Hauptwirtschaftsfläche waren die Äcker der Feldmark. Das Ackerland war in viele Parzellen unterteilt, die in Gewanne[7] zusammengefaßt

---

[5] SCHÜNKE vermutet wesentlich bessere Böden auf der Geest noch zur Bronzezeit, die dann in höheren Lagen zur altsächsischen Zeit schon gelichtete Waldbestände und Verheidung aufwies und nicht mehr so geeignet zur Besiedlung erschien. Dabei ist noch von einem waldreicheren Zustand auf der südlichen Hohen Lieth und der östlichen und nördlichen Lamstedter Geest auszugehen, während sich die übrigen Geestgebiete schon in einem fortgeschritteneren Stadium der Verheidung befanden; s. SCHÜNKE, 1938, S. 13. Die Ursachen hierfür sind ungeklärt, vermutlich ist menschliche Rodungstätigkeit dafür verantwortlich zu machen.

[6] SCHÜNKE, 1938, S. 7.

[7] Unter Gewann kann ein aus meist ca. 6-30 m breiten, zuweilen aber auch aus ca. 2-50 m breiten Besitzparzellen bestehender Verband von parallelen Flurteilen mit Parzellenlängen zwischen 50 und 700 m, aber auch 1 000 oder 2 000 m verstanden werden; s. WESTERMANN Lexikon d. Geographie, 1973, Bd. 2, S. 195.

waren[8]. Die Parzellen eines Bauern lagen jedoch nicht zusammen, sondern im Gemenge. Abweichend von der sonst mit der Vergewannung üblicherweise verbundenen Dreizelgenbrachwirtschaft[9] kam es in den Geestgebieten des Hadelner Raumes nicht zur Dreifelderwirtschaft, sondern es herrschte die Einfelderwirtschaft mit dem sog. "ewigen Roggenbau"[10]. Dennoch erwähnt SCHÜNKE eine gewisse Rotation, die sich durch die Bodenerschöpfung ergab[11]. Der Turnus war 2-4 Jahre Winterroggen, 1 Jahr Buchweizen und 1 Jahr Brache.
Es gab aber auch Flurauteilungen, wo von drei beliebigen Feldern jeweils eines mit Roggen, eines mit Hafer und eines mit Klee bestellt wurde. Hier fand jedoch keine Rotation statt, es herrschte vielmehr Fruchtzwang (Daueranbau der jeweiligen Frucht), was SCHÜNKE auf die Frettung (gemeinsame Weiderechte der Dorfgemeinschaft an den privaten Äckern und Wiesen) zurückführt[12]. Der Waldschwund hatte es erforderlich gemacht, daß die Schweine zur Mast auch auf die Stoppelfelder getrieben wurden und jeder Acker dieser "Frettweide" zu einem Zeitpunkt der gesamten Dorfherde zur Verfügung stand. So konnte an dem bestimmten Tag das gesamte Feld zu diesem Zweck geöffnet werden, was nur bei einheitlichem Anbau möglich war. Ein Hinweis auf diese Art des Flurzwanges findet sich in den Ablösungsrezessen der Teilungen und Verkoppelungen, wenn hier von "Entfrettung" oder "Frettablösung" die Rede ist[13].

3. Das dritte Element der Kulturlandschaft war die Gemeinheit oder Allmende, die zunächst als eine dorfgemeinschaftlich zu nutzende Weidefläche bezeichnet werden kann[14]. Der Anteil der Allmenden an der Gesamtwirtschaftsfläche betrug im 18. Jahrhundert noch zwischen 40% und 70% der Gemarkung, wobei Heide neben den Moor- und Waldflächen den weitaus größten Teil einnahm[15]. Die Allmende diente als Weidegrund für Schafe, zur Düngergewinnung durch Plaggenstechen und lieferte Holz als Brennmaterial (was zur weiteren Dezimierung der verbliebenen Baum- und

---

[8] Die Entstehung der Gewannflur geht nach dem neueren Forschungsstand nicht auf die primäre Anlage der Siedlungen zurück, sondern auf die Umformung der primären Fluren (Blockflur und Breitstreifenfluren) im Laufe der Jahrhunderte. Dieser Prozeß begann nach KRENZLIN im Mittelalter und hat sich nach der spätmittelalterlichen Wüstungsperiode fortgesetzt. Die Gründe für die weitergehende Parzellierung der bereits bestehenden Flurformen lagen in der steigenden Bevölkerungszahl und einer wirtschaftlichen Konjunktur, die eine Steigerung und Intensivierung der landwirtschaftlichen Produktion erforderten. Vgl. KRENZLIN/REUSCH, 1961, S. 126; KRENZLIN, 1961, S. 19-36; ABEL, 1967, Geschichte S. 79 u. Agrarpolitik S. 160.

[9] KRENZLIN bezeichnet die fortschreitende Vergewannung älterer Fluren als einen Ausgleichsvorgang in Richtung auf das Betriebsgefüge der zelgengebundenen Dreifelderwirtschaft, der bei der Aufteilung der alten Blockflur zur Ausbildung der Gewannflur führte, s. KRENZLIN/REUSCH, 1961, S. 114.

[10] Hierdurch war der bei der Dreifelderwirtschaft sonst übliche Flurzwang (Fruchtfolge in gemeinschaftlicher Rotation) auch kaum ausgeprägt, dessen Beseitigung im Zuge der Agrarreformen ein gewichtiger Fortschritt in den übrigen Geestgebieten Niedersachsens war.

[11] SCHÜNKE, 1938, S. 29.

[12] SCHÜNKE, 1938, S. 29.

[13] Vgl. Tab. 4.1 - 4.5.

[14] HEINRICHS unterscheidet auf Grundlage der Gesetzgebung des 18. und 19. Jahrhunderts zunächst die Gemeinheit im weiteren Sinne, zu der auch Brachflächen und abgeernteten Felder, sofern gemeinschaftlich als Viehweide genutzt, sowie diverse Rechte an den Grundstücken Anderer zählen (Überfahrts- und Weiderechte). Zur Gemeinheit im engeren Sinne rechnen Wiesen, Wälder, Moore, Ödflächen und dergleichen, an denen alle Herrschafts- und Nutzungsrechte geteilt waren; s. HEINRICHS, 1975, S. 35.

[15] JÄGER, 1961, S. 139.

Buschbestände führte) sowie Busch- und Strauchwerk zum Dachdecken[16]. Darüber hinaus zählten auch die Moorgebiete (Hoch- und Niedermoor) zur Allmende (Brenntorfgewinnung) sowie Wälder, sofern noch vorhanden[17]. Besitzrechtlich gehörte die Allmende dem Landesherren. Die Bauern konnten die Gemeinheit, zu der auch Wege und Gewässer gehörten, anteilig nutzen. Die Größe ihrer Höfe und Äcker bestimmte die Anzahl des in der Allmende zugelassenen Weideviehs und die Größe des Areals, wo Plaggen zum Düngen gestochen werden konnten.

Zusammenfassend dargestellt war die Flurverfassung geprägt durch die Gemengelage und starke Zersplitterung des Grundbesitzes, die Gewannverfassung mit teilweisem Flurzwang sowie umfangreiche Allmenden, an denen jeder Dorfgenosse sein Nutzungsrecht hatte.

Hinsichtlich der Siedlungsformen unterscheidet SCHÜNKE bei den Geestdörfern im Untersuchungsraum 3 Haupttypen[18]:
- Haufendörfer mit alter Gewannflur
- Reihendörfer mit alter Gewannflur
- Weiler mit Blockgemengeflur.

Den größten Anteil an den ältesten Siedlungen haben die Haufendörfer, die sich durch ihren unregelmäßigen Grundriß auszeichnen. Im Bereich der Hohen Lieth und Lamstedter Geest sind diese am weitesten im Süden verbreitet.
Zur Gruppe dieser alten Haufendörfer mit Gewannflur zählt SCHÜNKE unter anderem Ringstedt, Debstedt, Drangstedt und Stinstedt, ausnahmslos Orte mit der Endung auf "-stedt"[19].
Es können jedoch nicht alle "-stedt"- Orte hinsichtlich ihrer Physiognomie zusammengefaßt werden. Besonders auf der nördlichen Geest finden sich "-stedt"- Orte mit länglichem, am Verlauf einer Straße als Siedlungsleitlinie orientierten Grundriß, die als Reihendörfer angesprochen werden können[20]. Diese haben mit den zuvor genannten auf "-stedt" endenden Haufendörfern sowohl Flurform als auch Acker- und Allmendrecht gemein. Die typischen Dorfnamen enden hier seltener auf "-stedt", sondern öfter auf "-ingen", "-heim" und "-dorf". Als Beispiele für solche Reihendörfer führt SCHÜNKE[21] Kührstedt, Flögeln, Krempel, Midlum, Gudendorf, Oxstedt, Westerwanna und Nindorf an und unterstreicht die im Gegensatz zu

---

[16] JÄGER bezeichnet die Heideformation als integrierender Bestandteil der bäuerlichen Wirtschaft, die Physiognomie und Volkskultur prägte; s. JÄGER, 1961, S. 140.

[17] Durch die Bevölkerungszunahme im Mittelalter wurden weitere Ackerflächen benötigt, die aber in Dorfnähe nicht mehr verfügbar waren, so daß im weiteren Verlauf zunehmend auch die Gemeinheiten kultiviert wurden.

[18] SCHÜNKE, 1938, S. 19 ff.

[19] BECKER nennt über 20 "-stedt"- Orte in den alten Kreisen Wesermünde und Land Hadeln; s. BECKER, 1963, S. 172. Diese Siedlungsnamenschicht zählt er zur ältesten unter den aus Grund- und Bestimmungswort zusammengesetzten Orten. Die indogermanische Wurzel "stedt/stede" hat die Bedeutung von "Stätte".

[20] SCHÜNKE, 1938, S. 23.

[21] SCHÜNKE, 1938, S. 23 ff.

den Haufendörfern mehr südliche Verbreitung auf den Geestgebieten im nördlichen Teil des Untersuchungsraumes[22].

Die dritte Gruppe unterscheidet sich von den beiden anderen primär durch die Flurform und weiterhin durch ihre Größe. SCHÜNKE spricht die Flur dieser Gruppe als Blockgemengeflur an, den Ortsformentyp als Weiler in bezug auf seine Größe[23]. Heute sind diese Weiler aufgrund ihres Wachstums oft nicht mehr als solche zu erkennen, sondern haben sich zu größeren Dörfern umgebildet.
Typisch für diesen Ortsformentyp ist jedoch die Blockgemengeflur. Es findet sich kein Hinweis darauf, warum es hier nicht zur Gewannbildung kam. Es liegt aber die Vermutung nahe, daß die Ursache in der Lage auf den schlechteren und damit unbeliebteren Böden liegt und dadurch keine Höfeteilung in dem Maße wie auf den älteren, höherwertigen Ackerfluren stattgefunden hat. Die Verbreitung dieser Weiler entspricht der abnehmenden Bodengüte zum nördlichen Bereich der Geest hin, also primär auf der nördlichen Hohen Lieth.
Alle drei Dorftypen gehen nach SCHÜNKE auf die altsächsische Besiedlung zurück und kennzeichnen die Siedlungsformen der Geest während der fortschreitenden Kultivierung[24]. Von diesen relativ langsam gewachsenen Altsiedlungen sind die in der jüngsten Erschließungsphase des 18. bis 20. Jahrhunderts entstandenen Reihensiedlungen zu unterscheiden, die im wesentlichen auf großangelegte, oft staatlich gelenkte Erschließungsmaßnahmen von bisherigen Ödflächen (Heide und Moor) zurückgehen, wie dies im Untersuchungsraum bei der Hochmoorkultivierung der Fall war.

---

[22] Die Entstehung dieses Typs ist nach SCHÜNKE einer späteren Etappe des Landausbaus nach derjenigen der Haufendörfer zuzuschreiben. Der Grund hierfür sei in der Lage auf den etwas schlechteren, zweitbesten Böden zu suchen; s. SCHÜNKE, 1938, S. 27.

[23] SCHÜNKE, 1938, S. 26.

[24] SCHÜNKE, 1938, S. 28.

2.2 Besiedlung der Marschen

Die erste Besiedlung der Marschen des Elb-Weser-Winkels begann aufgrund der im Vergleich zu Holland später einsetzenden Meerestransgression etwa 500 Jahre später gegen 300 n. Chr. im flußnahen, fruchtbaren Hochland durch die Chauken und nach der Völkerwanderung durch die Sachsen. Die ersten Siedlungsformen waren ausgedehnte Flachsiedlungen im Hochland, ein Hinweis auf die damals relativ sturmflutsichere Lage[1]. Der sich allmählich ausbreitende Wurtenbau vollzog sich unterschiedlich intensiv und unregelmäßig. So gab es in Kehdingen weniger und später Wurten aufgrund der höheren, lagebedingten Flutsicherheit[2].
Die Frage nach dem Landschaftsbild der Marschen bis zum Deichbau ist schwer zu beantworten, da sie immer noch den Gezeitenwirkungen unterlag. Aus Grabungen unter Hadelner und Kehdinger Marschenwurten wurde jedoch deutlich, daß es ausgiebige Grasvegetation gegeben hat. Es wird ebenfalls eine Waldbedeckung der Marschen angenommen[3]. Grabungen ergaben außerdem Hinweise auf Viehhaltung und den teilweise stattfindenden Anbau von Sommergetreide.

Bei der Flur gab es zu dem Zeitpunkt wirtschaftsrechtlich noch kaum Unterschiede zu derjenigen der Geest. SCHÜNKE weist auf das beidseitige Vorkommen von Acker und Allmende hin, die in dem dort untersuchten Beispiel von Otterndorf bis ins 19. Jahrhundert als Form der gemeinen Bürgerweide erhalten geblieben war[4]. Die Allmende in der Marsch bestand zu der Zeit überwiegend aus Grünland, teilweise aber auch aus Wald[5]. Die alte Flurform vor der Eindeichung war nach SCHÜNKE der Kamp in teils ungeteilter (in der Wurster Marsch), teils geteilter Blockform (in der Hadelner Marsch)[6]. Die später aufkommende, parallele Flurauftteilung der Marschhufendörfer war erst nach erfolgter Eindeichung im 11. Jahrhundert

---

[1] WITT nennt für die Verbreitung dieser Siedlungen den Zeitraum vom ersten vorchristlichen Jahrhundert bis in das 4./5. Jh. bis der ansteigende Meeresspiegel die Wurtenbildung erforderte; WITT, 1951, S. 124.

[2] WITT diskutiert die Frage einer möglichen Siedlungskontinuität in der Marsch während der Übergangszeit von den Flachsiedlungen zum Wurtenbau, während VÖLKSEN eine von Unterbrechungen gekennzeichnete Besiedlung der Marsch annimmt, wobei es auch zur Aufgabe von Wurten und zum Rückzug auf die Geest gekommen sei; s. WITT, 1951, S. 124.

[3] VÖLKSEN, 1988, S. 17.

[4] SCHÜNKE, 1938, S. 35.

[5] SCHÜNKE, 1938, S. 35.

[6] Der Unterschied kam dadurch zustande, daß in der Wurster Marsch Friesen siedelten, die Viehzucht betrieben und deswegen nicht so stark auf Entwässerung angewiesen waren, während die geteilte Blockflur der Hadelner Marsch auf Sachsen zurückging, die Ackerbauern waren und ihre Blöcke durch Entwässerungsgräben weiter unterteilten; s. SCHÜNKE, 1938, S. 37. VÖLKSEN spricht von der unregelmäßig geteilten Blockflur, die durch die mäandrierenden Marschenpriele verbindenden Entwässerungsgräben entstand; s. VÖLKSEN, 1988, S. 17.

möglich[7]. SCHÜNKE betont in diesem Zusammenhang, daß die solchermaßen geteilte Blockflur der Hadelner Marsch keine Gemengeflur wie bei den Geestsiedlungen war, sondern immer noch in einem Kamp lag, die zuvor getroffene Unterscheidung also auf agrartechnischen Gegebenheiten beruhte[8]. Jedoch kann für die Flureinteilung, die zur damaligen Zeit sicherlich auf das Grabensystem zurückging, nicht ohne weiteres auf Kontinuität geschlossen werden, da gerade dieses Grabensystem einem starken Wandel unterlag. In seiner Untersuchung der Besiedlung der holsteinischen Elbmarschen bezweifelt auch HALFPAP nach genauem Studium der Literatur die Beweiskraft der Flureinteilung, soweit sie auf der Annahme der Kontinuität dieser Grabenstrukturen beruht[9].

2.2.1 Kolonisation der Marschen im Mittelalter

Für die Marschenkolonisation und -besiedlung sind besonders die etwas älteren, aber grundlegenden Arbeiten von SCHÜNKE (1938), HÖVERMANN (1951) und BIERWIRTH (1967) von Bedeutung. HÖVERMANN untersuchte schon früh die dortigen Siedlungsformen, die sich je nach Alter mehr oder weniger von ihren ursprünglichen Formentypen ausgehend weiterentwickelten und veränderten[10]. Diesen Prozeß stellt HÖVERMANN in direkten Zusammenhang mit der Entwicklung der Wirtschafts- und Gesellschaftsstruktur, die ebenfalls die Flurformengenese mitbestimmten[11].
BIERWIRTH (1967) gliedert ihre Arbeit über Siedlung und Wirtschaft im Lande Hadeln in zwei Teile, wobei sie im ersten Teil zunächst den Besiedlungsgang der Marsch beschreibt und sich kritisch mit den bisherigen Ansätzen und Arbeiten auseinandersetzt[12]. Hier wird sinnvoll auf Untersuchungen mit historischem Ansatz aufgebaut und im wesentlichen die bisher bei HÖVERMANN(1951) und SCHÜNKE (1938) aufgestellte absolute Chronologie eines in Etappen vorgenommenen Ausbaus der Hadelner Marsch angezweifelt[13]. Neuere Arbeiten, die (wie von BIERWIRTH gefordert[14]) die Sied-

---

[7]HOFMEISTER weist jedoch auf die geringe Beständigkeit des Grabensystems ohne vorgelagerten Deichschutz hin; s. HOFMEISTER, 1979, S. 132.

[8]SCHÜNKE, 1938, S. 37.

[9]HALFPAP, 1989, S. 40.

[10]HÖVERMANN, 1951, S. 110.

[11]HÖVERMANN sieht die Flurformengenese in den Marschen in der gesellschaftlich-wirtschaftlichen Entwicklung, im Wandlungsprozeß von der Sippenwirtschaft zur freien, unabhängigen Wirtschaft des Individuums gespiegelt; s. HÖVERMANN, 1951, S. 110.

[12]Hierzu zählen insbesondere HÖVERMANN (1951), KERSTING, (1953), MANGELS (1957), u. ZARNACK,(1959).

[13]BIERWIRTH, 1967, S. 26.

[14]BIERWIRTH, 1967, S. 10.

lungsgeschichte Hadelns gründlich aufarbeiten und die Kolonisation lükkenlos darstellen, fehlen bisher[15].
Die Kolonisation der Marschen im Mittelalter brachte tiefgreifende Änderungen hinsichtlich der sozialen und wirtschaftlichen Verhältnisse und der damit verbundenen Siedlungs- und Flurformen mit sich. Als Siedlungsraum erfuhr die Marsch im Mittelalter eine Aufwertung gegenüber der Geest[16]. Der Beginn fällt in das 12. Jahrhundert, ein Zeitraum, über den in der Literatur ziemliche Einigkeit herrscht[17].
Für die planmäßige Erschließung und Besiedlung der Marsch war die Bedeichung und Wasserregulierung Voraussetzung, wodurch der Getreideanbau erst in den Marschen möglich wurde. Zunächst wurden Ringdeiche gebaut, die Felder und Wiesen oder ganze Kirchspiele schützten. Gegen Ende des 11. Jahrhunderts folgte den Ringdeichen ein durchgehender küstenparalleler Deich, zunächst als Sommerdeich und in weiteren Ausbaustufen dann als Winterdeich, und später schließlich als endgültiger Seedeich[18].
Als neue Siedlungsform nach der Eindeichung prägt die Marschhufensiedlung das Bild. Diese Reihensiedlung ist langgestreckt und linienförmig, die Flur schließt geradlinig und klar vermessen rechtwinklig zur Siedlungslinie an, so daß die Wirtschaftsflächen als streifenförmige Hufen jeweils an die Gehöfte angrenzen.
VÖLKSEN unterscheidet zwei Typen dieses Siedlungstyps, die lockere Marschhufensiedlung auf dem Hochland, zu der er als typische Beispiele Altenbruch und Lüdingworth zählt und die geschlossene Siedlung mit einer mehr geradlinigen Anordnung der Gehöfte. Hierzu gehören Süderleda, Westerende und Medemstade im Norden des Untersuchungsgebietes[19]. Ebenfalls geradlinig, parallel zu den Marschhufen, verlaufen die Entwässerungsgräben, die das markante Bild der Flur ausmachen.
Die Verbreitung der neuen Flur erstreckte sich über das gesamte Hochland und Sietland mit Ausnahme eines kleinen, dreieckigen Raumes zwischen Otterndorf, Neuenkirchen und Belum sowie der Wurster Marsch westlich der Hohen Lieth[20]. Somit läßt sich grundlegend zwischen der älteren, zur

---

[15] Dies gilt gleichermaßen für die Marschen im Elbe-Weser-Winkel insgesamt. Neuere Forschungen betreffen im Lande Wursten primär die Wurtenforschung des Niedersächsischen Landesinstituts für Marschen- und Wurtenforschung; vgl. HAARNAGEL (1968) u. LEHE (1973).

[16] Diese Entwicklung manifestiert sich nach SCHÜNKE in der abnehmenden Zahl der Siedlungsneugründungen auf der Geest zwischen der Völkerwanderungszeit und dem Mittelalter und der umgekehrten Tendenz in den Marschgebieten Hadelns; s. SCHÜNKE, 1938, S. 56.

[17] HOFMEISTER, 1979, S. 135; BIERWIRTH, 1967, S. 9; HÖVERMANN, 1951, S. 19; VÖLKSEN, 1988, S. 17.

[18] Den Anlaß für den Deichbau sieht SEEDORF in der großen Bedeutung und Ertragreichheit der Getreidewirtschaft vom Mittelalter bis zum 19. Jahrhundert; s. SEEDORF, 1989, S. 32.

[19] VÖLKSEN, 1988, S. 19.

[20] SCHÜNKE, 1938, S. 57.

Wurtensiedlung gehörenden Blockflur und der neueren Marschhufenflur unterscheiden[21].

Die Größe der ursprünglichen Holländerhufe wird von SCHÜNKE mit 32 Hadler Morgen (entspricht 38,4 ha) angegeben[22]. Die Größe scheint jedoch nicht durchgehend statisch und geometrisch exakt gewesen zu sein, sondern hat sich an den landschaftlichen Gegebenheiten orientiert.

Über den Kolonisationsverlauf[23] und die tragenden Gewalten[24] kommt BIERWIRTH[25] nach sorgfältigem Quellenstudium jedoch zu einer von der älteren Lehrmeinung abweichenden Auffassung der Kolonisation. Sie stellt die Schlüssigkeit der als Leitfaden der Kolonisation angenommenen Grundlagen, nämlich Deiche, Wege und Flurnamen, in Frage. Danach besteht nicht immer automatisch ein Zusammenhang zwischen dem Wegenetz und den damaligen Deichlinien, so daß nicht in jedem Fall daraus auf den Kolonisationsver-

---

[21] Die unterschiedliche Entstehung führt SCHÜNKE auf die unterschiedlichen Rechtsverhältnisse zurück, wobei die ältere, frühmittelalterliche Blockflur auf engerschem Recht, die Marschhufenflur in Verbindung mit Kolonisten aus dem niederländischen Raum auf dem Hollerrecht fußt. SCHÜNKE weist in diesem Zusammenhang noch darauf hin, daß der Begriff "Hollersches Recht" nicht unbedingt politisch zu sehen ist, da der Begriff vermutlich auf alle Marschkolonisten überging; s. SCHÜNKE, 1938, S. 57.

[22] SCHÜNKE, 1938, S. 67.

[23] 1.) SCHÜNKE geht als erstes von einer etappenweisen, geplant fortschreitenden Kolonisation der Marschen durch autoritäre Landesherrschaft aus, die sich seiner Ansicht nach u.a. morphologisch in dem treppenartigen Ansteigen dreier Kirchspiele zur Elbe hin aufgrund unterschiedlicher Aufschlickung in Abhängigkeit von der Eindeichung widerspiegelt; s. SCHÜNKE, 1938, S. 71 f. u. 78 f.
2.) HÖVERMANN untergliedert das Gebiet in verschiedene Komplexe und versucht im einzelnen den Kolonisationsverlauf nachzuvollziehen. Er schließt nach der Analyse von Kirchspielgrenzen, Deichlinien und Gräben auf eine unregelmäßig fortschreitende, von verschiedenen Gewalten getragene und an verschiedenen Orten gleichzeitig oder versetzt stattfindende Kolonisation. Hierbei sei es auch zum Aufeinandertreffen unterschiedlicher Besiedlungen gekommen, wie er es am Beispiel von Nordleda und Lüdingworth-Osterende aufgrund der unregelmäßigen Grenze zwischen beiden Kolonisationsbereichen für gegeben ansieht; s. HÖVERMANN, 1951, S. 28.
Beiden Auffassungen ist gemein, daß sie von einem rückwärtigen Kolonisationsverlauf von der Geest aus küstenwärts ausgehen, obwohl es nach VILLINGER (1971, S. 73) bereits Hinweise auf zu der Zeit geltendes Holler Recht gegeben hat, was einen abweichenden Kolonisationsverlauf, wie ihn BIERWIRTH diskutiert, möglich erscheinen läßt; s. BIERWIRTH, 1967, S. 20 ff.

[24] Als kolonisierende Gewalten werden bei SCHÜNKE und HÖVERMANN gleichermaßen Adelsgeschlechter, das Herzogtum von Sachsen und das Bremer Erzbistum genannt. Aus der bei BIERWIRTH erfolgten Analyse historischer Grundlagen stellt sich vielmehr der Erzbischof als oberste kolonisierende Kraft heraus; s. BIERWIRTH, 1967, S. 16f.
Die späteren herzöglichen Zehntabgaben seien aus ursprünglich erzbischöflichen Zehnten hergeleitet. BIERWIRTH deutet die bei HÖVERMANN für die Kolonisation verantwortlich erklärte "Adelsgesellschaft" als Ministeriale des Erzstifts, die dann die Funktion von Lokatoren übernahmen, denen die Durchführung der Kulturarbeiten oblag. Diese Kulturarbeiten prägten in der folgenden Zeit die Landschaftsentwicklung durch ihre tiefgreifende, die Siedlungs- und Flurform gestaltende Wirkung.

[25] BIERWIRTH, 1967, S.17 ff.

lauf rückgeschlossen werden kann[26]. Gleiches gilt für die Verwendung von Flurnamen zur Rekonstruktion der Kolonisation, sofern sie nicht urkundlich belegt sind[27].
Für eine Klärung des Besiedlungsgangs ist für BIERWIRTH der von KERSTING[28] und MANGELS[29] erbrachte Beleg einer überwiegend durch Holländer durchgeführten Kolonisation ausschlaggebend. Danach kann die Besiedlung der Marschen durchaus im Hochlandbereich begonnen haben, was BIERWIRTH am Beispiel von drei Kolonisationskirchspielen diskutiert[30].
Diese Problematik wird jedoch nicht abschließend beantwortet, sondern nur unter dem Hinweis noch zu leistender Forschungsarbeit dargestellt[31].

---

[26] BIERWIRTH, 1967, S. 11.

[27] BIERWIRTH, 1967, S. 12.

[28] KERSTING, Teil I: 1953, S. 50 ff. u. Teil II: 1954, S. 80 f..

[29] MANGELS, 1957, S. 128 f..

[30] Ansatz ist hier die Überlegung, inwieweit der Ausbau gleichzeitig, in Verbindung mit vorher erfolgter Eindeichung verlaufen sein könnte und nicht, wie von SCHÜNKE (1938) und HÖVERMANN (1951) von vornherein angenommen, von der Geest her beginnend küstenwärts. Bei den drei Kolonisationskirchspielen Altenbruch, Lüdingworth und Nordleda schließt BIERWIRTH aus der jeweiligen Lage der Kirchen als Ausgangspunkte der Kolonisation an Prielen, von wo aus die Besiedlung durch die Holländer begonnen haben könnte, auf eine gleichmäßige, planvolle Kolonisation. Durch den Seebunddeich seien dann die drei Kirchspiele unter Einbeziehung altbesiedelter Kirchspiele durch Bau eines gemeinsamen Winterdeiches geschützt worden; s. BIERWIRTH, 1967, S. 20 f.

[31] BIERWIRTH, 1967, S. 10.

2.3 Entwicklung der Geest- und Marschgebiete bis zur Agrarreform

Es lassen sich seit dem Mittelalter zwei unterschiedliche Entwicklungstendenzen in beiden Landschaftsräumen unterscheiden, die zunächst grob mit dem Aufblühen der Marschwirtschaft und dem langsamen Verfall der Geestwirtschaft umrissen werden können.
Auf den Geestflächen war die Verheidung allgemein weit fortgeschritten, selbst der ursprünglich üppige Laubwaldbestand der südlichen Geest war zurückgegangen. Damit war naturgemäß ein Einkommensrückgang durch die verminderten Erträge aus Schweinemast[1] und Nutzholz verbunden. Die Grünlandanteile an den Geesträndern wurden aufgrund der geregelten Kultivierung in den Marschen ebenfalls in Mitleidenschaft gezogen, sie vernäßten zum einen durch das auf die Marsch ausgerichtete Entwässerungssystem und zum anderen durch Wasserstau durch vom Adel betriebene Wassermühlen[2].
Hierdurch wurde auch die Rinderhaltung erschwert.
Der Holzbedarf war im Mittelalter sprunghaft angestiegen, insbesondere durch die wachsende Bedeutung des Schiffbaus. Aufforstungen wurden zwar durchgeführt, jedoch primär mit schnellwüchsigen Kiefern und Fichten. Es fehlen Belege für eine genaue Datierung dieser Prozesse, Hinweise auf dezimierte Waldbestände und vermehrten Holzdiebstahl aus Gründen des Mangels existieren aus dem Zeitraum 1 500 - 1 700[3].
Dieser allmähliche Verödungsprozeß wirkte sich auch auf die persönliche wirtschaftliche Lage der Bauern aus. Durch die verschiedenen Formen der Abhängigkeit in der frühen Neuzeit, wie hohe Abgaben und den sog. Rottzins für die Neukultivierung von Land[4] zeichnete sich im Gegensatz zu den Expansionstendenzen in den Marschgebieten bei den Geestbauern eher eine rückläufige Wirtschaftsentwicklung ab.
Permanenter Roggenanbau mit abnehmenden Erträgen aufgrund Dungmangels und Bodenverarmung war die Folge. Das von der Grundherrschaft streng gehaltene Meierrecht verpflichtete die Bauern zu Zehntabgaben und machte sie unflexibel bezüglich agrarbetriebswirtschaftlicher Entscheidungen (z.B. Änderung der Fruchtfolge) infolge allgemeiner Zustimmungspflicht zu jeglichen Entscheidungen, die meierrechtliches Land betraf. All diese Hemmnisse führten zu Stagnation und teilweise zu Siedlungsrückgang, den SCHÜNKE durch einzelne Wüstungen dokumentiert sieht[5].
Die Förderung des Brinksitzer- und Anbauersystems im späten Mittelalter und der Frühneuzeit sowie die Anlage neuer Weiler im Bereich der südlichen Hohen Lieth und Lamstedter Börde stellen nach SCHÜNKE frühe Maß-

---

[1] Die natürliche "Weide" für Schweine waren die Laubwälder.
[2] SCHÜNKE, 1938, S. 82.
[3] SCHÜNKE, 1938, S. 83.
[4] SCHÜNKE, 1938, S. 84.
[5] SCHÜNKE, 1938, S. 84.

nahmen gegen diese Entwicklung dar[6]. Die neuen Bauernstellen konnten sich jedoch kaum entwickeln, da die Tragfähigkeit der Böden erschöpft war und den Neubauern oft auch das Nutzungsrecht der Allmende verwehrt wurde.

Dieser erneute Siedlungsschub hat also den wirtschaftlichen Niedergang der Geest nicht aufhalten können.

Das Landschaftsbild der Geest war bis zu diesem Zeitpunkt trostlos. Die Niederungen waren zu einem großen Teil vermoort (Langes Moor zwischen Lamstedter Geest und Hohe Lieth, Großes Ahlenmoor sowie die Täler der Geeste und Oste). Es gab kaum noch größere Waldbestände[7], ehemals bewaldete Gebiete trugen Busch und Heide. Als weitere deutliche Merkmale, die einen Rückschluß auf die wirtschaftliche Situation erlauben, führt SCHÜNKE die zwar zahlreiche, aber beengt wohnende Bevölkerung, die kleineren und in ihrer Bausubstanz einfacheren Behausungen, die primitiveren Wirtschaftsmethoden, die zurückgegangene Schweinemast sowie natürlich die zuvor erwähnten Lasten des Meierrechts an[8].

Insbesondere sind hier auch die Höfeteilungen seit dem Mittelalter zu nennen, die die Rentabilität der Betriebe gefährdeten und zu starker Besitzersplitterung führten, deren Folgen erst im Zuge der Agrarreform durch die Verkoppelungen gemildert wurden. Diese Besitzersplitterung hat, als sichtbare Folge dieser Verhältnisse, die Kulturlandschaft geprägt, wie das auf den alten Flurkarten zum Ausdruck kommt.

In den Marschen stellte sich die Situation anders dar. Die Kolonisationsgebiete unterlagen dem Hollerrecht, das zwar ebenfalls den Zehnten vorsah (wenngleich die Abgabenlast ungleich kleiner und weniger drückend war), zugleich aber den Hufnern ihre persönliche Freiheit gewährte. Die Bauern konnten dadurch am wirtschaftlichen Aufschwung teilnehmen: In den Marschgebieten vollzog sich ein allmählicher Wandel der ursprünglich mehr auf Viehzucht und -handel konzentrierten Wirtschaftsform zugunsten vermehrten Getreideanbaus, der sich in der Neuzeit zum wichtigsten Landwirtschaftszweig entwickelte. Die Marschen zählten zu den fruchtbarsten und kornreichsten Gegenden Deutschlands und waren die Hauptkornlieferanten großer Städte auch im benachbarten Ausland.

Diese Hochkonjunktur, die etwa bis zur ersten Hälfte des 19. Jahrhunderts anhielt, wurde noch verstärkt durch den von Holland 1740 importierten Rapsanbau, der in Kombination mit Wintergetreide gute und dauerhafte Gewinne brachte. Auch im Sietland verbesserten sich die Verhältnisse

---

[6] SCHÜNKE betont jedoch, daß es sich nicht um planmäßige Neugründungen handelte, sondern vielmehr um Weiterentwicklungen und Ausbauten von kleinen Hofstellen an Mühlen, aus denen dann Mühlenweiler hervorgingen; s. SCHÜNKE, 1938, S. 86.

[7] Die verbleibenden Waldflächen lagen bei Drangstedt, Ringstedt, Köhlen und Bederkesa; s. SCHÜNKE, 1938, S. 90.

[8] SCHÜNKE, 1938, S. 91.

durch die Einführung neuer Meliorationstechniken[9], die durch vermehrten Kalkgehalt im Boden ebenfalls Rapsanbau ermöglichten und die Grundlagen für intensive ackerbauliche Nutzung schufen, die sonst wesentlich nur aus dem Anbau von Roggen und Hafer bestand.
Angebaut wurde zusätzlich Klee zur Ernährung in der Vieh- und Pferdezucht. Gegen Ende des 18. Jahrhunderts hatte sich in den fruchtbaren Marschlandteilen ein siebenjähriger Fruchtfolgerhythmus herauskristallisiert. Dieser Fruchtfolgerhythmus mutet heute fast modern an im Vergleich zu dem primitiven damaligen Roggendaueranbau der Geestbauern. Es wechselten Raps, Weizen, Klee, Weizen, Hafer oder Gerste, Bohnen, Weizen, Brache[10].
Die Entwicklung der Betriebsgrößen verlief umgekehrt proportional zu derjenigen der Geestbetriebe. BIERWIRTH konstatiert in ihrer Untersuchung eine allmählich zunehmende Größe ab dem 17. Jahrhundert, mindestens aber ab ausgehendem 18. Jahrhundert[11]. Als Grund für die allmähliche Zunahme wird dort im Falle einiger deichnaher Kirchspiele das Vorhandensein verschiedener agrarrechtlicher Bestimmungen angeführt, die die Teilung der Höfe verhindern sollten[12].
Besonders wichtig im Hinblick auf die Entwicklung der Agrarstrukturmaßnahmen im Zuge der Agrarreform und späteren Flurbereinigungen erscheint eine weitere Rechtsbestimmung, die ebenfalls zur Vergrößerung der Höfe beigetragen hat: das "ius retractus" (Beispruchsrecht), eine Art Vorkaufsrecht für Verwandte des Hofverkäufers oder auch dessen Nachbarn. Und gerade dies scheint ein wesentlicher Aspekt dieser Regelung, da hierdurch damals schon die Zusammenlegung von Grundstücken gefördert wurde. Die Landwirte waren naturgemäß bestrebt, beim Zukauf von Ländereien jeweils solche Grundstücke zu erwerben, die den eigenen am nächsten lagen. BIERWIRTH spricht in diesem Zusammenhang bereits von einer Art früher Flurbereinigung[13]. Ihre Untersuchung eines Kirchspiels im Hochland zeigte ebenfalls eine Tendenz zur Betriebsvergrößerung, wiederum begünstigt durch den Zukauf benachbarter Ländereien von kleineren oder mittleren Betrieben, die zerschlagen wurden. Der Zukauf wurde möglich, wenn Höfe aufgrund Unrentabilität oder Fortzug der Besitzer zerschlagen wurden, wobei es häufig zum Abriß der Gebäude und Verkauf der Ländereien kam. BIERWIRTH führt für diese Entwicklung, nämlich die Aufgabe und Zerschlagung von Höfen mit dem damit verbundenen Verkauf und der teilweisen Arrondierung der Nachbarbetriebe primär betriebswirtschaftliche

---

[9] Hierzu zählt das sog. Kuhlverfahren, durch das tieferliegende, kalkhaltige Blauerde auf den sandig-tonigen, entkalkten Oberboden aufgebracht wurde.

[10] SCHÜNKE, 1938, S. 108.

[11] BIERWIRTH, 1967, S. 62.

[12] Eine dieser Bestimmungen verfügte, daß der jeweils jüngste Sohn Hof und Ländereien ungeteilt erbte. Eine andere regelte den Verkauf eines Hofes in der Form, daß er nur als Ganzes erfolgen konnte.

[13] BIERWIRTH, 1967, S. 64.

Gründe an[14]. So habe schon die Schwere des Bodens den Besitz mehrerer Pferde erfordert, um die Feldarbeit in der wetterbedingt zur Verfügung stehenden, häufig nur kurzen Zeit effektiv und rentabel durchführen zu können. Ein weiterer Vorteil der größeren Betriebseinheit lag in der höheren Kapitalkraft, die es den Inhabern ermöglichte, die Führung des Betriebs und die Verarbeitung der Früchte marktgerecht und damit gewinnbringend zu betreiben.

Zusammenfassend ist festzuhalten, daß sowohl Hoch- als auch Sietland der Marschregionen den Geestgebieten bis etwa 1800 wirtschaftlich weit überlegen waren.

2.3.1 Umkehrung der Entwicklungen in Marsch und Geest

Bevor noch die Agrarreform mit ihren tiefgreifenden Umwälzungen die Agrarlandschaft nachhaltig zu beeinflussen begann, wurde die zuvor dargelegte bipolare Entwicklung in den Marschen- und Geestgebieten unterbrochen - auf der einen Seite durch eine beginnende erneute Blüte der Geestwirtschaft, auf der anderen Seite durch die für die Marschbetriebe einsetzenden Krisenjahre in der ersten Hälfte des 19. Jahrhunderts, die mit der napoleonischen Besetzung begann. Die Handelsbeschränkungen während der Kontinentalsperre, die erforderlichen Kriegszinsen, die von den großhadelner Einwohnern aufzubringen waren und zusätzlich eingeforderte Arbeitsdienste für Befestigungsarbeiten trafen die Landwirtschaft hart. Nach dem Abzug der Franzosen setzte sich die Folge von Wirtschaftshemmnissen in Mißernten durch Schädlingsbefall, in Seuchen und in Sturmfluten in den Jahren von 1819 bis 1835 fort. Eine dramatische Verschlechterung trat mit dem Einsetzen des Preisverfalls für Getreide ab 1820 ein, nachdem es vorher im 18. Jahrhundert zu kontinuierlichen Preissteigerungen gekommen war[15]. Ersterer führte jetzt zu einem schnellen Anwachsen der Schuldenlast der Betriebe, da die durch höhere Gewalt hinzukommenden Katastrophen ein Reagieren auf diese Marktentwicklung nicht zuließen.

Die Entwicklung einer weiteren Kultivierung und Aufsiedlung der Marsch war gegen Mitte des 19. Jahrhunderts zum Stillstand gekommen. Die steigenden Lohnkosten und die allgemein sinkenden Produktionskosten sowie die zunehmende Landflucht durch die Industrialisierung taten ihr übriges zur Verschlechterung der Wirtschaftsgrundlagen.

Diese Krise betraf insbesondere die Sietlandbereiche der Marsch, da der

---

[14] BIERWIRTH, 1967, S. 67.

[15] 1730 bis 1800 war der Getreidepreis um das 4 bis 5 fache angestiegen; s. SCHÜNKE, 1938, S. 107. BIERWIRTH zeigt diese Preisentwicklung in der ersten Hälfte des 19. Jahrhunderts am Beispiel des Marktortes Otterndorf unter Auswertung der Statistik des Königreiches Hannover auf; s. BIERWIRTH, 1967, Tab. 2.

Boden aufgrund der Kultivierungsmaßnahmen allmählich sackte und zunehmend vernäßte[16].

Es hatte schon seit dem 16. Jahrhundert verschiedene Ansätze zur Regulierung der Entwässerung im Sietland gegeben[17], die jedoch alle aus Kostenstreitigkeiten oder aufgrund technischer Probleme (mangelndes Gefälle) nicht zur Vollendung kamen.

Eine gründliche Regelung schien 1845 erreicht, als der Bau eines Randkanals, der die Wassermassen südlich um das Sietland herumführen und dann der Elbe zuleiten sollte, vom König angeordnet wurde[18]. In den Jahren 1852 - 1854 wurde der Kanal zur Entwässerung und gleichzeitig als Binnenschiffahrtsweg gebaut. Der Bederkesa-Geeste Kanal schuf die Verbindung zur Weser, der Hadelner Kanal verlief von Bederkesa in einem nordöstlichen Bogen schließlich nach Norden zur Elbe. Die Hauptbedeutung des Kanals bestand in der Entwässerung, wodurch sich die Verhältnisse im Sietland in der 2. Hälfte des 19. Jahrhunderts allmählich besserten[19].

Für die Entwicklung der Geestregion und insbesondere ihrer wirtschaftlichen Erholung war auch der Prozeß der fortschreitenden Entwaldung von Bedeutung. Sie war von den Grundherren mit als eines der größten Übel dieser Zeit erkannt worden[20]. Man versuchte dem durch planmäßige Aufforstung zu begegnen. SCHÜNKE[21] schreibt der hannoverschen kurfürstlichen Kammer, der Rechtsnachfolgerin des Erzbistums Bremen, eine führende Rolle bei dieser Arbeit zu[22]. Aufgeforstet wurde jedoch nicht nur in den staatlichen Forstgründen, sondern auch privatwirtschaftlich in den ehemals bewaldeten Gebieten, die mehr oder weniger verheidet oder verbuscht nach den Teilungen und Verkoppelungen im 19. Jahrhundert an die jeweiligen Interessenten fielen.

Gesät oder angepflanzt wurden in erster Linie nur Nadelhölzer, wie sich am Beispiel der Wurster Heide als großes zusammenhängendes Nadelwaldgebiet heute noch zeigt.

---

[16] Nach BIERWIRTH betrug die Absenkung 1 bis 1,5 m; s. BIERWIRTH, 1967, S. 71.

[17] BIERWIRTH, 1967, S. 72.

[18] BIERWIRTH, 1967, S. 73.

[19] BIERWIRTH weist jedoch darauf hin, daß die bestehenden Niveauunterschiede zwischen Hochland und Sietland auch nach dem Kanalbau noch immer für Entwässerungsprobleme sorgten. Teilweise wäre im Hochland im Sommer eigentlich ein Wasserrückstau durch Schließung der Schleusen zur Vermeidung der Austrocknung erforderlich gewesen, während im Sietland der Wasserspiegel noch nicht ausreichend abgesenkt war; s. BIERWIRTH, 1967, S. 74.

[20] SCHÜNKE, 1938, S. 91.

[21] SCHÜNKE, 1938, S. 91.

[22] SCHÜNKE stellt das rasche Voranschreiten der Aufforstungen am Beispiel der Oberförsterei Bederkesa heraus, deren Großteil der Reviere bereits zur Zeit der Kurhannoverschen Landesaufnahme schon wieder aufgeholzt waren (160 ha in der Zeit von 1730 - 1760). Der größte Teil der Aufforstungen fällt in das 19. und 20. Jahrhundert, mit einem Zuwachs von annähernd 100 % im Bereich der von der Entwaldung am meisten betroffenen mittleren und nördlichen Geest; s. SCHÜNKE, 1938, S. 91.

Der hier umrissene Wiederaufbau fand unabhängig von der Agrarreform statt und hat insgesamt betrachtet gut 100 Jahre vorher begonnen. Mit der Agrarreform begann dann die organisierte Wirtschaftsentwicklung, von der insbesondere die Geestgebiete profitierten, da hier noch Raum zur weiteren Kultivierung vorhanden war und durch die langjährige Rezession genügend Nachholbedarf für intensive wirtschaftliche und kulturelle Entwicklung bestand.

Zusammenfassend ist festzuhalten, daß die Blütezeit der Marschen bis annähernd zum Beginn der Agrarreform zu Anfang des 19. Jahrhunderts anhielt und es dann durch eine Reihe von Entwicklungshemmnissen zum Stillstand kam, während sich die Geest durch die beginnenden Reformen endgültig aus dem wirtschaftlichen Abseits löste.

C STAATLICH GELENKTE MASSNAHMEN ZUR ERSCHLIESSUNG UND ENTWICKLUNG DER LÄNDLICHEN KULTURLANDSCHAFT BIS ZUM FLURBEREINIGUNGSGESETZ VON 1953

I Einleitung und Begriffsbestimmung

In Hinblick auf eine klare Begrifflichkeit wird zunächst der Versuch unternommen, die Ziele dieses Teils der Untersuchung terminologisch voneinander abzugrenzen und den Bezug zu den entsprechenden Abschnitten der Studie herzustellen.

Zielsetzung dieser Studie ist die Untersuchung und Darstellung der Entwicklung sowie der Auswirkungen staatlich gelenkter Maßnahmen, die die Kulturlandschaft nach den jeweiligen politischen und wirtschaftlichen Erfordernissen bis heute geformt und überprägt haben. Das gemeinsame Element solcher Maßnahmen zur Kulturlandschaftsentwicklung ist die jeweils daran gekoppelte allgemeine Zielsetzung, die naturgemäß ebenfalls einer starken Wandlung bis heute unterworfen war.
In der vorliegenden Untersuchung wird hierbei von zwei verschiedenen, zeitlich aufeinander folgenden Zielen ausgegangen: der am Anfang stehenden Erschließung von Kulturlandschaft und ihrer darauffolgenden weiteren Entwicklung, die den Schwerpunkt der Studie darstellt.

Fragt man zu Beginn nach den Leitmotiven der primären Erschließungsmaßnahmen im ländlichen Raum, so ist zunächst von der aus politischem und wirtschaftlichem Druck erwachsenen Notwendigkeit, Siedlungsräume zu erschließen, auszugehen.
Eine Untersuchung der historischen Entwicklung dieser Prozesse und die Darstellung bis zur heutigen Situation hat nach Meinung des Verfassers dort anzusetzen, wo landeskulturelle Entwicklungsprojekte größeren Umfangs zu diesem Zweck stattgefunden haben und es zu einer Umgestaltung der Naturlandschaft mit einer daraus resultierenden Kulturlandschaftsstruktur kam.
Eine solche primäre Erschließungsmaßnahme größeren Umfangs soll einleitend am Beispiel des gezielten Erschließungs- und Besiedlungswerks der Hochmoorkolonisation in der Hamme-Oste-Niederung aufgezeigt werden. (Kap.C II).

In der so entstandenen Kulturlandschaft war es dann in der fortschreitenden Entwicklung das Ziel und oft die dringende Notwendigkeit, die dortigen Lebens- und Wirtschaftsbedingungen zu verbessern. Die hier einsetzenden staatlich gelenkten Maßnahmen zur weiteren Entwicklung der Kulturlandschaft bis zur gegenwärtigen Situation stehen im Mittelpunkt der Untersuchung. Konsequenterweise bezieht diese thematisch auch diejenigen

Maßnahmen zur Verbesserung der Landeskultur[1] mit ein, die die gleiche oder eine ähnliche Zielsetzung verfolgten.

"Landeskultur ist das nachhaltige Ergebnis umfassender, großräumiger, planerischer und aufwendiger Bemühungen zum Urbarmachen, Pflegen, Verbessern und Nutzen des Bodens. Landeskultur ist somit im engeren Sinne als Bodenkultur zu verstehen. Alle landeskulturellen Maßnahmen sind bodengebunden"[2].

Diese Definition von KUNTZE enthält zwei Thesen, die den Ansatzpunkt der vorliegenden Untersuchung bilden:

- Der regionale Umfang der bei KUNTZE betrachteten Maßnahmen ist so weiträumig bemessen, daß sie staatlich koordiniert und durchgeführt werden müssen.

- Im Mittelpunkt stehen bodenverbundene Maßnahmen, die sowohl Neuerschließung und Urbarmachung als auch Neuordnung und Verbesserung bestehender Nutzungsflächen einschließen.

Das übergeordnete Ziel der gelenkten, die Kulturlandschaft weiterentwickelnden Maßnahmen war in einer ersten Phase primär die Rentabilitätssteigerung der Landwirtschaft. Dies war nicht nur Leitgedanke der ersten solcher Maßnahmen, der Gemeinheitsteilungen und Verkoppelungen des 19. Jahrhunderts, sondern ebenfalls zunächst die Prämisse der Flurbereinigung, der modernen Folgemaßnahme dieser Teilungen. Diese schwerpunktartige Ausrichtung änderte sich erst in den 70er Jahren dieses Jahrhunderts. Der Ansatzpunkt der staatlich gelenkten Maßnahmen in der daran anschließenden zweiten Phase war naturgemäß ebenfalls der ländliche Raum, da es um die Verbesserung der landwirtschaftlichen Arbeits- und Erzeugungsbedingungen ging, gemeinhin heute als *"Agrarstruktur"* bezeichnet.

Um den Begriff der Agrarstruktur ist viel gerungen worden und es existieren verschiedene Auffassungen darüber, was darunter zu verstehen sei[3]. Auf EWG-Ebene wurde der Begriff Agrarstruktur unter Zuordnung folgender Bereiche vereinheitlicht[4]:
- Produktionsbedingungen
- Ausrichtung auf landwirtschaftliche Erzeugung
- Vermarktungsbedingungen für landwirtschaftliche Erzeugnisse.

---

[1] Der früher gebräuchlichere Begriff Landeskultur faßt Maßnahmen zur Bodenerhaltung und -verbesserung, Neulandgewinnung und Flurbereinigung zusammen und wird in besonderem Maße erst in den entsprechenden späteren Abschnitten der Studie relevant (vgl. Kap. D I). Der Begriff bekam mit Erscheinen des Flurbereinigungsgesetzes von 1953 und der Novelle von 1976 durch die Aufnahme in § 1 beider Gesetze neue Bedeutung. Zur weiteren Definition von "Landeskultur" s. MEYER, 1970(b), Handwörterbuch für Raumforschung u. Raumordnung, Sp. 1666-1669.

[2] KUNTZE, 1971, S. 257 f.

[3] Bei SCHWEDE findet sich ein kurzer Abriß der terminologischen Entwicklung und der verschiedenen Definitionsansätze; s. SCHWEDE, 1971, S. 13.

[4] Durch Verordnung Nr. 14/64 vom 5. Februar 1964 im Amtsblatt der Europäischen Gemeinschaft vom 27. Februar 1964, zitiert bei SCHWEDE, 1971, S. 13.

Die Agrarstruktur gliedert sich nach NONHOFF in eine interne Struktur (bezogen auf die landwirtschaftlichen Betriebe) und eine externe Struktur (bezogen auf die landwirtschaftliche Infrastruktur)[5]. Danach bezieht sich der Begriff Agrarstruktur nach heutiger Auffassung auf die Gesamtheit der in der Landwirtschaft bestehenden Produktions- und Lebensbedingungen[6].
Während der vergangenen 200 Jahre sind eine ganze Reihe von Maßnahmen, die auf eine Verbesserung der Verhältnisse in diesem Bereich abzielten und dadurch auch zu einer (wie auch immer gearteten) Entwicklung der Kulturlandschaft beitrugen, verschiedentlich von staatlicher Seite her aus unterschiedlichen Gründen durchgeführt worden[7].
Die Darstellung dieser Entwicklung und der damit verbundenen kulturlandschaftsprägenden Einflüsse bildet einen weiteren Hauptaspekt der vorliegenden Untersuchung.

Im folgenden soll einleitend anhand der bei KUNTZE aufgelisteten Stadien landeskultureller Entwicklung ein kurzer Überblick über die entscheidenden, das kulturlandschaftliche Bild im Elbe-Weser-Raum bestimmenden, Prägungsphasen gegeben werden, die hier in ihrer Relevanz für den Untersuchungsraum kurz zusammengefaßt wiedergegeben[8] und den jeweiligen Abschnitten der Studie zugeordnet werden:

a) Landnahme
Die Besiedlung und Inkulturnahme der Geest-, Marsch- und Moorregionen vollzog sich aufgrund der ungünstigen Boden- und Klimaverhältnisse vergleichsweise spät und setzte erst im Mittelalter verstärkt ein[9].

b) Landausbau im Mittelalter
In der Zeit des hochmittelalterlichen Landausbaus setzten sich in den Geesträumen bereits erste, auf dorfgemeinschaftlicher Basis beruhende Wirtschaftsweisen durch (3-Felderwirtschaft und 1-Feld-Dauerkultur). In

---

[5] NONHOFF, 1965.

[6] SCHWEDE, 1971, S. 13.

[7] Sie sollen im folgenden unter dem Oberbegriff *"Agrarstrukturmaßnahmen"* zusammengefaßt werden.

[8] KUNTZE faßt die landeskulturelle Entwicklung in Nordwestdeutschland in Anlehung an W. Abel(1967) wie folgt zusammen:
I   ab   5. Jh.   Landnahme
II   11.- 13. Jh.   bäuerlicher Landausbau (3-Felderwirtschaft).
III   14.- 15. Jh.   Wüstungsperiode / 1. Agrarkrise
IV   16.- 17. Jh.   Rekultivierung - Neulandgewinnung
V   18. Jh. grundherrschaftliche Landeskultur -
                     (verbesserte 3-Felderwirtschaft)
VI   19. Jh. Bauernbefreiung-Verkoppelung-Industrie/ 2.Agrarkrise
VII 1.HJ. 20. Jh.   Innere Kolonisation; Chemie-Technik-Rationalisierung
VIII 2.HJ. 20. Jh.   Konkurrierende Raumansprüche-Umweltschutz/ 3. Agrarkrise; (KUNTZE, 1971, S. 259).

[9] Vgl. Kap. B 2.

den Ödlandbereichen des Landes begann die erste randliche Landerschließung durch Klöster und Orden[10].

c) Landeskultur im Zeitalter des aufgeklärten Absolutismus
Der drastische Anstieg der Bevölkerung im 18. Jahrhundert machte eine weiträumige und planvolle Erschließung und Inkulturnahme von Land erforderlich, die nur von staatlicher Hand organisiert werden konnte. Die mit diesen Plänen der Landesherren verbundenen Schlagwörter waren "Melioration" und "Peuplierung", (Maßnahmen zur Landesverbesserung und Steigerung der Bevölkerungsdichte). Die primäre Zielsetzung von großräumigen Landeskulturmaßnahmen war die Steigerung agrarer Leistungsfähigkeit. Im 17. und 18. Jahrhundert spiegelt sich dies in den vielfältigen Maßnahmen zur Landesverbesserung unter Friedrich Wilhelm I. und Friedrich dem Großen wider, die die Urbarmachung weiter Heide- und Moorgebiete in Preußen vorantrieben[11]. Diese Phase markiert den ersten wichtigen Abschnitt in der langen Entwicklung der Landeskulturmaßnahmen bis heute. In diese Zeit fällt auch die staatliche Moorkolonisation Kurhannovers mit der Kultivierung und Urbarmachung weiter Hochmoorregionen im Untersuchungsraum: Ein klassisches Beispiel stellt die Erschließung und Besiedlung der Hamme-Oste-Moore dar, wodurch diese Niederungsgebiete tiefgreifend umgestaltet und bis heute geprägt wurden. Dieses frühe Erschließungswerk[12] wurde zur Verdeutlichung dieser Epoche gewählt und bildet im nachfolgenden Teil der Untersuchung (Kap. II) den ersten thematischen Schwerpunkt.

d) Bauernbefreiung und Agrarreform
Die Agrarreform des 19. Jahrhunderts mit ihren vielfältigen Maßnahmen zur Verbesserung der landwirtschaftlichen Verhältnisse sowie der persönlichen Stellung der Bauernschaft bildet die zweite Etappe in dieser Entwicklung.
Die heutigen Flurbereinigungen wurzeln historisch betrachtet in den mit der sog. Bauernbefreiung[13] verbundenen Maßnahmen der Agrarreform, den

---

[10] Vgl. Kap. C II 1.1.

[11] Neben der Ausweitung und Neuerschließung landwirtschaftlicher Nutzfläche (Urbarmachungsedikt von 1765) gab es die Bestrebung zur Verbesserung und Intensivierung der Landwirtschaft an sich. Dies geschah u.a. auch durch Hinzuziehung ausländischen Rates auf den Gebieten Landwirtschaft und Wasserbau sowie Pflanzenzucht und -anbau.

[12] Die Ergebnisse dieses großangelegten Kolonisationswerkes werden im Rahmen dieser Untersuchung besonders dann relevant, wenn später, zur Zeit der Teilungen und Verkoppelungen, die regionale Verbreitung dieser Verfahren im Elbe-Weser-Raum zu untersuchen sein wird, insbesondere hinsichtlich der Frage, welche Bedeutung die kurz vor den Verkoppelungen des 19. Jahrhunderts durchgeführte Kultivierung von Ödland für die Agrarreform hatte und eventuell heute noch für die Flurbereinigung hat.

[13] Der Begriff Bauernbefreiung bezeichnet im strengen Sinne nur die Ablösung von den grundherrlichen Verpflichtungen. LÜTGE definiert ihn weitgefaßter:
"Alle Reformmaßnahmen, die seit der Mitte der zweiten Hälfte des 18. Jahrhunderts in den europäischen Ländern durchgeführt wurden, um die

Teilungen und Verkoppelungen. Sowohl die gesetzlichen Grundlagen als auch die Durchführung dieser frühen Agrarstrukturmaßnahmen und ihre kulturgeographischen Auswirkungen stellen zusammen mit den späteren Flurbereinigungen im Anschluß an die Darstellung der ersten Phase der Erschließung den Untersuchungsschwerpunkt dieser Arbeit dar.

Bei der Untersuchung der Entwicklung staatlich gelenkter Maßnahmen zur Kulturlandschaftsentwicklung ist ebenfalls die Frage nach den damit verbundenen Ursachen, Zielen und Auswirkungen von Bedeutung.
Die <u>Ursachen</u> der verschiedenen Kultivierungsinitiativen, die sich aus den Anforderungen an die Landwirtschaft und den landespolitischen Zielen ergeben, bedingen zugleich die <u>Ziele</u>, die mit der Durchführung verbunden waren. Diese können somit politischer[14] und agrarwirtschaftlicher Natur sein.
Die <u>Auswirkungen</u> betreffen einmal den agrarwirtschaftlichen Erfolg der Maßnahmen selbst sowie den Einfluß auf das kulturlandschaftliche Bild. Der Schwerpunkt dieser Studie liegt auf dem letztgenannten Aspekt, wobei in erster Linie vom Fallbeispiel ausgegangen wird und die Auswirkungen auf die Kulturlandschaft durch Induktion verdeutlicht werden sollen.
Die genannten drei, bisweilen schwer voneinander zu trennenden Breiche werden im Detail in die Darstellung der einzelnen Phasen integriert und im entsprechenden Zusammenhang besprochen.

---

altüberkommene Agrarverfassung im Sinne der neuen liberalen Ideen umzuwandeln, also im besonderen die grundherrlichen und die gutsherrlichen Beziehungen aufzulösen, werden heute in der Regel mit dem Ausdruck "Bauernbefreiung" bezeichnet; s. LÜTGE, 1966, S. 201.
Da hiernach "Bauernbefreiung" die umfassende Reform der gesamten sozialen und wirtschaftlichen Ordnung vom 18. bis zum 19. Jahrhundert bezeichnet, werden im folgenden auch die Gemeinheitsteilung und Verkoppelung dazu gezählt.

[14] Politische Ziele finden im Rahmen dieser Untersuchung nur dann Berücksichtigung, wenn sie in Form landes- und regionalplanerischer Programme die landespflegerischen Bereiche der Flurbereinigungsverfahren berühren und damit Gegenstand der Untersuchung sind.

II   Hochmoorkultivierung als frühes Beispiel für die Erschließung von Kulturlandschaft im 18. Jahrhundert

Der Raum

Der hier angesprochene Raum ist ein Teil des Niederungsgebietes, welches sich keilförmig in Form eines gleichschenkligen Dreiecks mit der Spitze im N bei Bremervörde in die Stader Geest im W und die Zevener Geest im O einfügt und im Süden in das Bremer Becken übergeht[1]. Das Attribut "nasses Dreieck" gilt überwiegend für den ganzen Hamme-Oste-Raum aufgrund der vorwiegend niedrigen Lage unterhalb +10 m NN[2], die das Gebiet den damals häufigen Überschwemmungen der beiden Flüsse aussetzte.

Dieser zu den größten zusammenhängenden Moorgebieten Niedersachsens zählende Raum erstreckt sich über eine Gesamtfläche von 360,8 qkm, wovon 157,2 qkm auf Niedermoor und 203,6 qkm auf Hochmoor entfallen. Im einzelnen kann nach fünf Hauptmoorkomplexen untergliedert werden: Gnarrenburger Moor, Rummeldeismoor, Langes Moor, Kurzes Moor und das eigentliche Teufelsmoor (vgl. Karte 2).

Wegen einer speziellen, von ähnlich konstituierten Gebieten abweichenden Entwicklung infolge der Kolonisation, finden sich zahlreiche Arbeiten, die sich der Besiedlung dieses Teils des Elbe-Weser-Raumes widmen. Von den älteren Arbeiten sind hier besonders die von HUGENBERG[3], EHLERS[4] und LILIENTHAL[5] hervorzuheben, da sie auf der Auswertung von Archivalien basieren[6]. Umfassende neuere Arbeiten sind die von FLIEDNER[7] und MÜLLER-SCHEESSEL[8], die unterschiedliche Ziele verfolgen: FLIEDNER bemüht sich in seiner umfassenden Arbeit um eine Gesamtdarstellung der Genese dieses Kulturraumes während MÜLLER-SCHEESSEL die kurhannoversche Moorkolonisation zum Schwerpunkt seiner Arbeit macht[9].

---

[1] Häufig wird für das Niederungsgebiet der Hamme-Oste-Region auch synonym der Begriff Teufelsmoor verwandt und dadurch der Name eines kleinen Moorkomplexes unzutreffenderweise auf das gesamte, die Geest teilende Niederungsgebiet ausgeweitet. Die Bezeichnung Teufelsmoor-Raum hat sich dennoch auch in der neueren Literatur in diesem Sinne behauptet. Der Name entwickelte sich aus der plattdeutschen Bezeichnung "Dooves Moor" oder "Duvelsmoor" (d.h."taubes", ödes und unwegsames Gebiet).

[2] Vgl. Karte 1. Nahezu 10 000 ha der insgesamt ca. 60 000 ha liegen unter 10 m NN.

[3] HUGENBERG, 1891.

[4] EHLERS, 1914.

[5] LILIENTHAL, 1936.

[6] MÜLLER-SCHEESSEL, 1975, S. 6.

[7] FLIEDNER, 1970.

[8] MÜLLER-SCHEESSEL, 1975.

[9] MÜLLER-SCHEESSEL setzt sich dabei intensiv mit dem Werke und der Persönlichkeit Findorffs auseinander, der mit der Durchführung der Kolonisation betraut war. In diesem Zusammenhang erfahren auch die erwähnten vorangegangenen Arbeiten eine kritische Würdigung; s. MÜLLER-SCHEESSEL, 1975, S. 6 ff.

Der Besiedlungsgang bis zur Moorkolonisation

Die eigentliche Moorkolonisation als erstes planmäßiges Erschließungsvorhaben war die letzte von vier Kolonisationsphasen in der Hamme-Oste-Niederung:

1. die Phase der Hollerkolonisation des 12. und 13. Jahrhunderts,
2. die von den Klöstern getragenen Erschließungsvorhaben des 15. und 16. Jahrhunderts,
3. das Aufkommen erster Hintermeierkolonien, die im Laufe der Jahrhunderte zu Dörfern ausgebaut wurden,
4. die großangelegte staatliche Moorkolonisation Kurhannovers.

Während die Moore der Hamme-Oste-Niederung seit jeher siedlungsfrei waren, geht die Geestrandbesiedlung dagegen auf die Zeit um 2000 v. Chr. zurück, worauf Großsteingrabfunde bei Osterholz-Scharmbeck hindeuten.
Ein erster Siedlungsanreiz war nach SCHWAAR durch die mögliche randliche Nutzung der eutrophen Niedermoore schon im Neolithikum gegeben[10]. Zu nennenswerten, urkundlich belegten Siedlungsaktivitäten kam es jedoch erst zu Beginn der ersten Siedlungsphase, der sog. Hollerkolonisation[11].

Der Besiedlungsgang im Hamme-Oste-Raum war vor der staatlichen Kolonisation von Süden nach Norden und Nordosten fortgeschritten. Die treibende Kraft hierfür waren die Klöster gewesen. Unter ihrer Aufsicht entstanden die ersten Moorhufensiedlungen (z.B. Teufelsmoor und Waakhausen), wobei die Kolonisten durch das Meierverhältnis abhängig blieben. Als Ableger der älteren Siedlungen wurden Hintermeierkolonien in den Allmenden der älteren Dörfer gegründet, die wiederum durch kleinere Parzellen von den Meiern in Abhängigkeit gehalten wurden, um ihnen als Arbeitskräfte dienen zu können.

---

[10] SCHWAAR, 1981, S. 40.

[11] Einen Überblick über Siedlungsgefüge und -entwicklung im Hamme-Oste-Raum gibt Karte 3.

Karte 2: NATURRÄUMLICHE EINHEITEN DER HAMME-OSTE-NIEDERUNG

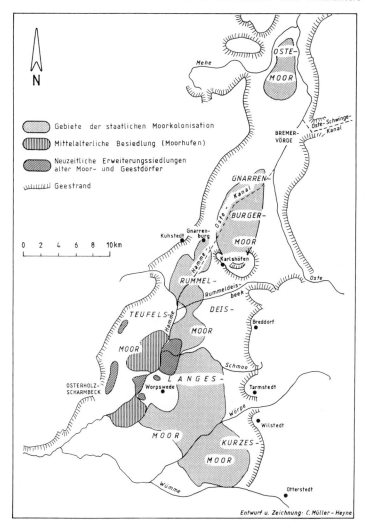

Quellen: FESTSCHRIFT d. Landwirtschaftsvereins Bremervörde, 2.Teil, 1886. - FLIEDNER, 1970. - MÜLLER-SCHEESSEL, 1975.

Karte 3: SIEDLUNGSGEFÜGE UND -ENTWICKLUNG IN DER HAMME-OSTE-NIEDERUNG

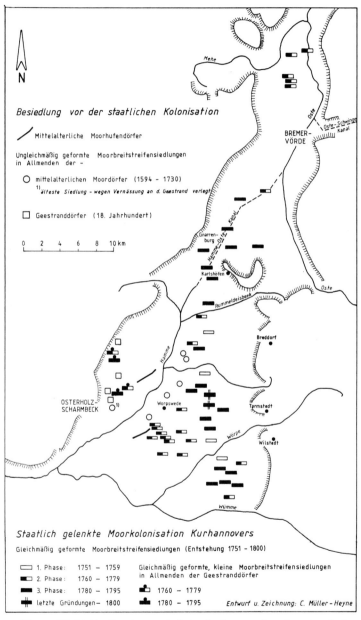

Quellen: FESTSCHRIFT d. Landwirtschaftsvereins Bremervörde, 2.Teil, 1886. - FLIEDNER, 1970. - MÜLLER-SCHEESSEL, 1975.

1   Die staatliche Moorkolonisation Kurhannovers

Erst die staatliche Moorkolonisation hat als vierte Siedlungsphase den Hamme-Oste-Raum so erschlossen und das Siedlungsbild so geformt, wie es sich dem Betrachter heute zeigt. Dabei wurden insgesamt 51 Dörfer neu gegründet[1] und 12 ältere Siedlungen durch Flurerweiterung vergrößert. Der erste Schritt in Richtung einer gelenkten Siedlungspolitik zeichnete sich nach dem Dreißigjährigen Krieg mit der Neuordnung der Herrschaftsansprüche ab. Aus den Bistümern Bremen und Verden wurden nach dem Westfälischen Frieden 1648 die Herzogtümer Bremen und Verden, die als Reichslehen an die schwedische Krone fielen. Nach HÖSCHEN gab es zum Ende der Schwedenzeit schon Kolonisationspläne, die aber in Vergessenheit gerieten, nachdem die Herzogtümer 1712 in dänische Hände fielen und 1715 in den Besitz des Kurfürstentums Hannover übergingen[2]. Nach der Übernahme der ehemals bremisch-verdischen Herzogtümer durch Hannover erwachte das landespolitische Interesse an den Moorgebieten.
Merkantilismus und der aufgeklärte Absolutismus waren Träger des Gedankens, ein Staat müsse in der Lage sein, sich selbst zu ernähren und zu versorgen. Aus diesem Grunde war eine Steigerung der Wirtschaftskraft notwendig. Brachliegende Flächen waren mit diesem Anspruch unvereinbar. Dies spiegelt sich in den zwei wichtigen Zielen preußischer Innenpolitik zu Beginn des 18. Jahrhunderts wider, der Melioration und Peuplierung[3].
"Brachliegend" heißt in diesem Falle jedoch nicht gänzlich unberührt. Bereits zu Beginn des 18. Jahrhunderts hatten die private, randliche Moornutzung durch Torfstich und auch schon Siedlungsaktivitäten der Geestbauern stark zugenommen, so daß die Kammer in Hannover auf diese "Unordnung"[4] aufmerksam gemacht wurde. Somit lag der Vorteil staatlichen Eingreifens auf der Hand: Urbarmachung neuen Landes und damit Ausweisung von Siedlerstellen, die Steuereinkünfte versprachen.
Im Vordergrund der sich nun anbahnenden Kolonisation stand im Gegensatz zu allen anderen Moorbesiedlungen Norddeutschlands immer primär das Ziel der Agrarwirtschaft[5], wobei aber auch der Torfabbau noch eine große Rolle spielte, da er durch den zwar geringen, aber im Vergleich zu dem mühsam anlaufenden Getreideanbau regelmäßigen Erlös die einzige wirkliche Lebensgrundlage der Kolonisten war.
Einleitend gilt festzuhalten, daß die kurhannoversche Kolonisation das Produkt sowohl staatlicher Interessen, als auch der Bestrebung unfreier

---

[1] Hierzu zählen alle Neugründungen zwischen 1751 und 1800. Es hat darüberhinaus zu Beginn des 19. Jahrhunderts noch einige Spätgründungen gegeben, die sich wegen ihrer Besonderheiten von den vorstehenden unterscheiden und hier nicht berücksichtigt werden sollen.

[2] HÖSCHEN, 1956, S. 9 f.

[3] MÜLLER-SCHEESSEL, 1975, S. 1.

[4] EHLERS, 1914, S. 23.

[5] MÜLLER-SCHEESSEL, 1975, S. 50.

bäuerlicher Bevölkerungsteile war, sich aus der Abhängigkeit von den Meiern zu befreien.

1.1 Organisation des Kolonisationsvorhabens

Von ausschlaggebender Bedeutung für die Kolonisation und den technischen Ablauf war die Erkenntnis, daß für ein staatliches Eingreifen zuerst eine Gebietsvermessung zur Festlegung der Grenzen erfolgen mußte. Hier bahnten sich schwierige Verhandlungen mit denjenigen an, die sich entweder schon niedergelassen hatten oder Besitzansprüche aus Gewohnheitsrecht angemeldet hatten, so daß auf längere Sicht eine neutrale Person für die Schlichtungsverhandlungen erforderlich schien.
Ein von dem damaligen Kammersekretär Augspurg verfaßtes Gutachten enthielt ein sehr weitsichtiges Konzept für die Durchführung der Kolonisation, das in seinen Grundzügen bis ins 20. Jahrhundert Gültigkeit hatte[6]. Er erkannte schon früh die Notwendigkeit einer Mindestkolonatsgröße, die er mit 80-100 Morgen veranschlagte[7]. (Später stellte die Verkleinerung der Kolonate infolge der teilweise erfolgten Stellenteilung eine Existenzgefährdung der landwirtschaftlichen Betriebe dar). Weiterhin wurde dort auf die Notwendigkeit einer sorgfältigen Auswahl der Siedler und einer finanziellen Unterstützung hingewiesen. Die Bereitstellung von Baumaterial und die Gewährung eines 8 - 10 jährigen Zinserlasses sollte garantiert werden, um den Start zu erleichtern. Zur Urbarmachung wurde eine Dränung und anschließende Düngung durch Aufbringen von Stallmist auf die Mooroberfläche empfohlen. (Diese Methoden waren bereits Vorläufer der Deutschen Hochmoorkultur). Das Moorbrennen, wie man es aus Holland kannte, wurde aufgrund der gravierenden Nachteile abgelehnt[8].
Daß sich der Beginn der Kolonisation immer wieder hinauszögerte, lag zum einen an den der Kolonisation ablehnend gegenüberstehenden Bewohnern der

---

[6] Der genaue Inhalt und die besondere Bedeutung dieses Gutachtens findet sich bei MÜLLER-SCHEESSEL detailliert analysiert; s. MÜLLER-SCHEESSEL, 1975, S. 29 f.

[7] MÜLLER-SCHEESSEL, 1975, S. 45.

[8] Das Moorbrennen als "Expreßbewirtschaftung" von Mooren war Grundlage einer der Hauptnutzungsformen von Mooren, dem Buchweizenanbau. Die sog. Moorbrandkultur, in den nordwestdeutschen Moorgebieten zuerst in Holland bei Groningen verwendet, wurde bei der Fehnkultur in Ostfriesland am ausgiebigsten betrieben. Sie bot den Siedlern eine frühe landwirtschaftliche Bodennutzung auf unabgetorftem Hochmoor bei verhältnismäßig geringem Aufwand oder Investitionen. Zuerst wurden in das Moor kleine Gräben (sog. Grüppen) zur oberflächlichen Entwässerung gezogen. Im Herbst wurde der obere Moorboden aufgelockert, damit er im Winter gut durchtrocknen konnte. Im Frühling steckte der Bauer dann den Boden weitflächig in Brand. Nach dem Abbrennen wurde in die meist noch warme Asche Buchweizen eingesät, eine kleine aus Asien stammende Pflanze von 15-60 cm Größe mit sehr schnellem Wachstum (Aussaat Ende Mai und Ernte August/September). Neben der extremen Bodenauslaugung war ihre große Frostempfindlichkeit wegen der häufigen Spätfröste im Teufelsmoor-Raum der größte Nachteil. Nach fünf bis sieben Jahren Moorbrandkultur war eine ca. 30jährige Brache zur Bodenregeneration erforderlich.

Geestranddörfer, die den Verlust ihrer Weideländereien befürchteten, zum andern an den Bauern der schon bestehenden Moorsiedlungen (besonders Teufelsmoor) sowie den zähen Verhandlungen zwischen den jeweiligen Parteien. 1752 wurde eine Kommission von Fachleuten vieler Gebiete nach Holland entsandt, um die dort in der Durchführung befindliche Kolonisation zu studieren und Erkenntnisse für die technische Durchführung der Landeskulturarbeiten zu gewinnen.

Die Moorkolonisation Kurhannovers ist untrennbar verbunden mit der Person Jürgen Christian Findorffs, dem ersten 1771 ernannten "Moorkommissar", der durch Sachverstand, Weitsicht und Organisationstalent die Kolonisation maßgebend geprägt hat. Als ausgebildeter Tischlermeister hatte er sich bald einen Namen durch die Gewissenhaftigkeit und Qualität seiner Arbeit gemacht und wurde zunehmend mit weitergehenden Aufträgen betraut, die auch Vermessung und das Anfertigen von Karten beinhalteten. Sein Verhandlungsgeschick bei den Grenzverhandlungen und auf den Moorkonferenzen machten Findorff bald zur Vertrauensperson von Obrigkeit und Kolonisten. Diese Eigenschaften, sein unermüdlicher Einsatz und seine auf handwerklichem Sachverstand beruhenden praktischen Erfahrungen ließen ihn als Baumeister, Geodät und Kartograph für den Verlauf und die Koordination der Inkulturnahme unentbehrlich werden[9].

Das Ziel der staatlichen Moorkolonisation, auf Dauer lebensfähige Siedlerstellen und Dörfer zu schaffen, war nur erreichbar, wenn die wirtschaftlichen Grundlagen durch ausreichende Größe des zugewiesenen Landes geschaffen wurden. Diese Grundüberlegung und die Frage, welche Bedingungen für das Erreichen dieses Zieles noch zu erfüllen seien[10], standen im Mittelpunkt der Planung der Kolonisation und werden im folgenden zusammengefaßt so wiedergegeben, wie sie per Konferenzbeschluß von der Rentkammer Hannover im Jahre 1749 festgelegt wurden.

Modalitäten der Zuweisung:
- Kolonatsgröße: 50 Calenbergische Morgen Moorland in völlig rohem Zustand (1 Morgen = 0,262 ha). Diese 50 Morgen sollten sich folgendermaßen verteilen: 9,5 M. Saatland, 1,5 M. für Haus und Garten, 15 M. Torfland und 24 M. Weideland. Diese Größe wurde im Laufe der Zeit geringfügig über- oder unterschritten, so daß die Stellengröße im Schnitt bei 12-18 ha lag (45-68 Morgen).

- Der Kolonist mußte rechtschaffen, arbeitswillig und außerdem gesund sein und über ein bescheidenes Vermögen verfügen.

Im einzelnen mußte er sich verpflichten:

---

[9] MÜLLER-SCHEESSEL machte deutlich, daß Findorff allmählich in die Kolonisationsarbeiten hineingewachsen war und so zu demjenigen wurde, bei dem schließlich alle Fäden zusammenliefen, und der das Gesamtwerk koordinierte; s. MÜLLER-SCHEESSEL, 1975, S. 43.

[10] Die wesentlichen Grundsätze dazu finden sich einmal im sog. Moorkatechismus Findorffs, in dem er seine Leitlinien und Vorschläge zur Kultivierung zu Papier gebracht hat, und in dem o.g. Gutachten der Kammer aus dem Jahr 1749.

- Damm und Graben zu ziehen
- binnen eines Jahres ein Haus zu bauen
- sich dem geltenden Meierrecht zu unterwerfen (Grundzins nach Calenbergischer Zehntordnung von 1709). Dies sollte zum Ausgleich der staatlichen Investitionskosten für Vermessung, Kanal- und Brückenbau geschehen.

Auf der anderen Seite wurden, um einen Siedlungsanreiz zu schaffen,
- neun abgabefreie Jahre gewährt sowie
- einmalig ein Malter Saatkorn kostenlos als Starthilfe und häufig
- Holz für den Hausbau vom Staat zur Verfügung gestellt.

Die ganze Ansiedlung geschah zunächst "auf Probe", da die Aushändigung der Meierbriefe erst ein Jahr nach vollendetem Hausbau erfolgte. Ebenso bestand die Möglichkeit der "Abmeierung", wenn die Kolonisten ihren Verpflichtungen nicht nachkamen.

Die wirtschaftlichen Grundlagen:
Die Kultivierung des ausgewiesenen Moorlandes sollte im Mittelpunkt aller Arbeiten stehen. Als wirtschaftliche Grundlage war für die Siedler, wie schon damals von Augspurg und Jacobi gefordert, die Landwirtschaft vorgesehen. Darauf war auch die Berechnung der Stellengröße mit der geforderten Mindestgröße von 50 Morgen abgestellt gewesen (Unterschreitungen wollte Findorff nur zulassen, wenn ausreichend Einkünfte durch Nebenbeschäftigung, z.B. Torfstich und Handel, vorhanden waren). Deshalb war es wichtig, daß die Siedler über genügend Weideland verfügten, da das Rind Hauptlieferant für Fleisch sowie Dung für die Felder war. Gerade Weideland aber war knapp und stets heftig umkämpft. Aus diesem Grunde lehnte Findorff das Moorbrennen nicht so kategorisch ab wie dies in dem o.g. Gutachten der Kammer aus dem Jahr 1749 geschehen war. Vielmehr sah er darin eine willkommene Starthilfe für die Kolonisten.
Als kürzeste Frist für die Kultivierung einer Siedlerstelle hatte Findorff 50 Jahre angesetzt[11]. Trotz der Tatsache, daß die gesamte Hochmoorkultivierung auf das Ziel ausgerichtet war, landwirtschaftliche Betriebe zu schaffen, wurde auch der Torfabbau und der Brenntorfverkauf als Starterleichterung und Nebenverdienst vorgesehen, da hier sofort Kapital erwirtschaftet werden konnte.

Die landwirtschaftliche Nutzung erfolgte im Gegensatz zur Fehnkultur Ostfrieslands auf unabgetorftem Hochmoor. Es wurde also zunächst entwässert und dann auf der obersten Weißtorfschicht trotz der bekannten Nachteile mit dem "Moorbrennen" und der Aussaat von Buchweizen begonnen. Zwei der erwähnten Nachteile verhinderten, daß dieses Verfahren eine verläßliche landwirtschaftliche Basis werden konnte:
1. die hohe Frostempfindlichkeit des Buchweizens gefährdete die Ernte aufgrund der häufigen Spätfröste;

---

[11] Es zeigte sich jedoch bald, daß dieser Zeitraum noch viel zu niedrig angesetzt war. MÜLLER-SCHEESSEL rechnet vor, daß bis zum Jahr 1824 von den insgesamt 65 791 ausgewiesenen Morgen nur 11 873 Morgen (=18%) kultiviert waren; s. MÜLLER-SCHEESSEL, 1975, S. 107.

2. die Mächtigkeit der Weißtorfschicht war beschränkt, so daß nach vier bis sechs Jahren entweder eine längere Brache erforderlich war oder der Übergang zur Stallmistdüngung erfolgen mußte. Hierfür war wiederum Dung und damit Weideland erforderlich, wodurch sich der Kreis schließt[12]. Stand dies nicht in ausreichendem Umfang zur Verfügung, so sollte die Hofstelle größer bemessen sein, bei den näher an Bremen gelegenen Kolonien umgekehrt, da hier ja ein wirtschaftlicher Ausgleich durch den Torfhandel möglich war[13].

Die zweite Wirtschaftsgrundlage war wie schon erwähnt der Torfstich und -handel, der häufig zum Hauptwirtschaftszweig der Kolonisation wurde.

Der übermäßige Torfabbau, besonders durch unregelmäßigen Torfstich, schadete dem primären Ziel der Urbarmachung auf noch ganz andere Weise: durch Stechen des Torfes in tiefen Gruben, die ständig wieder voll Wasser liefen, wurde das Gelände für eine spätere landwirtschaftliche Nutzung unbrauchbar gemacht. Dies geschah besonders in den an freie Pächter, häufig Bremer Bürger, ausgewiesenen sog. "Weinkaufsmooren", die während der durchschnittlich nur kurzen Pachtdauer eine möglichst hohe Rendite abwerfen sollten[14].

---

[12] MÜLLER-SCHEESSEL führt aus, daß Findorff bei seiner Berechnung der Kolonatsgröße und der Wirtschaftsflächenanteile innerhalb derselben das Verhältnis von Weide- zu Ackerland mit 3:1 noch zu gering angesetzt hatte, denn in der Wirklichkeit hätte es schon bald 1:2 bis 1:2,5 betragen, also genau entgegengesetzt. Fehlendes Weideland aber zwang die Siedler entweder zur Zupachtung von Weiden, sofern verfügbar, oder zu verstärktem Torfstechen, wobei sich die Kultivierung der Stellen natürlich noch weiter verzögerte; s. MÜLLER-SCHEESSEL, 1975, S. 109.

[13] Findorffs Forderung, daß Landwirtschaft umso extensiver und ausschließlicher betrieben werden müsse, je entfernter die Lage der Dörfer von dem Absatzraum Bremen sei, zeigt ein frühes Verständnis für die grundlegende ökonomische Gesetzmäßigkeit, daß der Transportkostenfaktor ein Rentabilitätsregulativ im Sinne des von J.H.v. Thünen entwickelten Intensitätsgesetzes ist.

[14] Weinkaufsmoore sind Torfstichmoore, in denen an jeden Interessenten Torfstichrechte gegen ein Entgeld, den sog. Weinkauf, vergeben wurden.

1.2 Kolonisationsverlauf

Der Kolonisationsverlauf kann in drei Hauptphasen untergliedert werden, die sich nach Region und Kultivierungsaktivität unterscheiden:

1. Phase 1751-1759: Erste Gründungen im Amt Ottersberg

2. Phase 1760-1779: Ausweitung der Kolonisation auf die Nachbarämter Lilienthal und Osterholz, Konsolidierung der Kolonisation, Ausbau der Verkehrswege (Hamme-Oste-Kanal bis Gnarrenburg),

3. Phase 1780-1795: zweite Hauptgründungsphase, Erschließung der Bremervörder Moore. Letzte Gründungsjahre im Rahmen der staatlichen Kolonisation, Ausbau bestehender Dörfer sowie zögerliche Erschließung der restlichen Moorgebiete.

Die _erste Phase_ der staatlichen Kolonisation war gekennzeichnet durch einen schleppenden Beginn der Kolonisation, was primär auf schlechte Witterungsverhältnisse, Forderungen der Kolonisten nach Verbesserung der Anbaubedingungen und Schwierigkeiten vor allem von Seiten der alteingesessenen Bauern zurückzuführen war, welche die aufgeteilten Gebiete teilweise als Privateigentum beanspruchten[1].

Das Augenmerk der Regierung war jedoch schon früh auf größere, in der Ferne liegende Ziele gerichtet: Die Moorkolonisation war, wie MÜLLER-SCHEESSEL betont, nur als ein Teil der gesamtwirtschaftlichen Entwicklung gedacht[2].

Diese Erkenntnis unterstreicht die besondere Bedeutung der staatlichen Moorkolonisation im Sinne eines Bodenordnungskonzepts, das neben der Erschließung, Sicherung und Steigerung landwirtschaftlicher Produktivität die Anlage von Verkehrswegen beinhaltete und diese Ziele in den Plänen verankerte.

---

[1] Der Grund für diese Attacken gegen die Neusiedler, insbesondere gegen deren Grund- und Bodenanspruch, war die Sorge um den Verlust einer recht einträglichen Einnahmequelle in Gestalt von Weidegeldern aus Wiesenverpachtung. Diese brachte den Teufelsmoor-Bauern allein 300-400 Reichstaler jährlich. Die Notwendigkeit, Weideland dazupachten zu müssen (häufig reichte der in den 50 Morgen enthaltene Weidelandanteil nicht aus) war einer der Hauptgründe für die lang andauernde Abhängigkeit von den reichen Altbauern und staatlichen Zuwendungen.

[2] MÜLLER-SCHEESSEL erläutert das Ergebnis einer Besprechung der für die Kolonisation verantwortlichen Kommission vom 28. Oktober 1752, bei der schon seit 1750 bestehende Pläne zum Bau des Hamme-Oste-Kanals besprochen wurden. Dieser sollte zum einen den ganzen Moorraum wirtschaftlich besser erschließen, zum anderen sollte die Schaffung einer direkten Wasserstraßenverbindung zwischen Hamburg und Bremen den Handel zwischen den beiden Zentren durch Umgehung des Elsflether Weserzolls erleichtern. Ebenfalls wurde dort die Einrichtung des Postens eines neutralen Koordinators der Kolonisation erwogen, des späteren Moorkommissars; s. MÜLLER-SCHEESSEL, 1975, S. 64. f.

Die zweite Phase zeichnet sich durch einen relativ ruhigen und gleichmäßigen Verlauf der Ansiedlung[3] aus. Von 1760 bis 1779 wurden in den Moorgebieten der Ämter Ottersberg, Osterholz, Lilienthal und Bremervörde 23 neue Kolonien eingerichtet und die bestehenden weiter ausgebaut. Ein wesentlicher Fortschritt in der Moorkolonisation wurde durch die Einrichtung von "Moorkonferenzen" (ab 1764) erzielt, die jeweils nach ausgedehnten Moorbereisungen unter Leitung eines Vertreters der Stader Regierung abwechselnd in den vier Moorämtern abgehalten wurden. Dabei wurden alle Fragen im Zusammenhang mit der Neubesiedlung, der Land- und Torfwirtschaft und des Wasser- und Wegebaus erörtert, sowie die Pläne für zukünftige Maßnahmen besprochen.

Den Schwerpunkt dieser Phase stellt der Bau des schon seit langem geplanten Hamme-Oste-Kanals und seiner Verlängerung, des Oste-Schwinge-Kanals, dar, der nach Abschluß der Vermessungsarbeiten 1765 unter Findorffs Leitung in Zusammenarbeit mit dem Geometer Du Plat begonnen wurde. Gleichzeitig mit den Kanalbauten verlagerte sich auch der Schwerpunkt der Kolonisation in die Gnarrenburger und Bremervörder Moore. Das erste Teilstück bis Gnarrenburg wurde 1778 fertig, die Reststrecke bis Bremervörde sowie der Oste-Schwinge-Kanal konnten Ende der 80er Jahre des Jahrhunderts in Betrieb genommen werden. War der Hamme-Oste-Kanal noch bis in die 20er Jahre dieses Jahrhunderts von Bedeutung, so kann der Oste-Schwinge-Kanal nur als Fehlplanung betrachtet werden. Mangelnde Größe, rasche Verlandung durch nachsackenden Moorboden und fehlendes Fernverkehrsaufkommen ließen ihn nie eine überregionale Bedeutung erlangen[4].

Noch in die 2. Phase fällt der Abschluß der Besiedlung im Oste-Moor (1779 Hönau und Neuedamm), so daß in der letzten Phase die Kultivierung und Besiedlung beidseitig des Hamme-Oste-Kanals im Gnarrenburger Moor vollzogen werden konnte.

Das Jahrzehnt von 1770 - 1780 war Findorffs aktivste Schaffenszeit und diente insgesamt gesehen der Festigung schon bestehender Siedlungen und

---

[3] Die Besetzung der ausgewiesenen Kolonate und somit Vollendung der neuen Kolonien verlief jedoch nicht immer gleichmäßig. Der häufig schleppende Anschluß der Schiffs- und Entwässerungsgräben an die Hauptkanäle war Ursache sich verzögernder Dorfgründungen und sogar Wüstungserscheinungen. In dem 1768 gegründeten Hüttendorf wurden alle 20 Stellen aufgegeben und konnten erst 1776 neu besetzt werden. Bei den ersten reinen Findorff-Gründungen von 1761 (Rautendorf und Schmalenbek) zog sich die Besetzung der Stellen über annähernd zwei Jahrzehnte hin. Die Gründe lagen in einer noch ausstehenden Entscheidung der Regierung über die sog. "Kontribution", einer Art Grundsteuer, die viele Neubauern von einer Niederlassung abhielt; s. MÜLLER-SCHEESSEL, 1975, S. 84. Die Folge war, daß teilweise nur jede 2. Stelle besetzt und von den Siedlern pflichtgemäß durch Abzugsgräben entwässert wurde, wodurch das auf Geschlossenheit angewiesene Entwässerungssystem Lücken behielt und die schon bestehenden Kolonate in Mitleidenschaft gezogen wurden. Die Verhältnisse besserten sich endgültig erst ab 1778 nach entsprechenden Zugeständnissen seitens der Regierung.

[4] Die geplante Funktion als Fernverkehrswege haben beide Kanäle nie erfüllt, da sich die Voraussetzungen, für die sie geplant worden waren, mit dem Einsetzen der Industriellen Revolution im 19. Jahrhundert grundlegend änderten (Aufkommen der Dampfmaschine, des Schienen- und Straßenverkehrs).

diente insgesamt gesehen der Festigung schon bestehender Siedlungen und dem Ausbau der Verkehrswege.

Die dritte Phase der kurhannoverschen Kolonisation begann um 1780 mit einer Neuausweisung von 20 000 Morgen (ca. 7 000 ha) Moorland im Bremervörder und Ottersberger Moor. Findorff hatte bei der Moorkonferenz von 1780 einen umfassenden Erschließungsplan über die Kultivierung verbliebener Flächen vorgelegt. Dieser betraf Teile des Langen und Kurzen Moores. In diesem Moorgebiet entlang der Wörpe war es schon seit der frühen Neuzeit zu Ansiedlungen gekommen, die sich an Dünenrücken oder ähnlich erhöht liegenden Punkten orientierten[5], weitere Siedlungen folgten im 17. und 18. Jahrhundert. Hierbei handelte es sich um Streusiedlungen mit Blockeinödflur, deren Parzellen regellos verstreut lagen[6]. Um einerseits diese unregelmäßig genutzten Moorflächen zu ordnen und zu kolonisieren und andererseits die oft zu kleinen Hofstellen zu vergrößern, so daß sie lebensfähige Einheiten bildeten, war zunächst die Vermessung und Festsetzung der Grenz- und Besitzverhältnisse erforderlich. Dieses Ziel hatte Findorff schon von Beginn an verfolgt[7], die Vermessung war 1764 durchgeführt worden und die Besiedlung im Kurzen Moor schließlich mit der Gründung von fünf Siedlungen bis 1792 in dieser letzten Phase abgeschlossen. Im Bremervörder Moor (Gnarrenburger Moor) entstanden die Siedlungen zwischen Gnarrenburg und Bremervörde, die mit der Fortführung des Hamme-Oste-Kanals in Verbindung standen. Die Zeit der Anlage der Kolonien im Gnarrenburger Moor zwischen 1781 und 1783 kann als Reifezeit der Findorff-Kolonien gelten, hier wird das Siedlungsbild der geraden und exakt vermessenen Siedlungen besonders deutlich[8].

1.3   Siedlungs- und Flurformengefüge der Hochmoorkolonien

Die während der hannoverschen Kolonisationszeit entstandenen Hochmoorkolonien können als regelmäßig geformte Moorbreitstreifensiedlungen[9] bezeichnet werden, deren charakteristischer Siedlungs- und Flurformentyp das Kulturlandschaftsbild bis heute prägt (vgl. Karten 4 und 5).
Betrachtet man das Siedlungsgefüge hinsichtlich der Flurparzellierung, so sind von diesen "reinen" Hochmoorkolonien der hannoverschen Kolonisation zunächst folgende Abweichungen festzustellen:

---

[5] FLIEDNER, 1970, S. 96 f.

[6] Das Moor wurde schon als Weinkaufsmoor genutzt.

[7] MÜLLER-SCHEESSEL, 1975, S. 90.

[8] MÜLLER-SCHEESSEL betont, daß Findorff hier seine in den vorausgegangenen Jahrzehnten gesammelten Erfahrungen positiv verwerten konnte, was dieses Gebiet zu dem vielleicht reinsten und einheitlichsten Beispiel der kurhannoverschen Kolonisation im Hamme-Oste-Raum macht; s. MÜLLER-SCHEESSEL, 1975, S. 100.

[9] FLIEDNER, 1970, S. 83.

1. Die Gruppe der ehemaligen Hintermeiersiedlungen in den Allmenden der Dörfer Teufelsmoor und Worpswede als älterer, unregelmäßiger Typ der Moorbreitstreifensiedlungen, gegründet im Zuge der Erschließung und intensiveren Nutzung der Allmenden vom Ende des 16. bis Anfang des 18. Jahrhunderts. Die Parzellen wurden bewußt klein angelegt, um die Häuslinge in wirtschaftlicher Abhängigkeit zu halten. Zu dieser Gruppe zählen in der Allmende von Teufelsmoor Vieh, Hüttenbusch und Überhamm und in der Allmende von Worpswede Weyerdamm und Weyerdeelen im 16. und 17. Jahrhundert sowie Weyermoor im 18.Jahrhundert. In den Allmenden der Geestranddörfer entstanden Altedamm, Neuendamm, Ahrensfelderdamm und Spreddig Anfang des 18. Jahrhunderts[10]. Diese Siedlungen wurden durch die staatliche Kolonisation überformt und ihre Flurstücke vergrößert. Nachdem auf der Moorkonferenz 1776 eine Neuzuteilung von Moorland an die Ämter Osterholz und Lilienthal vorgeschlagen und von König Georg III. 1777 genehmigt worden war[11], wurde das neuzugeteilte Land primär dazu genutzt, um die zu kleinen Stellen in den alten Moorbreitstreifensiedlungen zu vergrößern[12].

2. Siedlungen, die während der staatlichen Kolonisation noch in den bisher ungeteilten Gemeinheiten von Dörfern gegründet wurden[13]. Hierzu zählen Altenbrück, Ströhe, Sandhausen und Neuenfelde. Die Stellengröße lag hier deutlich unter 50 Morgen, denn es gab auch staatlicherseits variierende Meinungen über eine adäquate Stellengröße: Der Leiter der Moorkolonisation in der Kammer in Hannover ab 1755, der Geheime Rat v. Bremer, befürwortete auch die Ausweisung entweder kleinerer Häuslingsstellen[14] oder zumindest ein Nebeneinander von großen und kleinen Stellen im Moor, damit den großen Höfen auch weiterhin Tagelöhner zur Verfügung stünden[15]. Aber auch andernorts ließ v.Bremer durch seine Amtsleute in Lilienthal und Osterholz kleinere Stellen ausweisen[16].

Genetisch handelt es sich bei den "reinen" Moorbreitstreifensiedlungen der kurhannoverschen Kolonisation um Formen geplanter Besiedlung, bei der nach BORN zu den Faktoren der gelenkten Besiedlung (Festlegung der Siedlungsareale und -standorte, der Parzellierungsweise und Siedlungsgröße) noch die geometrisch-schematische Wohnplatzgestaltung hinzutritt[17].

---

[10] FLIEDNER, 1970, S. 80.

[11] Das Amt Ottersberg hatte zunächst den größten Anteil an zu kolonisierender Fläche erhalten und sollte nun, nach Beendigung der Kolonisation in den erstgenannten Ämtern, weiteres Ödland an diese abtreten; s. MÜLLER-SCHEESSEL, 1975, S. 76.

[12] MÜLLER-SCHEESSEL, 1975, S. 80.

[13] MÜLLER-SCHEESSEL rückt hier vom Standpunkt FLIEDNERS ab, der bei der Gründungsinitiative dieser Neusiedlungen in den Allmenden der Dörfer im Rahmen der staatlichen Kolonisation keine staatliche Beteiligung (außer Vermessungsarbeiten) sieht (s. FLIEDNER, 1970, S. 82). MÜLLER-SCHEESSEL weist auch bei diesen Siedlungen die eindeutig staatliche Initiative in den Akten nach; s. MÜLLER-SCHEESSEL, 1975, S. 79.

[14] MÜLLER-SCHEESSEL, 1975, S. 75.

[15] MÜLLER-SCHEESSEL, 1975, S. 79.

[16] In Lilienthal waren davon die Dörfer Worphausen, Lüninghausen, Westerwede, Süd- und Nordwede mit kleineren Stellen betroffen, die erst später durch Zuteilung von Land aus dem Kurzen Moor geringfügig, im Schnitt jedoch nicht über 30 Morgen, vergrößert wurden; s. MÜLLER-SCHEESSEL, 1975, S. 75.

[17] BORN, 1977, S. 53. BORN hebt bei dieser Definition auch hervor, daß die Parzellierung in der Regel nach vorheriger Planung sozusagen am "Reißbrett" vor der eigentlichen Gründung erfolgte.

Die exakte Planung und Parzellierung der zu vergebenden Kolonate wird aus den vielen Rissen und Karten aus der Findorff-Zeit ersichtlich (wobei viele von ihm selbst angefertigt waren)[18].
Die Parzellen der Kolonien sind in der Fläche genau vermessen: ihre Größe beträgt durchschnittlich 10-15 ha im Längen-Breitenverhältnis von 1 100 : 120 m. Damit bewegt sie sich in der von der Rentkammer vorgegebenen Grössenordnung von 50 Morgen (= 13 ha)[19]. Dieses Längen-Breitenverhältnis sieht FLIEDNER darin begründet, daß es einen Kompromiß aus Überschaubarkeit des Besitzes einerseits (nicht zu langgestreckt) und rentabler Moordamm- und -kanalunterhaltung andererseits (möglichst schmale Parzellen, da dann Kanal und Damm kürzer sein können) darstellt[20].
Dennoch hatte es bis zur Wende vom 18. zum 19. Jahrhundert Anfragen aus den Moorämtern hinsichtlich der Teilung von Kolonaten gegeben[21]. Diese waren jedoch von der Regierung stets im Hinblick auf die ehemals aufgestellten Berechnungen zur Wirtschaftlichkeitsgröße im bereits erwähnten Gutachten der Kammer vor dem eigentlichen Beginn der Kolonisation abgelehnt worden. Zwar fanden schon ab 1800 vereinzelt Teilungen statt[22], (z.B. 1801 in Seehausen an der Wörpe), in größerem Umfang aber erst ab 1826, und zwar überwiegend im Amt Ottersberg[23]. Begründet wurden die Teilungsgesuche mit dem Hinweis, daß es hier nicht etwa um die Erhaltung landwirtschaftlicher Betriebe ginge (wie in den Marsch- und Geestgebieten), sondern daß längst der Torfabbau im Vordergrund stehe, dessen Wirtschaftlichkeit durch eine Hofstellenteilung nicht beeinträchtigt würde[24].

Die Flurstücke schließen direkt aneinander an, so daß ein Maximum an Fläche parzelliert und genutzt werden konnte. Die seitlich gezogenen Gräben erfüllen Entwässerungs- und Grenzfunktion[25].
Die zentrale Wohnplatzachse wird jedoch nicht, wie etwa bei den Fehnsiedlungen Ostfrieslands, durch den Kanal gebildet, sonder duch Moordämme,

---

[18] Vgl. Karte 4.

[19] Im Zusammenhang mit den Modalitäten der Stellenzuweisung wurde bereits die allgemeine Forderung nach dieser Stellengröße besprochen, die auf betriebswirtschaftlichen Erwägungen beruhte.

[20] FLIEDNER, 1970, S. 84.

[21] LILIENTHAL, 1931, S. 347.

[22] LILIENTHAL geht von weitaus mehr Höfeteilungen aus und führt insgesamt 48 Stellenteilungen in Kolonien des Langen und Kurzen Moores an, s. LILIENTHAL, 1931, S. 350 f.

[23] LILIENTHAL (ebd.) beschreibt ausführlich die Auseinandersetzungen um eine Teilungserlaubnis zwischen dem Amt und der Regierung

[24] Hierdurch wurden de facto das ursprüngliche Kolonisationsprinzip, die Schaffung lebensfähiger landwirtschaftlicher Betriebseinheiten, ad absurdum geführt und auf die einseitige Ausbeutung eines Rohstoffes bestanden, der schon in den kommenden Jahrzehnten seine Bedeutung durch die aufkommende Kohleförderung und die Industrialisierung im 19. Jahrhundert verlieren sollte.

[25] FLIEDNER, 1970, S. 84.

die die Wege bilden. Dennoch war jede Siedlung an wenigstens einer Seite mit einem Kanal an das Gesamtkanalnetz angeschlossen[26]. Die Hofhäuser stehen 20-200 m von dem quer zum Kolonat verlaufenden Schiffgraben entfernt, da sie als Nachfolgeeinrichtung hinter den ursprünglich direkt am Schiffgraben errichteten Hütten entstanden.
Die Siedlungen sind am vorgegebenen Gewässernetz ausgerichtet und fügen sich reihenförmig in das System von Entwässerungsgräben ein, die damals größtenteils von Torfschiffen als Verkehrswege genutzt wurden.
Den Moorbreitstreifensiedlungen der kurhannoverschen Kolonisation fehlt jegliches Zentralitätsgefüge. Kirchen, die FLIEDNER bei den bei Bremen im Zuge der Holler Kolonisation entstandenen Siedlungen als Verwaltungsmittelpunkte ansieht, sind nicht vorhanden[27].

1.4 Gewässernetz

Die als erstes anzulegenden Gräben mußten von den Siedlern selbst gezogen werden, denn die Übernahme eines Kolonats war auch mit der Pflicht verbunden, für Entwässerung des Moorbodens durch "Begrüppung" (Ziehen kleiner Gräben) der Felder zu sorgen. Diesem primären Grabensystem folgte die Anlage größerer Kanäle, die zusammen mit den linienhaft angeordneten Breitstreifensiedlungen das Kulturlandschaftsbild bestimmten.
Als wasserwirtschaftliche Einrichtungen waren im einzelnen vorgesehen:

- Hauptentwässerungsgräben (Kanäle)
- Schiffgräben
- Siele, Schütte zur Wasserregulierung
- Brücken und Wege.

Die auf Staatskosten auszuführenden Arbeiten wurden von den Kolonisten selbst in Tagelohn unter Aufsicht von Grabenmeistern durchgeführt.
Die Hauptentwässerungsgräben (Kanäle) waren die eigentlichen und einzigen Verkehrswege durch die unwegsamen Moorgebiete. Einen Überblick über das Kanal- und Schiffsgrabennetz gibt Abb.1.1.. Die Hälfte der in dieser Tabelle des Wasser- und Bodenverbandes Teufelsmoor aufgeführten Kanäle entstand in den drei Hauptphasen der hannoverschen Kolonisation.

Der erste Kanal (Neu St.Jürgener Schiffgraben) wurde 1752 gebaut. Er wurde nördlich der Siedlungsreihe von Neu St.Jürgen in weitem Bogen nach Westen zur Hamme geführt. Alles geschah in mühsamer Handarbeit in extrem nassem und unwegsamem Gelände, ein Grund dafür, daß die Ausmaße für heutige Verhältnisse bescheiden anmuten. Die Sohlbreite dieses Kanaltyps lag zwischen 2,5 und 4 m, die Wasserspiegelbreite zwischen 3 und 4,5 m[28].

---

[26] Vgl. Kap. 1.2.4.

[27] FLIEDNER, 1970, S. 84.

[28] EGGELSMANN, 1980, S. 50.

Anhand dieses Verhältnisses wird zugleich die steile Böschung deutlich, die charakteristisch für diese Bodenverhältnisse war[29].
Breitere und größere Wasserstraßen waren außer dem Hamme-Oste-Kanal (Sohlbreite 4,0 m - Spiegelbreite 5,8 m) nur die Abschnitte der natürlichen Wasserläufe von Hamme und Wümme. Der Bau des Hamme-Oste-Kanals zog sich über den langen Zeitraum von etwa zwanzig Jahren hin, was zum einen an bautechnischen Gründen und zum anderen an dem von Findorff parallel weiterbetriebenen Siedlungsbau lag[30].
Der Ausbau des Kanalnetzes war besonders in wirtschaftlicher Hinsicht von großer Bedeutung, denn nur über diese Schiffahrtsstraßen konnten die Kolonisten den als Nebenverdienst gestochenen Torf verschiffen und zum Verkauf nach Bremen bringen. Dennoch war der Torftransport und -handel ein Bereich, in den die Kolonisten nur sehr langsam vordringen konnten, da sie sich die langen Fahrten zu den Absatzmärkten in Bremen in den viel zu kleinen Schiffen nicht leisten konnten[31], und dieses Geschäft lange Zeit von sog. "Eichenfahrern" betrieben wurde, Bremer Torfhändlern und -schiffern, die in einer Art Torfhandelsgesellschaft zusammengeschlossen waren und praktisch über ein Monopol verfügten.

---

[29] EGGELSMANN verdeutlicht die Beziehung zwischen Bodenverhältnis und Böschung anhand eines Längsschnitts durch den Rautendorfer Kanal um 1950. Ältere Querschnitte aus der Zeit liegen nicht vor; s. EGGELSMANN, 1980, S. 50.

[30] Die baustatischen Gegebenheiten (Nachsacken des Moorkörpers) verhinderten den Aushub in einem Arbeitsgang; s. MÜLLER-SCHEESSEL, 1975, S. 129.

[31] Die Moorbauern verfügten nur über 1/6- oder 1/4- Hunt-Schiffe, max. 1/2 Hunt. (Hunt ist ein altes englisches Raummaß; 1 Hunt = 12 cbm). Die Länge der Schiffe betrug 10m, die Breite 1,85m; s. EGGELSMANN, 1980, S. 69.

Abb. 1.1: EHEMALIGE SCHIFFAHRTSKANÄLE IM TEUFELSMOORRAUM

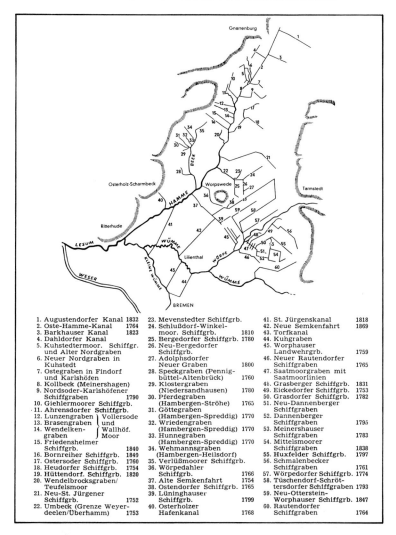

1. Augustendorfer Kanal 1832	23. Mevenstedter Schiffgrb.	41. St. Jürgenskanal 1818
2. Oste-Hamme-Kanal 1764	24. Schlußdorf-Winkelmoor. Schiffgrb. 1810	42. Neue Semkenfahrt 1869
3. Barkhauser Kanal 1823	25. Bergedorfer Schiffgrb. 1780	43. Torfkanal
4. Dahldorfer Kanal	26. Neu-Bergedorfer Schiffgrb.	44. Kuhgraben
5. Kuhstedtermoor. Schiffgr. und Alter Nordgraben	27. Adolphsdorfer Neuer Graben 1800	45. Worphauser Landwehrgrb. 1759
6. Neuer Nordgraben in Kuhstedt	28. Speckgraben (Pennigbüttel-Altenbrück) 1760	46. Neuer Rautendorfer Schiffgraben 1765
7. Ostegraben in Findorf und Karlshöfen	29. Klostergraben (Niedersandhausen) 1780	47. Saatmoorgraben mit Saatmoorlinien
8. Kollbeck (Meinershagen)	30. Pferdegraben	48. Grasberger Schiffgrb. 1831
9. Nordsoder-Karlshöfener Schiffgraben 1790	31. Göttegraben (Hambergen-Ströhe) 1765	49. Eickedorfer Schiffgrb. 1753
10. Giehlermoorer Schiffgrb.	32. Wriedengraben (Hambergen-Spreddig) 1770	50. Grasdorfer Schiffgrb. 1782
11. Ahrensdorfer Schiffgrb.	33. Hunnegraben (Hambergen-Spreddig) 1770	51. Neu-Dannenberger Schiffgraben
12. Lunzengraben \ Vollersode	34. Wehmannsgraben (Hambergen-Heilsdorf)	52. Dannenberger Schiffgraben 1795
13. Brasengraben \ und	35. Verlüßmoorer Schiffgrb.	53. Meinershauser Schiffgraben 1783
14. Wendelken- / Wallhöf. graben / Moor	36. Wörpedahler Schiffgrb. 1766	54. Mittelsmoorer Schiffgraben 1838
15. Friedensheimer Schiffgrb. 1840	37. Alte Semkenfahrt 1754	55. Huxfelder Schiffgrb. 1797
16. Bornreiher Schiffgrb. 1840	38. Ostendorfer Schiffgrb. 1765	56. Schmalenbecker Schiffgraben 1761
17. Ostersoder Schiffgrb. 1760	39. Lüninghauser Schiffgrb. 1799	57. Wörpedorfer Schiffgrb. 1774
18. Heudorfer Schiffgrb. 1754	40. Osterholzer Hafenkanal 1768	58. Tüschendorf-Schröttersdorfer Schiffgraben 1793
19. Hüttendorf. Schiffgrb. 1820		59. Neu-Ottersteiner-Worphauser Schiffgrb. 1847
20. Wendelbrocksgraben/Teufelsmoor		60. Rautendorfer Schiffgraben 1764
21. Neu-St. Jürgener Schiffgrb. 1752		
22. Umbeck (Grenze Weyerdeelen/Überhamm) 1753		

Quelle: JUBILÄUMSSCHRIFT 25 Jahre Wasser- u. Bodenverband Teufelsmoor, 1967, S. 42.

Der Erhalt der angelegten Wasserstraßen war mühsam, denn als Folge des Torfabbaus hatte der Boden angefangen abzusacken, und die ohnehin sehr flachen Schiffgräben verlandeten durch Krautbewuchs; die Flüsse versandeten. Der bis 1861 amtierende Moorkommissar Witte hatte erkannt, daß mit dem Unbrauchbarwerden der Wasserwege den Siedlern jegliche Erwerbsgrundlage im Torfhandel entzogen würde. Er setzte sich sehr für die Wiederherstellung der Kanäle und Flußläufe ein[32] und konnte durch seine wasserbaulichen Erhaltungs- und Ausbaumaßnahmen (Flußbegradigungen der Hamme und Wümme) sowie die Einrichtung zahlreicher Schiffahrtsgenossenschaften, die die Kanäle gegen eine Nutzungsgebühr instandhielten, dem Verfall des Kanalnetzes zum Teil entgegenwirken.

Abb. 1.2: KLAPPSTAU IM TEUFELSMOOR

Klappstaue im Teufelsmoor; oben Gesamtansicht; unten Konstruktion der Klappe.

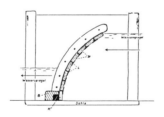

Quelle: OVERBECK, 1975, S. 220.

---

[32]Wittes Verdienst ist ebenfalls die Erfindung des sog. Klappstaus, eines gegen die Strömung gerichteten Staubrettes, das beim Überfahren von den Schiffen heruntergedrückt wurde und sich danach durch die Strömung automatisch wieder aufstellte. Diese Klappstaue lösten die bisher eingesetzten Schütte ab, bei denen zum Passieren alle Bretter herausgenommen werden mußten, was jedesmal einen großen Wasserverlust zur Folge hatte. Eine Wasserregulierung in den Kanälen war notwendig, um den Wasserstand auf einer für die Torfschiffahrt erforderlichen Mindesthöhe zu halten. EGGELSMANN vermutet, daß annähernd 1 000 solcher Klappstaue über das ganze Kanalnetz verstreut eingebaut wurden, s. EGGELSMANN, 1980, S. 60. Vgl. Abb. 1.2.

Karte 4: GLEICHMÄSSIG GEFORMTE MOORBREITSTREIFENSIEDLUNGEN DER KURHANNOVERSCHEN MOORKOLONISATION: NEU ST. JÜRGEN UND WÖRPEDORF

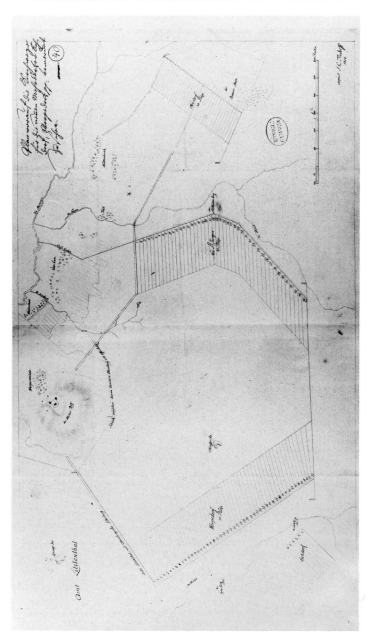

Quelle : Nieders. Staatsarchiv Stade, 41 k / 38 pm.

Karte 5: GLEICHMÄSSIG GEFORMTE MOORBREITSTREIFENSIEDLUNG DER KURHANNOVERSCHEN MOORKOLONISATION: OSTERSODE

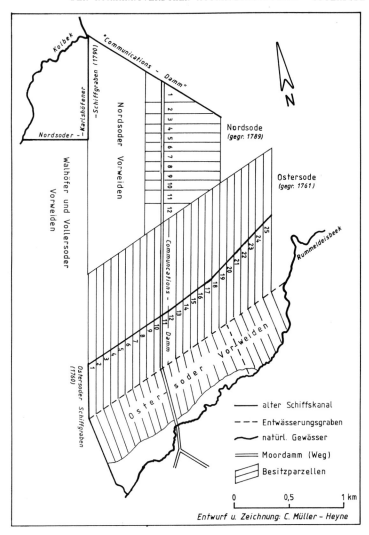

Quelle: Nieders. Staatsarchiv Stade, 42 k, Ostersode 1.

2 Die neuzeitliche Entwicklung im Überblick

2.1 Wirtschaftliche Entwicklung im 19. u. 20. Jahrhundert

Das Jahrhundert nach Findorff war geprägt von mehreren einschneidenden Ereignissen. Dies waren die französische Besatzungszeit Deutschlands und die aufkommende Industrialisierung. Daraus ergaben sich mit neuer Technik und anderen Rohstoffen gewichtige Änderungen der Raumstrukturen, nachdem die Eigentumsverhältnisse durch staatliche Reformen neu geordnet worden waren. Die Kriegsereignisse des 19. Jahrhunderts, die in Deutschland mit der napoleonischen Besatzung 1803 begannen und sich in Heeresdurchmärschen und späteren Koalitionskriegen fortsetzten, hatten Deutschland wirtschaftlich stark geschwächt. Eine Folge davon war die erhebliche Verminderung der Staatszuschüsse für die Moorkolonien. Es fiel den verantwortlichen Amtmännern daher schwer, die notwendigen Mittel für die Instandhaltung und den weiteren Ausbau der wasserwirtschaftlichen Einrichtungen aufzubringen.
Trotzdem scheinen die Moordörfer die Kriegszeiten besser als die Geestdörfer überstanden zu haben, im Vergleich untereinander jedoch unterschiedlich gut. Besonders die alten Moordörfer (z.B. Teufelsmoor) und die älteren Kolonien haben kaum gelitten[1]. Der Bestand an Vieh-, Saat- und Weideland begründete auch hier wieder die wirtschaftliche Autonomie.
Den meisten Moordörfern fehlte es jedoch an Dung für die Felder, dessen Beschaffung von den Alt- und Geestbauern zuviel Geld kostete und die Bauern damit wieder in verstärkte Abhängigkeit brachte. Sie stützten sich daher ganz auf das Torfgeschäft und vernachlässigten nahezu vollständig die Kultivierungsarbeiten. Trotz schon sinkender Torfpreise konnten die Siedler ihre Existenzgrundlage dadurch noch erhalten.

Zur weiteren Schwächung der Kolonien trug die Tatsache bei, daß die von Findorff empfohlenen 50 Jahre Schonzeit verstrichen waren und die Kammer versuchte, die bisher von staatlicher Seite bestrittenen Kosten für Unterhaltungs- und Ausbauarbeiten auf die Kolonisten zu übertragen. Dieser Zeitpunkt war jedoch viel zu früh gewählt, denn die wenigsten Kolonien waren inzwischen wirtschaftlich selbständig und somit solchen Belastungen nicht gewachsen.
Mit der Übertragung der Leitung der Moorkultivierungsarbeiten an die Landdrostei Stade begann im Jahr 1824 die Neuordnung der Verwaltungs- und besitzrechtlichen Strukturen. Ebenso wurden die Verwaltungsgebiete der meisten Ämter neu eingeteilt. Dies hatte jedoch den Nachteil, daß die Lage in den verwaltungsmäßig kleinräumigen Einheiten unübersichtlich wurde und folglich die Bedürfnisse der Kolonien nicht mehr richtig erkannt werden konnten.

---

[1] EHLERS wies sogar schon früh auf die teilweise Vergrößerung einiger Siedlungen hin; s. EHLERS, 1914, S. 65.

Aus der Misere der Kolonien zog man vermutlich den Schluß, daß ein Mehr an Siedlern und die Zulassung einer Kolonatsteilung Abhilfe schaffen und die Siedlungen wieder neu beleben könne. Immer häufiger ließ die Verwaltung die Teilung von Stellen zu, die dadurch teilweise auf Größen von 6-8 Morgen schrumpften. Die ehemalige Prämisse der Kolonisation, lebensfähige Bauernstellen zu schaffen, war in Vergessenheit geraten. Erst 1838 wurde die Kolonatsteilung von der Regierung verboten[2].

Die in diese Zeit fallenden Ablösungen[3] führten bei vielen Siedlern zu hoher Verschuldung, so daß sie häufig Zahlungsunfähigkeit anmelden mußten. Die Krise erreichte in dem Jahrzehnt zwischen 1860 und 1870 ihren Höhepunkt.

Die Brenntorfwirtschaft

Der enorm gestiegene Brenntorfbedarf in Bremen - die Bevölkerung hatte sich dort in den Jahren zwischen 1845 und 1880 mehr als verdoppelt (von 53 000 auf 112 000 Einwohner) - trug zur erheblichen Veränderung des ehemaligen Kolonisationsgebietes bei[4]. Nahezu 20 000 ha Moorfläche wurden bis etwa 1880 abgetorft[5] und es entstanden insgesamt fünf Torfkanäle. Der Abbau galt den tieferliegenden stärker zersetzten Torfen, die einen höheren Brennwert aufweisen (vgl. Kap. B 1.2). Der Energiebedarf der Haushalte wurde im 19. Jahrhundert zu 2/3 aus Brenntorf bestritten, der erst nach 1880 durch die billigere Steinkohle mit höherem Brennwert verdrängt wurde. Der dadurch ausgelöste Preisverfall des Torfes von durchschnittlich 50 RM auf 13 RM je Kahnladung in den Jahren 1870-1880 erzwang eine allmähliche Abkehr von der Brenntorfgewinnung in den Moordörfern[6].

Die durch die nahezu monostrukturell ausgerichtete Wirtschaftsweise der Moordörfer mehr oder weniger brachliegende Moorlandwirtschaft erhielt erst nach Entwicklung der sog. "Deutschen Hochmoorkultur" durch die Preußische Moorversuchsstation (heute staatliches Forschungsinstitut in Bremen) zu Beginn dieses Jahrhunderts erneuten Auftrieb[7].

---

[2] Vgl. BERGER, 1949, S. 12.

[3] Die Agrarreform mit der entsprechenden Gesetzgebung und ihre Umsetzung sowie Auswirkungen auf die Kulturlandschaft im Elbe-Weser-Raum ist Gegenstand der folgenden Hauptkapitel.

[4] EGGELSMANN, 1980, S. 74.

[5] EGGELSMANN, 1981, S. 8.

[6] EGGELSMANN, 1981, S. 8.

[7] Dieses Verfahren sah zuerst Dränung durch Grabensysteme (heute ersetzt durch unterirdische Dränage) vor. Danach folgte Einebnung, Auflockerung und Düngung der Oberflächenschichten, zunächst mit Kalk zur Neutralisierung des sauren Bodens, dann mit Kalisalzen und Phosphaten. In den ersten beiden Jahren wurden Hackfrüchte angebaut und anschließend zu Ackerbau im Wechsel mit Grünlandnutzung übergegangen. Die Nachteile der Ackernutzung waren die starke Mineralisation und Sackung des Moorbodens, die geringe Tragfähigkeit des Bodens für schwere Landmaschinen sowie hohe Kosten für Anbau, Pflege und Ernte; s. EGGELSMANN, 1981, S. 11.

2.2 Situation der Landwirtschaftsbetriebe

Die Weichen für die Entwicklung zu einem Problemgebiet waren, wie bis jetzt deutlich wurde, schon früh durch die Mißachtung der Findorff'schen Grundregeln gestellt worden, wobei der folgenschwerste Fehler das einseitige Betreiben des Torfstechens war, das die einzige feste Erwerbsquelle der meisten Kolonien darstellte. Der allmähliche Verfall des Wasserstrassennetzes und vieler der monostrukturell ausgerichteten Kleinbetriebe war nicht mehr aufzuhalten. Die noch von dem Moorkommissar Witte initiierten Genossenschaften, die bisher die Kanäle und Entwässerungsgräben instandgehalten hatten, begannen sich ebenfalls um die Jahrhundertwende herum aufzulösen. Viele Betriebe versuchten, ihre Verluste mit Hilfe der Schweinemast aufzufangen. Hierzu mußten sie billige Gerste aus Rußland importieren, da sie kaum über Grünland verfügten. Ein Einfuhrverbot, zu Beginn des Ersten Weltkrieges erlassen, beendete auch dieses Zwischenspiel und konfrontierte die Bauern erneut mit den katastrophalen Folgen der Vernachlässigung der Urbarmachung und Umstellung auf Grünlandwirtschaft.

Die Weltwirtschaftskrise der 20er Jahre wirkte sich auf große und kleine Moorbetriebe aus: Landwirtschaftliche Erzeugnisse konnten nicht mehr abgesetzt werden, da die Kaufkraft fehlte. Die Inhaber vieler kleiner, wirtschaftlich schon vorher angeschlagener Betriebe wurden davon jedoch am härtesten getroffen und zum Nebenerwerb in anderen Wirtschaftszweigen gezwungen. Größere Betriebe, die nach dem Verfahren der deutschen Hochmoorkultur ihr Ödland kultiviert und teilweise noch Land hinzugepachtet hatten, mußten sich durch die nötigen finanziellen Aufwendungen für Kunstdünger, Bau von Stallungen, Viehkauf und dergleichen hoch verschulden[8]. Handelsbeschränkungen, die den Direktverkauf an die Händler in der Stadt untersagten sowie der desolate infrastrukturelle Zustand im Hamme-Oste-Raum, der den Abtransport der Erzeugnisse erheblich behinderte, bewirkten in den 30er Jahren eine Durchschnittsverschuldung der Moorbetriebe in Höhe von 400 Mark[9].

Zu der Zeit fanden wiederholt Versammlungen auf Drängen der Bauernschaft statt, um auf die Mißstände des Gebietes hinzuweisen. Im Jahre 1935 konnte auch die nationalsozialistische Regierung den Hilferuf der Bauern nicht länger ignorieren. Es folgte eine wissenschaftliche Untersuchung, der eine Strukturanalyse der betriebs- und agrarwirtschaftlichen Verhältnisse zugrunde lag[10], mit dem Ziel der Ausarbeitung einer Sanierungs-

---

[8] Im Kreis Osterholz hatten von den insgesamt 1 792 Moorbetrieben 871 einen Besitz bis zu 7,5 ha, 780 Betriebe verfügten über 7,5 bis 25 ha und nur 141 Betriebe lagen über 25 ha Wirtschaftsfläche. (Findorff hatte umgerechnet 12-18 ha Mindestgröße vorgesehen); s. JUBILÄUMSSCHRIFT d. Wasser- u. Bodenverbandes, 1967, S. 51.

[9] JUBILÄUMSSCHRIFT d. Wasser- u. Bodenverbandes, 1967, S. 52.

[10] 1937 wurde von den zuständigen Ministerien an drei studentische Arbeitsgruppen der Auftrag vergeben, den Problemraum der Hamme-Oste-Niederung auf seine wirtschaftlichen und soziologischen Strukturen hin

studie. Im Vorwort des auf dieser Studie aufbauenden "Generalplan zur Sanierung des Teufelsmoores" von 1937 wird festgestellt, daß der vorwiegend landwirtschaftlich genutzte Raum überbevölkert ist, daß es an Verkehrswegen mangelt und die wasserwirtschaftlichen Verhältnisse unzureichend geregelt sind[11]. Dies alles sei eine Folge einer zwar großzügig eingeleiteten, jedoch unvollendet gebliebenen und sogar fehlgeleiteten Siedlungsaktion, deren Resultat viel zu kleine Bauernstellen seien, die den Eigentümern keine Existenzgrundlage böten. Hier wird ausgedrückt, was sich in zahlreichen Einleitungsbeschlüssen von Agrarstrukturmaßnahmen wiederfindet und Ansatzpunkt zur Durchführung entsprechender Maßnahmen war und ist[12].

Die Eckdaten dieser frühen Erhebung sollen zunächst zur Verdeutlichung der Agrarstruktur herangezogen werden bis zum Erscheinen der ersten umfassenden landwirtschaftlichen Zählungsergebnisse der Gemeindestatistik für Niedersachsen von 1949[13].

Die Berufs- und Landwirtschaftsstruktur dieses Raumes stellte sich nach den Erhebungen von 1937 wie folgt dar:
Die insgesamt 3 684 Haushalte waren wie folgt strukturiert:

Tab. 1.1: ERWERBSSTRUKTUR IM TEUFELSMOOR-RAUM 1937

	absolut	%
Reine Landwirte	1561	42,4
Landwirte im Hauptberuf	606	16,4
im Nebenberuf	560	15,2
Arbeiter und Gewerbetreibende	957	26,0

Quelle: PETIG et.al., 1937.

Auf die zusammengefaßt 2 727 Landwirtschafttreibenden entfiel eine Fläche von insgesamt 22 315 ha. Die Verteilung gibt nachstehende Tab. 1.2 wieder:

---

zu untersuchen. Die Ergebnisse wurden von den Arbeitsgruppen unter dem Titel "Das Teufelsmoor, sein heutiger Zustand und der Entwicklungsplan zu seiner Gesundung" veröffentlicht; s. PETIG et.al., 1937. Diese Untersuchung stellt die Grundlage dar, auf der im Dezember desselben Jahres der sog. "Generalplan zur Sanierung des Teufelsmoores" aufgestellt wurde; s. GENERALPLAN zur Sanierung des Teufelsmoores, 1937. Der Plan umfaßt das Kerngebiet des Hamme-Oste-Raumes mit ca. 41 500 ha, von denen etwa 30 000 als sanierungsbedürftig angesehen wurden.

[11] GENERALPLAN zur Sanierung des Teufelsmoores, 1937, S. 1 u. 2.

[12] Vgl. insbesondere die folgenden Kap. C III und D.

[13] GEMEINDESTATISTIK(1953) für Niedersachsen 1949, Landwirtschaftliche Betriebszählung vom 22. Mai 1949.

Tab. 1.2: BETRIEBSSTRUKTUR UND BESITZGRÖSSENKLASSEN DER
LANDWIRTSCHAFTSBETRIEBE IM TEUFELSMOOR-RAUM 1937

Besitzgrößen-klasse (ha)	reine Landwirtschaft abs.	%	Landwirtschaft i.Hauptbetrieb abs.	%	Landwirtschaft i. Nebenbetrieb abs.	%
ohne Besitz	27	1,7	56	9,2	116	20,7
0 - 2,5	97	6,2	276	45,6	424	75,8
2,5 - 5	480	30,8	237	39,1	18	3,2
5 - 10	187	12,0	37	6,1	2	0,3
10 - 15	372	23,8	-	-	-	-
15 - 20	240	15,4	-	-	-	-
> 20	158	10,1	-	-	-	-
Total:	1561	100,0	606	100,0	560	100,0

Quelle: PETIG, et.al., 1937.

Hieraus wird deutlich, daß nur 49,3% der reinen Landwirtschaftsstellen über mehr als 10 ha Betriebsfläche verfügten. Bezogen auf die von der Preußischen Moorversuchsstation auf mindestens 15 ha festgesetzte Mindestgröße für Bauernstellen heißt das, daß 74,5% der reinen Landwirtschaftsbetriebe unter dieser Grenze lagen und kaum lebensfähig waren. Die Kleinbesitzstellen von 0-2,5 ha konzentrierten sich auf die Einwohner, die Landwirtschaft nur als Nebenerwerb betrieben. Die unsichere Existenzgrundlage der Moor-Landwirtschaft in den 30er Jahren drückt sich in dem verhältnismäßig hohen Anteil dieser Gruppe an der Gesamtzahl der Erwerbstätigen in der o.g. Strukturtabelle aus. Ein Großteil der Arbeiter war gezwungen, täglich nach Bremen oder auch in die Industriegebiete an der Unterweser zu pendeln. Etwa 400 von ihnen hatten einen Arbeitsweg von über 20 km, den sie z.T. noch auf dem Fahrrad zurücklegen mußten[14].

Aus einer kartographisch dargestellten Betriebsgrößenverteilung der Siedlerstellen im Anhang des Generalplans wird deutlich, daß die Altsiedlungen Teufelsmoor, Waakhausen und auch Worpswede über die gesündeste Größenstruktur verfügten. Am ungünstigsten war sie dort, wo in der nachfindorff'schen Zeit neu gesiedelt wurde bzw. durch Kolonatsteilung störend in diese Struktur eingegriffen wurde.

Ähnlich verhält es sich auch mit der regionalen Verteilung der Gemeindeverschuldung. Nach der studentischen Erhebung gehören die Gemeinden mit den Altsiedlungen ebenfalls zu den am wenigsten verschuldeten[15]. Die allgemein hohe Verschuldung ging u.a. auf den Umstand zurück, daß von den Landwirten Land hinzugepachtet werden mußte. Im ganzen pachteten im Teufelsmoorgebiet 1 514 Landwirtschaftstreibende (=55,5%) 2 895 ha (im Schnitt 2 ha/Pächter). Der Nutzflächenbedarf ist bei den rein landwirtschaftlichen Betrieben naturgemäß am höchsten. 75% dieser Betriebe hatten

---

[14] GENERALPLAN zur Sanierung des Teufelsmoores, 1937, S. 15.

[15] PETIG et.al., 1937, S. 24.

Land hinzugepachtet, dies macht mehr als ein Drittel der bewirtschafteten Kulturfläche aus.

Der Grünlandnutzung und damit verbunden der Viehhaltung kam, im Vergleich zum Ackerbau, die größere Bedeutung zu. Von der bewirtschafteten Fläche entfiel nur etwa 20% auf Ackerland:

Tab. 1.3: LANDWIRTSCHAFTLICHE FLÄCHENNUTZUNG IM TEUFELS-MOOR-RAUM 1937

	Landw. Nutzfl.	Ackerland ha	%	Grünland ha	%
Reine Landwirte	16154	3479	21,5	12675	78,5
- hauptberufl.	1998	459	23,0	1539	77,0
- nebenberufl.	200	62	31,0	138	69,0
Total:	18352	4000		14352	

Quelle: PETIG, et.al., 1937.

Der Rindviehbesatz lag im Teufelsmoor zu der Zeit mit durchschnittlich 112 Tieren pro 100 ha deutlich über dem Durchschnittswert der anderen Gebiete der Provinz Hannover. Die Rindviehhaltung entfiel hauptsächlich auf die landwirtschaftlichen Haupterwerbsbetriebe. Nebenberufliche Landwirte hielten auf ihren Stellen nur selten Kühe, für sie stand die Ziegenhaltung im Vordergrund. Die Verteilung im Hamme-Oste-Raum stellte sich wie folgt dar:

Tab. 1.4: RINDVIEHHALTUNG IM TEUFELSMOOR-RAUM 1937

	Rindvieh Stück insgesamt	Stück je 100 ha ldw. Nutzfläche	davon Stück	Milchkühe % des Viehbe-Bestandes
Reine Landwirte	18078	111,8	8535	47,2
- hauptberufl.	2428	121,5	1485	61,1
- nebenberufl.	9	4,5	6	66,6
Total:	20515	112,0	10026	48,9

Quelle: PETIG, et.al., 1937.

Im Generalplan sowie in der zitierten Vorstudie wurde ein Sanierungskonzept entwickelt, daß insbesondere folgende Maßnahmen vorsah:

- Erschließung des Gebietes durch Hauptstraßen und beschleunigter Ausbau der Gemeindewege,

- Neugestaltung der Wasserwirtschaft mit dem Ziel einer besseren Grünlandbewirtschaftung, wobei davon ausgegangen wurde, daß unter günstigen Verhältnissen noch in erheblichem Maße zu mehr Ackerbau übergegangen werden könne,

- Gründung eines Dachverbandes als leistungsfähiger Träger zur Durchführung und Überwachung der wasserwirtschaftlichen Maßnahmen,
- Landbautechnische Folgemaßnahmen wie Tiefumbrüche und Zusammenlegung vieler Einzelflächen zur Erleichterung der Bewirtschaftung,
- Erschließung des noch relativ hohen zu den Betriebsflächen gehörenden Ödlandanteils,
- Maßnahmen zur Sanierung der Gemeindefinanzen

Die Regierung stimmte 1939 den Maßnahmen im Generalplan zu und erklärte sich bereit, 90% der auf 40 Millionen Mark veranschlagten Sanierungskosten zu übernehmen. Die Durchführung der Maßnahmen, deren Dauer auf 10-15 Jahre geschätzt wurde, wurde den Fachbehörden und dem neugegründeten Wasser- und Bodenverband übertragen. In diese Zeit fällt die in diesem Raum durchgeführte Umlegung von Karlshöfen[16], die im ersten Teil der Analyse regionaler Fallbeispiele in Kap. C III 2.4 untersucht wird.

---

[16] Dieses Umlegungsverfahren erstreckt sich auch über einen Teil der Gemarkung Ostersode.

3 Analyse und Bewertung der heutigen Struktur

Der Hamme-Oste-Raum bietet heute hinsichtlich seiner landwirtschaftlichen Struktur ein recht homogenes Bild, da die Grünlandnutzung überall überwiegt. Die kleinbäuerliche, auf das Siedlungswerk Findorffs zurückgehende Betriebsstruktur ist immer noch vorherrschend. Die Hochmoorböden in den Findorff-Siedlungen sind größtenteils abgetorft, ihre Erschließung mit dem Ziel der landwirtschaftlichen Nutzung vollendet.
Die staatlich gelenkte Hochmoorkolonisation Kurhannovers als Maßnahme zur landeskulturellen Erschließung führte zur Verbesserung der Agrarstruktur.
Um diese Entwicklung abschließend beurteilen zu können, ist eine Betrachtung dieses Gebietes aus heutiger Perspektive erforderlich. Diese muß zum einen die heutige siedlungsgeographische Situation berücksichtigen und zum anderen die derzeitige Struktur dieses Gebietes mit den gewandelten Nutzungs- und Bewertungsvorstellungen aufzeigen.
Zur Abrundung der Darstellung der siedlungsgeographischen Entwicklung im Teufelsmoor-Raum bietet sich ein Vergleich zwischen den zwei "Basistypen" des Siedlungsgefüges aus dem Hamme-Oste-Raum an: Dem Ort Teufelsmoor aus der zweiten, von den Klöstern getragenen Siedlungsphase sowie Ostersode und Neu St.Jürgen als Gründungen der kurhannoverschen Kolonisation aus der 4. Besiedlungsphase.

Im Anschluß an diesen siedlungsbezogenen Teil soll ein kurzer Überblick über die Entwicklungspläne zur Inwertsetzung dieses Kulturraumes unter Berücksichtigung der gewandelten Nutzungsinteressen aus heutiger Sicht die Darstellung vervollständigen.

3.1 Die siedlungsgeographische Situation anhand von regionalen Beispielen

Teufelsmoor
Der Ort Teufelsmoor wurde zu Beginn der 4. Besiedlungsphase von den wohl reichsten Bauern im Moor bewohnt, deren Wohlstand und Einfluß rückblickend auf folgenden Gegebenheiten beruhte:

- Viehzucht und Viehaltung auf fruchtbaren, ausreichend großen Weideflächen
- Ackerbau
- genügende Anzahl an Arbeitskräften, die rechtlich an sie gebunden waren
- Protektion durch einflußreiche Grundherren[1]
- im Verhältnis zu den später angelegten Moorkolonien große Parzellen von ca. 25 ha.

---

[1] 1641 lief ein Prozeß gegen die Teufelsmoorbauern aufgrund ihrer ständigen Übergriffe auf fremdes Weideland, durch den ihnen jegliche Nutznießung des Moores verboten werden sollte. Der Prozeß endete für sie positiv auf Fürsprache ihrer einflußreichen Grundherren in einem Vergleich, in dem ihnen die strittigen Gebiete gegen geringe Pacht meierrechtlich überlassen wurden; s. EHLERS, 1914, S. 17.

Während die Zahl der landwirtschaftlichen Betriebe 1949 noch 64 betrug, ging sie bis 1987 auf 30 zurück, die landwirtschaftliche Nutzfläche von 1 307 ha auf 897 ha[2]. Die landwirtschaftliche Produktion hat sich zunehmend auf die Viehhaltung konzentriert, was sich in der Betriebsstruktur von 1987 (16 von 21 Betrieben betreiben Milchwirtschaft) und der Landwirtschaftsflächennutzung (Anstieg des Futterfeldbaus von 2 ha 1949 auf 38 ha 1987) zeigt. 1971 überwog noch die Zahl der Vollerwerbsbetriebe (VE), ab 1983 ist hier ein starker Rückgang zugunsten der Nebenerwerbsbetriebe (NE) zu verzeichnen (10 VE gegenüber 21 NE 1987). Aufgrund der mangelnden Bodenqualität (Hochmoortorf, stark saure Wiesen) und der schlechten Entwässerungsverhältnisse überwiegt die Dauergrünlandnutzung. (Die Ackerflächen betragen nur noch 6,5% der landwirtschaftlichen Nutzfläche gegenüber 16,7% 1949.

Im Jahr 1971 gab es im Ort Teufelsmoor noch 21 Betriebe, die über mehr als 20 ha landwirtschaftlich genutzter Fläche verfügten, 1992 sind es nur noch 11[3]. Weniger als 2 ha hatten 1971 nur 2 Betriebe, 1992 sind es 11, davon 8 mit weniger als 1 h[4]. Vergleicht man diese Daten mit der Erwerbsstruktur, so ist zu erkennen, daß der Anteil der in der Land- und Forstwirtschaft Tätigen 1987 nur noch 13,3% beträgt im Vergleich zu über 50% im Jahr 1960 und nur unbedeutend weniger 1970. Diese Entwicklung war verbunden mit einer Abwanderung in die Bereiche Handel, Verkehr und besonders Dienstleistungen.

Tab. 2.1: ERWERBSTÄTIGE IN WIRTSCHAFTSBEREICHEN: ORTSTEIL TEUFELSMOOR

Jahr	Erwerbstätige im Wirtschaftsbereich							
	Land./Forst.-		Prod.Gew.		Handel/Verk.		Übr./Dlstg.	
	Anz.	%	Anz.	%	Anz.	%	Anz.	%
1960	127	54	83	35,5	12	5	13	5,5
1970	76	47,2	53	32,9	17	10,6	15	9,3
1987	16	13,3	42	34,7	20	16,5	43	35,5

Quelle: GEMEINDESTATISTIK Niedersachsen, 1960/61, 1970, 1987.

Auch die Bevölkerungsentwicklung ist seit Jahrzehnten rückläufig von 406 Einwohnern 1967, 334 im Jahr 1982 auf schließlich 306 im Jahr 1992. Zu den für den Rückgang der Zahl der landwirtschaftlichen Betriebe bundesweit geltenden Gründen treten hier noch folgende Umstände hinzu: Teufelsmoor gilt im Sinne des Baugesetzbuches von 1986 als sog. Außenbereich. Die Bebauung regelt § 35 (BauGB). Demnach ist eine Bebauung grundsätzlich

---

[2] Vgl. Tab. 9.1 - 9.6.

[3] Mündl. Auskunft der Kreisverwaltung Osterholz.

[4] Die durchschnittliche Betriebsgröße liegt deutlich unter den als Richtgröße für einen Grünlandbetrieb von der Landwirtschaftskammer für diese Region veranschlagten 60-70 ha; nach mündl. Auskunft der Landbauaußenstelle Osterholz.

nicht möglich und kann nur genehmigt werden, wenn keine entgegengesetzten "Öffentliche Belange" vorhanden sind. Hierzu zählen u.a. auch geschützte oder schützenswerte Landschaften. Das im Norden von Teufelsmoor ausgewiesene Landschaftsschutzgebiet sowie das Naturschutzgebiet "Breites Wasser" im Süden erfüllen diese Bedingung. Im Flächennutzungsplan ist nur eine kleine Fläche neben einer schon bestehenden Siedlungszeile als Wohnbebauungsgebiet ausgewiesen[5]. Hierbei handelt es sich noch um Lückenbebauung, die nur in Erweiterung oder Fortführung einer schon bestehenden Zeile vorgenommen werden kann[6]. Mit einem Wachstum der Siedlung ist aus diesen Gründen in absehbarer Zeit nicht zu rechnen.

Zusammenfassend kann festgestellt werden, daß die ehemals besondere Bedeutung und Vormachtstellung dieses mittelalterlichen Moorhufendorfes im Zuge der gewandelten Agrarstruktur gänzlich geschwunden ist. Diese Entwicklung wird sich durch die Lage in dem monostrukturell auf Grünlandwirtschaft ausgerichteten Niederungsgebiet noch fortsetzen, da nach heutigen Maßstäben durchgreifende agrarstrukturverbessernde Maßnahmen nicht geplant sind. Etwaige für die Sanierung der Landwirtschaft erforderliche Meliorationsmaßnahmen würden insbesondere das unmittelbar südlich angrenzende Naturschutzgebiet "Breites Wasser" gefährden[7].

Ostersode

Ostersode (ehemaliges Amt Osterholz) wurde zu Beginn der zweiten Kolonisationsphase mit 25 Siedlerstellen gegründet. Im Norden von Ostersode wurde Nordsode als letzte Siedlung dieses Amtes in der verbliebenen rechteckigen Moorfläche des Rummeldeismoores angelegt[8]. Die Stellengröße betrug jeweils die üblichen 50 Morgen (= ca. 13 ha).

Ostersode liegt verkehrsmäßig etwas abseits von den nächsten übergeordneten Zentren und hat sich den Charakter einer rein landwirtschaftlich geprägten Siedlung erhalten. Die Hofstellenzahl hat sich seit der Gründung von den ursprünglich 25 auf 58 landwirtschaftliche Betriebe erhöht, wobei bis 1961 die Mehrzahl der Betriebe zu der Gruppe der über 10-20 ha landwirtschaftliche Nutzfläche verfügenden Betriebe gehörte. Bis 1971 hatte sich eine Verlagerung zu einer größeren Betriebsgrößenklasse (20-30 ha) vollzogen. Zwar war auch hier die Gesamtzahl der Betriebe rückläufig, die Anzahl der Vollerwerbsbetriebe aber lag 1987 im Gegensatz zu Teufelsmoor und Neu St.Jürgen noch über der der Nebenerwerbsbetriebe. Wie in den

---

[5] Bebauungsplan Ortsteil Teufelsmoor, Kreis Osterholz, 1984.

[6] Aufgrund der fehlenden zentralen Abwasserversorgung müßten die Baugrundstücke jedoch zunächst mit Sand aufgeschüttet werden, um eine Verrieselungsanlage einrichten zu können.

[7] Außerdem ist die Region mit der Ortslage im regionalen Raumordnungsprogramm des Landkreises von 1985 als Gebiet mit besonderer Bedeutung für Natur und Landschaft sowie zur Erholung ausgewiesen; s. Regionales RAUMORDNUNGSRPROGRAMM 1985 - Landkreis Osterholz.

[8] Vgl. Karte 5.

anderen Beispielorten des Hamme-Oste-Raumes steht bei den landwirtschaftlichen Betrieben heute auch in Ostersode die Milchviehhaltung im Vordergrund.

Tab. 2.2: ERWERBSTÄTIGE IN WIRTSCHAFTSBEREICHEN: OSTERSODE

Jahr	\multicolumn{8}{c}{Erwerbstätige im Wirtschaftsbereich}

Jahr	Land./Forst.- Anz.	%	Prod.Gew. Anz.	%	Handel/Verk. Anz.	%	Übr./Dlstg. Anz.	%
1960	131	62,2	52	25	11	5,2	16	7,6
1970	85	43,1	63	32	22	11,2	27	13,7
1987	40	20,5	75	38,5	36	18,5	44	22,5

Quelle: GEMEINDESTATISTIK Niedersachsen, 1960/61, 1970, 1987.

Auch bei der Erwerbstätigenstruktur ist die Verlagerung vom Land- und Forstwirtschaftssektor zum Bereich Handel und Dienstleistungen weniger ausgeprägt als bei den anderen beiden Beispielsiedlungen, wenn auch deutlich merkbar.
Die Einwohnerzahl hat sich seit 1977 ebenfalls nur wenig verändert[9].
Zusammenfassend läßt sich feststellen, daß sich Ostersode als Moorhufendorf der kurhannoverschen Kolonisation nur unbedeutend verändert und seine agrare Struktur weitestgehend beibehalten hat.

Neu St.Jürgen
Neu St.Jürgen, als Reihendorf mit Einzelhofanlage in der ersten hannoverschen Kolonisationsphase angelegt, verfügt wie alle Moorhufendörfer über kein Zentrum. Die ursprünglich ausschließlich landwirtschaftliche Struktur hat sich jedoch einerseits aufgrund der nahen Lage zu Worpswede sowie andererseits wegen der insgesamt günstigen Verkehrsanbindung, in erster Linie an Bremen, gewandelt[10]. Es entwickelte sich zu einem bevorzugten Wohngebiet für Erwerbstätige aus den nahegelegenen Verstädterungsräumen von Bremen und Osterholz-Scharmbeck.
Die Entwicklung der Landwirtschaftsbetriebe ist im Vergleich zu Ostersode deutlicher von einem Bedeutungswandel gekennzeichnet: die Zahl der Vollerwerbsbetriebe ging in den Jahren 1971-1987 von 39 auf 16 Betriebe zurück, die Zahl der Nebenerwerbsbetriebe stieg im selben Zeitraum von 9 auf 22 Betriebe. Die Entwicklung der Erwerbsstruktur zeigt, daß die Bedeutung der Bereiche "Handel und Verkehr" sowie "übrige Dienstleistun-

---

[9] Nach einem kleinen Anstieg von 426 Einwohnern im Jahre 1977 auf 467 1984 sank die Zahl bis 1992 wieder leicht ab auf 447; mündl.Auskunft Einwohnermeldeamt d. Gemeinde Worpswede.

[10] Im Jahr 1911 erhielt Neu St.Jürgen Anschluß an das Eisenbahnnetz durch Fertigstellung der Bahnlinie Osterholz-Worpswede-Gnarrenburg-Bremervörde. 1978 wurde der Personenverkehr auf der Linie Osterholz-Bremervörde eingestellt, nachdem durch den Straßenbau entsprechende Busverbindungen möglich geworden waren.

gen" stark zugenommen hat, was sich in dem Anteil von etwa 40% der Gesamterwerbstätigen im Jahr 1987 ausdrückt (1960 = 13%).

Tab. 2.3: ERWERBSTÄTIGE IN WIRTSCHAFTSBEREICHEN: NEU ST.JÜRGEN

Jahr	Erwerbstätige im Wirtschaftsbereich							
	Land./Forst.		Prod.Gew.		Handel/Verk.		Übr./Dlstg.	
	Anz.	%	Anz.	%	Anz.	%	Anz.	%
1960	109	50,3	75	34,3	16	7,6	17	7,8
1970	96	44,7	63	29,3	21	9,8	35	16,2
1987	40	11,7	103	30,2	74	21,7	124	36,4

Quelle: GEMEINDESTATISTIK Niedersachsen, 1960/61, 1970, 1987.

Zur Zeit der letzten Volkszählung gab es in Neu St.Jürgen 27 nichtagrarische Arbeitsstätten, 92 Menschen waren in Neu St. Jürgen beschäftigt. Neu St. Jürgen verfügt über ein kleines Gewerbegebiet im Westteil des Ortes, in welchem 1992 8 Betriebe angesiedelt waren[11]. Dieses Gebiet war 1983 nur knapp zur Hälfte ausgelastet[12]. Inzwischen liegt bereits ein neuer Bebauungsplan für eine Erweiterung des Gewerbegebietes aus[13]. Die Nutzung wird vermutlich durch örtliche Betriebe (Erweiterung bestehender Betriebe sowie Auslagerung von Betrieben aus dem 3 km entfernten Worpswede) erfolgen, da die Ausweisung von Gewerbeflächen in Worpswede nicht möglich ist[14].

Zusammenfassend kann hier folgende Aussage getroffen werden: Neu St. Jürgen hat, als früheste Gründung im Rahmen der hannoverschen Moorkolonisation, seine agrarische Struktur weit mehr eingebüßt als Ostersode, wozu insbesondere folgende Faktoren beigetragen haben:

- stadtnahe Lage durch günstige Verkehrsanbindung an Bremen und Osterholz-Scharmbeck
- geographische Nähe zum beliebten Wohn- und Erholungsort Worpswede
- Bestreben der Gemeinde Worpswede, Gewerbebetriebe in Neu St.Jürgen anzusiedeln durch Flächenbereitstellung
- Funktionswandel und Rückgang der Landwirtschaft
- gestiegener Wohnraumbedarf und Bevölkerungszunahme.

---

[11]Dies sind im einzelnen: Torfwerk, Teehandel, Kunsttöpferei, Schlosserei, Autohändler, Imbiß, Holzhandel und Abwassertechnik.

[12]Eigene Erhebung aus der Zeit.

[13]Bebauungsplan Nr. 37: "Gewerbe- und Sportanlagen Neu St.Jürgen, Gemeinde Worpswede". (Öffentlicher Aushang August 1992).

[14]In Worpswede soll der besondere Charakter als Künsterkolonie und Bauerndorf erhalten und nicht durch Gewerbebetriebe beeinträchtigt werden.

3.2 Entwicklungspläne für den Teufelsmoor-Raum

Seit 1970 hat es eine Reihe von Entwicklungsvorschlägen und -plänen bis hin zu detaillierten Ausarbeitungen über die verschiedenen Nutzungseignungen dieses Raumes gegeben, die im folgenden kurz chronologisch zusammengestellt sind:

1. 1970 bestand von seiten der Deutschen Lufthansa AG der Plan, im Teufelsmoor eine Verkehrsfliegerschule zu errichten, bzw. die am Flughafen Bremen bestehende dorthin zu verlagern.

2. 1971 ging die Meldung über ein geplantes Übungsgebiet für Bombenabwürfe der britischen Nato-Streitkräfte durch die Presse.

3. 1972 wurde ein Gutachten vom Niedersächsischen Minister für Ernährung, Landwirtschaft und Forsten bei der Gesellschaft für Landeskultur in Bremen (GfL) zur Untersuchung weiterer Sanierungs- und Inwertsetzungsmöglichkeiten in Auftrag gegeben[15]. Daraufhin wurde insbesondere die Schaffung eines Sees in Verbindung mit einem Erholungsgebiet ins Auge gefaßt.

4. 1975 erschien der Landschaftsrahmenplan Teufelsmoor (Hamme-Gebiet), ebenfalls erstellt von der GfL in Bremen[16]. Diese Rahmenplanung beschrieb die Nutzungsstruktur und Landschaftsbeanspruchung durch die Bereiche Land- und Forstwirtschaft, Gewerbe, Gewässer, Siedlung, Verkehr und Abbau von Bodenschätzen.
   In diesem Gutachten wurde der Plan eines Sees, wenn auch in modifizierter Form, beibehalten. Der See als Hochwasser-Rückhaltebecken sollte sich in drei Bereiche aufteilen:
   - eine Landzone von 119 ha (Grünpolder, nur selten überstaut).
   - eine Flachwasserzone von 88 ha (nur im Winter überstaut). Zone mit ökologischer Funktion, von der Tiefwasserzone durch einen 3,20 m hohen Wall getrennt.
   - eine Tiefwasserzone von 420 ha (Vorland vor dem Wall); da gleichzeitig die sportliche Nutzung vorgesehen war, sollte eine Verbindung zur Hamme durch einen sog. Segelkanal geschaffen werden.

   Außerdem waren Freizeit- und Erholungseinrichtungen zwischen dem Hochwasser-Rückhaltebecken und dem Ortsteil Penningbüttel (bei Osterholz-Scharmbeck) vorgesehen. Einschließlich der Flächen für Erholungs- und Freizeitanlagen wurden 1 348 ha veranschlagt.
   Um die Ansprüche der Land- und Forstwirtschaft auf standortverbessernde Maßnahmen mit Belangen der Ökologie in Einklang bringen zu können, wurde das Teufelsmoor-Gebiet außerdem flächendeckend in Zonen eingeteilt. Diese waren regional festgelegt und differenziert nach Standorteigenschaften für Ackerbau, Grünland, Forstwirtschaft, Rückhaltebecken sowie für die Bereiche Erholung und Wohnen.
   Dieser Plan rief, ebenso wie der von 1972, heftigen Widerstand unmittelbar Beteiligter und anderer Bevölkerungsteile wegen der tiefgreifenden Eingriffe in das typische Landschaftsbild und den Landschaftshaushalt hervor. Der Plan wurde, wie alle vorhergegangenen, nicht realisiert (in diesem Fall wurde er aufgrund der wirtschaftlichen Restriktion und des Regierungswechsels in Niedersachsen im Jahre 1976 zurückgestellt).

5. 1979 erschien ein Gutachten zur Landschaftsentwicklung der Teufelsmoor-Hamme-Wörpe-Niederung, das sich als ökologisch-gestalterischer Beitrag zur Entwicklung eines landwirtschaftlichen Problemgebietes am Rande eines Verdichtungsraumes verstand und sich durch diesen anderen Ansatz und seine unterschiedliche Zielsetzung von allen vorhergegange-

---

[15] FORSCHUNGSVORHABEN Teufelsmoor, Land Niedersachsen, 1972.

[16] LANDSCHAFTSRAHMENPLAN "Teufelsmoor" (Hammegebiet), 1975.

nen Entwicklungsplänen abhob[17]. Dieses Gutachten ging im Vergleich zu den früheren Entwicklungsprogrammen davon aus, daß im Teufelsmoor-Gebiet keine wesentlichen neuen wasserbaulichen Maßnahmen mit dem Ziel der Standortverbesserung für die landwirtschaftliche Nutzung mehr stattfinden sollten, da diese als ökologisch bedenklich und auf lange Sicht weder als erfolgreich noch als volkswirtschaftlich vertretbar angesehen wurden. In dem Gutachten wird der Teufelsmoor-Raum aus der Perspektive der Landespflege (im Sinne von Natur- und Landschaftsschutz) untersucht. Es werden weniger differenzierte örtliche Planungsvorschläge gemacht, vielmehr wird die Entwicklung eines den heutigen Nutzungsansprüchen sowie dem Naturpotential angepaßten Nutzungsmusters angestrebt.

Ferner wird ein Flächennutzungskonzept entwickelt, das Landwirtschaft, Naturschutz und Erholung in unterschiedlichen Intensitätsstufen vorsieht. Hierbei soll die Erholungsnutzung die der Landwirtschaft in großen Teilbereichen überlagern. Für landwirtschaftliche Bereiche mit geringerer Bewertung wird eine Überführung in Landschaftspflegebereiche vorgeschlagen (extensive Grünlandnutzung), ggf. mit Erholungsfunktion und Sukzessionsgebieten als Pufferzone vor Naturschutzgebieten (Vermeidung jedes Eingriffs durch Mahd, Düngung und Entwässerung[18]). Im übrigen sollen alle zur Landschaftspflege beitragenden Formen der Landwirtschaft gefördert werden, d.h. Beibehaltung der dem Naturpotential entsprechenden Nutzungsform, kein Eingriff in den Bodenhaushalt durch übermäßige Düngung und Erhaltung der Bausubstanz (keine störenden Silo-Anlagen). Weiterhin wird vorgeschlagen, das gesamte Planungsgebiet zum Naturpark Teufelsmoor-Hamme-Niederung zu erklären, wobei der Schwerpunkt auf naturnaher Erholung, Förderung der im Naturpark lebenden wirtschaftenden Bevölkerung sowie Schutz, Pflege und Entwicklung der Landschaft, insbesondere ihrer Naturausstattung liegt[19].

Die in allen bisher aufgeführten Gutachten und Entwicklungsplänen mit unterschiedlicher Gewichtung enthaltene Erholungsfunktion des Teufelsmoor-Gebietes ist heute in mancherlei Hinsicht verwirklicht. Worpswede war am frühesten Erholungs- und Ausflugsort für Bremen und weite Teile des norddeutschen Raumes. Darüber hinaus wurden eine Reihe anderer Freizeitangebote im Worpsweder Raum geschaffen, die das Teufelsmoor als Naherholungsgebiet erschlossen[20].

6. Das neueste Gutachten, in welchem unter besonderer Berücksichtigung der Grundlagen für die Schutzwürdigkeit aus ökologischer Sicht eine Schutzkonzeption für die Teufelsmoor-Wümme-Niederung erarbeitet wurde, stammt aus dem Jahr 1991[21]. Im bisher vorliegenden ersten Teil dieses Konzepts werden nach der Darlegung der Aufgabenstellung konkrete Vorschläge zur Realisierung eines großflächigen Schutzkomplexes gemacht, gegliedert nach sofortigen Schutzmaßnahmen für die akut gefährdeten Bereiche sowie einem Stufenplan für die Umsetzung von mittel- und langfristigen Schutzprojekten. Konkret wird für die Teufels-

---

[17] LANDSCHAFTSHAUSHALT,Landschaftsentwicklung. Untersuchungsergebnisse aus dem Forschungsvorhaben Hamme-Wümme, 1979.

[18] Ebd., S. 40 f.

[19] Ebd., S. 43.

[20] Hierzu zählen u.a. folgende Einrichtungen:
- Schießsportanlagen
- Segel- und Motorflugmöglichkeiten in Hüttenbusch
- Ausflugsschiffe zwischen Vegesack und Worpswede
- Heimatmuseum in Schlußdorf (Bootswerft)
- Campingplätze, überwiegend an der Hamme gelegen
- Anleger und Häfen für Sportboote
- Reit- und Turnierplätze.

[21] SCHUTZKONZEPTION für die Teufelsmoor-Wümme-Niederung, 1991.

moor-Wümme-Niederung ein Schutzgebietskomplex von 250 qkm vorgeschlagen, der sich in drei Zonen gliedert[22]:

Kernzone: uneingeschränkte Entwicklungsmöglichkeit der Natur

Übergangs-/
Pufferzone: gelenkte Arten- und Biotopschutzmaßnahmen innerhalb naturnaher Kultur-Ökosysteme oder indirekte Extensivierungsförderung mit dem Ziel, eine möglichst unregelmäßig mit den Naturlandschaftskernen verzahnte Übergangszone zu entwikkeln

Zentrale
Durchgangs-
zone: abschirmende, vernetzende Funktion für den Gesamtkomplex einschließlich der Siedlungskerne und intensiv genutzter Kulturlandschaft. (Geringste Schutzintensität, kaum Nutzungseinschränkung).

Dieses Zonensystem soll darüberhinaus durch flankierende Schutzmaßnahmen ergänzt werden (größere Waldgebiete am Geestrand als Rückzugs- und Wiederausbreitungsgebiet für Flora und Fauna, Schutz der natürlichen Fließgewässer).
Als besonders wichtig wird in dem Gutachten die Schaffung einer leistungsfähigen Naturschutzinfrastruktur angesehen, wozu u.a. die Einrichtung einer staatlichen Flächenverwaltung für den Naturschutz zählt, die z.B. den Aufbau großflächiger Schutzkomplexe oder den Flächenerwerb für Naturschutzzwecke abwickelt sowie die Schaffung von Betreuungs-und Schutzstationen.
Erwähnenswert ist in diesem Zusammenhang auch die Umstrukturierung landwirtschaftlicher Betriebe zu sog. Naturschutzhöfen zur Umsetzung der Landschaftspflege in Kooperation mit anderen landwirtschaftlichen Betrieben. Das Ziel soll dabei die Integration der noch bestehenden landwirtschaftlichen Nutzung in den aktiven Naturschutz durch Übernahme von Pflegenutzungen und die Beachtung des entwickelten Systems von abgestuften Nutzungsintensitäten sein.

4. Zusammenfassung

Die verschiedenen Entwicklungsphasen des Teufelsmoor-Gebietes haben stets im Zusammenhang mit den Interessen verschiedener Gruppen und deren Nutzungsansprüchen gestanden. Retrospektiv betrachtet ging die Initiative zur Inkulturnahme des Niederungsgebietes abwechselnd vom Staat und von den Einwohnern aus, beziehungsweise wurde von Alteingesessenen zu steuern, wenn nicht sogar zu verhindern versucht. Gegenüber den vereinzelten, hauptsächlich von den Klöstern getragenen Vorstößen in die Moorgebiete und der mehr privaten Moorrandnutzung einiger Bauern wurde der erste Impuls zu einer organisierten Kultivierung von der kurhannoverschen Landesregierung im 18. Jahrhundert gegeben. Hierbei standen der Gedanke einer möglichen Selbstversorgung und das Streben nach wirtschaftlicher Unabhängigkeit des Staates im Vordergrund.
Wie so häufig wurde auch hier die von einigen Verantwortlichen schon damals erkannte Notwendigkeit einer wirtschaftlichen Diversifikation in

---

[22] SCHUTZKONZEPTION für die Teufelsmoor-Wümme-Niederung, 1991; s. Vorwort u. S. 17 ff.

Anbetracht dieses von der Natur benachteiligten Raumes vernachlässigt und stattdessen jeweils derjenigen Wirtschaftsform Vorrang gegeben, die in möglichst kurzer Zeit einen maximalen Gewinn erbrachte. Die dadurch vernachläßigte Urbarmachung mit dem Ziel einer anschließenden landwirtschaftlichen Nutzung hatte zur Entwicklung des Teufelsmoor-Gebietes zu einem wirtschaftlichen Notstandsgebiet zu Beginn des 20. Jahrhunderts geführt. Einer durchgreifenden Sanierung standen (außer den politischen und wirtschaftlichen Verhältnissen vor und nach dem Zweiten Weltkrieg) insbesondere folgende historisch-entwicklungsbedingte Hindernisse im Weg: die unzureichende Infrastruktur, die den Raum von anderen Wirtschaftszentren - hauptsächlich Bremen - isolierte und überdies die für eine effektive Nutzung zu geringe Größe der landwirtschaftlichen Betriebe. Dies beruhte unter anderem auf der Kurzsichtigkeit einer Regierung, die die Teilung von Kolonaten zu Beginn des 19. Jahrhunderts zugelassen hatte.

Die heutige Zeit konfrontiert das Teufelsmoor-Gebiet mit ganz anderen Problemen: In erster Linie ein Nutzungskonflikt, der das Teufelsmoor in ein Spannungsfeld zwischen den Ansprüchen der Land- und Torfwirtschaft, des Naturschutzes und der erholungssuchenden Bevölkerung rückt.
Die mangelnde Entwässerung des Raumes, lange Zeit als Geißel empfunden, macht heute den besonderen ökologischen Wert dieses noch in Teilen bestehenden Feuchtgebietes aus. Diesem Wandel in der Wertschätzung sollte bei einer gegenwärtigen Beurteilung Rechnung getragen werden.
In Anbetracht der heutigen agrarischen Überproduktion erscheint eine weitere Kultivierung des Gebietes zum Ziel der landwirtschaftlichen Nutzung wenig sinnvoll, zumal der Wert von Moorgebieten aus kulturhistorischer, landschaftsplanerischer und ökologischer Sicht den landwirtschaftlichen Wert bei weitem übersteigt. Ebenso sollte der Torflagerstättenwert des Teufelsmoor-Raumes kritisch unter dem Aspekt der Irreversibilität dieses Rohstoffes und der nur begrenzt vorhandenen, abbauwürdigen Resttorfmengen beurteilt werden, zumal sie keinen zeitgemäßen alternativen Energieträger verkörpern.
Eine zukünftige Nutzung des Teufelsmoor-Gebietes hat sich vielmehr an den veränderten Lebensbedingungen in einer durch den wirtschaftenden Menschen schwer belasteten Umwelt zu orientieren, in der die wenigen, in natürlichem Zustand belassenen Reste einer Landschaft immer schneller und nachhaltiger einer oft nur kurzfristigen Bedarfsdeckung des Menschen weichen mußten.

III Die Agrarstrukturmaßnahmen zur Entwicklung der Kulturlandschaft bis 1953

1 Grundlagen der Agrarreform[1]

Nach der exemplarischen Darstellung einer geplanten Kulturlandschaftserschließung mit dem Ziel der Schaffung von Siedlungsräumen und der allgemeinen Verbesserung der Landeskultur im ersten Teil der Studie geht es im folgenden um gelenkte Maßnahmen zur weiteren Entwicklung der ländlichen Kulturlandschaft.
Hierunter sollen diejenigen in der Agrarreform des 18. Jahrhunderts wurzelnden Maßnahmen verstanden werden, die zur Neuordnung von Flächen (und begleitendem Wege- und Gewässerbau) der Kulturlandschaft führten und sie somit verändert haben. Diese unter den Begriffen "Gemeinheitsteilung" und "Verkoppelung" bekannten Agrarstrukturmaßnahmen und die sich daraus entwickelnden Flurbereinigungen stehen im Mittelpunkt der folgenden Abschnitte dieser Studie. Hierbei sollen zunächst die Ursprünge und Grundlagen der o.g. Entwicklung aufgezeigt und dann der Bogen zur heutigen Situation gespannt sowie die Entwicklung anhand der Analyse regionaler Fallbeispiele nachvollzogen werden.

Seit Mitte des 18. Jahrhunderts begann sich durch die treibenden Kräfte der Aufklärung, des Rationalismus und des Liberalismus ein bürgerliches Zeitalter abzuzeichnen[2], in dessen Verlauf die alte Agrarverfassung im Zuge der sog. *Agrarreform* aufgelöst wurde.
Unter Agrarreform wird zunächst allgemein eine "geplante Maßnahme zur Veränderung einer ungünstigen Agrarstruktur" verstanden[3]. MEYER faßt unter Agrarreform diejenigen agrarpolitischen und agrarrechtlichen Maßnahmen zusammen, die "auf eine Neuverteilung des landwirtschaftlichen Grund und Bodens und eine Neuordnung der Grundbesitzverhältnisse (einschließlich Pachtwesen, Flurbereinigung, ländliche Siedlung, Grundsteuer und Erbrechtsformen) hinzielen"[4].

---

[1] In Hinblick auf eine eindeutige Terminologie muß von der "Agrarreform" die "Bodenreform" als ein Bestandteil von ersterer unterschieden werden. Hierunter wird im weiteren Sinn die Reform des Besitzrechts am Boden und im engeren Sinne die Änderung der Besitzverhältnisse an landwirtschaftlich genutztem Boden aus politischen oder wirtschaftlichen Gründen verstanden; s. BROCKHAUS, 1967, Bd. 3, S. 59. Noch weiter geht der Begriff "Agrarrevolution", der eine gewaltsame Änderung der Agrarverfassung durch die herrschenden politischen Gruppen oder durch Bauernstände impliziert; s. BROCKHAUS, 1967, Bd. 3, S. 204. SCHNEIDER/SEEDORF bezeichnen abweichend davon die Bauernbefreiung in Niedersachsen aufgrund der Bedeutung der Umwälzungen als Agrarrevolution, da diese das damalige Leben sowie das Landschafts- und Siedlungsbild nachhaltig änderten; s. SCHNEIDER/SEEDORF, 1989, S. 9.

[2] LÜTGE, 1966, S. 205.

[3] WESTERMANN Lexikon der Geographie, 1975, Bd. I, S. 49.

[4] MEYER, 1970(c), Sp. 334.

Mit Agrarreformen können verschiedene Umgestaltungen verbunden sein, deren Art und Umfang sich nach der bestehenden Agrarverfassung richten[5]. Die Ausgangssituation der damaligen Agrarstruktur, die diese Reformen in Gang setzten, sind zusammenfassend durch folgende Merkmale gekennzeichnet:

- Gemengelage der Grundstücke
- Besitzzersplitterung
- Rechte einzelner Gemeindemitglieder an Wirtschaftsflächen Anderer (z.B. Überfahrtsrechte, z.T auch gemeinsames Weiderecht der Dorfgemeinschaft an privaten Wiesen und Äckern (Frettung))
- Flurzwang[6]
- Bodenverknappung aufgrund starken Bevölkerungswachstums

Die Ziele der Agrarreform waren dementsprechend auf die Behebung dieser Mängel ausgerichtet:

1. Befreiung der Bauern aus den verschiedenen Formen der Abhängigkeit vom Grundherren (Ablösung und Kapitalisierung der persönlichen Dienste und Naturallasten)

2. Teilung und Privatisierung der bislang gemein- und genossenschaftlich genutzten Allmenden (Gemeinheitsteilungen)

3. Zusammenlegung von zersplittertem Grundbesitz (Verkoppelung)

4. Darüberhinaus verfolgten die Reformen staatlicherseits ein fiskalisches Ziel, denn eine Erhöhung der Zahl der Steuerpflichtigen brachte ebenfalls eine Erhöhung der Einnahmen[7].

Die Ablösungen hoben die Abhängigkeit der Bauern von den Guts- und Grundherren auf, die Gemeinheitsteilungen und Verkoppelungen beseitigten die genossenschaftliche Abhängigkeit der Bauern innerhalb eines Dorfes oder einer Gemeinde[8]. Diese drei Maßnahmen waren in den ackerbaulich genutzten Geestgebieten die für die Umgestaltung der Kulturlandschaft bedeutendsten Faktoren der Agrarreform.

Die Teilungen und Verkoppelungen als Bodenordnungsmaßnahmen entstanden jedoch nicht auf Initiative der unter der restriktiven Agrarverfassung leidenden Bauern, sondern sind vielmehr als eine Folge der gesellschaftspolitischen Entwicklung anzusehen, getragen vom aufkommenden Wirtschaftsliberalismus ab der zweiten Hälfte des 18. Jahrhunderts. Das Hauptziel dieser Bestrebungen und der damit verbundenen Gesetzgebung auf dem Gebiet der Agrarverfassung war:

---

[5] Die Begriffe Agrarreform und -verfassung werden im folgenden auf die Verhältnisse und Entwicklungen im Herzogtum Bremen, zu dem der Untersuchungsraum gehört, bezogen. Im Jahre 1823 wurden die Herzogtümer Bremen und Verden mit dem Land Hadeln zur Landdrostei Stade vereinigt, die 1884 in den Regierungsbezirk Stade umbenannt wurde.

[6] Der Flurzwang spielte bei dem für das Untersuchungsgebiet typischen Dauerroggenanbau ebenfalls eine Rolle, wenn auch nicht so ausgeprägt wie bei der Dreifelderwirtschaft.

[7] SCHNEIDER/SEEDORF, 1989, S. 9.

[8] LÜTGE weist besonders auf diesen Dualismus der Reformen hin: im Mittelpunkt stand die Durchsetzung einer neuen Vorstellung von Freiheit, die auf der einen Seite die Auflösung grundherrlicher Verhältnisse umfaßte und auf der anderen Seite ebenso die Lösung und Zurückdrängung der bäuerlich genossenschaftlichen Bindungen (wozu LÜTGE die Ablösung der Servituten und Allmendteilung zählt) beinhaltete; s. LÜTGE, 1966, S. 202.

"Die Realisierung der liberalen Freiheitsidee mit der Folge einer möglichst großen individuellen Freiheit der Person und des Bodens durch Beseitigung der mittelalterlich überlieferten Formen der Unter- und Einordnung. Das bedeutete aber nicht nur die Regulierung oder Ablösung guts- und grundherrlicher Verhältnisse, sondern auch gleichzeitig die Aufhebung der bisherigen Flurverfassung, verbunden mit einer Neuaufteilung des Grund und Bodens unter dem Gesichtspunkt einer rationaleren und individuelleren Bewirtschaftung"[9].

Gefördert wurden die Reformideen von Friedrich dem Großen in Preußen und dem Landesherrn von Hannover, dem englischen König Georg III. Es entstanden die ersten Landwirtschaftsgesellschaften nach englischem Vorbild[10] zur Förderung der agrarwirtschaftlichen Entwicklung[11]. Die Mitglieder dieser Gesellschaften waren maßgeblich an der Erarbeitung der Reformgesetze der Agrarreform in Hannover beteiligt[12].

Da die überkommene Agrarverfassung der Modernisierung der Landwirtschaft und der Entwicklung der erforderlichen Eigeninitiative der Bauern entgegenstand, waren die Teilung der Gemeinheiten, die Verkoppelung von zersplittertem Grundbesitz und eine geregelte Ablösung aus den grundherrlichen Verpflichtungen die Hauptziele dieser Gesellschaften[13].

1.1 Die gesetzlichen Grundlagen der Gemeinheitsteilung, Verkoppelung und Umlegung

Unter Gemeinheitsteilung im engeren Sinn soll mit LÜTGE zunächst die Auflösung aller Gemeineigentumsrechte am Boden und die darauffolgende Aufteilung unter die bisherigen Gemeineigentümer (= Umwandlung der Allmende - meist Wald- und Weideflächen - in isoliertes Privateigentum) verstanden werden[14]. Zu den Gemeinheiten im weiteren Sinne zählt LÜTGE auch alle Nutzungsrechte an nicht in Gemeineigentum stehendem Land (sog. Servituten, z.B. Wege-, Weide-, Trift- oder Holzgerechtigkeiten). Die Verkoppelung (auch "Separation", "Arrondierung", "Konsolidation" oder "Kommassation"[15]) war eine Maßnahme, die der Beseitigung zersplitterten

---

[9] BERKENBUSCH, 1972, S. 53.

[10] Bekannt wurde besonders die 1864 gegründete Königliche Landwirtschaftsgesellschaft zu Celle durch ihr berühmtestes Mitglied Albrecht Thaer (1752-1828).

[11] BERKENBUSCH diskutiert die geistesgeschichtlichen Grundlagen der Reformbestrebungen und verdeutlicht dabei den Zusammenhang zwischen dem von England ausgehenden Wirtschaftsliberalismus in seiner Prägung durch Adam Smith und der deutschen Reformbewegung in seiner Verbreitung durch Albrecht Thaer; s. BERKENBUSCH, 1972, S. 48-53; LÜTGE, 1966, S. 204 ff.

[12] PECH, 1971, S. 200.

[13] PECH, 1971, S. 200.

[14] LÜTGE, 1966, S. 220; DAGOTT, 1934, S. 4.

[15] ABEL, 1967, S. 291.

Grundbesitzes durch die Zusammenlegung der Grundstücke diente[16]. Auch dieser Begriff hat wie der der "Bauernbefreiung" (vom gutsherrlichen und bäuerlich-genossenschaftlichen Zwang) zwei Bedeutungen: die Herauslösung gutsherrlicher Ländereien aus der übrigen Feldmark als auch die Aussonderung des bäuerlichen Landes[17] und die Aufteilung der Allmende[18].

Der Zustand der Gemeinheiten hatte sich bis zum 18. Jahrhundert aufgrund intensiver Nutzung und sicherlich auch durch den Umstand des Gemeineigentums und einer nichtvorhandenen Zuständigkeit für Hege und Pflege der Einrichtungen durch die Nutznießer erheblich verschlechtert. Dieser Zustand in Verbindung mit der weitreichenden Unflexibilität der Bauern war als dringend reformbedürftig erkannt worden. Friedrich II. sah in den Gemeinheiten das größte Übel der damaligen Agrarverfassung. Er hielt die Aufhebung der Gemeinheiten für die wichtigste Maßnahme zur Verbesserung der Bodenkultur[19].

Aufgrund der politischen Verhältnisse und den daraus resultierenden unterschiedlichen Gesetzesgrundlagen ist es erforderlich, die Verkoppelungsentwicklung in Preußen von der in den erst später (ab 1866) zu Preußen zählenden Provinzen getrennt zu betrachten. In den Gesetzesregelungen in Kurhannover vor 1866 wurden die einzelnen Reformmaßnahmen (Gemeinheitsteilung, Verkoppelung, Ablösung) als eigenständige Kulturmaßnahmen anerkannt, was somit auch für den Elbe-Weser-Raum relevant war. Dagegen galten in den alten preußischen Provinzen andere Prämissen, wie später ausgeführt wird.

Der erste Schritt in Richtung einer geregelten Bodenordnung auf Landesebene wurde mit der am 22. November 1768 erlassenen Verordnung *Wie in Landes-Oeconomie-Angelegenheiten zu verfahren sei* getan[20], die die Durchführung der Landeskulturmaßnahmen als hoheitliche Aufgabe auf Initiative der Behörde vorsah[21]. Diese Verordnung geht auf eine für das Herzogtum Lauenburg (bis 1815 zu Hannover gehörend) erlassene Resolution von 1718 zurück.

Trotz der o.g. Trennung zwischen den einzelnen Maßnahmen fehlten separate Verordnungen, so daß die Gemeinheitsteilungsordnung auch für die Verkoppelung bedeutsam war, zumal Verkoppelungen bis zum ersten Verkoppelungsgesetz nur in Verbindung mit Teilungen durchgeführt wurden[22]. Die erste, für den Elbe-Weser-Raum gültige Gemeinheitsteilungsordnung war die am

---

[16] LÜTGE, 1966, S. 220.

[17] Eine besonders krasse Erscheinung dieser Ausgliederung bäuerlichen Landes, auch sog. "Abbau" waren die Vereinödungen im Hochstift Kempten vom 16. - 18. Jahrhundert.

[18] LÜTGE, 1966, S. 220.

[19] MEITZEN, 1868-71, Bd. 1, S. 391.

[20] SPANGENBERG, 1820, Sammlung, Bd. II, S. 239 ff.

[21] DAGOTT, 1934, S. 78 u. BERKENBUSCH, 1972, S. 82.

[22] BERKENBUSCH, 1972, S. 82.

26.07.1825 erlassene *Ordnung über die Teilung der Allmenden und Verkoppelung der zerrissenen Felder für die Herzogtümer Bremen und Verden vom 26. Juli 1825,* die inhaltlich der Gemeinheitsteilungsordnung für das Fürstentum Lüneburg vom 25.06.1802 folgte[23].
Durch diese erste Teilungsordnung wurde das Teilungsgeschäft unter staatliche Aufsicht gestellt, die Leitung und Abwicklung der Teilungen wurde einer aus Landesverwaltungsbeamten zusammengesetzten Teilungskommission zugewiesen, die Oberaufsicht behielt die Landdrostei. Dennoch konnten ohne Beteiligung dieser Kommission sog. Privatteilungen vorgenommen werden, wobei aber der Staat ein Revisionsrecht hatte und sowohl beurkundungs- als auch zustimmungspflichtig war.
Mit diesen Teilungsordnungen waren jedoch nicht automatisch die Ablösungen von den diversen Diensten und Abgaben verbunden, die erst durch gesonderte Ablösungsgesetze vollzogen wurden. Man hatte erkannt, daß eine Flächenneuordnung und Aufteilung der Gemeinheiten allein noch keineswegs zur Verbesserung der landwirtschaftlichen Verhältnisse beitrugen.

Mit den beiden am 30. Juni 1842 erlassenen Verordnungen, dem *Gesetz über die Zusammenlegung der Grundstücke* (= Verkoppelungsgesetz) und dem *Gesetz über das Verfahren in den Gemeinheitsteilungs- und Verkoppelungssachen* begann die gesetzliche Trennung zwischen Verkoppelung und Gemeinheitsteilung im Königreich Hannover.

Anfangs fehlten hier wie auch bei den nachstehend beschriebenen preußischen Gesetzen jegliche Zwangsbestimmungen, die die Zusammenlegung ohne freiwillige Zustimmung der beteiligten Grundstückseigner ermöglichten. Dies hätte den liberalen Grundsätzen der Unverletzlichkeit des Eigentums als grundlegende Geisteshaltung der Zeit widersprochen. Die Verkoppelung konnte nach dem Verkoppelungsgesetz von 1842 jedoch nicht nur aufgrund freiwilliger Zustimmung erfolgen, sondern es reichte fortan, wenn die Mehrheit der Beteiligten sie befürwortete und diese Mehrheit zugleich 2/3 der Fläche der zusammenzulegenden Grundstücke und des Grundsteuerkapitals auf sich vereinigte[24].

In den nicht zum Kurfürstentum Hannover gehörenden Landesteilen, den sog. alten preußischen Provinzen, galten andere Teilungsordnungen[25]. Dort

---

[23] Die *Gemeinheitsteilungsordnung für das Fürstentum Lüneburg* vom 25.Juni 1802 diente als Vorbild sowohl für die preußische *Gemeinheitsteilungsordnung vom 7. Juni 1821* als auch für eine Reihe weiterer gesetzlicher Regelungen in anderen Landesteilen.

[24] Vgl. §2 des Verkoppelungsgesetzes.

[25] 1.) Die *Preußische Gemeinheitsteilungsordnung vom 21. Oktober 1769,* "wonach zur Beförderung des Ackerbaus, sonderlich auch zur Verbesserung des Wiesenwuchses und Verstärkung des Viehstandes der Bauern in Aufhebung der gemeinschaftlichen und vermengten Güter, Verteilung der liegengebliebenen Brüche, überflüssigen Hütungen, Anger etc. verfahren werden sollte"; s. MYLIUS, Bd. 4, S. 6217.
2.) Das *Schlesische Reglement vom 14. April 1771.* Hier wurden die Gemein-

wurden Umlegungen nicht als eigenständige Landeskulturmaßnahmen angesehen, sondern waren nur als Folgemaßnahmen anderer Verfahren vorgesehen, obwohl ihre Bedeutung für die Landwirtschaft erkannt worden war. BERKENBUSCH führt dies ebenfalls auf die vorherrschende liberale Geisteshaltung zurück[26]. Obwohl sich schon in der ersten preußischen Gemeinheitsteilungsordnung vom 21. Oktober 1769 ein Hinweis auf eine notwendige Zusammenlegung und einen gegenseitigen Austausch bei Gemengelage der Grundstücke findet[27], stand hier vielmehr die Aufteilung der Gemeinheiten und die Ablösung der Servituten im Vordergrund und nicht die Arrondierung von Grundstücken. Die Verkoppelung spielte stets eine sekundäre Rolle und blieb an die gleichzeitige Durchführung von Gemeinheitsteilungen gebunden[28].

Diese enge Verbindung zwischen Gemeinheitsteilung und Verkoppelung endete in allen preußischen Gebieten 1872.

Nachdem Hannover 1866 preußische Provinz geworden war, machten zwei Gegebenheiten eine einheitliche gesetzliche Regelung erforderlich, damit auch unabhängig von Gemeinheitsteilungen Umlegungen durchgeführt werden konnten:

1. Nach dem Gebietsaustausch von 1815 war die Gesetzeslage nicht mehr einheitlich.

2. Die Zusammenlegung und Umlegung war wie erwähnt primär eine Begleitmaßnahme der Allmendteilung. Da die Allmenden aber bereits in der zweiten Hälfte des 19. Jahrhunderts aufgeteilt waren, die Umlegungen jedoch noch nicht in entsprechendem Maße erfolgt waren, wuchs das Bedürfnis nach separater Gesetzgebung[29], denn die Gemengelage der Grundstücke, die man im Zuge der fortgeschrittenen landwirtschaftlichen Technik individuell bearbeiten wollte, wurde zunehmend als schwere Beeinträchtigung empfunden[30].

Am 02. April 1872 erging das *Gesetz, betreffend die Ausdehnung der Gemeinheitsteilungsordnung vom 7. Juni 1821 auf die Zusammenlegung von Grundstücken, welche einer gemeinschaftlichen Benutzung nicht mehr unter-*

---

heiten in zwei Klassen unterteilt, wobei Gemeinheitsteilungen der ersten Klasse unmittelbar durchzuführen waren (dies waren die "eigentlichen" Gemeinheiten im Gesamtbesitz der Gemeinde mit anteiligem Nutzungsrecht der Bauern). Zu den Gemeinheiten der 2. Klasse gehörten Gemengelage und gegenseitige Rechte an Wirtschaftsflächen anderer (Servituten), die nur auf Antrag eines Teils der Beteiligten aufgehoben werden sollten. Hier wird deutlich, daß die Zusammenlegung gegenüber der Teilung zweitrangig ist, was sich erst ca. 100 Jahre später änderte.
3.) Die *Gemeinheitsteilungsordnung vom 7. Juni 1821*, die sich weitgehend an dem vorstehend genannten Schlesischen Reglement von 1771 und der zuvor erwähnten Lüneburger Gemeinheitsteilungsordnung von 1802 orientierte; s. BERKENBUSCH 1972, S. 73.

[26] BERKENBUSCH, 1972, S. 76.

[27] MYLIUS, 1771, Bd.4, S. 6222.

[28] BERKENBUSCH, 1972, S. 55 u. 77; HEINRICHS, 1975, S. 44.

[29] SCHARNBERG, 1964, S. 42.

[30] KAMPMANN, 1927, S. 12.

liegen[31]. Nach diesem Gesetz war es nun möglich, Grundstückszusammenlegungen ohne davon abhängige Gemeinheitsteilungen oder Ablösungen durchzuführen. Hiermit war die Umlegung nun in ganz Preußen zu einer eigenständigen Flächenneuordnungsmaßnahme gemacht und der Durchbruch für die spätere Flurbereinigung geschaffen worden[32].

Betrachtet man die Entwicklung der Verkoppelungsgesetzgebung hinsichtlich ihres Zwangscharakters für die Durchführung, so ist folgendes festzuhalten:
Anfangs fehlten, wie erwähnt, jegliche Zwangsbestimmungen zur Zusammenlegung; jedem Beteiligten stand das Antragsrecht (Provokationsrecht) zu. Je weiter sich jedoch die Umlegung von der Gemeinheitsteilung ablöste und zunehmend in den Vordergrund trat, desto mehr bedeutete dies einen Eingriff in die privaten Eigentumsverhältnisse der Beteiligten[33]. Infolgedessen wurde das Antragsrecht in Preußen 1838 dadurch eingeschränkt, daß nun eine 1/4 Mehrheit der Beteiligten nach Besitzgröße und Grundsteueraufkommen, nach dem Gesetz von 1872 sogar eine 50%-Mehrheit, erforderlich war, um ein Teilungsverfahren mit anschließender Verkoppelung durchzuführen. Mit letztgenanntem Gesetz vom 2. April 1872, das als erstes selbständige Umlegungen vorsah, erfuhr auch der bisher stets berücksichtigte absolute Schutz des Eigentums eine Einschränkung, da sich eine Minderheit der Grundstückseigentümer einer Mehrheit von Befürwortern einer Umlegung zu beugen hatte[34]. Für die Quantität der Verfahren hatten diese Einschränkungen im Untersuchungsraum aber keine Bedeutung, da die meisten Umlegungen (mit Teilungen) aufgrund des allgemein anerkannten Erfolges von Verkoppelungen bereits zur Mitte des 19. Jahrhunderts erfolgt waren[35].

Bis hierhin läßt sich festhalten, daß ab der 2. Hälfte des 18. Jahrhunderts bis weit in die 2. Hälfte des 19. Jahrhunderts hinein eine Reihe von Verordnungen ergangen sind, die die Gemeinheitsteilungen und die Zusammenlegung von Grundstücken zum Gegenstand hatten. Im Laufe der Zeit wurde in zunehmendem Maße die Bedeutung der Verkoppelung als Mittel zur

---

[31] GESETZ-SAMMLUNG, 1872, S. 329.

[32] BERKENBUSCH, 1972, S. 125.

[33] SCHARNBERG, 1964, S. 41.

[34] Hemmend hat sich diese Bestimmung nach SCHARNBERG nur in den noch umlegungsbedürftigen Landesteilen Preußens (Rheinland) ausgewirkt; s. SCHARNBERG, 1964, S. 43.

[35] Ein Hinweis auf den bis dahin schon erfolgten Aufschwung der Landwirtschaft durch die Umlegung findet sich in dem Bericht des Innenministers v. Rochow vom 28.11.1840: "Nicht selten sind dieselben Besitzungen nach der Separation mit dem doppelten von dem bezahlt worden, was sie vor derselben werth gehalten wurden. Schon der äußere Anblick läßt sehr bald an der kräftigen Vegetation aller Früchte und dem wohlgenährten Zustande des Viehs die separierten Fluren von denen vortheilhaft unterscheiden, welche noch im Gemenge bewirtschaftet werden". (Ministerialblatt für die gesamte innere Verwaltung von 1841, S. 33); s. SCHARNBERG, 1964, S. 42.

Förderung der Landwirtschaft erkannt, die Durchführung aber blieb in verschiedenen Landesteilen noch unterschiedlich lang an die Gemeinheitsteilung gebunden, da eine gesonderte Regelung zur zwangsweisen Durchführung der Verkoppelung den liberalen Grundsätzen der damaligen Zeit widersprach. Die Umlegung und spätere Flurbereinigung erwuchs also erst allmählich aus den parallel verlaufenden Entwicklungen der Ablösungsgesetze und Gemeinheitsteilungsverordnungen.

Ein wichtiger Aspekt für die Beurteilung der Verkoppelungsentwicklung und der ihr meist zugrundeliegenden Besitzzersplitterung ist das Erbrecht. Bis 1874 hatte aufgrund der massenhaft erfolgten Ablösungen und der damit freien Disposition über die Wirtschaftsflächen eine zunehmende Rechtsunsicherheit darüber bestanden, was im Erbfall mit Haus und Hof geschehen sollte. Die neue Freiheit sollte auch auf die freie Verfügung über die Höfe ausgedehnt werden. Durch das *Höfegesetz vom 2.6.1874* wurden bestehende Vererbungsbeschränkungen (es galt überwiegend das Anerbenrecht) aufgehoben, d.h. es konnte das allgemeine Erbrecht (gleichmäßige Aufteilung unter den Erben) zur Anwendung kommen. Es wurde für die Hofbesitzer jedoch die Möglichkeit geschaffen, diese Aufteilung durch (freiwillige) Eintragung in die sog. Höferolle auszuschließen und dadurch das Anerbenrecht fortbestehen zu lassen. Die Folgen einer solchen Regelung liegen auf der Hand: Eine Besitzzersplitterung konnte somit durch den Staat nicht verhindert werden. Diese Gefahr wurde zwar nie als besonders groß eingeschätzt[36], dennoch ließen sich damit unter anderem die häufig erforderlich gewordenen zweiten, teilweise auch mehrfachen Verkoppelungen und Umlegungen derselben Flächen erklären, wenn bereits arrondierte Flächen erneut eine Besitzzersplitterung erfuhren.

Die Grundlage des Gesetzes von 1872 war, wie aus der Bezeichnung hervorgeht, die Gemeinheitsteilungsordnung von 1821, was aufgrund der geänderten Verfahrenszielsetzung (Zusammenlegung) als unzweckmäßig empfunden wurde[37]. Diesem Zustand wurde mit dem Erlaß der *Umlegungsordnung vom 21. September 1920*, Rechnung getragen, die eine Vereinheitlichung des innerhalb aller preußischen Provinzen immer noch stark untergliederten Umlegungsrechts brachte[38]. Hatte im 18. Jahrhundert die allgemeine Wertschätzung des Eigentumsrechts noch selbständige Umlegungen weitgehend verhindert, so war es nach dieser Verordnung jetzt möglich, das Zusammenlegungsverfahren von Amts wegen einzuleiten[39]. Das öffentliche Interesse an der Zusammenlegung war in den Vordergrund getreten. Ein Grund für das deutliche Hervortreten des öffentlichen Interesses an der Umlegung führt

---

[36] SIEVERS, 1976, S. 114; FESTSCHRIFT (1885) zur 50jährigen Jubelfeier des Provinzial-Landwirtschaftsvereins zu Bremervörde, Bd. I, S. 241.

[37] SCHARNBERG, 1964, S. 43.

[38] HEINRICHS, 1975, S. 46.

[39] BERKENBUSCH, 1972, S. 123; SCHARNBERG, 1964, S. 44; § 1 Umlegungsordnung.

SCHARNBERG auf die Verschiebung der Wirtschaftsgrundlagen zugunsten der Landwirtschaft zurück, deren Ursache in der wirtschaftlichen Not der Kriegs- und Nachkriegszeit bestand[40]. Die dringend nötige Ertragssteigerung der Landwirtschaft zur Sicherung der Ernährung machte es erforderlich, die Verfahrensdauer wegen ihres schleppenden Verlaufs zu kürzen. Das probate Mittel dazu wurde in der Abschaffung des Antragsprinzips[41] zugunsten des Offizialprinzips gesehen. Dies wird durch die Begründung für die Neuregelung in der Gesetzesvorlage von 1920 belegt:

> "Nach dem geltenden Recht können wirtschaftliche Umlegungen von Amts wegen nicht eingeleitet werden, sie setzen stets einen Antrag der Beteiligten voraus. Infolgedessen gehen die Umlegungsanträge sehr unregelmäßig ein, bald so zahlreich, daß die Beamten des zuständigen Kulturamts zu ihrer Bearbeitung nicht ausreichen; bald aber, trotzdem das Bedürfnis zur Umlegung unzweifelhaft vorhanden ist, nur selten, weil die Beteiligten die durch das Verfahren zu erwartenden Vorteile nicht genügend zu würdigen wissen, oder weil sie sich nicht den Anfeindungen einzelner Gegner eines solchen Verfahrens aussetzen wollen"[42].

Die Voraussetzungen für eine Umlegung regelte (wie bei der später erlassenen Reichsumlegungsordnung von 1937, dem Flurbereinigungsgesetz von 1953 und dessen Novellierung von 1976) auch hier der § 1:

> "Die vermengt liegenden oder unwirtschaftlich gestalteten Grundstücke verschiedener Eigentümer einer Feldmark können behufs besserer Bewirtschaftung umgelegt werden, wenn davon eine erhebliche Verbesserung der Landeskultur zu erwarten ist"[43].

Es war hier also nicht mehr allein von der Gemengelage die Rede, sondern auch schon von einer möglichen Verbesserung der Bewirtschaftung, etwa durch Schaffung von Gräben und Wegen. Auch taucht hier bereits der Begriff der Landeskultur auf, der ab diesem Zeitpunkt fester Bestandteil jeweils in § 1 der o.g. Nachfolgegesetze wurde. Die Umlegungsordnung von 1920 beschränkte die Durchführung der Umlegung einer Feldmark auch unter Zuziehung einer Ortslage auf den ländlichen Raum, wodurch die Umlegungen (auch in den Nachfolgegesetzen) zu reinen Agrarstrukturmaßnahmen wurden[44]. Dennoch erfuhr die Umlegung dahingehend eine Ausdehnung ihres

---

[40] In der Begründung der Regierungsvorlage des preußischen Umlegungsgesetzes von 1920 heißt es: "Gerade die bittere Not unserer Zeit erheischt es, dem vaterländischen Grund und Boden die höchsten Erträge abzuringen. Das setzt aber voraus, daß die Grundstücke eines Besitzers nicht zerstreut im Gemenge liegen, sondern daß sie wirtschaftlich zusammenhängen." (Sitzungsberichte der verfassungsgebenden preußischen Landesversammlung, Bd. 9, Berlin 1921, Drucksache Nr. 1723 mit Hinweisen auf die höheren Erträge der umgelegten Bezirke und der Verbesserung der Bestellungs-u. Erntebedingungen.). Zitiert bei SCHARNBERG, 1964, S. 56.

[41] SCHARNBERG, 1964, S. 58.

[42] Begründung der Gesetzesvorlage für die Umlegungsordnung vom 21. September 1920, zitiert bei KAMPMANN, 1927, S. 19.

[43] GESETZ-SAMMLUNG, 1920, S. 453.

[44] Für die "städtische Umlegung", d.h. in unbebauten Teilen eines Gemeindebezirks, für die der Bebauungsplan endgültig feststeht, existierten ab 26.07.1902 separate Gesetze. Die Umlegungsordnung von 1920 durfte nicht mehr zur Schaffung städtischer Bauplätze verwandt werden, wie dies nach der Gemeinheitsteilungsordnung vom 2. April 1872 noch möglich war;

Anwendungsbereichs, daß sie nicht nur zum Ausgleich der durch die Anlage von Wegen, Kanälen oder Eisenbahnbau entstandenen Nachteile eingesetzt werden konnte, sondern auch zur Beseitigung solcher Nachteile, die erst durch entsprechende Anlagen im Begriff waren zu entstehen. Die Umlegung konnte also praktisch als Begleitmaßnahme zur Behebung dieser zu erwartenden Mängel eingesetzt werden.

Die Einleitung eines Umlegungsverfahrens von Amts wegen war schließlich durch das am 21. April 1934 für alle Umlegungen in Preußen erlassene *Gesetz zur Abänderung der Umlegungsordnung vom 21. September 1920* möglich geworden[45].

BERKENBUSCH stellt zusammenfassend fest, daß das preußische Flurbereinigungsrecht,

> "...das sich aus der Gemeinheitsteilung und der Regulierung gutsherrlich-bäuerlicher Verhältnisse entwickelte,"..., "durch einen Wechsel vom Privat- zum Staatsinteresse gekennzeichnet war. Seinen rechtlichen Ausdruck fand dieser Wandel, der durch einen Wechsel in den Auffassungen vom Eigentum begleitet wurde, in den Erfordernissen zur Einleitung eines Umlegungsverfahrens, in dem anfänglich der Wille eines Einzelnen, später der einer Mehrheit der Beteiligten und schließlich allen der amtliche Beschluß maßgebend war.[46]"

Diese Entwicklung setzte sich auch nach 1933 fort. Zwei Gründe waren für eine neue Regelung der Umlegung ausschlaggebend: Zum einen machte die noch bestehende unterschiedliche Gesetzgebung und damit auch Verfahrensdurchführung in verschiedenen Landesteilen eine einheitliche Regelung erforderlich, nachdem die deutschen Länder 1934 ihre Selbständigkeit nach Gründung des zentral regierten "Deutschen Reiches" verloren hatten. Zum anderen war der erklärte oberste Ziel der Landwirtschaft die Sicherstellung der Ernährung des deutschen Volkes aus eigener Erzeugung. Hierzu "sollte der deutsche Boden zweckvoll gestaltet, und in diesem Zusammenhang sollten die noch notwendigen Umlegungen beschleunigt durchgeführt werden"[47]. Das *Umlegungsgesetz* vom 26. Juni 1936[48] ermächtigte den Reichsminister für Ernährung, Landwirtschaften und Forsten, das Recht der Grundstückszusammenlegung neu zu regeln, was durch Erlaß der für das gesamte Reichsgebiet geltenden *Reichsumlegungsordnung* vom 16. Juni 1937[49] geschah. Die Reichsumlegungsordnung garantierte einen zügigen Verfah-

---

s. KAMPMANN, 1927, S.20.

[45] Das letzte Gesetz in der Reihe der preußischen Umlegungsgesetze war das *Gesetz zur Beschleunigung der Umlegung* vom 03. Dezember 1935, das lediglich einen schnelleren Verfahrensablauf ermöglichen sollte; s. BERKENBUSCH, 1972, S. 124.

[46] BERKENBUSCH, 1972, S. 124 f.

[47] SCHARNBERG, 1964, S. 58.

[48] RGBl, I, S. 518.

[49] RGBl, I, S. 629.

rensablauf, denn der Umlegungsbeschluß war nicht mehr anfechtbar[50]. Auch auf die Einleitung und Durchführung des Verfahrens hatten die Beteiligten keinen Einfluß mehr[51].
Die neue Umlegungsordnung, die inhaltlich weitestgehend auf den bisher bestehenden Ländergesetzen beruhte[52], brachte als wesentliche Neuerung, daß sie nicht nur die reine Um- und Zusammenlegung von Grundstücken beinhaltete, sondern auch die weitergehende Erschließung durch wege- und wasserbauliche Maßnahmen in einen gesetzlichen Rahmen stellte[53]. § 1 der Umlegungsordnung bestimmte die Zulässigkeit der Umlegung: "Zersplitterter ländlicher Grundbesitz kann umgelegt werden, wenn eine bessere Förderung der allgemeinen Landeskultur ermöglicht wird". Die Umlegung sollte das öffentliche Interesse wahren und den Erfordernissen der Reichs- und Landesplanung und auch des Naturschutzes Rechnung tragen[54]. So wurde die Zielsetzung, die ursprünglich rein agrarwirtschaftlicher Natur war, durch eine Orientierung auch an der Landesplanung ergänzt. § 1, Abs. 2 Reichsumlegungsordnung bestimmte, daß durch Zweckverfahren Land, etwa für den Bau von Straßen und Eisenbahnen, in größerem Umfang bereitgestellt werden konnte. Ein klassisches Beispiel hierfür ist im Untersuchungsraum der Autobahnbau zwischen Hamburg und Bremen für den Ausbau der Ost-West-Achse im Land. Die zu diesem Zweck durchgeführten Umlegungen kennzeichnen deutlich den Streckenverlauf[55].
Während des bald darauf folgenden Krieges wurden nur wenige Umlegungen durchgeführt. Der Bedarf wuchs jedoch besonders nach dem Zweiten Weltkrieg deutlich aufgrund der zunehmenden Mechanisierung und Rationalisierung der landwirtschaftlichen Arbeitsmethoden. Zu klein parzellierte und zerstückelte Fluren behinderten diese Entwicklung, so daß mit dem 1953 erlassenen Flurbereinigungsgesetz zur Durchführung weiterer Umlegungen dem gestiegenen Bedarf an entsprechenden Regelungen Rechnung getragen wurde.

---

[50] Vgl. Reichsumlegungsordnung, § 5, Satz 6.

[51] SCHARNBERG, 1964, S. 58.

[52] BERKENBUSCH, 1972, S. 157.

[53] BERKENBUSCH weist in diesem Zusammenhang darauf hin, daß diese Maßnahmen zur Melioration ständig und mit Erfolg begleitend durchgeführt worden waren und durch die Reichsumlegungsordnung nur gesetzlich verankert wurden; s. BERKENBUSCH, 1972, S. 158.

[54] LILLOTTE, 1969, S. 21.

[55] Vgl. Karte 9.d.

1.2 Die Durchführung der Teilungen und Verkoppelungen

Nachdem das Königreich Hannover an Preußen gefallen war, ging auch die Zuständigkeit für die Durchführung der Verfahren von der Landdrostei Stade an eine preußische Behörde über, die sog. Generalkommission in Hannover. Wenn von einer oder mehreren Gemeinden eine Teilung beantragt und von der entsprechenden Stelle genehmigt worden war, wurde für die Durchführung zunächst eine Kommission gebildet, der ein juristischer und ein für die technische Leitung zuständiger Beamter angehörten ("Ökonomie-" oder "Localkommissar")[56]. Außerdem wurde ein Feldmesser bestimmt, der zusammen mit der Kommission dafür verantwortlich war, daß das zu teilende Gebiet genau vermessen und der Zustand vor dem Verfahren kartiert wurde. Dazu zählten die Besitzverhältnisse mit den Grenzen (soweit schon vorhanden) und nach vorausgegangener Bodenschätzung (Bonitierung) auch die unterschiedlichen Bodengüten der einzelnen Besitzstücke.

Darauf folgte der Entwurf für die geplanten weiteren Einrichtungen (Wege und Gewässer sowie gemeinschaftliche Anlagen wie Lehm-, Ton-, Sand- oder Mergelgruben, Viehtriften, Löschteiche, Flächen für Schulen, Hospitäler oder Friedhöfe), deren genaue Planung für eine wirkliche Verbesserung der landwirtschaftlichen Verhältnisse von großer Wichtigkeit war.

Der Ablauf der Teilungsverfahren vollzog sich in drei Abschnitten:

1. Im <u>Vorverfahren</u> wurde die Berechtigung des Verfahrensantrags geprüft und festgestellt, ob die Voraussetzungen einer möglichen landwirtschaftlichen Verbesserung gegeben waren. Wurde beides positiv entschieden, mündete das Verfahren in das

2. <u>Hauptverfahren</u>, in welchem die Fachbeamten bestellt wurden. Im Hauptverfahren wurden dann im einzelnen festgelegt:
   - Verfahrensumfang und -grenzen
   - rechtmäßig Beteiligte und deren Abfindungsansprüche
   - Abfindungen der Beteiligten

3. Am Ende stand das <u>Schlußverfahren</u>, in welchem der endgültige Teilungsplan aufgestellt und veröffentlicht wurde, desgleichen der sog. Rezeß (Teilungsurkunde).

Die Teilungskarten wurden am häufigsten im Maßstab 1:3 200 oder auch 1:2 133 1/3 erstellt[57] und zählen nach PECH zu den ältesten großmaßstäbigen Karten aus der Zeit[58]. Nachdem die Karten erstellt worden waren, konnten die Teilungen durchgeführt werden, wobei die Gesetze zwischen der sog. <u>Generalteilung</u> und der <u>Spezialteilung</u> unterschieden. Während die Generalteilung die Aufhebung der Gemeinheiten und Aufteilung zwischen ganzen Ortschaften zum Gegenstand hatte und die Gemeindegrenzen festleg-

---

[56] Ab 1883 gab es nur noch den alleinverantwortlichen Kommissar (Spezialkommissar); s. PECH, 1971, S. 203.

[57] 100 Ruten auf 6 bzw. 9 Zoll verkleinert: 1 Rute = 4,672 m = 16 Fuß; 1 Fuß = 0,292 m = 12 Zoll; 1 Zoll = 0,0243 m; s. PECH, 1971, S. 204.

[58] PECH, 1971, S. 204.

te[59], erfolgte bei der Spezialteilung die Aufteilung der Allmenden innerhalb eines Dorfes oder Gemeinde an Einzelbesitzer[60].
Zuerst wurde die Gemeinheitsteilung durchgeführt[61], wobei besonders die Grenzfestlegung zwischen den Dörfern, die Allmendflächen gemeinsam nutzten, zu langwierigen Streitigkeiten und gerichtlichen Auseinandersetzungen führte[62]. Der Grenzfestlegung folgte die Kenntlichmachung der Grenzen im Gelände, es mußten Grenzgräben ausgehoben und Wälle aufgeworfen werden.

Der Gemeinheitsteilung mit Vermessung und Bodenschätzung folgte die Spezialteilung. Zunächst mußten sich alle Anspruchsberechtigten melden. Ihre Anteile wurden nach einem Teilungsmaßstab bestimmt, der bei jeder Teilungssache individuell vorher festgelegt wurde[63]. Im Anschluß daran wurde ein sog. Teilungsplan entworfen, nach dem das Verfahren durchgeführt wurde. Dieser Plan war öffentlich, d.h. die Betroffenen konnten sich über das Verfahren informieren und ggf. Einspruch einlegen. Am Ende der Spezialteilung stand ebenfalls der Rezeß, in dem alle Ergebnisse festgehalten wurden (auch die Vermessungsergebnisse des alten und neuen Zustandes). Mit der Spezialteilung war häufig auch die Verkoppelung verbunden, also die Zusammenlegung von im Gemenge liegenden Flurstükken[64]. Die Verkoppelung war ein komplizierter und langwieriger Vorgang, da die Verflechtungen der einzelnen Flurstücke durch die mit ihnen verbundenen Berechtigungen groß waren und vor einer Neuverteilung erst beseitigt und abgefunden werden mußten.

Die Umlegungen wurden nach den Bestimmungen des Gesetzes über Landeskulturbehörden vom 3. Juni 1919 und der erwähnten Umlegungsordnung von 1920 dezentralisiert durchgeführt. Es wurden sog. Kulturämter für abgegrenzte Bezirke eingerichtet, die von einem Amtsvorsteher eigenverantwortlich geleitet wurden. Als übergeordnete Behörde bestand in jeder Provinz ein Landeskulturamt mit einem Präsidenten an der Spitze.

---

[59]BENING, 1848, S. 3 f; PECH, 1971, S. 201; SCHNEIDER/SEEDORF, 1989, S. 83 f.

[60]BENING, 1848, S. 4 f.; PECH, 1971, S. 201; SCHNEIDER/SEEDORF, 1989, S. 87 f.

[61]Diese Reihenfolge ergab sich zwangsläufig, da erst unter Einzelpersonen aufgeteilt werden konnte, wenn die Dorf- oder Gemeindegrenzen insgesamt feststanden; s. SIEVERS, 1976, S. 119.

[62]SCHNEIDER/SEEDORF, 1989, S. 86.

[63]Es gab verschiedene Teilungsmaßstäbe: In den Gemeinden des Untersuchungsraumes wurde häufig der Viehbestand zugrunde gelegt und die anteiligen Flächen in Kuheinheiten umgerechnet. Die einer Einheit entsprechende Fläche war von der jeweiligen Bodenbeschaffenheit und -güte abhängig und konnte zwischen einem oder mehreren ha variieren; s. SCHNEIDER/SEEDORF, 1989, S. 89. Ein anderer Teilungsmaßstab bezog sich z.B. auf die Höfeklasse (nach Steuerveranlagung).

[64]Für das anteilsmäßige Verhältnis zwischen Spezialteilung und Verkoppelung vgl. Abb.2.2 u. 2.3; Tab. 5.1-5.4.

Das Verfahren wurde vom Präsidenten eingeleitet, der einen Kommissar, meist den Amtsvorsteher des Kulturamtes, für die Verhandlungen mit den Beteiligten beauftragte. Nach Beschluß des Umlegungsverfahrens wurde der Besitz der Beteiligten durch Bewertung nach Benutzungsartklassen festgestellt. In die Bewertung flossen alle Punkte ein, die die Ertragsfähigkeit des Bodens beeinflußten[65]. Die in der Besitzstandsrolle festgehaltenen Schätzungsergebnisse wurden jedem Beteiligten für einen möglichen Einspruch zugänglich gemacht. Parallel zu diesen Arbeiten fand die Aufstellung eines Wege- und Gewässerplans statt, der auch der Gemeinde und dem Kreis vorgelegt wurde und durch den Präsidenten des Landeskulturamtes zu genehmigen war. Nach dessen Feststellung erfolgte die Anfertigung des Auseinandersetzungsplanes mit der entstandenen Neueinteilung des Umlegungsgebietes. War auch dieser Plan festgestellt, konnte mit dem Ausbau des Wege- und Gewässernetzes und sonstigen öffentlichen Anlagen unter Aufsicht des Kulturamtes begonnen werden. Nachdem die Ergebnisse der Umlegung feststanden, wurde eine neue Gemarkungskarte angefertigt, die die alte Katasterkarte ersetzte. Am Schluß des Verfahrens stand die Eintragung in das Grundbuch nach Aufstellung und Bestätigung des Rezesses durch das Kulturamt. Der Rezeß enthielt als Schlußurkunde eine kurze Beschreibung des alten Zustandes vor der Umlegung und eine genaue Darlegung der Ergebnisse des Verfahrens und der neugeschaffenen Rechtsverhältnisse[66].

---

[65] KAMPMANN, 1927, S. 23.
[66] KAMPMANN, 1927, S. 27.

2 Analyse regionaler Beispiele

Nach der umfassenden Darstellung der rechtlichen und historischen Entwicklung von staatlich gelenkten Maßnahmen zur Verbesserung der kulturlandschaftlichen und agrarstrukturellen Verhältnisse im Untersuchungsraum soll nun der Frage nach den Auswirkungen auf die Kulturlandschaft nachgegangen werden. Den Gemeinheitsteilungen, Verkoppelungen und Umlegungen als Maßnahmen zur Neuordnung der Agrarstruktur wird im allgemeinen ein gewichtiger Landschafts- und Strukturwandel[1] und eine meistens "durchgreifende Änderung der ländlichen Kulturlandschaft"[2] zugeschrieben, deren Umfang nach NAGEL u.a. von den Ordnungsfaktoren Nutzungsänderung, Flurumverteilung und Ausbau des Wegenetzes abhängig ist[3]. Um diese Faktoren in ihrer zeitlichen Entwicklung bis heute zu verdeutlichen, wurden Fallbeispiele aus unterschiedlichen Perioden gewählt und eingehender untersucht. Nach Meinung des Verfassers ist jedoch bei dem Versuch einer zeitlich durchgehenden Untersuchung von Agrarstrukturmaßnahmen und deren kulturlandschaftlichem Einfluß zuvor noch eine grundlegende Differenzierung der Art der Maßnahmen vorzunehmen, denn die Ergebnisse der vorliegenden Untersuchung konnten den oben angeführten generell postulierten Einfluß der Agrarstrukturmaßnahmen nicht in jedem Fall bestätigen.

Die vorangegangenen Kapitel haben das Wesen und die Entwicklung sowie den Zusammenhang zwischen den Gemeinheitsteilungen und Verkoppelungen deutlich gemacht. Betrachtet man zunächst den Vorgang der Allmendteilung, der der Verkoppelung oft vorgeschaltet war, so wird klar, daß eine Aufteilung bisher regellos genutzten Landes zu einer Parzellierung als erstes gestaltendes Element und, durch die dann mögliche individuelle Nutzung, teilweise auch zu einer Änderung der Nutzungsart führte. Ähnlich wie nach den Gemeinheitsteilungen bestand auch nach der Spezialteilung für die Teilnehmer die Pflicht, die Grundstücksgrenzen binnen einer Frist von drei Jahren kenntlich zu machen, was in den Marsch- und Moorgebieten durch Gräben und in den trockeneren Geestgebieten durch Wälle geschah. Hierdurch kam es beispielsweise in Ostfriesland und Oldenburg zur Ausbildung einer Wallheckenlandschaft, die jedoch nicht mit der holsteinischen Knicklandschaft gleichzusetzen ist, da sich bei der letzteren die Begrenzungsbepflanzung nicht auf die Besitz-, sondern auf die Feldeinheiten bezog[4].

Durch die <u>Teilungsverfahren</u> erfuhren die beteiligten Hofstellen einen z.T. erheblichen Landzuwachs. Da die ehemaligen Allmendflächen nun ackerbaulich genutzt werden konnten, in zunehmendem Maße allerdings erst mit

---

[1] SCHNEIDER/SEEDORF, 1989, S. 9.
[2] NAGEL, 1978, S. 13.
[3] NAGEL, 1978, S. 13.
[4] SCHNEIDER/SEEDORF, 1989, S. 90.

der allmählichen Verbreitung von Düngertechniken[5] (Mergelung, Gründüngung), ergab sich hieraus ein weiterer, sehr wichtiger Impuls zur Umgestaltung der Kulturlandschaft. Ein weiteres gestaltendes Element, das zusammen mit den Teilungen entstand, war das neue Wege- und Gewässernetz. Hier entstand ein regelmäßiges, häufig geometrisch rechtwinkliges Gefüge, das zum vielleicht auffälligsten Merkmal wurde, da es das vorher vorhandene System überlagerte und verdrängte.

Die Verkoppelung hingegen als selbständige Maßnahme beschränkte sich auf parzelliertes Land und hatte so von vornherein ein kleineres Wirkungsfeld: primär die Neuparzellierung und Umverteilung des Besitzes sowie sekundär das Wasser- und Wegenetz.
Eine Darstellung der Entwicklung von Agrarstrukturmaßnahmen bis heute erscheint jedoch nur sinnvoll, wenn die Art der Maßnahmen vergleichbar bleibt. Dies trifft nur auf die Verkoppelung zu, da die Teilungen ja wie dargelegt bereits zum Ende des 19. Jahrhunderts abgeschlossen waren. Aus diesem Grunde wurden für die Untersuchung regionaler Beispiele nur reine Verkoppelungen und Umlegungen gewählt, wobei in einigen Gemarkungsteilen darüberhinaus im Laufe der Zeit zweimal entsprechende Verfahren durchgeführt wurden, so daß ein direkter, chronologischer Vergleich möglich wird.

2.1 Methodische Vorüberlegungen

Der Untersuchung des kulturlandschaftlichen Erscheinungsbildes in Verbindung mit den Auswirkungen der Agrarstrukturmaßnahmen seien zunächst noch einige methodische Überlegungen vorangestellt. NAGEL vergleicht in seiner Untersuchung und Neubearbeitung der Verkoppelung von Betzendorf (1836) die Landschaftsgefügegrenzen und die jeweiligen Besitzparzellierungen[6]. Die aus dem Ergebnis der Untersuchung abgeleitete Forderung einer Gegenüberstellung beider Formen[7] und die Tatsache, daß sich der Kulturlandschaftszustand in seiner Entwicklung bis heute schon früh in der Fortschreibung der Meßtischblätter[8] verfolgen läßt, ließ für diesen Teil der Studie eine kartengestützte Untersuchung sinnvoll erscheinen. Diese wird ergänzt durch die Auswertung der Teilungs- und Verkoppelungskarten sowie der dazugehörigen Rezesse und im zweiten anwendungsbezogenen Teil durch Hinzuziehen der bei den zuständigen Fachbehörden verfügbaren Karten, Akten und Auskünfte.

---

[5] JÄGER führt aus, daß es zu einer sprunghaften Zunahme des Kulturlandes erst nach Ausbau der Eisenbahn kam, da auf diese Weise Kunstdünger als Massengut herantransportiert werden konnte, was JÄGER an den Frachtlisten von Bahnhöfen in Geestgebieten darlegt; s. JÄGER, 1961, S. 145.

[6] SINDRAM/TETZNER, 1970; NAGEL, 1978.

[7] NAGEL, 1978, S.31.

[8] Erstausgaben der topographischen Karte 1:25 000 der Königlich Preußischen Landesaufnahme Ende des 19. Jahrhunderts.

Die Darstellung des Urzustandes vor der Verkoppelung ist bei Verfahren des frühen 19. Jahrhunderts problematisch, da hier für den Untersuchungsraum als amtliches Kartenwerk nur die kurhannoversche Landesaufnahme des 18. Jahrhunderts zur Verfügung steht. Andere ältere Quellen, etwa die Vermessungs- oder Klassifikationsregister, wurden nicht regelmäßig erstellt und enthalten nur selten Angaben zu den Nutzungsarten, die dann auch nur nach Besitzständen ausgewiesen werden. Die häufig durchgeführten Neuparzellierungen, verbunden mit einem Besitzstandswechsel sowie die Tatsache, daß sich kulturlandschaftliche Zustände und Veränderungsprozesse nicht an den Besitzparzellengrenzen orientieren[9], verdeutlichen, daß diese kulturlandschaftlichen Veränderungen topographisch durch an Besitzstände gekoppelte Daten nur bedingt zu erfassen und über einen längeren Zeitraum nicht darzustellen sind.

Darüberhinaus sind von einer allein nutzungsartgestützten Untersuchung von Agrarstrukturmaßnahmen langfristig keine besonderen Erkenntnisse zu erwarten, da es weder früher bei der Verkoppelung noch heute im Rahmen der Flurbereinigung Ziel war und ist, die jeweilige Nutzungsart zu ändern[10], wenngleich es teilweise dazu gekommen ist[11].
Die gewählten Regionalbeispiele wurden so ausgesucht, daß verläßliches, einheitliches Kartenmaterial zur Verfügung stand, um die Homogenität der Untersuchung zu gewährleisten[12].

In vielen Darstellungen historischer Verkoppelungen wurde das Verkoppelungsergebnis unter Darlegung des alten und neuen Besitzstandes durch eine teilnehmerspezifische Zuordnung verdeutlicht[13]. Durch die Offenlegung der einzelnen Besitzstände (durch graphische Zuordnung) sollte der Verkoppelungserfolg optisch sichtbar gemacht werden. Das Resultat lag meist in Form eines bunten "Flickenteppichs" mit verschieden breitgestreiftem Muster vor. Eine solche Vorgehensweise schied für die vorliegende Studie von vornherein aus, da

1. sie sich primär auf die Darstellung eigentumsrechtlicher Umstrukturierungen beschränkt,
2. Zusammenlegungsquoten den diesbezüglichen "Erfolg" gleichermaßen (und weniger aufwendig) ausdrücken können, obwohl die objektive Aussagekraft solcher Quoten bezüglich einer Erfolgsbeurteilung

---

[9] NAGEL, 1978, S. 23 ff.

[10] Eine Ausnahme stellt in diesem Falle aus den zuvor genannten Gründen die Allmendteilung dar.

[11] Die Untersuchung von Nutzungsänderungen infolge einer Agrarstrukturmaßnahme ist in die jeweilige Einzelfalldarstellung eingebunden.

[12] Nur das erste Beispiel der Verkoppelung von Dipshorn fand vor Ausgabe von Meßtischblättern statt.

[13] SEEDORF, 1968; NAGEL, 1975 u. 1978; KÖSTER, 1976; SCHNEIDER/SEEDORF, 1989 und zahlreiche Publikationen der Ämter für Agrarstruktur.

aufgrund geänderter Zielvorstellungen von Agrarstrukturmaßnahmen und der an sie angelegten Bewertungsmaßstäbe zweifelhaft ist[14],

3. aufgrund der Ähnlichkeit solcher Resultate eine erneute Darstellung keine weiterführenden Ergebnisse vermuten läßt und

4. diese Form der Darstellung gegen geltende Datenschutzbestimmungen verstößt und nur unter besonderen Auflagen möglich ist.

Die Untersuchung der Entwicklung von Agrarstrukturmaßnahmen anhand regionaler Beispiele in der vorliegenden Studie stützt sich zum einen auf die Darstellung der jeweiligen "gestaltenden Elemente", wie sie im Rahmen dieser Maßnahmen geplant und durchgeführt wurden und als neu hinzugekommene Landschaftselemente das kulturlandschaftliche Bild prägen, zum anderen auf die Erfassung der vorher vorhandenen Elemente, die bei dem Verfahren beseitigt wurden. Entscheidend ist dann die Möglichkeit, die jeweilige Maßnahme (z.B. Wegebau) eines Verfahrens dem tatsächlichen Einfluß auf das kulturlandschaftliche Bild gegenüberstellen zu können. Hierbei wird angenommen, daß sich die Zahl und Qualität der gestaltenden Elemente im Laufe der Zeit verändert und entsprechend auch ihre kulturlandschaftlichen Auswirkungen. Dies bedingt für jedes Fallbeispiel eine Analyse des jeweiligen Maßnahmenkatalogs, wobei die Ergebnisse in Karten dargestellt und, sofern Daten verfügbar waren, tabellarisch erfaßt werden. Ein solches Vorgehen erfordert nicht für jeden Fall die eingehende Kartierung der Gesamtverfahrensfläche, was aufgrund der zunehmenden Verfahrensabmessungen und des dann für eine erkennbare Darstellung erforderlichen Maßstabs zu aufwendig wäre. In dieser Untersuchung wurde vielmehr je Beispiel ein aussagekräftiger Gebietsausschnitt gewählt (Ausnahme Dipshorn: Gesamtdarstellung) und die im Rahmen des Verfahrens durchgeführten Maßnahmen, wie sie aus den Rezessen sowie den Flurbereinigungsakten und -karten hervorgehen, dargestellt.

Die Analyse eines Kulturlandschaftszustands und seiner Veränderungen stellt in der Geographie ein häufig diskutiertes Problem dar, da es hierzu einer Definition von Landschaft und Landschaftsstruktur bedarf. GRABSKI[15] hat diesen Themenkreis hinsichtlich seiner flurbereinigungs- und planungsbezogenen Relevanz bearbeitet und ein Modell zur Analyse der Kulturlandschaft entwickelt[16]. GRABSKI greift die bestehenden Ansätze[17] zur Erfassung einzelner kleinflächiger Landschaftselemente auf, verdeutlicht deren Raumbezug und stellt sie in einen Gesamtzusammenhang zu den

---

[14] Vgl. Kap. D I 2.

[15] GRABSKI, 1985.

[16] Der Ausgangspunkt für diesen Ansatz war die nach der Novellierung des Flurbereinigungsgesetzes 1976 zum Gestaltungsgrundsatz erhobene Forderung nach regionaler Differenzierung und landschaftsbezogener Maßnahmenplanung, die nach einem Instrumentarium für eine entsprechende Bewertung der Landschaft verlangte.

[17] SÖHNGEN, 1975 u. 1976, AUWECK, 1978.

umgebenden Landschaftsbestandteilen. Dadurch erhalten die Landschaftselemente erst ihre landschaftsprägende Bedeutung[18].

Die Untersuchung der gewählten Beispielverfahren dieser Studie orientiert sich in dem Teil, in dem die kulturlandschaftlichen Veränderungen durch Agrarstrukturmaßnahmen dargestellt werden, terminologisch an der von GRABSKI begründeten ausstattungsräumlichen Gliederung von Ausstattungselementen in der Kulturlandschaft[19].

GRABSKI[20] unterscheidet vier Kategorien von Ausstattungselementen, die für eine entsprechende räumliche Gliederung wie folgt unterschieden werden:

a) Einzelelemente
b) Linienelemente
c) Flächenelemente
d) Elementgruppen (mehrere Einzelelemente in nicht linearer Anordnung).

Als vier Kategorien mit jeweils einigen Beispielen und ihrer formentypischen Zuordnung werden dort genannt:

1. <u>Elemente der Geländestruktur</u>: reliefbezogene, markante Groß- und Kleinformen natürlichen und anthropogenen Ursprungs; hierzu zählen ebenfalls Straßen- und Bahneinschnitte; a) und b) überwiegen;

2. <u>Hydrographische Elemente</u>: a) und b) vorherrschend;
   - Kleingewässer, Weiher, Teich, Torfkuhle u.a.
   - Bach, Graben, Fluß, Kanal

3. <u>Elemente der Vegetationsstruktur</u>: alle Formengruppen;
   - Einzelbäume
   - Hecke, Baumreihe, Allee
   - Waldstück, Baumschule, Aufforstungen, Obstwiesen und -gärten

4. <u>Kulturbestimmte Elemente</u>: alle anthropogen geschaffenen Kleinbauten und Gegenstände in Orts- oder Flurlage; es überwiegen Einzelelemente;
   - Mühle, Kirche, Denkmal
   - Damm, Deich, historisches Wegenetz

Aus methodischer Sicht sind die Einsatzmöglichkeiten einer solchen Systematik aufgrund der unterschiedlichen Zielsetzungen jedoch eingeschränkt, da die Verfahrenskonzeption von GRABSKI auf die Entwicklung eines Bewertungsmaßstabs der Landschaftsstruktur für Flurbereinigungsingenieure zum Zweck der Neugestaltung in Einklang mit den Gestaltungsgrundsätzen des Flurbereinigungsgesetzes ausgerichtet ist.

Die chronologische Entwicklung der staatlichen Maßnahmen zur Neuordnung der Agrarstruktur zerfällt in zwei markante Perioden: vor und nach der Zäsur durch das erste Flurbereinigungsgesetz von 1953. Dementsprechend werden die dargestellten Beispielverfahren in zwei getrennten Abschnitten dieser Studie behandelt. Der folgende, erste anwendungsbezogene Abschnitt

---

[18] GRABSKI, 1985, S. 18.
[19] GRABSKI, 1985, S. 23 ff.
[20] GRABSKI, 1985, S. 23 ff.

betrifft die Maßnahmen bis zum Flurbereinigungsgesetz von 1953[21], deren rechtliche und verfahrenstheoretische Grundlagen in den vorangegangenen Kapiteln beschrieben wurden.

---

[21] Für eine entsprechende Gesamtdarstellung im Elbe-Weser-Raum vgl. Karten 9.a - 9.d.

2.2 Die Verkoppelung von Dipshorn 1876

Die Gemarkung Dipshorn liegt auf dem süd-östlichen Rand der Zevener Geest in einer von der östlich angrenzenden Hamme-Oste-Niederung deutlich abgehobenen topographischen Höhenlage von 20 m NN (vgl. Karte 1). Die Bodenverhältnisse entsprechen der Lage und morphologischen Entstehung[1], es überwiegen trockene, nährstoffarme, meist steinige Sandböden[2].
Die siedlungs- und flurformentypologischen Verhältnisse zum Zeitpunkt der Verkoppelung verdeutlicht Karte 6.2. Bei der alten Parzellierung handelt es sich um eine Streifenflur. Die Länge der Streifen liegt zwischen 180 und 450 m mit einer durchschnittlichen Breite von 30 m. Nach der Terminologie von UHLIG[3] wäre danach die Bezeichnung Langstreifen trotz der teilweisen Unterschreitung der 300 m Marke zutreffend. Die Streifen sind in Verbände oder Streifensysteme aus mehreren Teilen zusammengefaßt und liegen im Gemenge, so daß die Flur der Flurformengruppe der streifenförmigen Gemengeflur zuzuordnen ist[4]. Auffällig ist eine regellos gestaltete blockförmige Flurauteilung von Parzellen im Zentrum, die nach KRENZLIN Reste der Primärflur vor der Gewannbildung im Mittelalter bilden könnten[5].
Die Dorfform ist auf den ersten Blick weniger eindeutig. Der relativ geschlossene Grundriß, der sich auf der ersten Ausgabe des Meßtischblattes der Preußischen Landesaufnahme von 1899 zeigt, (vgl. Karte 6.3) ließe durchaus auf ein Haufendorf schließen, obwohl dieser Begriff unscharf definiert ist. Der durch das Wegenetz gebildete kleine Platz erlaubt jedoch nicht den Rückschluß auf ein Platzdorf, da dieser Begriff sich zum einen auf geplante, regelmäßige Formen bezieht[6] und zum anderen die Gehöfte auf den Platz ausgerichtet sein müßten[7], was hier nicht der Fall ist.
Für die Bezeichnung Haufendorf spräche auch die gedrängte Anordnung der Höfe auf flächigem Areal[8]. Ein Vergleich mit dem Erscheinungsbild von Dipshorn im 18. Jahrhundert (Karte 6.1) offenbart jedoch eine wenig geschlossene Form der Siedlung, die eher zu den Streusiedlungen zu rechnen wäre oder durch die Ausrichtung der Häuser auf den Weg als Leitlinie in Verbindung mit der Streifengemengeflur zu einem Weg- oder Straßendrub-

---

[1] Vgl. Kap. B 1.

[2] Bodenkundliche STANDORTKARTE, 1978.

[3] UHLIG, 1967.

[4] BORN, 1977, S. 182. Weiter differenzierend könnte nach der Definition von MÜLLER-WILLE und den Abmessungen der Parzellen auch von einer Langstreifenflur gesprochen werden (alle Parzellen sind von der Schmalseite her einzeln zu erreichen); s. MÜLLER-WILLE, 1944, S. 269. Eine eindeutige Langstreifen-Kernflur ist allerdings nicht mehr auszumachen.

[5] KRENZLIN/REUSCH, 1961, S. 126; KRENZLIN, 1961, S. 1936; BORN, 1977, S. 38.

[6] NAGEL, 1975, S. 122.

[7] NIEMEIER, 1977, S. 46.

[8] UHLIG/LIENAU, 1972, S. 81.

bel[9], der sich erst im Laufe der Zeit zu der heutigen Form weiterentwikkelte.

In der Gemarkung Dipshorn wurde in den Jahren 1872 bis 1876 eine Verkoppelung (Verkoppelungsfläche 82,48 ha) durchgeführt und am 18. Mai 1876 der Rezeß "betreffend die Verkoppelung der Ackerländereien und Aufhebung der Weiderechte in der Feldmark" geschlossen[10]. Dieser Verkoppelung lag das *Gesetz, betreffend die Ausdehnung der Gemeinheitsteilungsordnung vom 07. Juni 1821 auf die Zusammenlegung von Grundstücken, welche einer gemeinschaftlichen Benutzung nicht mehr unterliegen* von 1872 zugrunde[11], das nun landeseinheitlich die Verkoppelung als eigenständige Agrarstrukturmaßnahme ohne daran gebundene Teilung institutionalisierte und zu einem echten Vorläufer der späteren Flurbereinigung machte. Betrachtet man das erste gestaltende Element der Verkoppelung, die Besitzparzellierung, so ist der Vergleich des alten und neuen Zustandes beeindruckend. Die 131 Parzellen der 26 Teilnehmer (darunter 6 auswärtige "Interessenten") wurden zu 51 neuen Parzellen zusammengelegt. An dieser Stelle stellt sich die Frage, inwieweit eine Neuparzellierung sich auf das kulturlandschaftliche Bild auswirkt - ein Problem, auf das NAGEL bei seiner Untersuchung der Verkoppelung von Betzendorf ausdrücklich hinweist[12]. Dort wird eine mangelnde Kongruenz zwischen Besitzparzellen- und Landschaftsgefüge festgestellt[13].
Der Einfluß der Verkoppelung auf das kulturlandschaftliche Bild in Dipshorn soll nun im folgenden anhand des im methodischen Teil dargelegten Kriterienkatalogs überprüft werden, indem die Landschaftszustände vor und nach der Verkoppelung aufgezeigt und Veränderungen auf einen möglichen Zusammenhang mit den Verkoppelungsmaßnahmen hin untersucht werden[14].

Betrachtet man das Verkoppelungsgebiet per se und in seiner räumlichen Umgebung hinsichtlich der vier Ausstattungselemente, so ergibt sich folgendes Bild: <u>Geländestruktur:</u> Südwestlich des Ortes wölbt sich eine geschlossene kleine Geestinsel bis zu einer Höhe von 21,6 m über NN (durchschnittlich 3-5 m höher als die Ortslage), die auch in der kurhannoverschen Karte schon als Ackerfläche ausgewiesen ist und sich genau mit dem Verfahrensgebiet der 1. Verkoppelung deckt. Zu allen Seiten senkt sich das Gelände ab. Der Wechsel der Geländestruktur geht mit einem Wechsel der <u>Vegetationsstruktur</u> einher, es beginnt die Heidevegetation. Im Verfahrensgebiet ist kein <u>hydrographisches Element</u> gelegen. Außerhalb des Gebietes ist auf der kurhannoverschen Karte lediglich der Walle-Bach

---

[9] MÜLLER-WILLE, 1944, S. 298.

[10] Archivakte und Rezeß der VERKOPPELUNG von Dipshorn, 1876.

[11] Vgl. Kap. C III 1.1

[12] NAGEL, 1978, S. 23.

[13] NAGEL, 1978, S. 23.

[14] Zur Verdeutlichung dienen die Karten 6.1- 6.3.

etwa 500m östlich der Siedlung zu erkennen sowie zwei kleine Moorkomplexe südlich der Geestaufwölbung, die sich ungefähr mit den zwei kleinen Heideseen auf dem Meßtischblatt von 1899 decken[15]. Als <u>kulturbestimmtes Element</u> sind zur Zeit der Kurhannoverschen Aufnahme nur zwei Hauptwege zu erkennen, die N-S Verbindung zwischen Wilstedt und Otterstedt sowie der südwestliche Anschluß nach Buchholz. Diese als Linienelemente anzusprechende Formen können als kulturbestimmte Ausstattungselemente aufgefaßt werden[16], da sie Bestandteile der einzigen alten Hauptverkehrswege zwischen den Geestdörfern auf der Zevener Geest sind. Beide durchlaufen das Verkoppelungsgebiet in ganzer Länge.

Vergleicht man nun das Verkoppelungsgebiet hinsichtlich dieser Ausstattungsmerkmale in beiden Zeiträumen (vor und nach der Verkoppelung), so ergibt sich folgendes Bild:

Die festgestellten Änderungen der <u>Geländestruktur</u> gehen auf die eingangs den Verkoppelungen zugeordnete zweite Gestaltungskomponente, den Wegebau, zurück. Bis zum Beginn der Verkoppelung hatte sich schon ein verzweigteres Wegenetz entwickelt als zur Zeit der kurhannoverschen Landesaufnahme[17]: Die Landstraße von Wilstedt (von N kommend), Buchholz (SW), Otterstedt (SO) und Vorwerk (NO) sowie zwei weitere Wirtschaftswege verlaufen in geschwungenen Bögen, den Besitzparzellengrenzen folgend, im Zentrum in einem unregelmäßigen Viereck zusammen. Dieses Wegenetz ist insofern bemerkenswert, als es annähernd allen Parzellen eine Zuwegung ermöglichte, worin ein Unterschied zu anderen kleinparzellierten Gemengefluren[18] (insbesondere der Gewannflur) besteht.

Dennoch schien außer dem Bedürfnis nach Zusammenlegung ein Interesse am Ausbau der Verkehrswege bestanden zu haben: Die Verkoppelungskarte weist Wegeneubau in erheblichem Umfang aus. Insgesamt wurden 3 789 m Wege neu angelegt und 850 m auf vorhandener Trasse ausgebaut. Das neue Wegenetz wurde weitestgehend geradlinig angelegt und das System der geschwungenen Wege und Pfade dadurch beseitigt. Verschwunden sind auch einige Verbindungswege, die durch die Neuparzellierung überflüssig wurden.

Diese Umgestaltung der Geländestruktur ist eine unmittelbare Folge der Verkoppelung, da der Wegebau im Rezeß ausgewiesen[19] und in der Verkoppelungskarte dargestellt wurde.

Eine Veränderung der <u>hydrographischen Elemente</u> ist für den Fall der 1. Verkoppelung auszuschließen, da sie außerhalb des Gebietes liegen.
Die <u>Vegetations-</u> und <u>Nutzungsstruktur</u> ist ebenfalls unverändert, die Ackernutzung besteht im Verkoppelungsgebiet fort.

---

[15]Hier ist nicht auszuschließen, daß diese beiden Wasserflächen während der kurhannoverschen Landesaufnahme zwar vorhanden, aber nicht gesondert als solche innerhalb der Moorareale gekennzeichnet waren.

[16]Vgl. GRABSKI, 1985, S. 47 f.

[17]Vgl. Karten 6.1 u. 6.2.

[18]Vgl. BORN, 1977, S. 170 ff.

[19]Rezeß der VERKOPPELUNG von Dipshorn, 1876.

Eine Änderung <u>kulturbestimmter Ausstattungselemente</u> ist mit Ausnahme der Aufhebung des alten Wegenetzes - die Neugestaltung wurde der Geländestruktur zugeordnet-, nicht festzustellen.

In einer Zusammenfassung der Ergebnisse der 1. Verkoppelung von Dipshorn läßt sich die Frage nach der Raumwirksamkeit der Verkoppelungsmaßnahme durch Neuparzellierung und Wegebau im Hinblick auf die von NAGEL[20] erhobene Fragestellung nun genauer beantworten:
Bei der 1. Verkoppelung von Dipshorn ist der Fall gegeben, daß Besitzparzellen- und Landschaftsgefügegrenzen zusammenfallen. Dieser Umstand würde es ermöglichen, Veränderungen der Kulturlandschaft aufgrund der besitzrechtlichen Umstrukturierung des Verkoppelungsgebietes unmittelbar zu erkennen. Die Neuparzellierung hat zwar das Erscheinungsbild der Flurform verändert (streifenförmige Parzellen wurden überwiegend in eine z.T. unregelmäßige Blockform überführt), sie hat sich jedoch nicht auf Landschaftsgefügegrenzen ausgewirkt, so daß es auch zu keiner diesbezüglichen Änderung der kulturlandschaftlichen Zustände durch die Verkoppelung gekommen ist[21].
Ganz anders verhält es sich mit der für Verkoppelungen festgestellten zweiten Gestaltungskomponente, dem Wegebau als kulturbestimmtes Element. Die infolge der Beseitigung der organisch gewachsenen, geschwungenen Wegeführung durch Neuanlage eines streng linienhaften, exakt winkligen Wegenetzes gewandelte Geländestruktur ist bleibender Zeuge der ersten Verkoppelung von 1876.

---

[20] NAGEL, 1978, S. 23.

[21] Das Verkoppelungsgebiet der 2. Agrarstrukturmaßnahme im 20. Jahrhundert (Flurbereinigung 1958-62) ist deutlich größer, hier sind Besitzparzellen- und Landschaftsgefügegrenzen nicht mehr deckungsgleich. Im 2. Teil der Analyse regionaler Fallbeispiele soll die Frage eines kausalen Zusammenhangs zwischen Kulturlandschaftswandel und der zweiten Agrarstrukturmaßnahme mit diesem Ergebnis verglichen werden.

Karte 6.1: DIPSHORN: KULTURLANDSCHAFT IM 18. JAHRHUNDERT

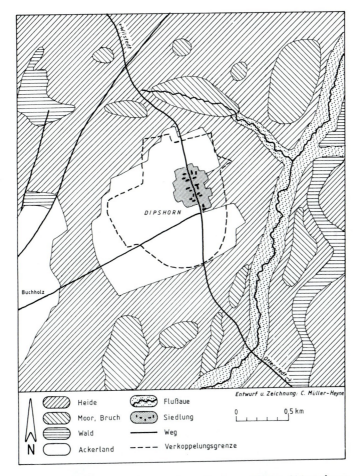

Quelle: Kurhannoversche Landesaufnahme, Blatt Ottersberg, 1764.

Karte 6.2: VERKOPPELUNG DIPSHORN (1876): NEUPARZELLIERUNG UND WEGEBAU

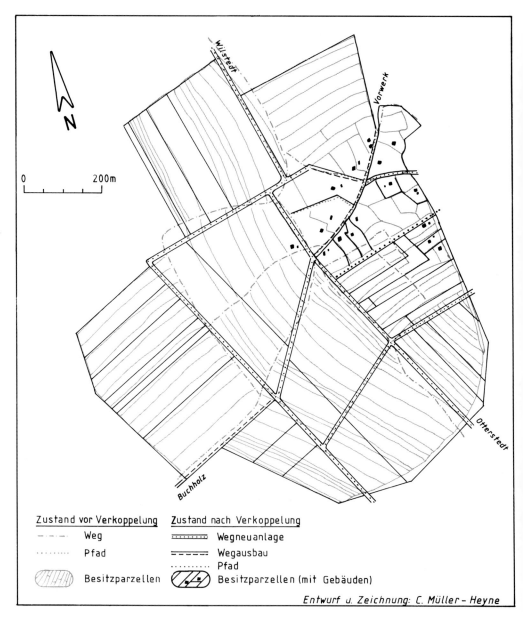

Quelle: Verkoppelungskarte und Rezeß der VERKOPPELUNG Dipshorn (AZ: Z 202), 1876.

Karte 6.3: DIPSHORN: KULTURLANDSCHAFT NACH DER VERKOPPELUNG VON 1876

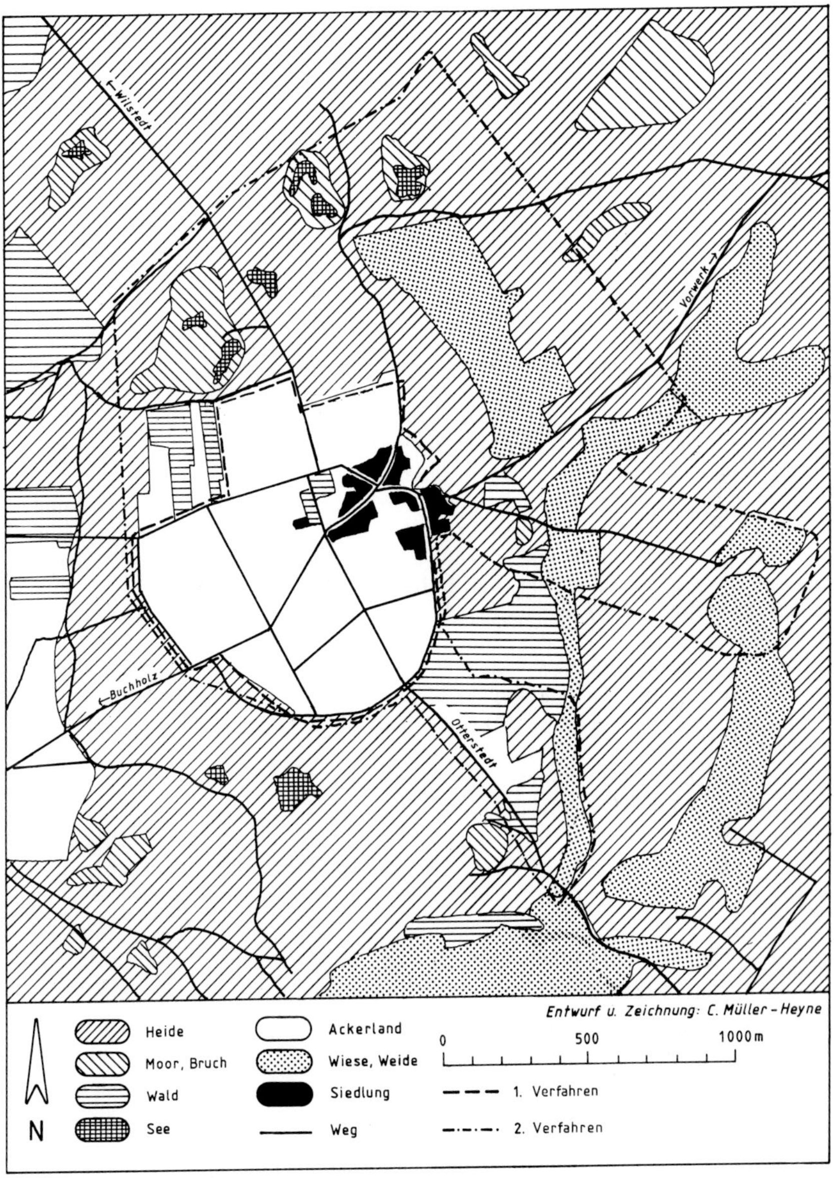

Quelle: Meßtischblatt der Preußischen Landesaufnahme 1:25.000, Blatt Ottersberg, Ausgabe 1899.

2.3 Die Verkoppelung von Sellstedt 1912

Die Ortschaft Sellstedt liegt auf einem flachen Geestrücken mit einer durchschnittlichen Höhe von 5 m über NN südlich des Niederungsgebietes Wildes Moor, etwa 8 km östlich von Bremerhaven.
Für die Entstehung des Ortes wird aufgrund einer urkundlichen Erwähnung aus der Zeit um 1160 das Jahr 1139 angenommen, zumindest aber im Verlauf der Amtszeit des Bremer Erzbischofs Adalbero zwischen 1123 und 1148[1].
Das Flurformenbild auf der Verkoppelungskarte vor der Umlegung läßt eine Streifenflur erkennen mit einer Parzellenlänge zwischen 100 m und 250 m und einer Breite um 30 m. Nach Abmessungen und Lage der Parzellenverbände ist demnach mit NIEMEIER von Kurzgewannen zu sprechen, die kreuzlaufend angelegt sind[2].
Die Ortsform ist relativ geschlossen mit einer gedrängten Anordnung der Höfe auf flächigem Areal und ist somit der Gruppe der geschlossenen oder Haufendörfer zuzuordnen[3]. Weiter differenzierend deutet die Orientierung der Gehöfte entlang der Wege auf eine Grundform des Haufendorfes mit Ansätzen zu regelhafter Gestaltung hin, wobei die zwei Hauptwege das Ortsbild als geordnetes[4] Gefüge erscheinen lassen.
Die Entwicklung der Siedlung ist durch ein allmähliches Wachstum gekennzeichnet: Das Pflugschatzregister der Börde Beverstedt vom 29. November 1534 weist 17 Hofstellen aus[5], 1692 bereits 41 Hofstellen (13 Vollhöfe, davon sechs wüst), einen halben Hof, 22 Kötner, zwei halbe Kötner und vier Brinksitzer[6]. 1753 waren es 45 Hofstellen[7] und 1851 dann insgesamt 57[8].
Die meisten Bauernstellen waren bis Mitte des 19. Jahrhunderts noch Eigentum der Gutsherren und bei den Gütern Altluneberg, Düring und Frelsdorfermühlen bemeiert; die Ablösung mit der Teilung der Gemeinheit geschah 1851[9].
Bis zur nachfolgenden Jahrhundertwende hatte Sellstedt den Charakter eines reinen Bauerndorfes, dessen Struktur sich erst durch den Bau der Landstraße von Schiffdorf nach Geestenseth 1887 und die Eröffnung der Bahnlinie von Geestemünde nach Stade 1899 nachhaltig zu verändern begann.

---

[1] FESTSCHRIFT Sellstedt, 1989, S. 15.

[2] NIEMEIER, 1977, S. 72.

[3] UHLIG/LIENAU, 1972, S. 81.

[4] BORN, 1977, S. 123

[5] NEHRING, 1987, S. 43.

[6] FESTSCHRIFT Sellstedt, 1989, S. 15.

[7] FESTSCHRIFT Sellstedt, 1989, S. 15.

[8] Spezialteilungsrezeß Sellstedt, (AZ: G 54 a), 1851; zitiert nach FESTSCHRIFT Sellstedt 1989, S. 80 f.

[9] Spezialteilung Sellstedt 1851.

Die Entwicklung war insbesondere vom Ausbau der Verkehrswege abhängig. Dazu gehörten jedoch nicht nur Straße und Bahn, sondern auch die Wasserwege. Hier spielte die Schiffahrt auf der Geeste eine besondere Rolle, die DELFS unter Berücksichtigung der Lage alter Schiffsstellen ausführlich untersucht und dargestellt hat[10].

Karte 7.1: SCHIFFSSTELLEN AN DER GEESTE

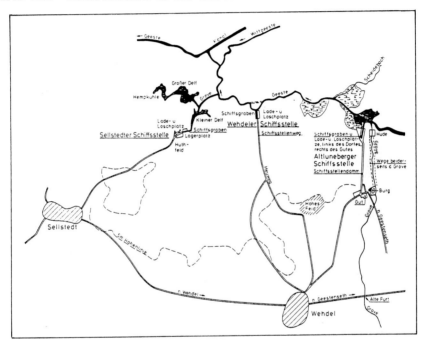

Quelle: DELFS, 1986, S. 51

Die Geeste, ein kleiner, im Gezeitenbereich liegender Fluß, der in ostwestlicher Richtung etwa auf der Linie zwischen Bremervörde und Bremerhaven die Geesteniederung durchfließt, war auf einer Länge von etwa 25 km flußaufwärts bis zur Köhlener Brücke (die heutige Landesstraße L 128) schiffbar[11]. Umfangreiche Begradigungen in diesem Bereich nach 1888, durch die der Fluß um etwa 9 km gekürzt wurde, erfolgten mit dem Ziel

---

[10] DELFS, 1986.

[11] DELFS, 1986, S. 11.

einer besseren Entwässerung der Niederung[12] und haben das Kulturlandschaftsbild verändert. Diese Wandlung war insbesondere deswegen von Bedeutung, weil die zuvor an den Mäandern gelegenen Schiffsstellen, früher Huden genannt, vom Flußlauf abgeschnitten wurden und danach wüst fielen[13]. Nach DELFS verfügte nahezu jeder Ort im näheren Einzugsbereich der Geeste über einen solchen "bäuerlichen Hafen", wobei auch längere Zuwege in Kauf genommen wurden, da der Fluß die einzige Möglichkeit war, auch schwerere Lasten mit den Fuhrwerken bis zur Verladestelle zu bringen[14]. DELFS bediente sich bei ihrer Suche nach diesen alten Verladestellen neben Karten der kurhannoverschen Landesaufnahme auch der Methode der Flurnamenanalyse, die im Falle von Sellstedt zu überraschenden Ergebnissen führte: es gelang DELFS, ein in der kurhannoverschen Landesaufnahme zusammenhanglos als "Hohl-Feld" bezeichnetes Flurstück einer alten Hude zuzuordnen, dessen ursprüngliche Bezeichnung "Hudt-Feld" gewesen war[15]. Bei diesem Feld handelte es sich um einen noch auf der Geest befindlichen Lagerplatz, der durch einen Schiffgraben über die Grove an die Geeste angeschlossen war.

Die erste Agrarstrukturmaßnahme in Sellstedt war, wie erwähnt, eine Spezialteilung ohne Verkoppelung, die 1817 eingeleitet und 1851 per Rezeß vollzogen wurde. In einer Eintragung im Rezeßverzeichnis zu den Ausführungsbestimmungen hieß es u.a. "Wenig Gemengelage aber sehr schlechte Wegverhältnisse"[16]. Im späteren Verkoppelungsverfahren von 1912 (eingeleitet 1900) wurde hier deutlich Abhilfe geschaffen, wie im folgenden gezeigt wird.
Diese Verkoppelung wurde vom Verfasser als Beispielverfahren herangezogen, da hier allmählich die zweite, die Kulturlandschaft gestaltende Komponente von Flächenneuordnungen (Wasser- und Wegebau) gegenüber dem ursprünglichen Zweck (Arrondierung) in den Vordergrund tritt.

Das Verkoppelungsgebiet bildet eine zusammenhängende Fläche und erstreckt sich über 242,4822 ha[17].

---

[12] Die Schiffahrt wurde nach dem Bau der Landstraße (Schiffdorf-Geestenseth) und der Eisenbahn eingestellt; s. DELFS, 1986, S. 14 u. 15.

[13] DELFS, 1986, S. 15.

[14] DELFS, 1986, S. 34.

[15] DELFS, 1986, S. 40 u. 41.

[16] REZESSVERZEICHNIS Kreis Wesermünde I, S. 33.

[17] Archivakte und Teilungsurkunde über die VERKOPPELUNG von Sellstedt, 1912, S. 3.

Karte 7.2: SELLSTEDT: KULTURLANDSCHAFT IM 18. JAHRHUNDERT

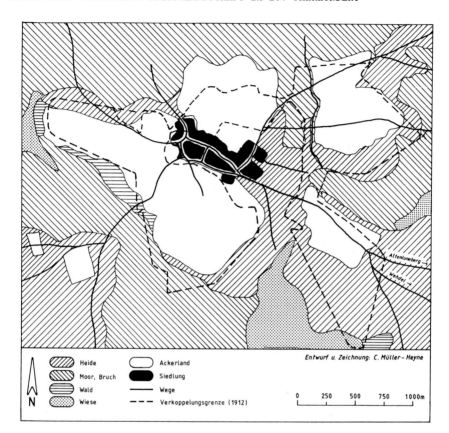

Quelle: Kurhannoversche Landesaufnahme, Blatt Bederkesa, 1768.

Die Untersuchung des Landschaftszustandes des umgebenden Raumes vor der Verkoppelung auf Basis des Meßtischblattes von 1893 führt zu folgender Aussage:

Geländestruktur: In einer Grobgliederung lassen sich zunächst folgende Landschaftsgroßeinheiten unterscheiden: Moor- und Sumpfgebiete in einem breiten Gürtel südlich des Sellstedter Sees im Norden, größere zusammenhängende Heideflächen im Osten und Südosten, Wiesen und Weiden nördlich und südlich des Moorgürtels sowie Ackerflächen, die sich in vier einzelne Areale untergliedern lassen, die den Ort fast kleeblattförmig umrahmen und zugleich in etwa deckungsgleich mit dem eigentlichen Verkoppelungsge-

biet sind[18]. Diese vier Komplexe liegen wie im Beispiel von Dipshorn auf Geestaufwölbungen von durchschnittlich 5 - 7,5 m über NN, wobei in diesem Fall der Höhenunterschied zu der im Norden angrenzenden Geestniederung (1 - 1,5 m über NN) wesentlich ausgeprägter ist. Die Geestniederung ist in weiten Teilen vermoort[19], die nächsten herausragenden Geesthügel liegen bei Wehdel und Altluneburg im östlichen Anschluß an den Kartenausschnitt, Bramel im Norden und Apeler im Osten[20].
Zum Bereich der Geländestruktur gehören auch Abbaustellen von Sand, Ton, Mergel u.ä.. Bereits vor der Verkoppelung bestanden zwei Sandgruben[21], eine in der südwestlichen Ecke des im Westen des Verkoppelungsgebiets liegenden Ackerfeldes, die andere in der Nordostecke der nördlich der Siedlung gelegenen Ackerfläche. Ferner zählen zur Geländestruktur auch die linienhaften Konturen der Bahntrasse und der vorhandenen Straßen. Die Bahn durchschneidet das Verkoppelungsgebiet im südlichen Teil von W nach O. Die Trasse war bereits vor der Verkoppelung gezogen, worauf eine amtsseitige Beschreibung der Störung der Planlage im Rezeßverzeichnis hinweist[22].

Das alte Wegenetz ist weitverzweigt, seine linienhafte, leicht geschwungene Struktur bestimmt das Landschaftsbild[23]. "Befestigt" sind nur die beiden parallel verlaufenden, den Ort in W-O Richtung querenden Dorfstraßen und die vier Ausfallstraßen nach SW und SO mit Anschluß an die Landstraße nach Geestemünde und Bremervörde (über Wehdel), der Bobetsdamm nach N (zu erkennen an der exakt geradlinigen Führung) und der Weg nach NO zur ehemaligen Schiffladestelle (Hude) an der Grove.
Das restliche Wegesystem besteht aus unbefestigten Feld- und Wirschaftswegen.

Bei den <u>hydrographischen</u> Einzelelementen bestimmt der im Norden des Verfahrensgebietes liegende Sellstedter See das Bild. Ihm zugeordnet ist (ebenfalls noch außerhalb des Gebietes) ein zwischen dem Verkoppelungsgebiet und dem See verzweigt angelegtes System von Entwässerungsgräben, von denen der nach Norden verlaufende, über den Bach Ollen in die Geeste entwässernde Kanal das bestimmende, linienhafte Element der hydrographischen

---

[18] Vgl. Karte 7.2 u. 7.3.

[19] Hierauf weisen ferner die Flurbezeichnungen "Wildes Moor", "Ollenmoor", "Ochsentriftmoor" u.a. hin.

[20] Diese Gebiete waren ebenfalls alle Gegenstand von Teilungen und Verkoppelungen: Apeler 1903; Altluneburg 1906; Bramel 1855, 1907 und 1912, Wehdel 1853.

[21] GRABSKI unterscheidet Kleinabbaustellen, wenn es sich um privaten, nicht gewerblichen Abbau handelt, von Gruben mit umfangreicherem Abbau, wenn diese an mindestens drei Seiten Böschungen oder Steilwände aufweisen; s. GRABSKI, 1985, S. 39.

[22] Dort heißt es: "Das restliche Teilungsgebiet wird durch die Eisenbahn von Wesermünde nach Bremervörde unwirtschaftlich durchschnitten, eine Umlegung ist erforderlich..."; s. REZESSVERZEICHNIS, Kreis Wesermünde I.

[23] Vgl. Karte 7.4.

Ausstattungsmerkmale ist. Innerhalb des Verkoppelungsgebietes sind keine bestimmenden Elemente dieser Gruppe vorhanden.

Die Vegetationsstruktur ist in verschiedene Elemente in teilweise isolierter Lage in und außerhalb des Verkoppelungsgebietes zergliedert. Vereinzelte Heidekomplexe, deren gezackter Umriß auf anthropogene Umformung (Restbestände alter Bedeckung) schließen läßt, finden sich besonders im südlichen Bereich außerhalb des Gebietes. Das gleiche trifft auf Wiesen- und Waldflächen zu. Bei den vier einzigen kleinen Waldflächen im Verkoppelungsgebiet handelt es sich um Laubwaldbestände, deren geometrisch geformte Umgrenzungen auf menschliches Einwirken zurückgehen. Die vorstehend angeführten Einheiten bestimmen zusammen mit den Wiesen- und Heidearealen als Flächenelemente die Kulturlandschaft.
Zusammenfassend ist bei der Vegetationsstruktur der insgesamt eher teils geradlinig, teils gezackte Verlauf der die Ackerländereien umsäumenden Wiesen- und Waldgrenzen hervorzuheben, der dadurch schon fast zu einem linienhaft bestimmenden Element der Geländestruktur wird.

Bei den kulturbestimmten Ausstattungselementen sind primär nur der 1797 angelegte Friedhof und das alte Schulhaus (Fachwerkbau) zu nennen, das jedoch, ursprünglich aus Schiffdorf stammend, erst in der 2. Hälfte des 19. Jahrhunderts abgebaut und nach Sellstedt verlagert wurde, dort aber allmählich verfiel und in jüngerer Zeit demontiert und zum Zweck späterer Restauration eingelagert wurde[24]. Als weitere, zur kulturbestimmten Ausstattung zählende Elemente wären nur noch Denkmäler zu nennen, die jedoch alle sehr jung sind[25] und keinerlei Beeinträchtigung durch Verkoppelungsmaßnahmen erfahren konnten.

Der Vergleich des vorstehend beschriebenen kulturlandschaftlichen Zustandes vor der Verkoppelung mit demjenigen nach der Flächenneuordnung führt zu folgendem Ergebnis:
Änderungen der Geländestruktur können in dem relativ kurzen Zeitraum einer Verkoppelungsmaßnahme nur durch anthropogenen Einfluß bewirkt worden sein, daher sind bei den Einzelelementen besonders Bodenabbaustellen und bei den Linienelementen Straßen und Bahn von besonderem Interesse. Im Rezeß sind alle im Zuge der Verkoppelung getroffenen Maßnahmen zusammengestellt[26]. An Abbaustellen wird dort nur die Sandgrube im Nordosten des Verfassungsgebiets im Bestand mit 0,2191 ha aufgeführt, es

---

[24] FESTSCHRIFT Sellstedt, 1989, S. 29 ff.

[25] Hierzu zählen ein Gedenkstein und Ehrenmale aus den Jahren 1913, 1923 u. 1956; s. FESTSCHRIFT Sellstedt, 1989, S. 22.
In der Gemarkung Sellstedt soll sich ein Großsteingrab befunden haben, das jedoch schon vor der Verkoppelung nicht mehr genau zu lokalisieren war; ebd. Dieser sowie weitere vorgeschichtliche Fundplätze können vernachlässigt werden, da kein Bezug zum Untersuchungsschwerpunkt besteht.

[26] Zusammenstellung der beibehaltenen und neuangelegten Wege und Gräben nach § 9 des Rezesses der VERKOPPELUNG von Sellstedt 1912, S. 251-278.

fanden jedoch keine geplanten Veränderungen statt. Die Abbaustelle befand sich bis etwa 1956 in Nutzung, ab 1968 ist sie in den Meßtischblättern nicht mehr ausgewiesen.
Die ausführliche Beschreibung der einzelnen Wege- und Gewässerbauten in den Akten ermöglicht ein genaues Nachvollziehen der Maßnahmen und die entsprechende kartographische Umsetzung[27]. Der Gesamtflächeninhalt für Wegebau betrug 12,7984 ha (ca.5,2% der Verfahrensfläche). Die Geländestrukturen wurden dahingehend verändert, daß die geschwungene Wegführung alter Strecken durch die Neugestaltung des Wegenetzes aufgehoben wurde, die vorhandenen Strecken ausgebaut und ergänzende Verbindungen geschaffen wurden.
Das Gesamtbild zeigt jedoch eine weitgehende Orientierung an den alten Trassen, die nur bei zu bogenhafter Führung verlassen wurden. Durch die Umgestaltung entwickelte sich auch bei dieser Verkoppelung ein insgesamt streng linienhaftes, die Geländestruktur prägendes neues Wegenetz.

Die hydrographische Struktur wurde durch Neuanlage von insgesamt vier Stichkanälen und Abzugsgräben am südlichen Gebietsrand ergänzt[28], außerhalb wurde der schon erwähnte, vor der Verkoppelung existierende Kanal ausgebaut. Der Flächenaufwand ist mit 3,136 ha sehr gering[29] (das entspricht ca. 1,3% der Gesamtverfahrensfläche). Auch die kulturlandschaftliche Umgestaltung ist als geringfügig zu beurteilen, da die neuangelegten Abzugsgräben überwiegend parallel zu den bereits bestehenden, linienhaften Elementen (Bahn, Wirtschaftswege) geführt wurden und der größere Kanal im Nordteil nur ausgebaut wurde.

Die Vegetationsstruktur läßt folgende Änderungen im Bereich des Verkoppelungsgebietes erkennen:
Die kleineren Heideflächen wurden beseitigt, die schon vorher äußerst kleinen Laubwaldbestände verschwanden bis auf eine Ausnahme ebenfalls. Im Hinblick auf das Problem der "Landschaftswirksamkeit" von Neuparzellierungen wurde vom Verfasser aufgrund der Größe des Gebietes eine Detailanalyse eines Gebietsausschnitts vorgenommen. Hierzu wurde die im westlichen Bereich liegende Ackerfläche als eine der großen zusammenhängenden Äcker gewählt, die vermutlich zu den ältesten Ackerflächen zählt, worauf die Namen "Westereschfeld", "Großes" und "Kleines Westereschfeld" hindeuten[30]. Der nördliche Bereich dieses Komplexes weist fünf separate, in die Ackerfläche hineinragende Grünlandstücke auf. Es ist zu vermuten, daß diese Areale vor der Rodung und Überführung in Grünland einmal die ursprünglich zusammenhängende Waldfläche markierten, die alte Flurbezeichnung "Multenholzfeld" ist noch ein Hinweis darauf. Im 18. Jahrhundert

---

[27] Vgl. Karte 7.4.

[28] Ausgewiesen im Wege- u. Gewässerplan der Verkoppelungskarte. Archivakte und Teilungsurkunde über die VERKOPPELUNG von Sellstedt, 1912.

[29] Teilungsurkunde über die VERKOPPELUNG von Sellstedt, 1912.

[30] Vgl. Karte 7.5.

zeigt die Karte der kurhannoverschen Landesaufnahme schon größtenteils die bereits vollzogene Umwandlung zu Heidefläche auf[31]. Die sich nun weiter fortsetzende Wandlung zu Wiesen und Weiden, von denen die zuvor erwähnten Reste bis zur Verkoppelung übriggeblieben waren, muß sich bis dahin vollzogen haben. Nach der Verkoppelung waren auch diese verschwunden.
Im Süden dieses Ackerkomplexes erfolgte während der Verkoppelung nur eine geringförmige, linienhafte Reduzierung der Heidefläche und damit Vergrößerung der Ackerfläche entlang des Weges. Das Gebiet der neuparzellierten Fläche deckt sich in diesem Bereich mit der Landschaftsgefügegrenze. Die nun einheitlich nutzbare Fläche konnte so leicht in eine neue Nutzung überführt werden, so daß die oben dargelegten Veränderungen auf die Verkoppelung zurückgeführt werden müssen. Diese Ergebnisse unterstreicht in diesem Teilbereich die von NAGEL getroffene Feststellung, daß der Ackerrand als ein besonders veränderungsaktiver Bereich anzusehen ist[32].
Interessant ist nun ein Vergleich der entsprechenden Veränderungen im umgebenden Raumgefüge, also außerhalb des Verkoppelungsgebietes[33]. In der betreffenden Zeit ist es im Raum des gesamten Kartenausschnitts zu einer Reduzierung der Heideflächen gekommen, die teils in Wiesen und Weiden, teils in Nadelforste (am südwestlichen Kartenrand) umgewandelt wurden. Die Landschaftsgefügegrenzen erfuhren dabei noch klarere Konturierungen. Ebenso kam es zu einer teilweisen Auflösung der Moorkomplexe durch Verheidung besonders im westlichen Bereich. Besonders die von dem Verfahren ausgesparte Fläche direkt östlich der Siedlung zeigt tiefgreifende Veränderungen, die Heideflächen wurden nahezu vollständig in Weideland umgewandelt. Diese Umgestaltungen lassen sich nicht direkt auf die Verkoppelung zurückführen.
So ist für den Bereich der Vegetationsstruktur resümierend festzustellen, daß die Kulturlandschaft in den Grenzen der eigentlichen Verkoppelung insgesamt nur sehr geringe Veränderungstendenzen zeigt und diese im Hinblick auf die Gesamtveränderungen des Raumes als minimal einzustufen sind.

Zusammenfassend ergibt sich für die 1. Verkoppelung von Sellstedt folgendes Bild:
Die festgestellten Veränderungen betreffen auch hier primär die Geländestruktur durch Neugestaltung des Wegenetzes. Die Vegetationsstruktur wurde durch die Begradigungen der Landschaftsgefügegrenzen und Beseitigung noch bestehender Reste kleiner Wald- und Heideflächen im Bereich der Ackerflur umgestaltet, wobei die rein verkoppelungsbezogenen Änderungen, gemessen an denen im umgebenden Raum, gering waren.

---

[31] Intensive Bewirtschaftung und Holzung im Mittelalter führte, wie in Kap. B 2. dargelegt, zu einer krassen Reduzierung der Waldbestände.

[32] NAGEL, 1978, S. 23. Dort wird als Grund für die zurückgehende Heidevegetation und die lichten Waldbestände besonders deren Funktionsverlust als Plaggen- und Brennstofflieferant erkannt.

Die Streifenflur wurde durch die Zusammenlegungen aufgehoben, was sich jedoch durch die erfolgte Neuparzellierung ebenfalls nur geringfügig auf das kulturlandschaftliche Bild ausgewirkt hat.

Diese Fallstudie macht deutlich, inwieweit jeweils die Begleitmaßnahmen der Verkoppelungen die Struktur der Kulturlandschaft durch linienhafte Überprägung geändert haben, wohingegen der gestalterische Effekt der Neuparzellierung und Zusammenlegung hinsichtlich seiner kulturlandschaftlichen Auswirkung eindeutig sekundär erscheint.

Karte 7.3: SELLSTEDT: KULTURLANDSCHAFT VOR DER VERKOPPELUNG VON 1912

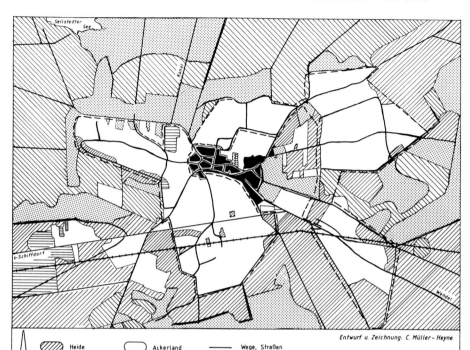

Quelle: Meßtischblatt der Preußischen Landesaufnahme 1:25.000, Blatt Bramel, Ausgabe 1893.

Karte 7.4: VERKOPPELUNG SELLSTEDT (1912): WEGE- UND GEWÄSSERBAU

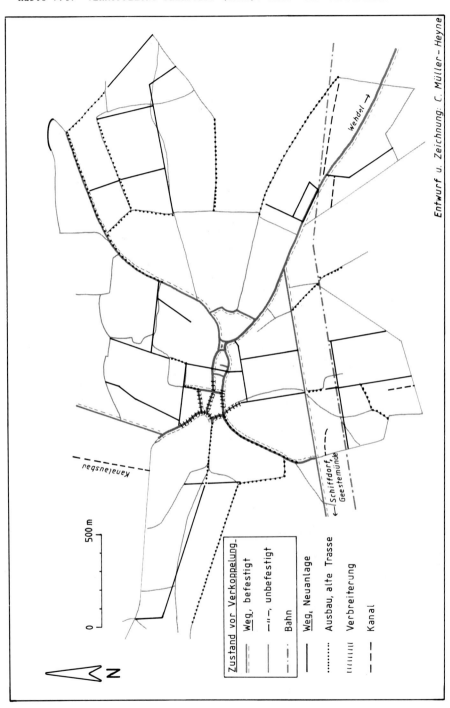

Quelle: Wege- und Gewässerkarte u. Rezeß der VERKOPPELUNG Sellstedt (AZ: G 171), 1912.

Karte 7.5: VERKOPPELUNG SELLSTEDT (1912): NEUPARZELLIERUNG UND WEGEBAU (Ausschnitt)

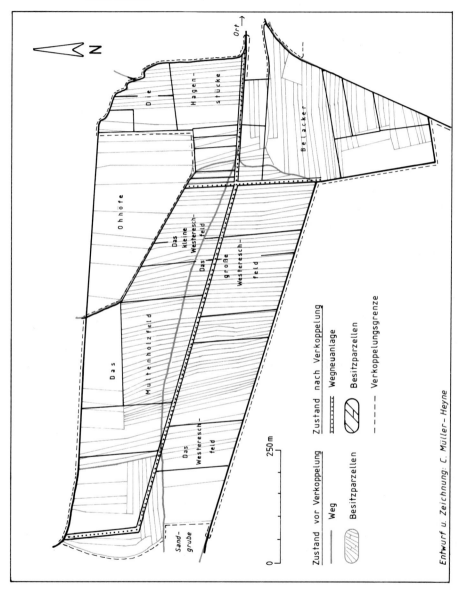

Quelle: Verkoppelungskarte und Rezeß der VERKOPPELUNG Sellstedt (AZ: G 171), 1912.

Karte 7.6: SELLSTEDT: KULTURLANDSCHAFT NACH DER VERKOPPELUNG VON 1912

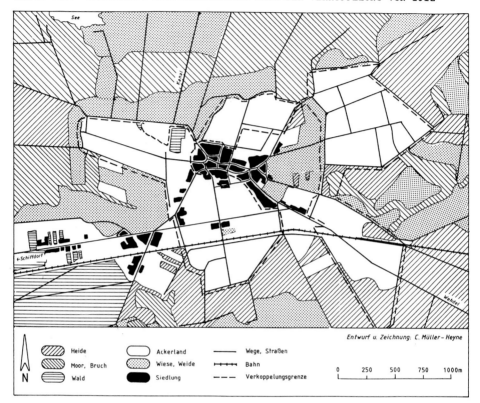

Quelle: Meßtischblatt der Preußischen Landesaufnahme 1:25.000, Blatt Bramel, Ausgabe 1938.

2.4 Die Umlegung von Karlshöfen 1945

Das letzte Beispiel einer Agrarstrukurmaßnahme vor Beginn der Institutionalisierung der Flurbereinigung ab 1953 unterscheidet sich in folgenden Punkten von den vorangegangenen Beispielen:

1. Das Verfahren wurde nach der ab 1920 gültigen Umlegungsordnung[1] durchgeführt, durch die die Umlegung auch ohne Antrag der Beteiligten von Amts wegen durchgeführt werden konnte[2]. Diese neue Verfahrensordnung hatte das öffentliche Interesse an einer Zusammenlegung mit Verbesserung der agrarstrukturellen Verhältnisse in den Vordergrund gerückt.
2. Die Umlegung betraf nicht ackerbaulich genutzte Flächen, die im Niederungsgebiet der Hamme-Oste-Region liegen und aufgrund der morphologisch und historisch-genetisch unterschiedlichen Prägung zu einer anderen kulturlandschaftlichen Einheit gehören[3].

Die Lage des Umlegungsgebietes in diesem besonders strukturierten Kulturraum schafft eine interessante Vergleichsmöglichkeit zu den bisher behandelten Verfahren anderer Regionen und Epochen.

Das Umlegungsgebiet, für das der Rezeß 1945 vollzogen wurde, umfaßt eine Fläche von 242 ha und schließt östlich an Ostersode an, eine im Rahmen der kurhannoverschen Moorkolonisation 1761 angelegte, typische Moorbreitstreifensiedlung[4]. Es handelt sich um reines Grünland (Rummeldeiswiesen), das im Norden an noch unabgetorftes Hochmoor (Kollbecksmoor) angrenzt. Durch die Nähe zu Ostersode war es ein von Bauern aus Ostersode und auch den benachbarten Geestdörfern intensiv genutztes Weidegebiet.
Dennoch galt das Umlegungsverfahren nicht primär diesen Flächen und einer Arrondierung von Grundbesitz in diesem Bereich, sondern den mehr in Geestnähe gelegenen Gemarkungsteilen von Karlshöfen, Hanstedt und Glinstedt. Das Umlegungsverfahren wurde auf die Gemarkungsteile von Oster- und Nordsode ausgeweitet, um das Wegenetz auch in diesen Bereichen mit auszubauen[5]. Einige Teile der Gemarkung von Breddorf, Ostersode und Glinstedt wurden, obwohl sie schon vorher einem Umlegungsverfahren unterlegen hatten[6], hinzugezogen, da der Ausbau der Vorflut und eine Angleichung des neuen Wegenetzes an das alte System dies erforderlich schienen ließen[7].

---

[1] Vgl. Kap. C III 1.1.

[2] Ein genaues Einleitungsdatum ist den Akten nicht zu entnehmen, sie muß aber vor Erlaß der Reichsumlegungsordnung stattgefunden haben, da die Kartierung vom Vermessungsbüro des Kulturamtes Wesermünde im Herbst 1930 abgeschlossen war; s. Archivakte und Rezeß über die UMLEGUNGSSACHE von Karlshöfen, 1945.

[3] Vgl. Kap. C II.

[4] Vgl. Karte 5 u. 8.1.

[5] Archivakte und Rezeß über die UMLEGUNGSSACHE von Karlshöfen, 1945.

[6] Verkoppelung von Breddorf ,1913, (AZ: Z 214).

[7] Archivakte und Rezeß über die UMLEGUNGSSACHE von Karlshöfen, 1945, S. 11.

Analog zu den in den vorangegangenen Beispielen gewählten Verfahren sollen im folgenden die jeweiligen kulturlandschaftsbestimmenden Elemente beschrieben und ihre Veränderungen im Zusammenhang mit der Umlegung dargestellt werden[8].

Zu den zugrundeliegenden Meßtischblättern, die den Umlegungszeitraum umgrenzen (1917 - 1947), wurde noch das erste Meßtischblatt der Königlich Preußischen Landesaufnahme (1897) zum Vergleich aus folgendem Grund hinzugezogen: In dem kurzen zwischen den beiden älteren Meßtischblättern liegenden Zeitraum ist es zu erheblichen Veränderungen des Landschaftsgefüges gekommen, die für die hier als Beispiel gewählte Umlegung von Karlshöfen bedeutsam waren. Deswegen soll der unmittelbar verfahrensbezogenen Landschaftsaufnahme des Zustandes vor der Umlegung noch eine kurze Aufnahme desjenigen um die Jahrhundertwende vorangestellt werden. Auch in diesem Beispiel ist es sinnvoll, die Untersuchung nicht ausschließlich auf das Umlegungsgebiet zu beschränken, da eine Einbeziehung der Umgebung besonders hier den Hintergrund des gewählten Verfahrens erst verdeutlicht.

Um die Jahrhundertwende ist der Raum, besonders das Gebiet der Rummeldeiswiesen und der Breddorfer Wiesen südlich davon, in Wiesen und darin gelegene vermoorte Flächen gegliedert[9]. Zwischen den Siedlungen Nordsode und Ostersode sowie nordöstlich Karlshöfenermoor liegt noch unabgetorftes Hochmoor (Kollbecksmoor). Reste von Heidevegetation umgeben die Breddorfer Wiesen halbkreisförmig im Osten und bestehen noch am südlichen Rand des Kollbecksmoores. Der Rummeldeisbach mäandriert im gewählten Blattausschnitt noch auf nahezu ganzer Länge. Die Siedlungsstruktur hat sich seit der Gründung von Ostersode (1761) und Nordsode (1789) dahingehend weiterentwickelt, daß die Siedlungen Meinershagen im Westen und Karlshöfenermoor im Nordosten als Tangenten das dreieckige Siedlungsgefüge begrenzen[10].
Die Weganbindungen waren von Ostersode nach Westen durch die Straße zum westlichen Geestrand der Hamme-Oste-Niederung und in Nord-Süd-Richtung durch die durch Karlshöfener Moor und Ostersode verlaufende Verbindung nach Karlshöfen und Gnarrenburg im Norden sowie Hüttenbusch und Worpswede im Süden geschaffen. Es bestand zu der Zeit noch keine ausgebaute Verbindung zum östlichen Geestrand nach Breddorf.

---

[8] Vgl. Karten Ostersode 8.1 - 8.4.

[9] Vgl. Karte 8.1.

[10] Auf eine Darstellung der siedlungsgeographischen Verhältnisse kann an dieser Stelle unter Hinweis auf die in Kap. C II aufgezeigte Entwicklung dieses Kulturraumes verzichtet werden.

In den Jahren unmittelbar nach der Jahrhundertwende fand eine Verkoppelung im Gebiet der Breddorfer Wiesen statt[11], in deren Verlauf der südlich von dem hier gewählten Verfahrensgebiet (Umlegung Karlshöfen) liegende Raum durch infrastrukturelle und meliorative Maßnahmen umgestaltet wurde. In diesem Verfahren wurde ein Anschluß von dem am östlichen Geestrand liegenden Breddorf bis an die südliche Grenze der Rummeldeiswiesen (Umlegungsgebiet Karlshöfen) geschaffen, so daß lediglich nur noch die Verbindung mit Karlshöfenermoor <u>durch</u> dieses Gebiet zu vollziehen war[12]. (Genau diese Strecke ist später im Umlegungsplan von Karlshöfen als Wegebaumaßnahme ausgewiesen).
Weiterhin wurden durch die Begradigung des Rummeldeisbaches auf längerer Strecke sowie durch Schaffung zahlreicher Abzugsgräben die Breddorfer Wiesen so gründlich entwässert, daß die vermoorten Flächen in Grünland überführt werden konnten. Diese Verhältnisse enden exakt an der südlichen Grenze des Umlegungsgebiets von Karlshöfen.

Die Ausgangssituation vor dem Umlegungsverfahren Karlshöfen stellt sich also wie folgt dar:
Während des vorher durchgeführten Verkoppelungsverfahrens in Breddorf in der Zeit zwischen 1900 und 1913 wurde die Kulturlandschaft im Gesamtraum um Ostersode herum dahingehend umgestaltet, daß die <u>Vegetationsstruktur</u> weitestgehend durch Wiesen (Ausnahme Kollbecksmoor) und die <u>Geländestruktur</u> durch das geradlinige Wegenetz bestimmt wurde, dessen linienhafte Struktur durch die Flußbegradigungen noch unterstrichen wurde. Der Rummeldeisbach mäandriert nur noch in dem das Umlegungsgebiet von Karlshöfen durchfließenden und einem anderen, weiter südlich gelegenen Abschnitt.
In der Umlegungskarte (alter Zustand) ist noch eine Gruppe kleinerer Wirtschaftswege im Süden des Gebietes ausgewiesen[13].

Durch die anschließende Umlegung von Karlshöfen wurden dann folgende Änderungen bewirkt:
Die <u>Geländestruktur</u> wurde auch hier primär durch Wegebaumaßnahmen beeinflußt. Die von Karlshöfenermoor und Ostersode aus nordwestlicher Richtung kommende Straße, die am Ende der Siedlung Karlshöfenermoor endete, wurde durch eine das Umlegungsgebiet in dem gewählten Ausschnitt querende Eckverbindung an Ostersode angeschlossen. Das zuvor erwähnte, den unregelmäßig verlaufenden, teilweise geschwungenen Parzellengrenzen folgende Wirtschaftswegenetz wurde samt dem irregulären Parzellengefüge beseitigt.

Im Bereich der <u>Vegetationsstruktur</u> wurden analog zu den im Gebiet der Breddorfer Wiesen zuvor vorgenommenen Änderungen die noch vor der Umlegung bestehenden Senken in Grünland umgewandelt.

---

[11] Verkoppelung von Breddorf, 1913, (AZ: Z 214).
[12] Vgl. Karte 8.2 u. 8.4.
[13] Vgl. Karte 8.3.

Für die Umlegung Karlshöfen läßt sich zusammenfassend feststellen, daß die Veränderungen, die vornehmlich die Geländestruktur betreffen, durch infrastrukturelle Erschließung als Folgemaßnahmen vorausgegangener agrarstruktureller Neuordnungen im umgebenden Gebiet eingetreten sind. Im Rezeß findet sich kein Hinweis auf eine notwendige Beseitigung von Besitzersplitterung, sondern es sind dort lediglich die wege- und wasserbautechnischen Maßnahmen aufgeführt.

Stellt man nun das Beispiel dieser Umlegung in einen Gesamtzusammenhang mit den bisher untersuchten Verfahren, so ist in Ergänzung der einleitend aufgeführten Unterschiede noch eine weitere Erkenntnis wichtig: Die Umlegung von Karlshöfen ist eine von nur sieben im Niederungsgebiet der Hamme-Oste-Region durchgeführten Agrarstrukturmaßnahmen, von denen nur die Verfahren um Teufelsmoor mitten im Niederungsgebiet gelegen sind[14]. Auf Teufelsmoor entfallen dabei von den sieben Verfahren allein drei, bei denen es sich um Wiesenverkoppelungen handelt, die aufgrund der abweichenden Flurform dieser mittelalterlichen Moorhufensiedlung von derjenigen der geplant angelegten Moorkolonien erforderlich wurden.

Bei den anderen in diesem Kolonisationsgebiet gelegenen Siedlungen ist es nur zu Teilungen der Gemeinheiten und natürlich zu Aufhebungen von gegenseitigen Berechtigungen gekommen. Erst in der Nähe des Geestrandes nimmt die Zahl der Verkoppelungen und Umlegungen zu beiden Seiten wieder zu.
Die Gemeinheitsteilungen bei den Moorsiedlungen dienten damals ebenfalls der weiteren wirtschaftlichen Erschließung des Landes[15] und bezogen sich meist auf die den Kolonien zugeteilten Vorweiden[16]. Betrachtet man die kulturlandschaftliche Entwicklung dieses Niederungsraumes vor dem Hintergrund der dargestellten Entwicklung der Agrarstrukturmaßnahmen, so wird deutlich, wie nachhaltig die Auswirkungen der während der kurhannoverschen Kolonisation durchgeführten Erschließung und systematischen Bodenordnung in diesem Raum sind. Der Zuschnitt und die Verteilung der Kolonate sowie der dazugehörigen Wiesen- und Weideflächen (zunächst als Allmende mit einer späteren besitzrechtlichen Aufteilung) war so bemessen, daß weitere agrarstrukturelle Neuordnungen weitgehend unnötig waren.

---

[14] Vgl. Nr. 60 in Karte 9.b, Nr. 12 in Karte 9.c und Nr. 18 in Karte 9.d.

[15] MÜLLER-SCHEESSEL, 1975, S. 119.

[16] Vgl. Karte 5.

Karte 8.1: KARLSHÖFEN / OSTERSODE: KULTURLANDSCHAFT UM 1900

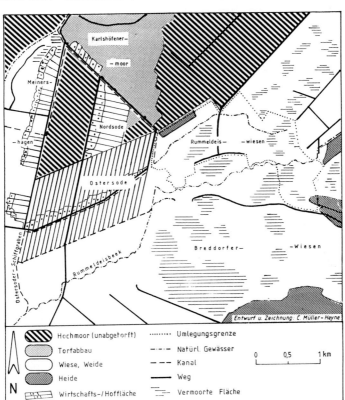

Quelle: Meßtischblatt der Preußischen Landesaufnahme
1:25.000, Blatt Rhade u. Kuhstedt, Ausgabe 1899.

Karte 8.2: **KARLSHÖFEN / OSTERSODE: KULTURLANDSCHAFT VOR DER UMLEGUNG VON 1945**

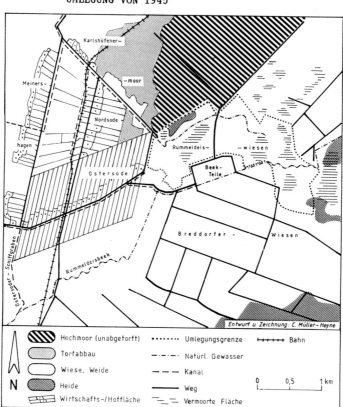

Quelle: Meßtischblatt der Preußischen Landesaufnahme 1:25.000, Blatt Rhade u. Kuhstedt, Ausgabe 1917.

Karte 8.3: UMLEGUNG KARLSHÖFEN (1945): NEUPARZELLIERUNG UND WEGEBAU (Ausschnitt)

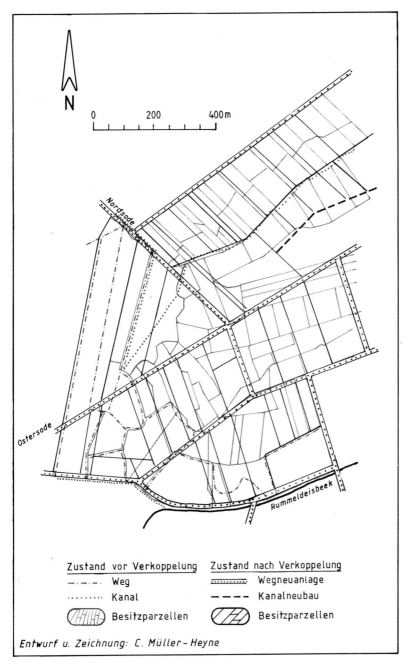

Quelle: Umlegungsplan und Rezeß der UMLEGUNGSSACHE Karlshöfen (AZ: Brv.115), 1945.

Karte 8.4: **KARLSHÖFEN / OSTERSODE: KULTURLANDSCHAFT NACH DER UMLEGUNG VON 1945**

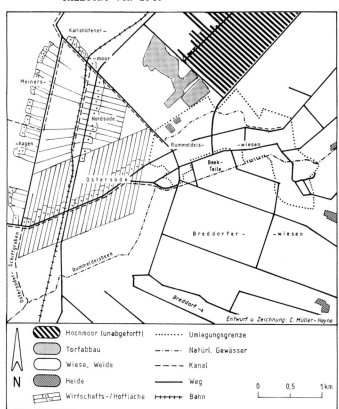

Quelle: Meßtischblatt der Preußischen Landesaufnahme
1:25.000, Blatt Rhade u. Kuhstedt, Ausgabe 1947.

Karte 8.5: SIEDLUNGSGEFÜGE IM RAUM KARLSHÖFEN / OSTERSODE

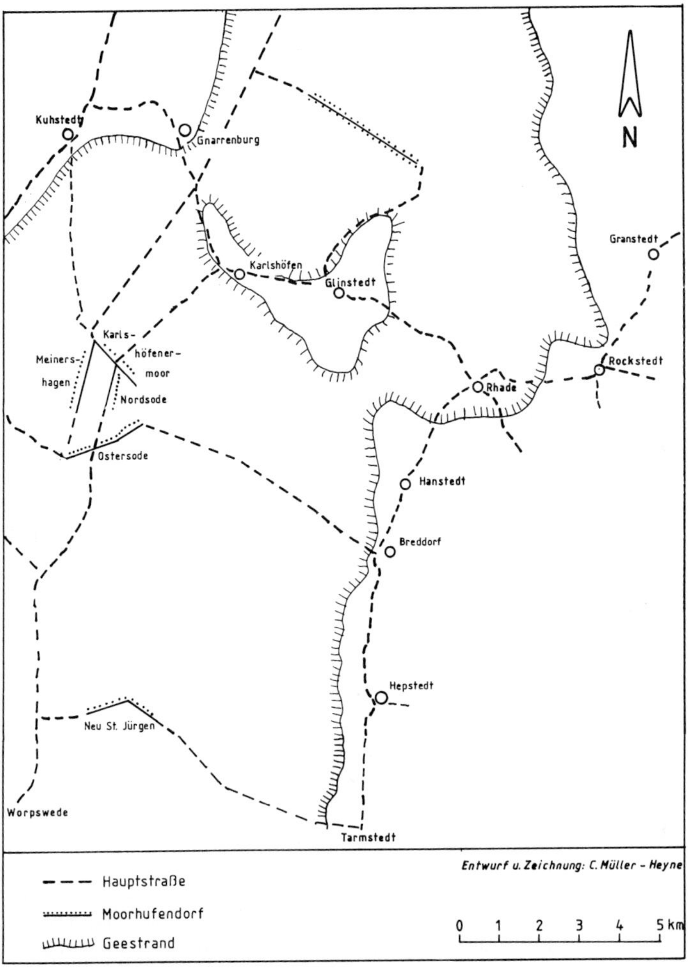

Quelle: TK 1:50.000, Blatt Osterholz-Scharmbeck u. Zeven,
Ausgabe 1985.

IV Zusammenfassung der Entwicklung bis 1953

1 Quantitative Entwicklung und Verteilung der Agrarstrukturmaßnahmen im Elbe-Weser-Raum

Eine Erfassung der quantitativen Entwicklung von Agrarstrukturmaßnahmen setzt zunächst eine begriffliche Abgrenzung der für die verschiedenen Flächenneuordnungsmaßnahmen gebräuchlichen Termini voneinander voraus. Bei den unter Teilung/Gemeinheitsteilung mit Verkoppelung zusammengefaßten Verfahren handelt es sich um Allmendteilungsverfahren (meist Spezialteilungen), die im Königreich Hannover durchgeführt wurden. Für die durchgängige Untersuchung der Entwicklung von Agrarstrukturmaßnahmen steht jedoch die Verkoppelung (später Umlegung) im Vordergrund. Die gesetzliche Trennung zwischen Gemeinheitsteilung und Verkoppelung war, wie zuvor ausgeführt[1], mit dem Verkoppelungsgesetz vom 30. Juni 1842 zwar vollzogen, de facto wurde aber auch danach nicht immer präzise begrifflich unterschieden[2]. Verläßlich wurden diese Angaben erst nach dem für ganz Preußen erlassenen Verkoppelungsgesetz von 1872, welches die Verkoppelung nun landesweit einheitlich als eigenständige Maßnahme von den Gemeinheitsteilungen unterschied.

Für die Trennung zwischen Teilungen (in Verbindung mit Verkoppelungen) und Verkoppelungen allein wurde aufgrund der Einheitlichkeit und der Datenlage die jeweilige Bezeichnung in den Rezessen zugrunde gelegt. Hierbei ist zu berücksichtigen, daß deren Aussagekraft nach 1842 zwar zunimmt, aber erst nach 1872 den tatsächlichen Verfahrensdaten entsprechen dürfte.

Dazu kommt, daß gerade bei den nur als "Teilung" ausgewiesenen Verfahren zahlreiche Rezesse fehlen und dadurch auch keine verläßlichen Datumsangaben verfügbar sind, so daß sich viele Verfahren nach der Aktenlage nicht mehr eindeutig bestimmen lassen. Aus diesem Grund kann auch die anteilsmäßigen Verteilung (Abb. 2.3) aller Agrarstrukturmaßnahmen in dem Zeitraum nicht diachron graphisch dargestellt werden, sondern nur in absoluten Verhältnissen.

Die Entwicklung der Verkoppelungen und Teilungen mit Verkoppelung im Elbe-Weser-Raum wurde analog zu den im vorangegangenen Kapitel dargelegten, sich aus den gesetzlichen Grundlagen ableitenden Hauptphasen in vier Abschnitte untergliedert und auf den Karten 9.a - 9.d dargestellt:

a. Agrarstrukturmaßnahmen bis 1872 (Verkoppelungen)
b. Agrarstrukturmaßnahmen 1872 - 1920 (Verkoppelungen)
c. Agrarstrukturmaßnahmen 1920 - 1937 (Verkoppelungen, Umlegungen);
d. Agrarstrukturmaßnahmen 1937 - 1953 (Umlegungen);

---

[1] Vgl. Kap. C III 1.1.
[2] SIEVERS, 1976, S. 122.

Die Einteilung in Größenklassen erschien sinnvoll, da eine Darstellung der lediglich quantitativen Raumverteilung über die tatsächliche Raumwirksamkeit, gemessen an der beteiligten Fläche, hinwegtäuschen würde.

Die Entwicklung der räumlichen Verteilung der Verkoppelungen und Teilungen mit Verkoppelungen im Elbe-Weser-Raum stellt sich wie folgt dar:
Trotz der im Königreich (und ab 1866 preußischen Provinz) Hannover durch das Gesetz von 1842 schon 30 Jahre früher als im übrigen Preußen initiierten Trennung zwischen beiden Verfahren zeigt sich die einst enge Verbindung zwischen Gemeinheitsteilung und Verkoppelung noch in der Statistik der selbständig durchgeführten Verkoppelungen im ersten Erfassungszeitraum a (Karte 9.a) bis 1872[3]. Es wurden 40 Verkoppelungen von insgesamt 207 Verfahren als reine Verkoppelungssachen ermittelt (19,3%), 167 Verfahren waren Teilungen in Verbindung mit Verkoppelungen (80,6%).

Abb. 2.1: AGRARSTRUKTURMASSNAHMEN BIS 1953:
       QUANTITATIVE ENTWICKLUNG

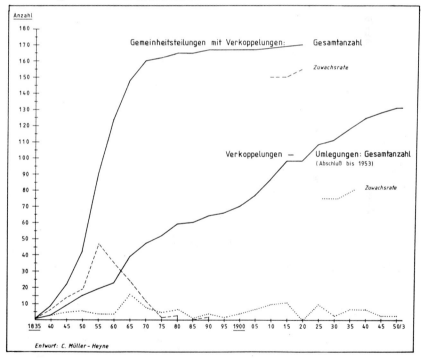

Quelle: Amt für Agrarstruktur Hannover (Archiv) und Bremerhaven; eigene Datenaufbereitung.

---

[3] Vgl. Tab. 5.1 u. 5.2.

Dieses Verhältnis verdeutlichen die Kurven für die Entwicklung der Gemeinheitsteilungen mit Verkoppelungen und der separaten Verkoppelungen in vorstehender Abb.2.1:
Ab 1835 gab es einen steilen Anstieg der Gemeinheitsteilung mit Verkoppelung, der bis 1855 anhielt. Danach kam es nur noch vereinzelt zu Gemeinheitsteilungen[4].

Auch die Betrachtung des Flächenverhältnisses untermauert dieses Ergebnis: Die Verkoppelungen haben einen Anteil an der Gesamtverfahrensfläche von 16,2%, die gemeinsamen Verfahren ergeben 83,75%. Hierbei entfällt auf die Kreise mit den größten Geestflächen der weitaus höchste Anteil (Stade und Bremervörde).

Die ab 1842 beginnende Loslösung der Verkoppelung von den Teilungen und ihre Entwicklung zur eigenständigen Agrarstrukturmaßnahme zeigen die Kurvendarstellungen in der Abbildung 2.1 in ihrem weiteren Verlauf: Die separaten Verkoppelungen entwickelten sich gegenüber den Teilungen mit Verkoppelungen erst allmählich, der Anstieg verläuft zunächst eher zögernd, da noch nicht alle Gemeinheiten aufgelöst worden waren und es bis dahin durchaus sinnvoller war, die Teilungen im Verbund mit der Verkoppelung durchzuführen. Im zweiten Erfassungszeitraum b[5] (Karte 9.b) bis 1920 jedoch haben sich die Verhältnisse zwischen Gemeinheitsteilung mit Verkoppelung und reiner Verkoppelung umgekehrt: von insgesamt 61 durchgeführten Verfahren waren 51 reine Verkoppelungssachen (83,6%) und nur 10 Teilungen in Verbindung mit Verkoppelungen (16,4%).

Die Entwicklung der quantitativen Verteilung im Raum zeigt eine deutliche Verlagerung von den Geestgebieten der Kreise Stade und Bremervörde in die Niederungsgebiete der Kreise Osterholz und besonders Wesermünde. Vergleicht man nun dieses Ergebnis mit der Entwicklung der Verfahrensgrößen, so fällt auf, daß dieser Zuwachs in vorstehend genannten Kreisen besonders in den kleineren und kleinsten Verfahrensgrößen bis 100 ha (25 Verfahren) zu verzeichnen ist, während die größeren Verfahren über 400 ha in den Geestgebieten der Kreise Stade und Bremervörde im ersten Zeitraum (Karte 9.a) durchgeführt wurden und nur acht Verfahren im darauffolgenden Zeitabschnitt. Die auffallende vornehmliche Geestorientierung der Agrarstrukturmaßnahmen macht die bestehenden wirtschaftlichen und agrarrechtlichen Unterschiede zwischen Geest- und Niederungsgebieten zu der Zeit deutlich. Die Geestregionen wurden als erste besiedelt und kultiviert. Intensive Nutzung im Rahmen des damaligen Flurformengefüges (Gewannflur mit Gemengelage) sowie Erb- und anderweitige Höfeteilung führten zu einer frühen Besitzzersplitterung und Unrentabilität der Betriebs- und Flur-

---

[4] Die Generalteilungen waren bereits bis 1866 im Bereich des Landdrosteibezirks Stade vollzogen. Nur Spezialteilungen mit Verkoppelungen wurden noch vereinzelt durchgeführt; s. FESTSCHRIFT d. Landwirtschaftsvereins Bremervörde, 1885, I, S. 236.

[5] Vgl. Tab. 5.2.

stücksgrößen, die somit einer Arrondierung bedurften[6]. In den Marsch- und Niederungsgebieten verhinderten Wirtschaftsform, agrarrechtliche Bestimmungen oder, im Falle der Hamme-Oste-Niederung, weitsichtige Planung bei der Anlage der Siedlung eine übermäßige Stellenverkleinerung[7].
Nach 1920, im dritten Erfassungszeitraum c[8] (Karte 9.c) bis 1937 ist eine vorübergehende Zunahme der Umlegungen zu erkennen[9] (17 Verfahren bis 1935), die sich wiederum im Kreis Wesermünde konzentrieren. Auch hier handelt es sich überwiegend um kleinere Umlegungen bis 400 ha im Bereich der Geestränder.
Die geringe Anzahl von Umlegungen im diesem Zeitraum im Vergleich zu dem davor auch nach Erlaß der Umlegungsordnung von 1920 läßt sich wie folgend erklären: Die Majorität aller Flächenneuordnungen ist nach dem im hannoverschen Gebiet erlassenen Verkoppelungsgesetz von 1842 durchgeführt worden während im übrigen Preußen dieser Schub vermutlich erst durch die 30 Jahre später erlassene Teilungsordnung von 1872, die ja ebenfalls selbständige Umlegungen ermöglichte, stattfand. Bis zum Beginn der Flurbereinigung mit dem Flurbereinigungsgesetz von 1953 wurden nach 1872 keine ähnlichen Umlegungsraten mehr erzielt, wobei allerdings die zwei im Zeitraum c und d liegenden Weltkriege mit zu berücksichtigen sind.

Im vierten Erfassungszeitraum (Karte 9.d) orientieren sich die Umlegungen immer noch auffallend an den Geesträndern, da diese nach wie vor als Bereiche mit intensiver landwirtschaftlicher Nutzung agrarstruktureller Verbesserung bedurften. Durch die ab 1937 gültige Reichsumlegungsordnung, die die Umlegung von Amts wegen ohne Zustimmung der Beteiligten ermöglichte und das öffentliche Interesse in den Vordergrund stellte, nahm die Verfahrensgröße im Vergleich zum dritten Zeitraum allmählich wieder zu[10]. Dadurch konnten erstmalig auch Verfahren stattfinden, die nur im "öffentlichen Interesse" standen und nicht mehr nur der Verbesserung der agraren Verhältnisse dienten, wie dies im Untersuchungsgebiet beim Bau der Reichsautobahn zwischen Hamburg und Bremen (sechs Umlegungen im Baubereich) der Fall war (vgl. Karte 9 d, Verfahren Nr. 24 - 29).

---

[6] Im Königreich und der späteren Provinz Hannover wurde 1874 durch das Höfegesetz das bäuerliche Erbrecht besonders geregelt mit dem Ziel, die Erhaltung leistungsfähiger Höfe zu gewährleisten: der Hof konnte nur geschlossen dem Anerben vererbt werden. Vorbedingung für die Anwendung dieses Erbrechts war jedoch die freiwillige Eintragung in die sog. Höferolle, mit der das allgemeine Erbrecht ausgeschlossen wurde. Dennoch war die Besitzerszplitterung auch durch den Verkauf von Land möglich; s. SIEVERS, 1976, S. 111 ff.

[7] Vgl. Kap. C II.

[8] Vgl. Tab. 5.3.

[9] Während der Kriegszeiten ruhte die Durchführung von Umlegungen weitestgehend.

[10] Vgl. Tab. 6.1.

2 Kulturlandschaftsgestaltung durch Verkoppelung und Umlegung

Die eingehende Untersuchung der Verkoppelungsbeispiele hinsichtlich ihrer kulturlandschaftlichen Gestaltungskraft führte zusammengefaßt zu folgendem Ergebnis:
In allen Fällen wurde die Besitzersplitterung durch Neuparzellierung und Neuverteilung des Besitzes gemindert, was erwartungsgemäß ein primäres Ziel der Verkoppelung als Agrarstrukturmaßnahme war. Hierbei handelte es sich jedoch um eine betriebswirtschaftliche Maßnahme, denn die Neuparzellierung wirkte sich nur in äußerst geringem Umfang auf das kulturlandschaftliche Bild aus. Die dadurch hervorgerufenen Änderungen betreffen nach der im methodischen Teil ausgeführten Gliederung nach Ausstattungselementen der Kulturlandschaft nur die Vegetationsstruktur.

Andere, die Kulturlandschaft prägende Auswirkungen der Verkoppelungen konnten nur im Bereich der Geländestruktur festgestellt werden. Diese Umgestaltungen sind dem Wegebau zuzurechnen, der für Verkoppelungen festgestellten zweiten Gestaltungskomponente.
Die wichtige Rolle des Gewässer- und Wegebaus in Verbindung mit Agrarstrukurmaßnahmen hebt KAMPMANN schon zu Beginn dieses Jahrhunderts hervor, indem er die Bedeutung der landwirtschaftlichen Umlegung für den Verkehr beschreibt:

"Schon die landwirtschaftliche Umlegung spielt für den Verkehr eine meist unterschätzte Bedeutung. Sie schafft ein Wegenetz, das nicht nur der Landwirtschaft die bessere Zu- und Abfuhr von den Feldern ohne Belästigung nachbarlicher Grundstücke ermöglicht, sondern vielfach auch erst den unmittelbaren Verkehr zu Nachbarorten bringt, der voher stellenweise in unglaublicher Weise fehlt[11]."

Dies bestätigt sich im untersuchten Beispiel der Umlegung von Karlshöfen, wo neben dem üblichen Wirtschaftswegebau die überregionale Verbindung mit den Nachbargemeinden hergestellt wurde.
In allen untersuchten Beispielen kam es auf der einen Seite zum Ausbau des vorhandenen Wegenetzes, sofern es bereits relativ geradlinig strukturiert und zugleich Bestandteil der Hauptverkehrsverbindungen zu den Nachbargemarkungen war oder zur Neuanlage entsprechender Verbindungen. Zum anderen wurde das Gefüge der untergeordneten Wege (meist Wirtschaftswege) unterschiedlich intensiv überprägt und teilweise völlig beseitigt, da durch die Neuparzellierung die Zuwegung zu den Wirtschaftsflächen neu gestaltet werden mußte und die alten Wege aufgrund des neuen Zuschnitts überflüssig wurden.

Die Beeinflussung der Geländestruktur durch den Wegebau ist vor allem darin zu sehen, daß die geschwungene, häufig regellose Führung des alten Wegenetzes zugunsten eines geometrisch ausgerichteten, linienhaften Gefüges aufgelöst wurde.

---

[11] KAMPMANN, 1927, S. 56.

Dieser bis hierhin bedeutendste festgestellte Faktor der kulturlandschaftlichen Umgestaltung wurzelt historisch in den alten Agrarstrukturmaßnahmen: Neben den notwendigen Arrondierungen führte auch die Beseitigung gegenseitiger Überfahrtsrechte zu verstärktem Wegebau. Erst dadurch wurde eine günstige, die individuelle landwirtschaftliche Bearbeitung ermöglichende Zuwegung der einzelnen Besitzparzellen erreicht.

Abb. 2.2: QUANTITATIVE VERTEILUNG DER AGRARSTRUKTURMASSNAHMEN BIS 1953

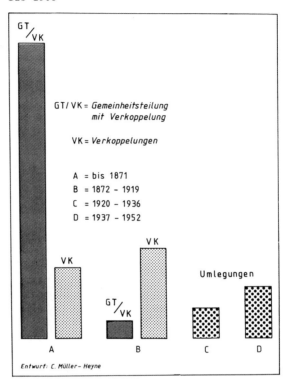

Abb. 2.3: ANTEILSMÄSSIGE VERTEILUNG NACH VERFAHRENSTYPEN

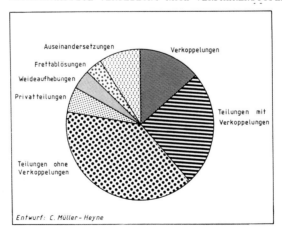

Quellen: Amt für Agrarstruktur Hannover (Archiv) u. Bremerhaven; eigene Datenaufbereitung.

Karte 9.a: AGRARSTRUKTURMASSNAHMEN BIS 1872: VERKOPPELUNGEN

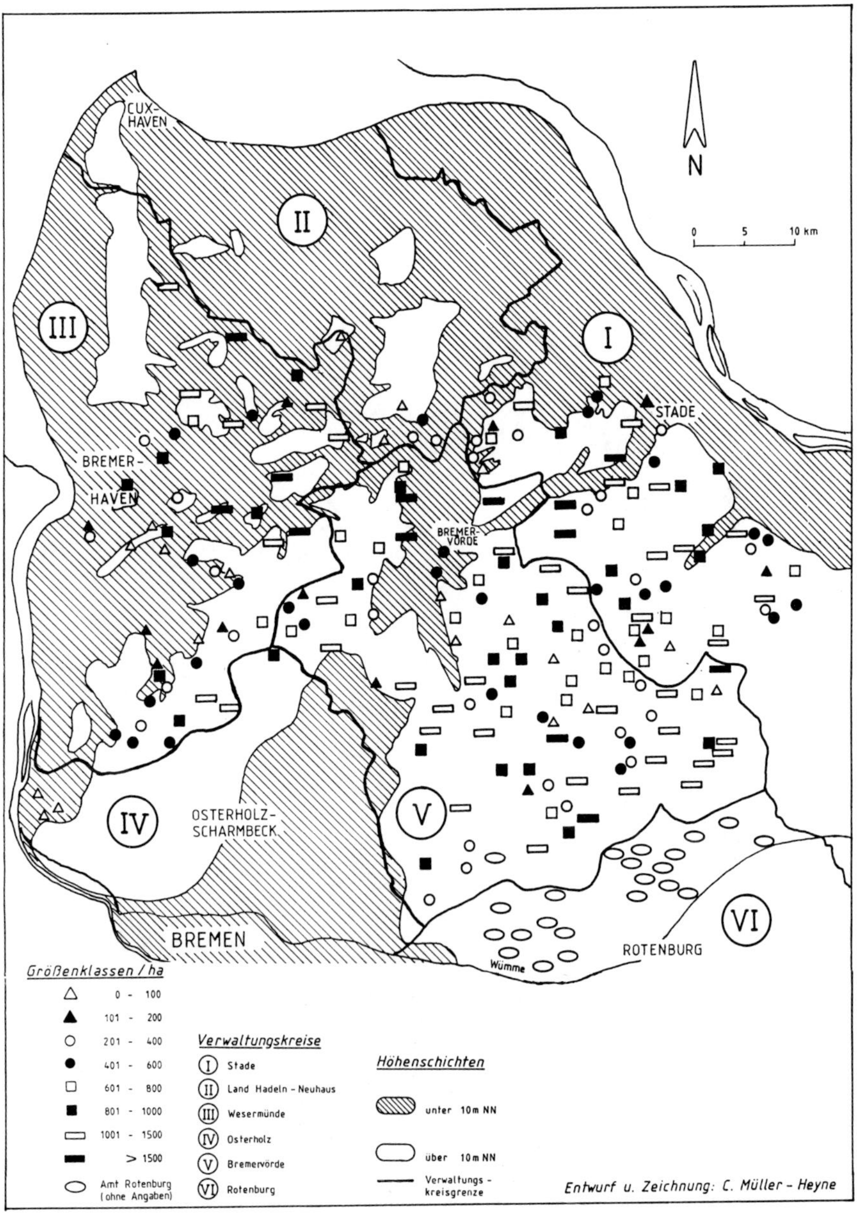

Größenklassen / ha
- △ 0 - 100
- ▲ 101 - 200
- ○ 201 - 400
- ● 401 - 600
- □ 601 - 800
- ■ 801 - 1000
- ▭ 1001 - 1500
- ▬ > 1500
- ⬭ Amt Rotenburg (ohne Angaben)

Verwaltungskreise
- I Stade
- II Land Hadeln - Neuhaus
- III Wesermünde
- IV Osterholz
- V Bremervörde
- VI Rotenburg

Höhenschichten
- unter 10 m NN
- über 10 m NN
- Verwaltungs- kreisgrenze

Entwurf u. Zeichnung: C. Müller - Heyne

Quellen: Amt für Agrarstruktur Hannover (Archiv) u. Bremerhaven; eigene Datenaufbereitung.

Karte 9.b: AGRARSTRUKTURMASSNAHMEN 1872 - 1920: VERKOPPELUNGEN

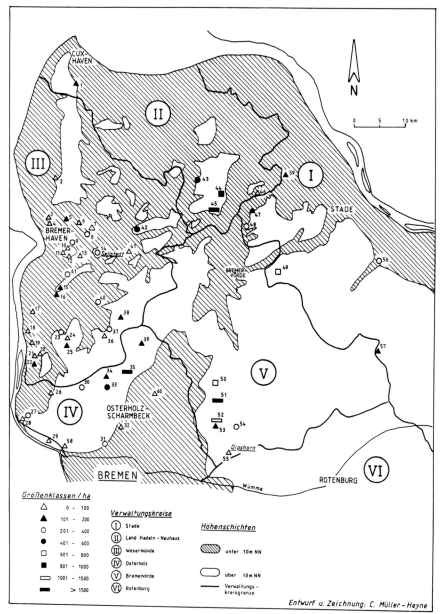

Quellen: Amt für Agrarstruktur Hannover (Archiv) u. Bremerhaven; eigene Datenaufbereitung.

Tab. 3.1 VERZEICHNIS DER AGRARSTRUKTURMASSNAHMEN ZISCHEN 1872 UND 1920[1]:
VERKOPPELUNGEN (ohne Teilungen)

Grundlage für: *Karte 9.b*

Nr.i.d. Karte	Verfahren	Kreis	ha	Anzahl
1	Altenwalde(d)[2]	WES	181	
41	Altluneburg(b)	WES	21	
13	Apeler(b)	WES	41	
37	Bockel(d)	WES	220	
7	Bramel(b)	WES	218	
8	Bramel(c)	WES	16	
24	Cassebruch(d)	WES	21	
23	Driftsethe(c)	WES	230	
10	Geestemünde(d)	WES	26	
11	Geestemünde(e)	WES	22	
12	Geestemünde(f)	WES	40	
25	Hagen(h)	WES	171	
6	Laven(b)	WES	44	
3	Lehe(d)	WES	15	
4	Lehe(e)	WES	10	
36	Lohe(b)	WES	93	
61	Loxstedt(c)	WES	306	
17	Neuenlande(a)	WES	35	
20	Offenwarden(a)	WES	46	
18	Rechtenfleth(a)	WES	50	
42	Ringstedt(c)	WES	433	
19	Sandstedt(c)	WES	48	
9	Schiffdorf(c)	WES	399	
14	Sellstedt(c)	WES	225	
2	Sievern(e)	WES	28	
5	Spaden(e)	WES	104	
16	Stotel(d)	WES	190	
40	Westerbeverstedt(d)	WES	232	
			3.465	28
58	Fähr(c)	OHZ	29	
30	Garlstedt(b)	OHZ	201	
35	Hambergen(f)	OHZ	1525	
33	Hülseberg(b)	OHZ	460	
32	Lintel(b)	OHZ	58	
29	Lüssum(b)	OHZ	10	
26	Meyenburg(e)	OHZ	34	
27	Neuenkirchen(f)	OHZ	336	
34	Ohlenstedt(c)	OHZ	120	
28	Rekum(c)	OHZ	22	
31	Ritterhude(f)	OHZ	364	
39	Steden(e)	OHZ	160	
			3.319	12

[1] Vgl. Verzeichnis der Abkürzungen.
[2] Ordnungsbuchstabe im Rezeß.

noch Tab. 3.1

Nr.i.d.
Karte	Verfahren	Kreis	ha	Anzahl
47	Brobergen(c)	STADE	164	
59	Campe(b)	STADE	154	
49	Essel(c)	STADE	791	
48	Gräpel(d)	STADE	336	
56	Horneburg(o)	STADE	297	
			1.742	5
55	Dipshorn(b)	BRV	82	
54	Neuenbülstedt(d)	BRV	254	
53	Tarmstedt(c)	BRV	178	
			514	3
46	Klint(h)	LH-N	67	
43	Mittelstennahe(c)	LH-N	418	
44	Nindorf(f)	LH-N	821	
			1.306	3
		TOTAL	10.346 ha /	51

TEILUNGEN (mit Verkoppelungen)

Nr.i.d.
Karte	Verfahren	Kreis	ha	Anzahl
38	Elfershude(b)	WES	106	
15	Nesse(a)	WES	153	
21	Offenwarden(b)	WES	28	
22	Wersabe(d)	WES	107	
			394	4
60	Teufelsmoor(l)	OHZ	49	1
57	Sauensiek(b)	STADE	183	1
50	Breddorf(g)	BRV	697	
51	Hepstedt(e)	BRV	419	
52	Tarmstedt(a)	BRV	1.258	
			2.374	3
45	Armstorf(b)	LH-N	1.619	1
		TOTAL:	4.619 ha /	10

Quelle: Amt für Agrarstruktur Hannover (Archiv) u. Bremerhaven; eigene Datenaufbereitung.

Karte 9.c: AGRARSTRUKTURMASSNAHMEN 1920 - 1937: UMLEGUNGEN

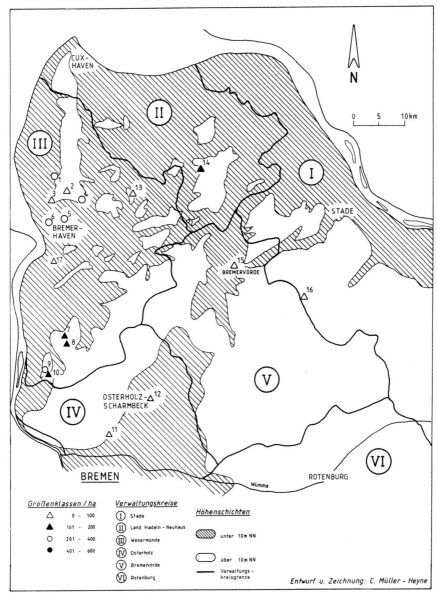

Quellen: Amt für Agrarstruktur Hannover (Archiv) u. Bremerhaven; eigene Datenaufbereitung.

Tab. 3.2 VERZEICHNIS DER AGRARSTRUKTURMASSNAHMEN ZWISCHEN 1920 UND 1937[1]:
VERKOPPELUNGEN u. UMLEGUNGEN

Grundlage für: **Karte 9.c**

Nr.i.d Karte	Verfahren	Kreis	ha	Anzahl
13	Bederkesa(e)	WES	31	
7	Cassebruch(g)	WES	120	
2	Debstedt(d)	WES	34	
8	Hagen(k)	WES	118	
3	Langen((d)	WES	26	
6	Lehe(f)	WES	327	
1	Sievern(f)	WES	283	
5	Spaden(f)	WES	226	
9	Uthlede(d)	WES	238	
10	Uthlede(e)	WES	118	
4	Wehden(b)	WES	257	
17	Wulsdorf(f)	WES	92	
			1.870	12
12	Teufelsmoor(o)	OHZ	34	
11	Ritterhude(g)	OHZ	92	
			126	2
16	Reith(c)	STADE	41	
			41	1
15	Bremervörde(d)	BRV	14	
			14	1
14	Nordahn(b)	LH-N	136	
			136	1
		TOTAL:	2.187 ha	/ 17

Quelle: Amt für Agrarstruktur Hannover (Archiv) u. Bremerhaven; eigene Datenaufbereitung.

---

[1] Vgl. Verzeichnis der Abkürzungen.

- 137 -

Karte 9.d: AGRARSTRUKTURMASSNAHMEN 1937 - 1953: UMLEGUNGEN

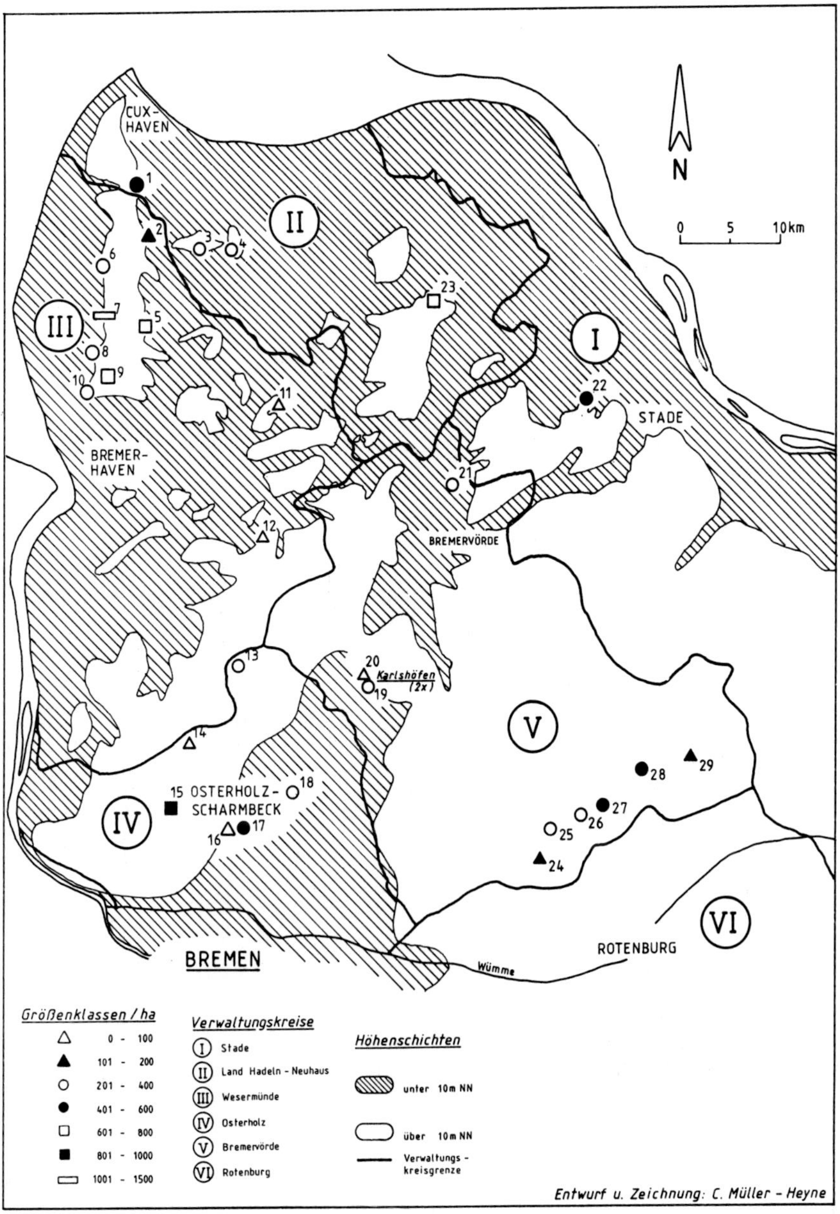

Größenklassen / ha		Verwaltungskreise		Höhenschichten	
△	0 - 100	I	Stade		
▲	101 - 200	II	Land Hadeln - Neuhaus		
○	201 - 400	III	Wesermünde		unter 10 m NN
●	401 - 600	IV	Osterholz		
□	601 - 800	V	Bremervörde		über 10 m NN
■	801 - 1000	VI	Rotenburg		
▭	1001 - 1500				Verwaltungs-kreisgrenze

Entwurf u. Zeichnung: C. Müller - Heyne

Quellen: Amt für Agrarstruktur Hannover (Archiv) u. Bremerhaven;
eigene Datenaufbereitung.

Tab. 3.3 VERZEICHNIS DER AGRARSTRUKTURMASSNAHMEN ZWISCHEN 1937 UND 1953[1]:
UMLEGUNGEN

Grundlage für: Karte 9.d

Nr.i.d Karte	Verfahren	Kreis	ha	Anzahl
9	Debstedt(e)	WES	709	
7	*Holßel	WES	1171	
10	*Langen	WES	329	
11	*Lintig	WES	94	
6	*Midlum	WES	358	
5	*Neuenwalde	WES	679	
8	Sievern(g)	WES	294	
2	Wanhöden(c)	WES	138	
12	*Wollingst	WES	19	
			3.791	9
15	Langenheide(b)	OHZ	953	
14	Ohlenstedt(d)	OHZ	72	
13	Oldendorf(c)	OHZ	394	
17	*Pennigbüttel	OHZ	446	
16	Scharmbeck(c)	OHZ	99	
18	*Teufelsmoor	OHZ	318	
			2.282	6
22	*Hammah	STADE	475	1
24	Bockel(c)	BRV	153	
26	Elsdorf(m)	BRV	269	
28	Gr.Meckelsen(d)	BRV	475	
29	Gr.Sittensen(d)	BRV	183	
25	Gyhum(c)	BRV	218	
27	Hatzte(d)	BRV	469	
19	Karlshöfen(g)	BRV	242	
20	*Karlshöfen	BRV	91	
21	Niederochternhausen(c)	BRV	216	
			2.316	9
1	*Gudendorf	LH-N	523	
4	*Osterwanna	LH-N	275	
3	Wanna(c)	LH-N	371	
23	*Westersode	LH-N	692	
			1.861	4

TOTAL: 10.725 ha / 29

*= Schlußfeststellung nach 1953

Quelle: Amt für Agrarstruktur Hannover (Archiv) u. Bremerhaven; eigene Datenaufbereitung.

[1] Vgl. Verzeichnis der Abkürzungen.

D DIE ENTWICKLUNG ZUR HEUTIGEN FLURBEREINIGUNG AB 1953
I Theoretische Grundlagen
1 Das Flurbereinigungsgesetz von 1953
1.1 Aufgaben und Ziele

Der juristische Aspekt von Agrarstrukturmaßnahmen, speziell der Flurbereinigung, wurde verschiedentlich untersucht und dabei sowohl die historische als auch die funktionale Rolle der Flurbereinigung dargestellt. Als umfassende Arbeiten sind die von BERKENBUSCH 1972 vorgelegte Studie über die Rechtsgeschichte der Flurbereinigung und die von HEINRICHS 1975 verfaßte Abhandlung über die Zweckmäßigkeit der Flurbereinigung als Instrument zur modernen Bodenordnung, die den neueren Struktur- und Funktionswandel in ländlichen Gebieten mit berücksichtigt, zu nennen. Die Ausführungen im vorliegenden Kapitel, die einen Überblick über den rechtlichen Hintergrund und verfahrenstechnischen Ablauf der Flurbereinigung geben sollen, stützen sich unter Einbeziehung der Gesetzestexte und -kommentare schwerpunktmäßig auf o.g. Quellen.

Die 1937 erlassene Reichsumlegungsordnung, die neben dem agrarwirtschaftlichen Interesse an der Umlegung erstmals das öffentliche Interesse (insbesondere hinsichtlich infrastruktureller Erschließungsmaßnahmen[1]) in größerem Maße in den Vordergrund stellte, galt nach Kriegsende noch bis zum Erlaß des ersten Flurbereinigungsgesetzes vom 14. Juli 1953, das am 1.1.1954 in Kraft trat[2]. Der Begriff der Flurbereinigung und deren Aufgaben sind in § 1 geregelt[3]:

"Zur Förderung der landwirtschaftlichen und forstwirtschaftlichen Erzeugung und der allgemeinen Landeskultur kann zersplitterter oder unwirtschaftlich geformter ländlicher Grundbesitz nach neuzeitlichen betriebswirtschaftlichen Gesichtspunkten zusammengelegt, wirtschaftlich gestaltet und durch andere landeskulturelle Maßnahmen verbessert werden (Flurbereinigung)".

Die Ziele waren vereinfacht folgende:

1. Förderung der land- und forstwirtschaftlichen Erzeugung
2. Förderung der allgemeinen Landeskultur.

---

[1] Dies wird besonders deutlich in § 1, Satz 2 der Reichsumlegungsordnung vom 26.06.1936: Es sollten "... alle Maßnahmen zur Erweckung der im Boden schlummernden Wachstumskräfte einschließlich der Anlage von Wegen, Gräben, Ent- und Bewässerungen, Kultivierungen und dgl. von Amts wegen durchgeführt werden".

[2] Die über den Krieg hinaus andauernde Gültigkeit (die Bestimmungen der Reichsumlegungsordnung wurden gem. Art. 125 Nr. 1 des Grundgesetzes Bundesrecht) wird zum einen mit dem rein fachlichen Inhalt der Umlegungsordnung begründet (s. ZILLIEN, 1985, S. 369), zum anderen wird aber auch auf die Unvereinbarkeit mit rechtsstaatlichen Prinzipien nach Inkrafttreten des Grundgesetzes 1949 hingewiesen, die eine Neufassung erforderten (s. BERKENBUSCH, 1972, S. 160).

[3] FLURBEREINIGUNGSGESETZ v. 14.07.1953, BGBl I, 1953, Nr. 37, S. 591.

Die Wirtschaftlichkeit der landwirtschaftlichen Betriebe sollte durch agrarstrukturverbessernde Maßnahmen gesichert werden, was aufgrund der Abhängigkeit der Produktion von den landeskulturellen Bedingungen in engem Zusammenhang mit einer Verbesserung der Landeskultur (Bodenverbesserung, Entwässerung u.a.) stand. Die in § 1 festgelegten Zielvorgaben machten das Flurbereinigungsgesetz von 1953 in erster Linie zu einem agrar-/betriebswirtschaftlichen Gesetz. Die agrare Betonung wird u.a. in den Bestimmungen für die Landabfindung deutlich[4]. Dieses allgemeine Ziel sollte nicht nur durch Beseitigung der Besitzzersplitterung mittels Umlegung erreicht werden, sondern es sollte, wie es auch schon die Reichsumlegungsordnung von 1937 vorgesehen hatte[5], die Bereitstellung von Land im öffentlichen Interesse ermöglichen, wenngleich letzterer Aspekt nur von sekundärer Bedeutung war. Der Unterschied zur Reichsumlegungsordnung, die ebenfalls primär auf agrarwirtschaftliche Ziele ausgerichtet war, bestand in der genauer gefaßten, weitergehenden Regelung des zu berücksichtigenden öffentlichen Interesses. Der Rahmen dazu wird in § 37 FlurbG gesteckt: Abs. 1 nennt die zur Durchführung der Flurbereinigung erforderlichen zulässigen Maßnahmen:

> "Das Flurbereinigungsgebiet ist unter Beachtung der jeweiligen Landschaftsstruktur neu zu gestalten, wie es den gegeneinander abzuwägenden Interessen der Beteiligten entspricht und wie es das Wohl der Allgemeinheit erfordert. Die Feldmark ist neu einzuteilen und zersplitterter Grundbesitz nach neuzeitlichen betriebswirtschaftlichen Gesichtspunkten zusammenzulegen, Wege, Gräben und andere gemeinschaftliche Anlagen sind zu schaffen, Bodenverbesserungen vorzunehmen, die Ortslagen aufzulockern und alle sonstigen Maßnahmen zu treffen, durch welche die Grundlagen der Wirtschaftsbetriebe verbessert werden, der Arbeitsaufwand vermindert und die Bewirtschaftung erleichtert wird. Durch Baugebietspläne, Bebauungspläne und ähnliche Planungen wird die Zuziehung der Ortslage zur Flurbereinigung nicht ausgeschlossen.[6]"

Im zweiten Absatz werden Grundsätze für die Durchführung aufgestellt:

> "Die Flurbereinigungsbehörde hat dabei die rechtlichen Verhältnisse zu ordnen, die öffentlichen Interessen, vor allem die Interessen der allgemeinen Landeskultur, zu wahren und den Erfordernissen der Landschaftsgestaltung und Landesplanung, des Naturschutzes und der Landespflege, der Wasserwirtschaft einschließlich Wasserversorgung und Abwasserbeseitigung, der Fischerei, der Energieversorgung, des öffentlichen Verkehrs, der landwirtschaftlichen Siedlung, der Kleinsiedlung, des Kleingartenwesens und anderer Aufbaumaßnahmen sowie einer möglichen bergbaulichen Nutzung Rechnung zu tragen.[7]"

Darüberhinaus konnten Flächen auch für gemeinschaftliche Anlagen bereitgestellt werden, die im Interesse der allgemeinen Landeskultur lagen oder den wirtschaftlichen Bedürfnissen der Teilnehmer dienten (Wirtschaftswege

---

[4] In der RUO wurde nur eine "möglichst zusammenhängende Lage" gefordert, während das Flurbereinigungsgesetz schon von "möglichst großen Grundstücken" spricht; s. BATZ, 1983, S. 53.

[5] Vgl. Kap. C III 1.

[6] FLURBEREINIGUNGSGESETZ v. 14.07.1953, BGBl I, 1953, Nr. 37, S. 596.

[7] Ebd.

und Gewässer). Die erforderliche Fläche mußte von den Teilnehmern in einem festgelegten Verhältnis aufgebracht werden[8].

Hinsichtlich der Aufgaben und Ziele kann bis hier zusammenfassend festgestellt werden, daß die Flurbereinigung von 1953 in inhaltlicher Fortsetzung der Reichsumlegungsordnung von 1937 zunächst die Steigerung der land- und forstwirtschaftlichen Erzeugung und damit eine zunehmende wirtschaftliche Unabhängigkeit von Importen zum Ziel hatte[9]. Dies umfaßte in Ergänzung der für das Erreichen dieses Ziels unmittelbar erforderlichen Maßnahmen der betriebswirtschaftlichen Strukturverbesserung auch Bodenverbesserung, Dorfsanierung, Aussiedlung von Höfen und dadurch Auflockerung der Ortslage sowie Schaffung von gemeinschaftlichen Anlagen.

Über eine solche Auslegung der in § 1 dargelegten Ziele (Förderung der landwirtschaftlichen und forstwirtschaftlichen Erzeugung und der allgemeinen Landeskultur) und der zur Umsetzung möglichen Maßnahmen (in § 37) hinaus ging die Diskussion darüber, welche Beziehung zwischen Flurbereinigung und Planung auf Landesebene bestehe:
Die Neuregelung der Agrarstrukturmaßnahmen war durch den Wandel der ländlichen Agrarstruktur, bedingt durch den technischen Fortschritt in der Landwirtschaft[10], den zunehmenden Flächenanspruch für überörtliche Planung (insbesondere Infrastrukturmaßnahmen) und den steigenden Wohnraumbedarf erforderlich geworden.

Die Koordinierung aller raumbeanspruchenden Maßnahmen obliegt der Landesplanung mit dem Ziel der Entwicklung einer entsprechenden Raumordnung. Das dort ausgearbeitete Konzept stellt die Basis für alle gestaltenden Planungen dar, die von den jeweiligen Behörden und Gemeinden erarbeitet und durchgeführt werden. In diesem die Raumordnung mitbeeinflussenden Kräftefeld steht auch die Flurbereinigung.
Aus dem hier vereinfacht dargestellten Gefüge geht hervor, daß mit dem Flurbereinigungsgesetz eine Verbindung zur Landesplanung geschaffen wurde, deren Bedeutung kontrovers diskutiert wurde. Den damaligen Stand verdeutlicht BLOCH: er führt insbesondere die vorstehend im Wortlaut wiedergegebenen Planungskriterien des § 37 für seine Definition der Beziehung zwischen Flurbereinigung und Landesplanung an, um die Flurbereinigung zwar nicht gleich zum "Erfüllungsgehilfen"[11] der Landesplanung zu machen, aber trotzdem den engen Aufgabenkontakt beider Institutionen im Sinne einer gebotenen Ausgestaltung der landesplanerischen Ziele

---

[8] Das Verhältnis wurde durch den Wert der in das Verfahren eingebrachten alten Grundstücke der Teilnehmer zu dem Wert aller Grundstücke des Verfahrensgebietes bestimmt.

[9] HEINRICHS, 1975, S. 48.

[10] BATZ, 1983, S. 53. Wichtig erschien auch die Anpassung der aus vorindustrieller Zeit stammenden Grundstücksstruktur an die technische Entwicklung der Nachkriegszeit; s. OBERHOLZER, 1984(b), S. 7.

[11] BLOCH, 1967, S. 69.

innerhalb des Gestaltungsauftrags des Flurbereinigungsgesetzes zu betonen. Der Grund dafür, daß die "integrierenden Wirkungsmöglichkeiten der Flurbereinigung nicht voll zum Tragen gebracht werden", liegt für BLOCH u.a. in der "ungenügend entwickelten Einsicht, daß die Flurbereinigung in der sinngemäßen Anwendung des § 37 mehr ist als eine rein landwirtschaftliche Maßnahme der Strukturverbesserung dieses Wirtschaftsbereichs"[12].

Diese "verpflichtende Aufgabe der Flurbereinigung bei der Neuordnung des ländlichen Raumes" betont auch ABB und zeigt in einem Schema die Vernetzung von Flurbereinigung und Planung auf[13]. Aufgrund dieser enorm gestiegenen Bedeutung, die der Flurbereinigung nach der gesetzlichen Verankerung 1953 beigemessen wurde, geriet ihre Durchführung und weitere Entwicklung bis heute in das Rampenlicht der Öffentlichkeit, was nicht unmaßgeblich zu ihrer Wandlung und heutigen Ausgestaltung beigetragen hat. Diese Entwicklung wird im zweiten Abschnitt von Teil I in diesem Kapitel (D) dargestellt und anhand von regionalen Beispielen in Teil II näher beleuchtet.

1.2 Organisation

Durch das Gesetz von 1953 wurden die agrarstrukturverbessernden Einzelmaßnahmen (Zusammenlegung, Aussiedlung, Wege- und Gewässerbau u.a.) zusammengefaßt, um dann in einem behördlich geleiteten Verfahren durchgeführt zu werden[14].
Die Durchführung eines solchen Flurbereinigungsverfahrens, die in den wesentlichen Punkten bis heute unverändert blieb, gliedert sich in verschiedene Phasen, von denen die wichtigsten im folgenden Überblick dargestellt werden:

1. Die Flurbereinigungsbehörde stellt die Verfahrensvoraussetzungen fest und klärt die voraussichtlichen Verfahrensbeteiligten (= Grundstückseigentümer), sofern diese schon feststehen, über das geplante Verfahren auf.

2. Die Einleitung des Verfahrens erfolgt durch den Flurbereinigungsbeschluß, der von der oberen Flurbereinigungsbehörde erlassen wird. Die Zustimmung der Beteiligten ist nicht erforderlich[15]. Die Einleitung ist

---

[12] BLOCH, 1968, S. 72.

[13] ABB, 1968, S. 6.

[14] Die Durchführung wurde durch dafür bestimmte, in den einzelnen Bundesländern unterschiedlich organisierte, Flurbereinigungsbehörden geregelt; s. BERKENBUSCH, 1972, S. 163.

[15] SCHMIDT weist darauf hin, daß die im Gesetz enthaltenen Formen der Mitbestimmung durch den Grundgedanken folgender Regelung geprägt sind: Die Flurbereinigung kann zwar gegen den Willen der Teilnehmer durchgeführt werden, das "objektive" Interesse der Teilnehmer soll jedoch im

an das "objektive Interesse" der Teilnehmer geknüpft, was deren wirtschaftliche Besserstellung impliziert[16]. Durch den Beschluß wird das Verfahrensgebiet festgestellt und die ermittelten Beteiligten zu einer Teilnehmergemeinschaft (Körperschaft des öffentlichen Rechts) zusammengeschlossen.

3. Die Flurbereinigungsbehörde muß die Grundstückswerte ermitteln, was in der Regel durch (landwirtschaftliche) Schätzer geschieht. Die Bewertung erfolgt nach dem gleichen Prinzip, das im Zusammenhang mit der Flächenaufbringung durch die Teilnehmer für gemeinschaftliche Anlagen dargelegt wurde[17]. Die Abfindung der Teilnehmer soll grundsätzlich mit gleichwertigem Land erfolgen, nur bei unvermeidbaren Mehr- oder Minderausweisungen bei der Neuzuteilung (§ 44.3 FlurbG) oder aber auf ausdrücklichen Wunsch der Teilnehmer (Verkauf) erfolgt ein finanzieller Ausgleich.

4. Es folgt die Aufstellung des Wege- und Gewässerplans, der von der Flurbereinigungsbehörde in Absprache mit der Teilnehmergemeinschaft und diversen Sachverständigengremien (Behörden, Organisationen) erarbeitet wird[18].

5. Den Kern des Verfahrens bildet der Flurbereinigungsplan, vor dessen Erarbeitung die Teilnehmer die Möglichkeit haben, Wünsche hinsichtlich der Neueinteilung ihrer Felder vorzubringen. Der Flurbereinigungsplan faßt die Ergebnisse des Verfahrens zusammen und legt u.a. fest, wie die Grundstückseigentümer für ihren alten Besitz mit den neu zugeschnittenen Flächen abgefunden werden. Der Plan muß von der oberen Flurbereinigungsbehörde genehmigt und mit den Beteiligten erörtert werden und wird nach Regelung möglicher Beschwerden rechtskräftig.

6. Im Anschluß daran erfolgt die praktische Umsetzung des Plans mit der Einweisung der Beteiligten in ihren neuen Besitz und der Durchführung der beschlossenen Maßnahmen[19]. Eine Ausführungsanordnung bestimmt den Zeitpunkt, ab dem der neue Rechtszustand gelten soll.

7. Durch die Eintragung im Grundbuch und Änderung des Katasters wird der neue Besitzzustand festgehalten.

Vordergrund stehen. Dieser Grundsatz wurde durch das Bundesverwaltungsgericht 1968 festgesetzt sowie durch spätere Gerichtsurteile bestätigt; s. SCHMIDT, 1983, S. 156.

[16] BATZ, 1988, S. 204.

[17] Vgl. Fußnote 8.

[18] Die Feststellung des Wege- und Gewässerplans erfolgt durch den im Anschluß daran aufgestellten Flurbereinigungsplan.

[19] In der Praxis erfolgt die Ausführung der Maßnahmen und die Besitzeinweisung jedoch in der Regel vor der Planvorlage.

8. Die Schlußfeststellung beendet das Flurbereinigungsverfahren als letzter Verwaltungsakt.

Eine wesentliche Neuerung des Flurbereinigungsgesetzes von 1953 war die Schaffung weiterer, besonders definierter und standardisierter Verfahrensabläufe, wenn die Flurbereinigung primär eine von der in § 1 genannten abweichende Zielsetzung verfolgte. Hierdurch war die Möglichkeit gegeben, den Verfahrensablauf zu beschleunigen, da die reguläre Abwicklung nach einem "normalen", nach § 1 eingeleiteten Verfahren einen erheblichen Zeit- und Verwaltungsaufwand bedeutete. Die unterschiedlichen Verfahrenstypen werden im folgenden zusammengefaßt dargestellt.

1.3 Die Flurbereinigungsverfahren

Das 1953 erlassene Flurbereinigungsgesetz unterscheidet grundsätzlich vier verschieden Verfahrenstypen[20]:
- a) das "normale" Flurbereinigungsverfahren (§§ 1-85 und 104-159)
- b) das vereinfachte Flurbereinigungsverfahren (§ 86)
- c) die Unternehmensflurbereinigung (Verfahren zur Bereitstellung von Land in großem Umfang für Unternehmen (§§ 87-90)
- d) das beschleunigte Zusammenlegungsverfahren (§§ 91-103)

Die quantitative Verteilung der verschiedenen Verfahren und deren sich verändernde Signifikanz steht in engem Zusammenhang mit der sich wandelnden Bedeutung der Flurbereinigung schlechthin, so daß eine Darstellung und Diskussion dieser Entwicklung in den entsprechenden Abschnitten erfolgt.

a. Die "normale" oder "Regelflurbereinigung" verkörpert das klassische Flurbereinigungsverfahren, wie es durch das Flurbereinigungsgesetz von 1953 mit den eingangs dargelegten Zielen geschaffen wurde.
Vor der Erarbeitung des Flurbereinigungsplanes steht bei diesem Verfahren verpflichtend (nach § 41 FlurbG) die Aufstellung eines Planes über die gemeinschaftlichen und öffentlichen Anlagen - der Wege- und Gewässerplan -, nach dessen Struktur sich die Neuparzellierung und folgende Grundstücksumlegung richtet. Dieser Plan muß so angelegt sein, daß die zwischen den Wegen und Gewässern liegenden Nutzflächen gleich gut erreichbar und bearbeitbar sind. Dem Wege- und Gewässerplan kommt große Bedeutung zu, da durch ihn möglicherweise gravierende Eingriffe in den ökologischen und hydrologischen Haushalt vollzogen werden. Da seine Ausgestaltung nicht nur den Parzellenzuschnitt, sondern auch die hydrologischen Verhältnisse (z.B. das Abflußverhalten von Wasser) in unter-

---

[20] Die Verfahren unter b und c werden auch als Sonderflurbereinigungen bezeichnet und entsprechend in den Veröffentlichungen und Statistiken des Bundesministers für Ernährung, Landwirtschaft und Forsten geführt; s. HEINRICHS, 1975, S. 50.

schiedlich reliefiertem Gebiet beeinflußt[21], kommt diesem Plan die eigentliche gestaltende Kraft im Flurbereinigungsverfahren zu, was seine besondere Bedeutung ausmacht.
Im Rahmen dieser Studie kann auf Gestaltung und Entwicklung des Wege- und Gewässerplans und seine Auswirkungen auf das kulturlandschaftliche Bild nur im Rahmen der gewählten Beispiele eingegangen werden. Somit ist eine Verallgemeinerung nicht ableitbar.

b. <u>Vereinfachtes Flurbereinigungsverfahren</u>. Dieses erste Verfahren aus der Gruppe der Sonderflurbereinigungen wurde zum Zweck der Beseitigung landeskultureller Nachteile eingeführt, die etwa durch infrastrukturelle Erschließungsmaßnahmen (z.B. Straßen-, Eisenbahnbau) oder andere Anlagen entstanden (§ 86.1). Weiterhin dient es zur Durchführung kleinflächiger Verfahren, die keine aufwendigen Wege- und Gewässerbaumaßnahmen erfordern (§ 86.3). Der Verwaltungsaufwand ist geringer, da das Gesetz eine Reihe von Vereinfachungen vorsieht: es wird von einer unteren Flurbereinigungsbehörde angeordnet und es braucht kein Wege- und Gewässerplan aufgestellt zu werden.

c. <u>Unternehmensflurbereinigung</u>. Bei der zweiten Verfahrensart der Sonderflurbereinigung brauchen, wie auch beim vorhergegangenen vereinfachten Verfahren, nicht die Erfordernisse des § 1 vorzuliegen. HEINRICHS betont in diesem Zusammenhang, daß im Gegensatz zu der "normalen Flurbereinigung" nach § 1 die Ursache für die Notwendigkeit der Unternehmensflurbereinigung nicht in einer Besitzerpslitterung oder "Unordnung der Flur" liegt, sondern künstliche Eingriffe in den Landschaftshaushalt die Voraussetzung bilden[22]: Wenn durch Unternehmungen (Großbauvorhaben wie z.B. Eisenbahn, Autobahn, Flughäfen, Kanäle, Militäranlagen u.a.) in großem Umfang Flächen benötigt werden, so können diese im Rahmen der Unternehmensflurbereinigung bereitgestellt werden. Dieses Verfahren dient der Vermeidung eines einschneidenden, formellen Enteignungsverfahrens, welches sonst zur Durchführung des Bauvorhabens erforderlich wäre[23].

---

[21] BARNER betont an einem Beispiel, daß gerade in bergigem Gelände die Parzellenform der Morphologie aus pflug- und arbeitstechnischen Gründen angepaßt sein muß. Die Entwässerung darf nicht auf dem direkten, schnellsten Weg erfolgen, sondern es muß durch Abflußverzögerungen (etwa mäandrierende Linienführung) ein Versickern des Wassers im Boden und auch eine Minderung der Erosion ermöglicht werden; s. BARNER, 1975, S. 169.

[22] HEINRICHS, 1975, S. 52.

[23] Mit der Enteignungsproblematik im Zusammenhang mit der Unternehmensflurbereinigung haben sich verschiedene Autoren eingehender beschäftigt: LÄPPLE sieht den Charakter der Unternehmensflurbereinigung als Enteignungsverfahren durch Bundesverfassungsgerichtsurteil bestätigt und unterstreicht die Bedeutung der Fremdnützigkeit (zugunsten des Unternehmens), wobei jedoch eine Verknüpfung mit dem privaten Interesse angestrebt ist; s. LÄPPLE, 1990, S. 340 u. 1981, S. 324.
DIECKMANN qualifiziert die Unternehmensflurbereinigung nach geltender Rechtssprechung ebenfalls als Enteignung, wobei unter Berücksichtigung entsprechender juristischer Entscheidungen darauf hinweist, daß eine solche Enteignung grundsätzlich auch zu privatnützigem Zweck zugunsten einer privatrechtlichen Organisation zulässig ist mit der Einschränkung,

Der Sinn des Verfahrens besteht darin, den entstehenden Landverlust auf einen möglichst großen Teilnehmerkreis zu verteilen. Die Verfahrensfläche soll dabei so weit ausgedehnt werden, daß sowohl die Flächenbereitstellung als auch die landeskulturellen Nachteile weitgehend ausgeglichen werden können[24].

d. Beschleunigtes Zusammenlegungsverfahren. Bei diesem Verfahren steht die möglichst rasche Abwicklung im Vordergrund, die notwendigerweise bedingt, daß keine größeren wege- und wasserbautechnischen Maßnahmen durchgeführt werden. Als Einleitungsvoraussetzungen müssen ferner gute Flächentauschmöglichkeiten gegeben sein, so daß aufgrund der dann unnötigen Neuparzellierungen nur geringe Vermessungskosten anfallen. Die Zusammenlegung kann so in geeigneten Fällen durch einfachen Grundstückstausch erfolgen.

Die Frage nach der Wahl der jeweils angemessenen Verfahrensart ist besonders nach der im folgenden Kapitel dargestellten Novellierung der Flurbereinigungsgesetzgebung im Jahr 1976 weiter in den Vordergrund getreten, da im Zuge sich wandelnder umwelt- und gesellschaftspolitischer Wertvorstellungen besonders die "einfachen" (unter b, d und e beschriebenen Verfahren) an Bedeutung gewonnen haben.

---

daß die Voraussetzungen für diese Unternehmung im Gesetz genannt sind; s. DIECKMANN, 1989, S. 120. Auch STRÖSSNER hebt die Mittlerfunktion der Unternehmensflurbereinigung zwischen den divergierenden Ansprüchen an den ländlichen Raum hervor und sieht in ihr ein probates Mittel für eine sinnvolle Landnutzung und gegen den Landverbrauch, ohne allerdings Belege für diese Auffassung anzuführen, die diese nachvollziehbar machen; s. STRÖSSNER, 1984, S. 56. Zur Problematik der Enteignung vgl. auch LILLOTTE, 1969, S. 26-35; ALTENFELD, 1982, S. 9; BATZ, 1988, S. 203.

[24] ALTENFELD, 1982, S. 9.

2 Die Novellierung des Flurbereinigungsgesetzes von 1976
2.1 Aufgaben und Ziele unter veränderten Rahmenbedingungen

Das Ziel der Umlegungen und auch der Flurbereinigung nach deren gesetzlicher Verankerung von 1953 war im wesentlichen die Steigerung der landwirtschaftlichen Produktion vor dem Hintergrund der notwendigen Nahrungsmittelversorgung[1]. Die zu diesem Ziel durchgeführten Maßnahmen umfaßten Flächenzusammenlegung, Wirtschaftswegebau, Gewässerbau, Dränung, Moorkultivierung u.ä.. ZILLIEN spricht vom "Gebot der Rationalisierung und Intensivierung", das sich u.a. in dem raschen industriellen Entwicklungsprozeß der Landtechnik und der gleichzeitig stattfindenden Abnahme an Arbeitskräften in der Landwirtschaft, steigenden Flächenerträgen und einer Verschiebung des Acker-Grünlandverhältnisses zugunsten des Ackerbaus widerspiegelt[2]. Der Grund für den agrarstrukturellen Wandel ist besonders in der zu erhöhter Leistung zwingenden Wettbewerbsöffnung der Landwirtschaft im Wirtschaftsraum der EG zu suchen, wodurch eine Konkurrenzfähigkeit mit anderen Volkswirtschaften der Gemeinschaft erforderlich wird[3]. Das agrarpolitische Ziel der Zeit, wie es sich in der Durchführung der Flurbereinigung manifestierte, umschreibt ZILLIEN als eine auf maximale Hektarleistung ausgerichtete "Bereinigungsaktivität"[4], die zugleich Maßstab für die Beurteilung des Flurbereinigungserfolges wurde[5].
Etwa ab Mitte der 60er Jahre wurde in zunehmendem Maße die Diskussion über die Funktion der Flurbereinigung vor dem Hintergrund der sie umgebenden anderen Fachplanungen (z.B. Bauleitplanung, Dorferneuerung, Landschaftspflege und Naturschutz) geführt, die die gestiegenen vielfältigen Ansprüche an den ländlichen Raum verdeutlichen, (z.B. Wirtschaft, Verkehr, Siedlung, Freizeit und Erholung). Diese Entwicklung hatte sich schon im Raumordnungsbericht des Bundes von 1972 niedergeschlagen, wo es heißt[6]:

"Der Flurbereinigung, die ursprünglich in erster Linie der Verbesserung der Agrarstruktur durch Grundstückszusammenlegung, Wirtschaftswegebau und Gewässerbau diente, kommt inzwischen als Maßnahme zu integrierender Neuordnung des ländlichen Raumes eine besonde-

---

[1] Vgl. vorangegangenes Kapitel.

[2] ZILLIEN, 1986, S. 370; VÖLKSEN, 1982, S. 14.

[3] ZILLIEN belegt dies durch Gegenüberstellung der Zahl der in der Landwirtschaft in den 30er Jahren Beschäftigten mit derjenigen Mitte der 80er Jahre (Rückgang von 5,3 Millionen auf weniger als 1 Million). Demgegenüber steht der Arbeitskräfterückgang pro 100 ha von 36 auf 8 Tätige und deren Produktionswertsteigerung in derselben Zeit von 1 540 DM auf ca. 60 000 DM; s. ZILLIEN, 1986, S. 370. Zur Preiskostenentwicklung, Technologisierung und Rationalisierung der Landwirtschaft in der Nachkriegszeit vgl. DEIXLER, 1979, S. 22.

[4] In diesem Zusammenhang taucht auch der Begriff "Hektaritis" auf; s. NIGGEMANN, 1979, S. 1; ZILLIEN, 1986, S. 370.

[5] ZILLIEN, 1986, S. 370.

[6] RAUMORDNUNGSBERICHT des Bundes, 1977. Zitiert bei BATZ, 1977, S. 199.

re Bedeutung zu. Hierzu zählen Maßnahmen der Dorfentwicklung und -erneuerung, der Ansiedlung von Industrie sowie Planungen überörtlicher und überregionaler Verkehrsträger. Des weiteren fällt der Flurbereinigung mehr und mehr die Sicherung und Verbesserung der Erholungsfunktion des ländlichen Raumes zu."

Dadurch gewannen allmählich außeragrarische Aspekte mehr Gewicht, die die Flurbereinigung als eine Maßnahme für die Gesamtentwicklung des Raumes erscheinen ließen und ihre Funktion von der einer rein agraren Maßnahme hin zum Instrument einer überregionalen Planung verschoben. Durch die erweiterten an die Flurbereinigung gestellten Anforderungen und insbesondere durch die vermehrte Kritik von Seiten der Landschaftsplanung und des Naturschutzes, die das allgemein gestiegene Umweltbewußtsein widerspiegelte[7], zeichnete sich in den 70er Jahren eine Trendwende in der Flurbereinigung ab, der die Novellierung des Flurbereinigungsgesetzes in der Fassung vom 16.03.1976 (In Kraft getreten am 01.04.76) Rechnung trug[8].
Die darin angestrebten Änderungen kommen in folgender Neuformulierung des § 1 FlurbG vom 16. März 1976 zum Ausdruck, die hauptsächlich drei wichtige Zielsetzungen enthält[9]:

"Zur Verbesserung der Produktions- und Arbeitsbedingungen in der Land- und Forstwirtschaft sowie zur Förderung der allgemeinen Landeskultur und der Landentwicklung kann ländlicher Grundbesitz durch Maßnahmen nach diesem Gesetz neugeordnet werden (Flurbereinigung)".

Die Forderung nach landwirtschaftlicher Produktionssteigerung ist derjenigen einer <u>Produktivitätssteigerung der Land- und Forstwirtschaft</u> gewichen, was auf die veränderte ernährungswirtschaftliche Lage zurückging (teilweise Überproduktion bestimmter Produkte). Die Verbesserung der Produktions- und Arbeitsbedingungen in der Land- und Forstwirtschaft war nach wie vor die übergeordnete Zielsetzung, die wie zuvor mit den bereits angeführten Maßnahmen erreicht werden sollte. Im Unterschied zur Prämisse des alten Flurbereinigungsgesetzes stand aber die Verbesserung der Arbeitsproduktivität und nicht die der Flächenproduktivität im Vordergrund. Zu diesem Aspekt trat jedoch die Forderung nach einer Förderung der <u>Landeskultur</u> und <u>Landentwicklung</u>, wodurch das Gesetz eine strukturpolitische Zielsetzung erhielt[10], die in unmittelbarem Zusammenhang mit dem o.g. Funktionswandel des ländlichen Raumes stand. Die außeragrarische Funktion des ländlichen Raumes trat allmählich stärker in das Bewußtsein der Gesellschaft.

---

[7] Die Diskussion um die besondere Rolle der Flurbereinigung im Spannungsfeld zwischen Ökonomie und Ökologie wird aufgrund ihrer großen Bedeutung als eine raumgestaltende, an gesellschaftliche Entwicklungsprozesse gekoppelte Maßnahme gesondert dargelegt. (Kap. D 3).

[8] BRINKSCHULTE sieht zwei andere Gründe für die Novelle im Vordergrund: als <u>formelles</u> Ziel sollte das Flurbereinigungsrecht der Entwicklung des allgemeinen und besonderen Verwaltungsrechts angepaßt werden, das <u>materielle</u> Ziel sieht er in der angestrebten Anpassung des Flurbereinigungsrechts an den Struktur- und Funktionswandel des ländlichen Raumes; BRINKSCHULTE, 1981, S. 9 u. 10.

[9] BGBl I S. 546.

[10] QUADFLIEG/LÖRKEN, 1975, S. 50.

In einer bei LEIKAM zitierten amtlichen Begründung des neuen Gesetzes heißt es, daß

"der Strukturwandel in der Land- und Forstwirtschaft zu einem Wandel im ländlichen Raum geführt hat und sich die Bevölkerungsstruktur der ländlichen Gemeinden mehr und mehr derjenigen der Städte genähert hat. Die Neuorientierung der Agrarpolitik als eine komplexe Politik für den Menschen im ländlichen Raum habe sich auch auf die Flurbereinigung als ein zentrales Instrument der ländlichen Strukturpolitik ausgewirkt[11]."

Der Anspruch der Förderung der allgemeinen Landeskultur war auch schon an entsprechender Stelle des Gesetzes von 1953 enthalten[12], BATZ weist jedoch unter Berücksichtigung der entsprechenden Literatur darauf hin, daß sich die Bedeutung des Begriffes "Landeskultur" dadurch verändert hatte, daß die allein auf die ertragsbezogene Fruchtbarkeit abzielende Definition um die ökologische Funktion der Landwirtschaft ergänzt worden war[13]. Der nun allmählich in den Vordergrund rückende Begriff der Landeskultur und der ebenfalls in § 1 des novellierten Flurbereinigungsgesetzes erscheinende Terminus der Landentwicklung macht eine Differenzierung der mit dem Wortbestandteil "Landes-" beginnenden Begriffe erforderlich. Grundlage sind die vom Forschungsausschuß "Raum und Landespflege" der Akademie für Raumforschung und Landesplanung erarbeiteten Begriffserläuterungen[14]: Der Oberbegriff "Landespflege" berücksichtigt die in den 70er Jahren neuhinzugekommene ökologische Determinante und hat weitgefaßt "den Schutz, die Pflege und Entwicklung aller natürlichen Lebensgrundlagen" zur Aufgabe. Er umfaßt:

- Landschaftspflege, die sich auf die freie Landschaft bezieht ("Schutz, Pflege und Entwicklung von Landschaften optimaler und nachhaltiger Leistungsfähigkeit für den Menschen")
- Naturschutz ("Schutz von schutzwürdigen Landschaften und Landschaftsbestandteilen einschließlich seltener und gefährdeter Tier- und Pflanzenarten")
- Grünordnung ("Sicherung und Ordnung aller Grünflächen und Grünelemente", umfaßt Grünplanung auf der Grundlage der Grünanalyse und -diagnose, den Grünflächenbau und die Grünflächenpflege).

Gänzlich neu im Gesetzestext war der Begriff der Landentwicklung, mit dem sich QUADFLIEG/LÖRKEN intensiv auseinandersetzen. Sie sehen hierin den "raumordnerischen Beitrag der Flurbereinigung zur Förderung und dauerhaften Verbesserung der Lebensverhältnisse im ländlichen Raum"[15]. Sie weisen in diesem Zusammenhang darauf hin, daß dabei nicht der Flurbereinigung die eigenständige Planung und Durchführung dieser Aufgabe zufällt, son-

---

[11] Zitiert bei LEIKAM, 1977, S. 201.

[12] Vgl. Kap. D I 1.

[13] BATZ, 1977, S. 194.

[14] BUCHWALD, 1970, Sp. 1670-1706.

[15] QUADFLIEG/LÖRKEN, 1975, S. 51.

dern ihr lediglich die Förderung der Landentwicklung obliegt[16]. Hierunter kann etwa die planerische, koordinierende und bodenordnerische Tätigkeit, z. B. in den Bereichen Dorferneuerung, Verkehrsplanung, Naturschutz- und Landschaftspflege verstanden werden[17]. Aufgrund dieser indirekten Zuständigkeit der Flurbereinigung fehlen hier im Gegensatz zu der ersten Zielsetzung (Produktivitätssteigerung) auch konkrete Maßnahmen. WILSTACKE sieht daher für Maßnahmen der Landentwicklung im jeweiligen Einzelfall einen größeren Ermessensspielraum gegeben[18].
Die deutliche Weiterentwicklung der Flurbereinigung in Richtung der o.g. Bereiche hat sich fließend vollzogen, die an sie in zunehmendem Maße gestellten Anforderungen im außeragrarischen Bereich spiegeln sich in vielen Veröffentlichungen ab Beginn der 70er Jahre wider. Besonders die von HOTTES in Zusammenarbeit mit weiteren Autoren erstellten Untersuchungen zeigen diesen Trend deutlich[19].

Zusammenfassend läßt sich bis hierhin festhalten, daß sich die Flurbereinigung hinsichtlich ihrer Ziele und Aufgaben durch die veränderten gesellschaftspolitischen Rahmenbedingungen von der ursprünglich rein agrarischen Orientierung hin zu einer "Allround-Maßnahme" entwickelte, durch die die Lebensverhältnisse im ländlichen Raum verbessert werden sollten, wobei insbesondere "die Erfordernisse des Naturschutzes und der Landschaftspflege unter Berücksichtigung der Erholungsfunktion und der ökologischen Ausgleichsfunktion des ländlichen Raumes" an Bedeutung gewannen[20].
Diesen durch die Novellierung deutlich erweiterten Zielsetzungen wurde bei der rechtlichen Ausgestaltung durch eine Reihe neuer Verfahrensbestimmungen Rechnung getragen, die im folgenden kurz dargestellt werden.

---

[16]QUADFLIEG/LÖRKEN, 1975, S. 51; WILSTACKE, 1978, S. 29; WEISS, 1980, S. 321.

[17]BRINKSCHULTE fächert den Begriff "Landentwicklung" in Einzelbereiche auf und erläutert deren Bezug zur Flurbereinigung; BRINKSCHULTE, 1981, S. 11.

[18]WILSTACKE, 1978, S. 32.

[19]HOTTES/BECKER/NIGGEMANN, 1975; HOTTES/BLENCK/MEYER, 1973; HOTTES/NIGGEMANN, 1971; HOTTES/TEUBERT/v.KÜRTEN, 1974; FÖRSTER, 1970.

[20]BUNDESTAGSDRUCKSACHE, 7/3020, 1974.

2.2 Organisation

Die Novellierung des Flurbereinigungsgesetzes enthält außer der neuen Zielformulierung auch einige rechtliche und verfahrenstechnische Änderungen, die mit dieser Akzentverschiebung zugunsten der Ökologie und Landschaftspflege in direktem Zusammenhang stehen. Schon die erwähnte Neuformulierung von § 1 deutet an, daß die Belange der Landeskultur zum selbständigen Ziel innerhalb der Flurbereinigung wurden[21], aufgrund dessen eine Flächenneuordnung von Grundbesitz durchgeführt werden kann[22]. Diesem Zweck ist besonders das beschleunigte Zusammenlegungsverfahren[23] nach §§ 91-103 FlurbG zuzuordnen. Es kann auch auf Antrag der für Naturschutz und Landschaftspflege zuständigen Behörden eingeleitet werden, um ausschließlich entsprechende Maßnahmen durchführen zu können.

Auch das vereinfachte Flurbereinigungsverfahren (nach § 86 FlurbG) wurde in seiner Zielsetzung dahingehend erweitert, daß es außer zur Beseitigung von Mängeln, die durch größere infrastrukturelle oder andere Erschließungsmaßnahmen entstanden sind, nun auch eingeleitet werden kann, um u.a. die Durchführung notwendiger Maßnahmen des Naturschutzes und der Landschaftspflege oder der Gestaltung des Orts- und Landschaftsbildes zu ermöglichen.

Als dritter Verfahrenstyp, durch den ebenfalls in besonderem Maße ökologische Belange berücksichtigt werden können, wurde der freiwillige Landtausch (§ 103a-103k FlurbG) im Gesetz verankert. Dieses Verfahren wurde zwar auch schon vor der Novellierung praktiziert, allerdings nicht in der Regelungszuständigkeit der Flurbereinigungsbehörden, sondern auf privatrechtlichem Weg mit Förderungsmöglichkeiten durch die Flurbereinigungsbehörden als Maßnahme zur Verbesserung der Agrarstruktur. Von allen anderen zuvor beschriebenen Verfahren unterscheidet es sich durch das Prinzip der absoluten Freiwilligkeit. Die Einleitung erfolgt nur auf Antrag der Tauschpartner, es erfolgt keine Gründung einer Teilnehmergemeinschaft, auch die Aufstellung eines Wege- und Gewässerplans mit landschaftspflegerischem Begleitplan entfällt. Darüber hinaus sind geordnete wasserwirtschaftliche Verhältnisse (also kein notwendiger Wege- und Gewässerbau) und das "Vorliegen in etwa ausgeglichener Gegebenheiten hinsichtlich Topographie, Bodenart, Bodengüte und Flurstückgröße" Voraussetzung[24].

In Hinblick auf die mit der Novelle in Verbindung stehenden Änderungen der Verfahrenspalette läßt sich zusammenfassend festhalten, daß nunmehr

---

[21] QUADFLIEG, 1979, S. 16.

[22] Die Möglichkeit der Einleitung eines beschleunigten Zusammenlegungsverfahrens zur Behebung geringer agrarstruktureller Mängel ohne besondere Wege- und Wasserbaumaßnahmen mit dem Ziel einer raschen Durchführung bleibt jedoch bestehen.

[23] Vgl. Kap. D I 1.3.

[24] MÜLLN, 1977, S. 69.

die vereinfachte Flurbereinigung, die beschleunigte Zusammenlegung und der freiwillige Landtausch ausschließlich zum Ziel des Naturschutzes und der Landschaftspflege durchgeführt werden können.

Die weiteren natur- und landschaftsschutzbezogenen Neuerungen der Novellierung betreffen insbesondere die Organisation und den Ablauf des Verfahrens:

1. Vor Beginn der Planung sind die allgemeinen Grundsätze für die Neugestaltung des Flurbereinigungsgebietes aufzustellen, was durch Rücksprache mit allen Planungsbeteiligten geschieht (z.B. Vorplanungen aus den Bereichen Landwirtschaft, Naturschutz, Landschaftspflege, Städtebau). Hierdurch soll deutlich werden, welche Bereiche durch ein Flurbereinigungsverfahren berührt werden und der Koordination bedürfen. STRÖSSNER führt in diesem Zusammenhang als wichtigste Neuordnungsmaßnahmen solche an, die mit anderen Planungsträgern abzustimmen sind[25]:
- Fragen des Wasserhaushalts
- überörtliche Verkehrserschließung
- Maßnahmen der Dorferneuerung
- Fragen der Bauleitplanung und städtebaulicher Sanierungsmaßnahmen
- landschaftspflegerische und landschaftsgestalterische Vorhaben
- grundsätzliche betriebswirtschaftliche Fragen der Land- und Forstwirtschaft.

2. Der auch im alten Flurbereinigungsgesetz geregelte sog. Wege- und Gewässerplan (Plan über gemeinschaftliche und öffentliche Anlagen nach § 41 FlurbG) wird in der Novellierung erweitert zu: "Wege- und Gewässerplan mit landschaftspflegerischem Begleitplan"[26]. Diese Ergänzung steht in engem Zusammenhang mit dem in § 37, Abs.1 FlurbG konkretisierten Gestaltungsgrundsatz[27], der bei der Neuordnung des ländlichen Raumes die Beachtung der jeweiligen Landschaftsstruktur vorschreibt. Die Aufstellung

---

[25] STRÖSSNER, 1980, S. 180.

[26] § 41, Abs. 1 FlurbG v. 16.03.1976.

[27] Dieser Gestaltungsgrundsatz, der häufig der Durchführung der verschiedensten Flurbereinigungsmaßnahmen zugrundegelegt wird, ist in § 37, Abs. 1, Satz 2 ff. FlurbG festgeschrieben:
"Die Feldmark ist neu einzuteilen und zersplitterter oder unwirtschaftlich geformter Grundbesitz nach neuzeitlichen betriebswirtschaftlichen Gesichtspunkten zusammenzulegen und nach Lage, Form und Größe zweckmäßig zu gestalten; Wege, Straßen, Gewässer und andere gemeinschaftliche Anlagen sind zu schaffen, bodenschützende sowie -verbessernde und landschaftsgestaltende Maßnahmen vorzunehmen und alle sonstigen Maßnahmen zu treffen, durch welche die Grundlagen der Wirtschaftsbetriebe verbessert, der Arbeitsaufwand vermindert und die Bewirtschaftung erleichtert werden. Maßnahmen der Dorferneuerung können durchgeführt werden; durch Bebauungspläne und ähnliche Planungen wird die Zuziehung der Ortslage zur Flurbereinigung nicht ausgeschlossen. Die rechtlichen Verhältnisse sind zu ordnen".

des Plans über gemeinschaftliche und öffentliche Anlagen in der Flurbereinigung wird durch die entsprechenden Richtlinien konkretisiert[28]. Der Planung kommt hier der schwierige Auftrag zu, einen vermittelnden Weg zwischen den landwirtschaftlich-ökonomischen Zwängen und ökologischen Erfordernissen zu finden[29]. Für die Aufstellung des Wege- und Gewässerplans mit landschaftspflegerischem Begleitplan ist die Flurbereinigungsbehörde allein zuständig, es ist jedoch die Beteiligung der nach § 29 des Bundesnaturschutzgesetzes anerkannten Naturschutzverbände und dazugehörigen Organisationen vorgeschrieben, wobei wesentliche Veränderungen von Naturdenkmälern, Naturschutzgebieten oder geschützten Landschaftsteilen der Zustimmung der für den Naturschutz und die Landschaftspflege zuständigen Institutionen bedürfen[30]. Die Zusammenarbeit der Flurbereinigungsbehörden mit dem Naturschutz, in erster Linie vertreten durch die untere Naturschutzbehörde, ist durch einen Erlaß geregelt, in dem u.a. verfügt wird, daß die Flurbereinigungsbehörde bei der Planung und Durchführung von Flächenneuordnungen alle zur Verfügung stehenden Möglichkeiten für die Umsetzung der naturschützerischen und landschaftspflegerischen Ziele nutzen muß[31].

Mit dem Wege- und Gewässerplan im allgemeinen und den daraus ableitbaren Gestaltungsgrundsätzen im besonderen haben sich verschiedene mit Planungsaufgaben der Landwirtschaft, Ökologie und der Flurbereinigung Beschäftigte auseinandergesetzt, was an dieser Stelle nicht vertieft werden soll[32]. Die gestaltungsrelevanten und damit unmittelbar die Kulturlandschaft beeinflussenden Maßnahmen werden im anwendungsbezogenen Untersuchungsteil anhand der regionalen Beispiele näher beleuchtet.

Der Wege- und Gewässerplan mit landschaftspflegerischem Begleitplan bleibt ein umfassender Bestandteil des Verfahrensablaufs, in den alle entsprechenden Planungen und Maßnahmen, auch im Dorfbereich, aufgenommen werden, die später planfestgestellt und ausgeführt werden[33]. MRASS unterstreicht die Bedeutung dieses Planungsinstruments und weist zusätzlich darauf hin, daß der Plan allein nur ein Ausführungsinstrument ist, dessen

---

[28]RICHTLINIEN für die Aufstellung, Feststellung und Ausführung des Planes über die gemeinschaftlichen und öffentlichen Anlagen in der Flurbereinigung nach § 41 des Flurbereinigungsgesetzes (RdErl.d.ML v. 12.12.1979). Diese Richtlinien befinden sich in Überarbeitung; in der Neufassung soll die Mitwirkungsmöglichkeit der Naturschutzverbände ausgeweitet werden, indem ihnen das Verbandsklagerecht eingeräumt werden soll.

[29]STRÖSSNER, 1980, S. 181.

[30]BNatSchG i.d.F.v. 12.3.1987.

[31]NATURSCHUTZ u. LANDSCHAFTSPFLEGE in der Flurbereinigung, (RdErl.d.ML v. 14.03.1986, Abs. 3).

[32]DAUBERT, 1988; FLURBEREINIGUNG- Naturschutz und Landschaftspflege, 1980; GRABSKI, 1987; HAHN-HERSE/KIEMSTEDT, 1978, HOISL, 1983; KLEMPERT, 1979; MRASS, 1979; OBERHOLZER, 1984; QUADFLIEG, 1981; STRÖSSNER, 1979; WEISS, 1980.

[33]STRÖSSNER, 1980, S. 182.

Erfolg langfristig nur dann gewährleistet sein kann, wenn übergeordnete Instanzen (er spricht von "Programmebenen") die Bedeutung der landschaftspflegerischen Begleitplanung angemessen berücksichtigen[34]. MRASS sieht die Institutionalisierung dieses Planungsteils als Indikator für den Bedeutungszuwachs der naturschützerischen und landschaftspflegerischen Belange in der Agrarstrukturpolitik an[35].

3. Des weiteren wird der verstärkte Naturschutz- und Landschaftspflegebezug neben anderen Ergänzungsbestimmungen besonders in folgenden Punkten deutlich:

- eingeschränktes Eigentum (bis zur Unanfechtbarkeit des Plans) an Obstbäumen, vielen Straucharten, Bäumen, Hecken etc., die nur mit Zustimmung der Flurbereinigungsbehörde beseitigt oder verändert werden dürfen sowie zeitweilige Nutzungsbeschränkungen (§§ 34-36, 85 FlurbG)[36],

- in geringem Umfang Möglichkeit der Bereitstellung von Flächen für Anlagen des Naturschutzes und der Landschaftspflege (§ 40, Satz 1 FlurbG)[37].

Ein weiterer Meilenstein des Natur- und Landschaftsschutzes in der Flurbereinigung wurde durch den erwähnten Runderlaß des Ministeriums für Landwirtschaft vom 14.03.1986 "Naturschutz und Landschaftspflege in der Flurbereinigung" gesetzt. Durch ihn werden:

"die gesetzlichen Grundlagen von Naturschutz und Landschaftspflege in Verfahren nach dem Flurbereinigungsgesetz konkretisiert und Verfahrensregelungen zur Zusammenarbeit zwischen den Flurbereinigungs- und Naturschutzbehörden sowie mit den nach § 29 BNatSchG in Niedersachsen anerkannten Verbänden getroffen und dem Verfahrensablauf der Flurneuordnung angepaßt"[38].

Auf diesen Erlaß hin erfolgte die Erarbeitung von Leitlinien als Arbeitshilfen, die die praktische Umsetzung des Erlasses regeln und dabei besonders die Eingriffsregelungen nach § 7 ff des niedersächsischen Naturschutzgesetzes (Eingriffe in Natur und Landschaft)[39] berücksichtigen

---

[34] MRASS, 1979, S. 63.

[35] MRASS, 1979, S. 64.

[36] Diese Regelung bestand zwar schon nach dem Flurbereinigungsgesetz von 1953, hatte dort aber mehr die Funktion, die Abwicklung des Verfahrens für die Bearbeiter zu erleichtern. Nach der Novellierung hat sich dann der Anwendungsbereich der Norm auf die tatsächliche Schutzwürdigkeit von Flächen verschoben.

[37] TAXIS betrachtet diesen Passus kritisch und sieht angesichts des Verhältnisses zwischen einem Flächenanteil für den Landabzug, der für ein naturnahes Ökosystem als angemessenen gelten kann (10-12%), und dem bei Untersuchungen festgestellten Anteil von 1-3% eine beträchtliche Diskrepanz zwischen Theorie und Praxis. Er sieht in diesen Bestimmungen zwar eine gute rechtliche Grundlage für derartig zweckbestimmte Landbereitstellungen, zeigt aber auch die Grenzen des Instruments Flurbereinigung für derartige Planungen auf; s. TAXIS, 1982, S. 229.

[38] LEITLINIE Naturschutz und Landschaftspflege in Verfahren nach dem Flurbereinigungsgesetz, 1991, Vorwort.

[39] NNatG i.d.F. v. 02.07.1990, dritter Abschnitt, § 7.

sollten[40]. Die Leitlinien bilden eine Arbeitsgrundlage für die Agrarstrukturverwaltungen in Zusammenarbeit mit Naturschutzbehörden und -verbänden zur Landschaftsbestandsaufnahme und -bewertung, zur Ermittlung, Vermeidung und zum Ausgleich von Beeinträchtigungen durch flurbereinigungsspezifische Eingriffe[41].
Die im Niedersächsischen Naturschutzgesetz festgeschriebene Eingriffsregelung gilt für alle Verfahren nach dem Flurbereinigungsgesetz. Die Beurteilung eines Eingriffs muß jeweils im Einzelfall erfolgen, da es hier aus verständlichen Gründen keine festen Meßgrößen gibt zur Beurteilung einer Landschaftsveränderung[42]. Die o.g. Leitlinien gewähren hier Hilfen für die Anwendung der Eingriffsregelung, indem für die Vorarbeiten zur Aufstellung des Wege- und Gewässerplanes ein Kriterienkatalog zur Landschaftsbestandsaufnahme und -bewertung des Naturhaushalts (getrennt nach Pflanzen und Tierwelt, Boden/Wasser/Luft und Landschaftsbild) erarbeitet wird. Mit Hilfe von Bewertungsbögen und festgelegten Planzeichen für die Erfassung und Darstellung der jeweiligen Elemente in der topographischen Grundkarte wird die Inventarisierung systematisiert.
Anschließend muß ermittelt werden, welche Beeinträchtigungen der Leistungsfähigkeit des Naturhaushalts durch die im Zuge der Flurneuordnung durchgeführten Maßnahmen stattfinden. In den Leitlinien findet sich eine Auflistung möglicher Beeinträchtigungen durch den Wege- und Gewässerbau und sonstige Flurbereinigungsmaßnahmen, ferner Kriterien für die Beurteilung des Grades der Beinträchtigung und Hinweise zur möglichen Vermeidung dieser Beeinträchtigungen.
Das primäre Ziel der Eingriffsregelungen nach dem NNatG ist die <u>Vermeidung</u> unnötiger Eingriffsvorhaben[43].
Für jede Maßnahme, die einen Eingriff nach § 7 darstellt, soll vom Träger des Vorhabens ein <u>Ausgleich</u> vorgenommen werden, es gilt somit das Verursacherprinzip. Ist ein Ausgleich nicht möglich, bzw. werden nach dem Eingriff nicht ausgleichbare Beeinträchtigungen des Naturhaushalts oder des Landschaftsbildes zurückbleiben und ist die Durchführung der Maß-

---

[40] LEITLINIE Naturschutz und Landschaftspflege in Verfahren nach dem Flurbereinigungsgesetz, 1991.

[41] Im ersten Teil wird die Zusammenarbeit zwischen Flurbereinigungs- und Naturschutzbehörden sowie den anerkannten Verbänden in den einzelnen Verfahrensabschnitten aufgeschlüsselt und der Verfahrensablauf und die jeweiligen Zuständigkeiten niedergelegt. Weiterhin werden Grundsätze für die Landschaftsbestandsaufnahme und -bewertung und für die Neugestaltung des Flurbereinigungsgebietes aufgestellt. Es folgen im zweiten Hauptteil Anwendungshilfen für die Landschaftsbestandsaufnahme und -bewertung, die den Naturhaushalt mit den verschiedenen Kriterien (Biotope, Landschaftselemente, Boden, Wasser, Luft) und das Landschaftsbild berücksichtigen.

[42] Die Eingriffsregelung ist kein eigenständiges öffentlich-rechtliches Verfahren, sondern ist jeweils in die verschiedenen flächenbeanspruchenden Maßnahmen integriert; die für die Durchführung dieser Verfahren zuständigen Behörden tragen die Verantwortung für die Einhaltung der Vorschriften der Eingriffsregelung, wobei sie von den Naturschutzbehörden unterstützt werden.

[43] "Eingriffe dürfen die Leistungsfähigkeit des Naturhaushalts und das Landschaftsbild nicht mehr als unbedingt notwendig beeinträchtigen." (NNatG i.d.F.v. 02.07.1990, dritter Abschnitt, § 8).

nahmen trotzdem unabdingbar, so müssen Ersatzmaßnahmen stattfinden, durch die die vermutlich verlorengehenden Werte in möglichst ähnlicher Weise wiederhergestellt werden[44]. Diese Abstufung stellt ein hierarchisches Prinzip dar, wobei grundsätzlich die Vermeidung von Beeinträchtigungen Vorrang hat. Die Anwendung der Eingriffsregelung mit der Erfassung der voraussichtlichen Beeinträchtigung von Natur und Landschaft durch die Flurbereinigung und die Festlegung der Ausgleichs- und Ersatzmaßnahmen schlägt sich im Wege- und Gewässerplan (Plan nach § 41 FlurbG) nieder und wird dort ebenfalls mit planfestgestellt.

3 Die Flurbereinigung in der Diskussion

3.1 Die Flurbereinigung im Spannungsfeld zwischen Ökonomie und Ökologie

Die Flurbereinigung war im Zuge der vorstehend beschriebenen Entwicklung zunehmend in ein regelrechtes Kreuzfeuer der Kritik geraten. Die Diskussion wurde entsprechend kontrovers geführt und war häufig durch Emotionen und auch Polemik gekennzeichnet.
Die Kritik richtete sich nicht primär gegen die Flurbereinigung als Institution[45], sondern vielmehr gegen die Tatsache, daß sie die Entwicklung der modernen Landwirtschaft und ihrer Produktionsmethoden zwar begünstigte[46], aber den seit den 70er Jahren erfolgten Wandel in der Agrarstruktur nicht genügend berücksichtigte[47]. Der Agrarstrukturwandel, gekennzeichnet durch Abnahme der Zahl der in der Landwirtschaft Beschäftigten bei gleichzeitiger Produktionssteigerung und beginnender Flächenstillegung, ging mit einem tiefgreifenden Flächennutzungswandel in der

---

[44]Eine Befreiung von diesen Ersatzmaßnahmen durch finanzielle Abfindung ist grundsätzlich nicht vorgesehen. Die Entscheidung, ob ein Eingriff vorliegt und welche Ausgleichs- oder Ersatzmaßnahmen zu treffen sind, liegt bei der oberen Flurbereinigungsbehörde.

[45]HOLZMANN unterstreicht dies, wenn er einen Hauptgrund für die Kontroverse nicht in der Sache (Flurbereinigung) selbst, sondern in der Methode der Durchführung sieht. Nach HOLZMANN war eine Ursache des Konflikts zu der Zeit häufig die nicht vorliegende Fachplanung oder eine unklare Zielvorstellung der nicht-agrarischen Gremien (hier Landschaftsbehörden), die dann zur Einleitung des Verfahrens unter der Zielsetzung des § 1 FlurbG (Produktivitätssteigerung in der Landwirtschaft) führte; s. HOLZMANN, 1977, S. 41-46. Die rechtzeitige, umfassende Planung und klare Zielabstimmung (wie sie heute praktiziert wird) könnte zu einer Milderung der Kontroverse beisteuern.

[46]Die Flurbereinigung wurde als ein nach außen deutlich kenntliches Instrument der Agrarstrukurpolitik begriffen; s. FINKE, 1979, S. 45.

[47]Bei MAGEL findet sich eine Zusammenfassung einiger Gründe, auf die die frühe Kritik zurückgeht; s. MAGEL, 1980, S. 304.

Bundesrepublik einher, wobei sich eine Verschiebung in der Flächennutzung zugunsten einer Ausdehnung der Wohn-, Industrie-, Dienstleistungs- und Verkehrsflächen vollzog[48]. Eine Aufrechterhaltung und Steigerung der landwirtschaftlichen Produktion, wie in § 1 FlurbG gefordert, konnte angesichts dieses Flächennutzungswandels nur durch Nutzungsintensivierung erreicht werden[49]. Dieser Aspekt bildete zugleich den Ansatz- und Kernpunkt der Kritik, natürliche Lebensräume würden durch folgende Maßnahmen vernichtet:

- Beseitigung von Feldrainen, Hecken, Gebüschen, Einzelbäumen, Tümpeln u. Gewässeraltarmen (sog. "unproduktive" Landschaftsteile)
- landwirtschaftlich-wasserbautechnische Maßnahmen
- Trockenlegung von Feuchtgebieten, Bachregulierungen

Als Folge daraus erwächst nach Meinung der Kritiker:

- Beseitigung der ehemals kleinräumigen Gliederung der Landschaft zugunsten einer zunehmend großflächigen, geradlinigen und maschinengerechten Flureinteilung,
- Entstehung scharfer Trennungslinien anstelle fließender, unregelmäßiger Übergänge,
- "Ausräumung" der Agrarlandschaft, die den Artenrückgang in der Tier- und Pflanzenwelt begünstigt,
- Verschiebung des Acker-Grünlandverhältnisses zugunsten des Ackers.

Es ist jedoch in diesem Zusammenhang auf das stets gegenwärtige Problem einer eindeutigen Zuordnung dieses Kulturlandschaftswandels zur Flurbereinigung hinzuweisen, da die erhobenen Vorwürfe oft pauschal der Intensivierung der Landwirtschaft angelastet werden und somit eine eindeutige Zuordnung zum einen oder anderen Verursacher schwerfällt[50].

Aus dem Spannungsfeld zwischen agrarpolitischer Zielsetzung (Ökonomie) und dem gestiegenen Umweltbewußtsein (Ökologie) resultierte der Konflikt zwischen Flurbereinigung und Naturschutz, der die Diskussion in der Öffentlichkeit ab Mitte der 70er Jahre belebte[51]. Dies spiegelte sich in

---

[48] BUCHWALD/KÜGELGEN, 1980, S. 186; OBERHOLZER, 1984(a), S. 59; 1984(b), S. 6.

[49] Diese Nutzungsintensivierung mit ihren Konsequenzen verdeutlicht OBERHOLZER, indem er den Zahlen, die die Produktivitätsentwicklung in der Landwirtschaft dokumentieren, Werte des Flächenverbrauchs landwirtschaftlicher Flächen für Siedlung und Verkehr und des Anstiegs des Düngemittel- und Biozideinsatzes gegenüberstellt und somit auch schon die sich öffnende Schere zwischen Ökonomie und Ökologie aufzeigt; s. OBERHOLZER, 1984(b), S. 6.

[50] Eine genauere Darstellung dieser Entwicklung unter Berücksichtigung der Kulturlandschaftsveränderungen, die sich aus der Technisierung der Landwirtschaft ergeben, liefert NIGGEMANN, 1979, S. 1-12 u. MEISEL, 1977, S. 63-74. Zum Problem der "ordnungsgemäßen" landwirtschaftlichen Nutzung s. KNAUER, 1977, S. 27-37 u. SCHNIEDERS, 1977, S. 18-26.

[51] Das Verhältnis zwischen Ökonomie als pauschalisiertes Flurbereinigungsziel und Ökologie als Synonym für Naturschutz und Landschaftspflege diskutiert ZILLIEN und kommt, auch aufgrund der Tatsache, daß die Begriffe gleicher etymologischer Herkunft sind, zu dem Schluß, daß Ökonomie nur durch eine umwelt- und naturgerechte Durchführung realisierbar ist und daher, besonders in der Flurbereinigung als direktem Kontaktbereich, Ökonomie und Ökologie nur entsprechend zusammen ..."im Sinne einer geistigen Partnerschaft" in die Flurbereinigung integriert werden können; s. ZILLIEN, 1986, S. 372. Zu dieser Dichotomie trat der Aspekt der Ästhetik

einer Reihe von Veröffentlichungen zu diesem Themenkreis wider[52]. Auf der Jahresfachtagung der Deutschen Beauftragten für Naturschutz und Landschaftspflege 1977 in Kiel zum Thema "Naturschutz und Landwirtschaft" wurden sowohl die Standpunkte der Flurbereinigung innerhalb dieses Spannungsfeldes diskutiert als auch ihre Möglichkeiten der Neuorientierung nach der erfolgten gesetzgeberischen Kurskorrektur von 1976. Auf der Tagung wurde im wesentlichen deutlich, daß Flurbereinigung und Landschaftspflege rechtlich grundsätzlich in ihren Funktionen kongruent und folglich miteinander vereinbar sind[53]. Die Bedeutung des landschaftspflegerischen Begleitplans als Instrument zur Berücksichtigung der Naturschutzbelange war zu der Zeit zwar allgemein anerkannt, es wurde aber deutlich, daß die Ausgestaltung (aufgrund der in Länderhoheit aufgestellten Landschaftspläne) unterschiedlich gehandhabt wurde und daher die jeweiligen örtlichen Ziele des Naturschutzes und der Landschaftspflege bei einem Flurbereinigungsverfahren durch einen zusätzlichen Landschaftsplan herausgestellt werden mußten[54].

Auf der Fachtagung von 1977 wurde aus der Diskussion über die Rolle der Flurbereinigung im Spannungsfeld zwischen Landwirtschaft und Naturschutz insgesamt eine Reihe von Forderungen abgeleitet, von denen diejenigen im folgenden zusammengefaßt wiedergegeben werden, welche Auswirkungen auf die weitere Durchführung von Agrarstrukturmaßnahmen und somit auf die Gestaltung der Kulturlandschaft haben[55]:

1. Für eine echte Berücksichtigung des Naturschutzes reicht es nicht aus, irgendwelche Flächen bereitzustellen (etwa die zufällig aus landwirtschaftlich-betriebswirtschaftlichen Gründen freiwerdenden Flächen), sondern es muß eine regional angepaßte, die jeweiligen ökologischen Verhältnisse berücksichtigende Flächenzuweisung erfolgen.

2. Den zwischen landwirtschaftlichen Nutzflächen liegenden Kleinräumen (Feldraine, Wegränder) kommt erhöhte Bedeutung zu, die in der Flurbereinigungsplanung zu berücksichtigen ist.

3. Die Flurbereinigung darf keine Funktionstrennung der verschiedenen Flächennutzungen (Landwirtschaft-Biotopschutz) anstreben, da insbesondere die angepaßte Vernetzung von Nutzungssystemen eine Verarmung der Landschaftsstruktur verhindern kann.

4. Die Naturschutzbehörde und die nach § 27 BNatSchG anerkannten

---

und auch der Ethik bezüglich einer angemessenen Raumgestaltung; s. OBERHOLZER, 1984(b), S. 8.

[52] BATZ, 1977 u. 1979; ERZ, 1977; BUCHWALD/KÜGELGEN, 1980; FINKE, 1979; FLURBEREINIGUNG- Naturschutz und Landschaftspflege, 1980; LÄPPLE, 1990; MAGEL, 1980 u. 1984; MEURER, 1985; OBERHOLZER, 1981, 1984(a), 1984(b); SCHMIDT, 1983; ARGE Flurbereinigung, 1988; UHLING, 1989.

[53] KNAUER, 1979, S. 10.

[54] KNAUER, 1979, S. 10.

[55] KNAUER, 1979, S. 13 f.

Naturschutzverbände müssen dauerhaft und nachhaltig an der Arbeit
der Flurbereinigungsbehörden beteiligt werden[56].

Die teilweise wenig differenzierte Diskussion um die gängigen Kritikpunkte[57] führte allmählich zu eingehenderen Untersuchungen und dem Versuch, bestimmte Veränderungen des Naturhaushalts der Flurbereinigung speziell zuordnen zu können. Es erschienen Untersuchungen über Möglichkeiten der Flurbereinigung zur Wahrung von umweltschutzorientierten Belangen[58].

Die kritische Diskussion über die Flurbereinigung und ihre Position zwischen Ökologie und Ökonomie läßt sich dahingehend zusammenfassen, daß die Auseinandersetzung über die ökologische Schädlichkeit und Vereinbarkeit von Flurbereinigungsmaßnahmen mit Belangen des Naturschutzes und der Landschaftspflege bis zu den 90er Jahren zunehmend differenzierter und fallbezogener wurde. LÄPPLE sieht einen Grund für die allmählich sachlicher werdende Diskussion auch darin, daß die Vielseitigkeit des Instruments "Flurbereinigung" zur Wahrnehmung der diversen Interessen am ländlichen Raum, seiner Nutzung und Gestaltung mittlerweile allgemein anerkannt ist[59]. Flurbereinigung und Naturschutz schließen sich nicht gegenseitig aus - die Flurbereinigung bietet vielmehr die Möglichkeit, entsprechende Belange des Naturschutzes und der Landschaftspflege im Rahmen der gültigen Bestimmungen zu verwirklichen. Dies soll im anwendungsbezogenen Teil II dieses Kapitels an einigen Beispielen aufgezeigt werden.

---

[56] Auf die enge Verzahnung zwischen den naturschutzrelevanten Flurbereinigungsbestimmungen und dem Bundesnaturschutzgesetz weist MAGEL hin und arbeitet die gesetzlichen Berührungspunkte der Flurbereinigung mit dem Naturschutz und der Landschaftsplanung heraus, wodurch der ergänzende und der die Flurbereinigungsbestimmungen konkretisierende Charakter des Bundesnaturschutzgesetzes deutlich wird; s. MAGEL, 1980, S. 305; s. auch FLURBEREINIGUNG- Naturschutz und Landschaftspflege, 1980, S. 11 u. 12; PELTZER, 1981, S. 2 u. 3.

[57] Hierzu zählt auch die Frage nach dem "Eingriff" in den Natur- und Landschaftshaushalt. Am Beispiel "Rasenweg" werden hier die verschiedenen Sichtweisen demonstriert, diese Maßnahme als Eingriff in die bestehende Landschaftsstruktur anzusehen oder den Wert eines solchen Weges als Teil der ökologischen Vernetzungsstruktur zu bewerten; BATZ, 1988, S. 206. Ein weiteres Beispiel für die differenziertere Auseinandersetzung mit der Kritik an der Flurbereinigung hinsichtlich ihres ökologischen Wirkungs- oder "Schädigungsspektrums" findet sich bei OBERHOLZER: OBERHOLZER setzt sich kritisch mit einer Studie der Bundesforschungsanstalt für Naturschutz und Landschaftsökologie über die "Auswertung der Roten Liste gefährdeter Farn- und Blütenpflanzen in der Bundesrepublik Deutschland für den Arten- und Biotopschutz" auseinander. Die dort ausgemachte und der Flurbereinigung zugeordnete Artenschwundquote führt er auf einen zu weit gefaßten Begriff "Flurbereinigung" zurück. Darunter sei implizit Melioration und Nutzungsänderung verstanden worden, was zu einer Verzerrung des Verursacherprinzips geführt habe; s. OBERHOLZER, 1981, S. 283. In einer Replik unterstreichen die Verfasser des o.g. Gutachtens die zunehmende Gefahr eines durch Agrarstrukturmaßnahmen herbeigeführten Artenrückgangs; loc. cit.

[58] TAXIS berücksichtigt bei seiner Untersuchung der Möglichkeiten der Flurbereinigung zur Erhaltung und Förderung der ökologischen Vielfalt die von ökologischer Seite aufgestellten Forderungen für den ländlichen Raum; s. TAXIS, 1982, S. 227.

[59] LÄPPLE, 1990, S. 338.

4 Der außeragrarische Wirkungsbereich der Flurbereinigung heute

4.1 Anforderungen an die moderne Flurbereinigung

Aus der vorstehend dargelegten Entwicklung der Agrarstrukturmaßnahmen bis zur heutigen Stellung der Flurbereinigung leiten sich klare Anforderungen an selbige ab, insbesondere im außeragrarischen Wirkungsbereich, wenn sie den veränderten Rahmenbedingungen gerecht werden soll. Der Wandel zu einer integralen Agrarstrukturmaßnahme zur Förderung der Landentwicklung im ausgeführten Sinn bedingt nicht nur die Berücksichtigung eines "traditionellen" Naturschutzes[1], sondern verpflichtet die Flurbereinigung zu einer die Landschaftsstruktur beachtenden landschaftsgestaltenden Tätigkeit unter Abwägung der verschiedenen Interessen. Hierbei kommt ihr eine auch aus § 1 FlurbG ableitbare doppelte Aufgabe zu, da sie einerseits die Voraussetzungen für eine technisch-fortschrittliche Landbewirtschaftung schaffen und andererseits die Kulturlandschaft erhalten und gestalten soll[2]. Diesem ökologischen Beitrag der Flurbereinigung wird durch folgende Anforderungen Rechnung getragen:

- frühestmögliche Einschaltung der betreffenden Institutionen in den Flurbereinigungsablauf und Erstellung der landschaftspflegerischen Begleitplanung in Abstimmung mit den Planungsbeteiligten
- Erschließung der Landschaft für die Erholungssuchenden unter Berücksichtigung der Empfindlichkeit naturnaher Ökosysteme
- Berücksichtigung ästhetischer Gestaltungsgrundsätze[3].

Durch diese Kriterien und dem dadurch vergrößerten, flächenwirksamen Gestaltungsspielraum erhält die Flurbereinigung den Charakter einer Gesamtplanung, die eine entsprechende, darin eingebundene Fachplanungsvielfalt bedingt, da es nicht mehr nur vorrangig um die Abstimmung der

---

[1] PELTZER leitet den konservierenden, defensiven Charakter des alten Naturschutzbegriffes aus dem alten Reichsnaturschutzgesetz von 1935 ab, der sich primär auf Artenschutz beschränkte, während der Naturschutz mit dem neuen Bundesnaturschutzgesetz vom 20.12.76 per Legaldefinition diesen Schutz als Ausgangsbedingung betrachtet und darüberhinaus auf die Pflege und Entwicklung der Landschaft abzielt und somit zu einem aktiven und gestaltenden Naturschutz wird; s. PELTZER, 1981, S. 1 u. 2.

[2] NIGGEMANN, 1979, S. 10. Den Bereich Flurbereinigung und Landschaftspflege haben HOTTES und Mitarbeiter 1973 (auf Nordrhein-Westfalen bezogen) und 1974 (überregional) bearbeitet und speziell unter der Fragestellung, inwieweit die Flurbereinigung ein Instrument der aktiven Landschaftspflege sein kann, untersucht. Eine generelle, allgemeingültige Aussage ist aus den Arbeiten nicht erwachsen und konnte sicherlich aufgrund des Gesamtumfangs des Untersuchungsbereiches auch nicht erreicht werden; HOTTES/BLENCK/MEYER, 1973; HOTTES/TEUBERT/v.KÜRTEN, 1974. Diese Arbeiten werden im folgenden Kapitel im Zusammenhang mit der Darstellung derjenigen Forschungsansätze berücksichtigt, die die außeragrarischen Flurbereinigungsauswirkungen untersuchen.

[3] HOISL u.a. streben unter Abwägung und Berücksichtigung entsprechender Forschungsansätze zur Ästhetik im Rahmen räumlicher Planung die Entwicklung eines Verfahrens zur ästhetischen Kennzeichnung der Landschaft an, das eine Beurteilung der kulturlandschaftlichen Auswirkungen von Flurbereinigungsmaßnahmen aus dem landschaftsästhetischen Blickwinkel ermöglichen soll; HOISL/NOHL/ZEKORN/ZÖLLNER, 1985, S. 346-353.

außeragrarischen Raumansprüche mit der Land- und Forstwirtschaft allein geht.

Die an sie gestellten Ansprüche können Flurbereinigungsmaßnahmen jedoch nur erfüllen, wenn entsprechende integrierte oder der Flurbereinigung zuzuordnende Einzelplanungen (z.B. der Landschaftsplan, aus dem der landschaftspflegerische Begleitplan erwächst,) vorliegen.
Als nützlich für die Flurbereinigungsplanung auch außerhalb der agrarischen Tätigkeit hat sich ein bisher nicht genanntes Planungsinstrument erwiesen: die sog. agrarstrukturelle Vorplanung (AVP), die nach § 1 des Gesetzes über die Gemeinschaftsaufgabe "Verbesserung der Agrarstruktur und des Küstenschutzes" allen staatlich geförderten Vorhaben zur Verbesserung der Agrarstruktur vorausgehen soll.
Sie berücksichtigt als überörtliche Entwicklungsplanung die regionale Wirtschafts-, Infra- und Landschaftsstruktur und kann aufgrund der entsprechenden Analyse der regionalen Verhältnisse eine wichtige Planungsgrundlage für die Flurbereinigung sein[4]. Die in der AVP erarbeiteten Grundlagen können, obwohl sie keine Rechtsverbindlichkeit haben, die Wahl der Verfahrensart sowie weitere allgemeine Grundsätze für die zweckmäßige Neugestaltung des Flurbereinigungsgebietes mitbestimmen[5]. Obwohl die AVP insbesondere die Land- und Forstwirtschaft in ihrer Bedeutung für die Entwicklung des Planungsgebietes berücksichtigt, werden der Naturschutz und die Landschaftspflege insofern integriert, als daß ein Interessenausgleich unter Einbeziehung beider Bereiche angestrebt wird, da Land- und Forstwirtschaft sowie Naturschutz- und Landschaftspflege gemäß Auftrag der AVP für die Landentwicklung gleichermaßen von Bedeutung sind. Die AVP berührt ebenfalls Fragen der Dorferneuerung, da die Ergebnisse der AVP bei der Aufstellung der allgemeinen Grundsätze für die Neugestaltung der Flurbereinigungsgebiete zu berücksichtigen sind. Dadurch ist die AVP auch hinsichtlich der Dorferneuerung eine wichtige Grundlage für moderne Agrarstrukturmaßnahmen.

Zu den hier genannten Anforderungen an die Förderung der Landentwicklung auf ökologischer Seite treten die Anforderungen an eine Förderung der regionalen Entwicklung, die insbesondere den Ausbau der Infrastruktur und den komplexen Bereich der Dorferneuerung betreffen. Die Flurbereinigung wird im Hinblick auf diese an sie gestellte raumordnungspolitische Aufgabe häufig als ein geeignetes Instrument zur Umsetzung dieses Auftrags gesehen, da aufgrund der dargelegten gesetzlichen Struktur die öffentlichen Belange bei einer Flurbereinigung durch die Koordination mit anderen Planungsträgern berücksichtigt werden müssen. Obwohl die Flurbereinigung anerkanntermaßen eine in die Raumordnungspolitik eingebettete Maßnahme ist, die zunehmend außeragrarische Aufgaben wahrnimmt, ist sie per Definition und gesetzlicher Prägung eine Agrarmaßnahme, worauf mehrfach

---

[4] BERENS, 1985, S. 388 f.
[5] BERENS, 1985, S. 389.

hingewiesen wurde[6]. Der Einsatz der Flurbereinigung als Instrument zur Erreichung weitergehender raumordnerischer Ziele ist aus diesem Grunde nur begrenzt möglich[7].
Der Katalog der in Flurbereinigungsverfahren durchgeführten nichtagrarischen Maßnahmen wurde schon früh von HOTTES/NIGGEMANN ausführlich dargestellt[8]. Demnach sollten durch die Flurbereinigung Flächen für die folgenden Fachplanungsbereiche bereitgestellt werden:

a) Verkehrswege und Verkehrsanlagen
   - Straßen und Autobahnen; Anlagen für den ruhenden Verkehr
   - Verkehrsflughäfen
   - Wasserstraßen

b) Wasserwirtschaftliche Anlagen
   - Quellschutz und Trinkwasserschutz
   - Hochwasserschutz
   - Talsperren

c) Anlagen zur Entsorgung
   - Flächen für Abwasserbeseitigung
   - Kanalisation, Kläranlagen, Verrieselung/Verregnung
   - Flächen für Abfallbeseitigung: Mülldeponien

d) Verteidigungsanlagen
   - Militärflugplätze, Truppenübungsplätze

e) Zentralität und Verwaltung
   -Ausbau zentraler Orte
   -Ausbau der zentralörtlichen Infrastruktur
   -Ausweisung geeigneter Flächen für:
   bauliche Entwicklung, Industrieansiedlungen, Gemeindebedarfsflächen, Bau und Ausbau von Mittelpunktschulen, Verwaltungseinrichtungen, Schwimmbäder, Erholungs- und Kultureinrichtungen

f) Erholung, Landschaftsschutz, Landschaftspflege

g) Siedelflächen

h) Industrie- und Gewerbeflächen

Art und Umfang der tatsächlich durchgeführten Maßnahmen richtete sich naturgemäß nach den jeweiligen regionalen und den im Wandel begriffenen umweltpolitischen Gegebenheiten.

---

[6] BERKENBUSCH, 1972, S. 165; HEINRICHS, 1975, S. 57; WILSTACKE, 1978, S. 1, 188 u. 193.

[7] WILSTACKE, 1978, S. 194. Die enge Beziehung zwischen Flurbereinigung und Raumordnungspolitik, die ja über kein direktes Instrument zur Erreichung ihrer Ziele verfügt, verdeutlicht WILSTACKE unter Aufschlüsselung der Entwicklung der Raumordnungspolitik in Deutschland; s. WILSTAKKE, 1978, S. 4 ff.

[8] Auch HEINRICHS nutzt diese Aufstellung für die Verdeutlichung der Bedeutung der Flurbereinigung für außeragrarische Aufgaben heute; s. HEINRICHS, 1975, S. 57 u. 58. Aus Gründen der Überschaubarkeit wurde diese nach vorstehend zitierter Arbeit von HOTTES/NIGGEMANN aufgestellte Übersicht hier übernommen.

4.2 Forschungsstand

Nachdem durch den ausführlich dargestellten Wandel des Flurbereinigungsschwerpunktes das außeragrarische Wirkungsfeld mehr in das Bewußtsein der Öffentlichkeit gelangt war, begann ebenfalls die Beschäftigung mit einer Bewertung dieser Auswirkungen aus wissenschaftlicher Sicht. Im folgenden soll der Forschungsstand zu außeragrarischen Flurbereinigungsauswirkungen zusammengefaßt dargestellt werden.

Eine gründliche Analyse der wichtigsten Forschungsansätze, die sich mit dem außeragrarischen Bereich beschäftigen, unternimmt WILSTACKE. Daran schließt sich die Entwicklung eines Modells zur empirischen Wirkungsanalyse von Flurbereinigungsverfahren an, das den Wirkungszusammenhang zwischen Flurbereinigungsmaßnahmen und der Erreichung raumordnungspolitischer Ziele verdeutlichen soll[9]. Diese übersichtlichen und präzisen Ausführungen können zur Skizzierung der Forschungsentwicklung in diesem Bereich zugrunde gelegt werden.

1.) Die ersten Ansätze zur Erfassung außeragrarischer Flurbereinigungsauswirkungen versuchten die Effekte mittels einer übergeordneten Problemstellung zu erfassen, indem sie sich als erstes der Dorferneuerung[10] und weiterhin der fremdenverkehrsbezogenen Auswirkung der Flurbereiniung zuwandten[11].

Die nachfolgenden Arbeiten behandelten ebenfalls Spezialaspekte: den landschaftspflegerischen Beitrag der Flurbereinigung[12] und ihren möglichen Einsatz zur Neuordnung von Siedlungen jenseits der Dorferneuerung[13]. Diese Studien bezeichnet WILSTACKE als <u>Partialanalysen</u> von Flurbereinigungen, die, verbunden mit der Aufstellung allgemeingültiger Aussagen über die Flurbereinigung, nicht auf einen Nachweis der "außeragrarischen raumordnerischen Effizienz der Flurbereinigungsarbeit" in ihrer Gesamtheit abzielen[14].

Die Kritik WILSTACKEs an dieser Gruppe läßt sich in folgenden Punkten subsumieren:

- aufgrund ihres Charakters einer ex-post Analyse dominiert jeweils die Singularität dieser Untersuchung, was einen Transfer erschwert,

- ferner fehlt die Einordnung der in diesen Teilaspekten festgestellten Ergebnisse in einen übergeordneten Zusammenhang, der die gesellschaftlichen, wirtschaftlichen und räumlichen Entwicklungen berücksichtigt,

---

[9] WILSTACKE, 1978.

[10] OSTHOFF 1967; KOHLER 1971.

[11] WEINZIERL 1970.

[12] HOTTES/BLENCK/MEYER, 1973; HOTTES/TEUBERT/v.KÜRTEN, 1974. Vgl. auch Fußnote 2.

[13] HOTTES/BECKER/NIGGEMANN 1975 u. 1976.

[14] WILSTACKE, 1978, S. 41.

- eine Analyse von Zusammenhängen der im Verbund wirksamen Einzelmaßnahmen wird nicht geleistet[15],
- es fehlt die Anwendung statistischer Verfahren zur Auswahl der jeweiligen Fallbeispiele aus der Gesamtheit der Verfahren,
- die genaue Ermittlung und Quantifizierung der Flurbereinigungsauswirkungen in ihrer Gesamtheit findet nicht statt,
- keine Berücksichtigung des Aspekts, welche Veränderungen ggf. auch ohne die Flurbereinigung hätten eintreten können.

Den Partialanalysen ist nach WILSTACKE mangelnde Objektivität gemeinsam, da sie für die Lösung von außerhalb der Flurbereinigung stehenden Problemstellungen nur die Flurbereinigung als geeignete Lösungsmaßnahme in die Mitte ihrer Überlegungen stellen[16] und nur zu qualitativen Aussagen kommen[17]. Desweiteren kritisiert WILSTACKE auch die mangelnde Zuordnungsmöglichkeit der Flurbereinigungsmaßnahmen zu den festgestellten Veränderungen, was dann zu einer Überschätzung der tatsächlichen Bedeutung von Flurbereinigungswirkungen führt[18].

2.) Eine andere Gruppe von Untersuchungen zu Flurbereinigungsauswirkungen bilden nach WILSTACKE die <u>ganzheitlichen Analysen</u>, die jeweils die Gesamtsumme der bei einer Flurbereinigung getroffenen Maßnahmen erfassen, um zu einer bewertenden Aussage zu gelangen[19]. Hier ist zu unterscheiden zwischen der Analyse <u>einiger weniger Beispiele</u> oder der Typisierung der <u>Gesamtheit aller Verfahren</u> eines bestimmten Zeitraumes mit der eingehenden Untersuchung von Einzelbeispielen aus dieser Gruppe[20].

Der erstgenannte Ansatz beruht auf einer Kosten-Nutzen-Analyse einzelner Verfahren[21], der zweite Ansatz auf der Typisierung und Darstellung der

---

[15] In diese Richtung geht das von WILSTACKE entwickelte Modell von Standardwirkungsverläufen, mit denen die möglichst vielen potentiellen Flurbereinigungsauswirkungen hypothetisch erfaßt und nach Bereichen geordnet analysiert und dargestellt werden; s. WILSTACKE, 1978.

[16] WILSTACKE, 1978, S. 51.

[17] Das Problem der häufig nur qualitativen anstatt exakteren quantitativen Aussagen gilt auch für Ansätze zur "Erfolgskontrolle" von Flurbereinigungen und ist im Zusammenhang mit den teilweise nur schwer in monetären Größen erfaßbaren Flurbereinigungseffekten zu sehen.

[18] WILSTACKE, 1978, S. 54 f.

[19] WILSTACKE, 1978, S. 44.

[20] WILSTACKE, 1978, S. 44.

[21] Hier ist zu kritisieren, daß die Auswahlkriterien für die Verfahren unklar und von subjektiven Einflüssen abhängig sind, außerdem ist nach WILSTACKE die Beurteilung etwa der "Vorteilhaftigkeit" oder "Rentabilität" getroffener Maßnahmen nicht exakt möglich, da sie nicht monetär zu konkretisieren sind; s. WILSTACKE, 1978, S. 46.

Häufigkeitsverteilung der Verfahren nach zeitlichen und regionalen Aspekten[22].

Zur Gruppe der ganzheitlichen Analysen äußert sich WILSTACKE wie folgt[23]:

"Die Typisierung abgeschlossener Verfahren dient vor allem einer deskriptiven Charakterisierung der geleisteten Flurbereinigungsarbeit. Da als Basis der Typisierung insbesondere der Umfang durchgeführter Einzelmaßnahmen herangezogen wird, sind Aussagen über Flurbereinigungseffekte insbesondere langfristiger Art nicht möglich. Denn die Maßnahmen sind in der Regel nur Voraussetzung für entsprechende Wirkungen, die aber nicht unbedingt eintreten müssen."

Die zentrale Aussage WILSTACKEs über die bisher vorliegenden empirischen Studien zu außeragrarischen Flurbereinigungsauswirkungen besagt, daß es keine systematisch und umfassend abgeleiteten Ergebnisse über Flurbereinigungseffekte gibt, die relativ verläßliche Rückschlüsse auf zu erwartende Wirkungen erlauben[24].

Bei Untersuchungen, die eine Erfolgskontrolle der Flurbereinigung anstreben, unterscheidet WILSTACKE zwischen sog. Situationsanalysen und sog. kausalen Erfolgskontrollen. Die ersten vergleichen einen eingetretenen Zustand mit dem angestrebten oder der Ausgangssituation. Die zweiten setzen die tatsächlich erfolgte Entwicklung mit der hypothetisch angenommenen (ohne Maßnahmen) in Beziehung[25]. Ziel dieser Erfolgskontrollen ist die Erarbeitung von Kriterien, die zur Steuerung des zukünftigen Einsatzes von Maßnahmen in Agrarstrukturverfahren herangezogen werden können. Einen gängigen wissenschaftlichen Weg stellt hier die Kosten-Nutzen-Analyse dar. Auf der Basis einer monetären Einstufung aller Parameter wird eine Kosten-Nutzen-Relation entwickelt, die schließlich zu einer allgemeinen Vergleichbarkeit der Maßnahmen und Auswirkungen führen soll. Trotz des unbestrittenen Erfolges auf vielen Gebieten konstatiert WILSTACKE die im Anwendungsfall "Flurbereinigung" bestehenden Probleme als noch zu gravierend, als daß eine Erfolgskontrolle durch das Modell einer Kosten-Nutzen-Analyse erfolgversprechend scheint[26].

WILSTACKE[27] entwickelt ein Modell sog. Wirkungs- oder, im Fall einer möglichen Übertragung auf andere Verfahren, Standardwirkungsverläufe,

---

[22]Hier wird ein Überblick über flurbereinigungsinterne Zusammenhänge gegeben, jedoch ohne Bezug zu deren raumordnerischer Effizienz, da die statistischen Daten keinen Rückschluß auf diesen Bereich erlauben; s. WILSTACKE,1978, S. 44.

[23]WILSTACKE, 1978, S. 52.

[24]WILSTACKE, 1978, S. 52 ff.

[25]WILSTACKE, 1978, S. 57.

[26]WILSTACKE, 1978, S. 59 f.

[27]WILSTACKE, 1978, S. 66 ff.

durch die die Wirkungsentstehung von Maßnahmen bis ins Detail durchsichtig gemacht werden soll[28].

Bei dem Modell der Standardwirkungsverläufe unterscheidet WILSTACKE maßnahmen- und zielorientierte Wirkungsverläufe[29]. Erstere setzen bei den Einzelmaßnahmen der Flurbereinigung an und untersuchen die Fragen:
- wo sind Flurbereinigungswirkungen zu erwarten,
- welche Zwischenstufen und einzelne Wirkungsschritte gibt es,
- welche Maßnahmen anderer Träger sind von Bedeutung?

Hierbei läßt sich eine Reihe möglicher Auswirkungen ableiten, da durch die Flurbereinigung ohne Zweifel Impulse für eine zukünftige Entwicklung gegeben werden. Ob diese jedoch entsprechend umgesetzt werden, hängt entscheidend von anderen, weiteren raumbeanspruchenden Planungen ab[30]. Die Feststellung des Kausalzusammenhangs ist also auch hier noch problematisch.

Diese sich aus dem Katalog der maßnahmenorientierten Standardwirkungsverläufe ergebenden Wirkungsbereiche sind nun dahingehend zu ordnen und zu konkretisieren, daß an Zielbereichen orientierte raumordnungspolitisch bedeutsame Einzelwirkungsverläufe konstruiert werden können, sog. zielorientierte Wirkungsverläufe, mit dem Resultat einer "geschlossenen Darstellung möglicher Wirkungszusammenhänge einschließlich Wirkungsbedingungen in einem abgegrenzten Zielbereich"[31].

Nach diesem Modell untersucht WILSTACKE folgende Bereiche auf einen Zusammenhang und feststellbare Wirkungen der Flurbereinigung hin[32]:
- öffentliche Belange
- regionales Einkommen
- regionaler Arbeitsmarkt
- Standortgunst von Produktionskapazitäten
- Landschaftsbild[33]
- Erholungs- und Freizeitwert
- Wohnungsgunst
- Bevölkerungsentwicklung und Wanderungen

---

[28]WILSTACKE weist jedoch darauf hin, daß die von ihm an den anderen, zuvor beschriebenen Ansätzen zur empirischen Erfassung von Flurbereinigungswirkungen kritisierte fehlende Kausalzuordnung auch in diesem Modell nicht abschließend gültig erfolgt. Durch das System einer engmaschig angelegten Analyse, die die Einzelwirkungen zu Ketten innerhalb des Standardwirkungsverlaufs aneinanderreiht, seien jedoch die Kausalzusammenhänge genügend verdeutlicht, um deren einzelne Determinanten gezielt weiterverfolgen und bestimmen zu können; s. WILSTACKE, 1978, S. 66 f.

[29]WILSTACKE, 1978, S. 68 ff.

[30]WILSTACKE verweist hier auf die jeweiligen kommunalen Zielvorstellungen; s. WILSTACKE, 1978, S. 69.

[31]WILSTACKE, 1978, S. 73.

[32]WILSTACKE, 1978, S. 73 ff.

[33]Erfaßt werden Veränderungen einzelner Landschaftselemente und die davon ausgehende Veränderung des Gesamterscheinungsbildes durch Flurbereinigungsmaßnahmen. Der von WILSTACKE hier propagierte Weg entspricht im wesentlichen dem im praktischen Teil dieser Studie angewandten Verfahren.

Innerhalb dieses Katalogs sieht WILSTACKE nach der empirischen Untersuchung in Fallstudien die Wirkungsschwerpunkte der Flurbereinigung in den Bereichen landwirtschaftliches Einkommen, öffentliche Belange und Landschaftsbild einschließlich Erholungs- und Freizeitwert[34].

WILSTACKE betont nochmals die agrarische Dominanz bei Flurbereinigungsverfahren mit dem Hinweis auf die entsprechende Verankerung im Gesetz, wodurch auch in Zukunft, unterstützt durch die landwirtschaftliche Berufsvertretung, der Fortbestand dieses Verhältnisses gewährleistet sein würde[35]. Hier ist die Entwicklung in der Realität deutlich weitergegangen, als es zu dem Zeitpunkt vorhersehbar war. Dies zeigt sich insbesondere in den jüngeren der gewählten Fallbeispiele im zweiten anwendungsbezogenen Teil dieser Studie.

---

[34] WILSTACKE, 1978, S. 188 ff.
[35] WILSTACKE, 1978, S. 188.

4.3 Dorferneuerung

Im folgenden soll auf die Dorferneuerung als ein wichtiges Beispiel des außeragrarischen Wirkungsfeldes der Flurbereinigung eingegangen werden, da ihr neben dem Bereich Ökologie und Landschaftspflege große Bedeutung für die gewandelten Flurbereinigungsaktivitäten zukommt.
Die Dorferneuerung hat sich als eigenständiger geographischer Forschungsgegenstand der "prospektiv-prognostischen" Betrachtungsweise[1] erst allmählich neben dem historisch-genetischen Ansatz in der Siedlungsgeographie etabliert, obwohl verschiedentlich die Forderung nach einer entsprechend zukunftsorientierten Siedlungsgeographie des ländlichen Raumes erhoben wurde[2]. HENKEL hebt in diesem Zusammenhang auch die umfassende gesellschaftspolitische Aufgabe der Dorferneuerung hervor, deren Bedeutung für den ländlichen Raum sich u.a. darin manifestierte, daß dieser Themenkomplex bereits Gegenstand nationaler und inernationaler Tagungen war[3].
Die Dorferneuerung wurde als notwendig anerkannt aufgrund des auch den Siedlungsbereich betreffenden agrarstrukturellen Wandels, durch den es u.a. zu einem Rückgang von Arbeitsplätzen in der Landwirtschaft und zu wachsenden Ansprüchen an die Wohnverhältnisse kam. Diese Entwicklung in Verbindung mit der steigenden Mobilität der Bevölkerung führte zu verstärkter Abwanderung qualifizierter Arbeitskräfte mit "Investitionswillen und Investitionskraft"[4]. Dies bedingte eine Anhebung des Lebensstandards im ländlichen Raum, um das Gefälle zwischen städtischen und dörflichen Lebensverhältnissen auszugleichen, oder zumindest abzuschwächen. Allgemeines Ziel der Dorferneuerung ist zum einen die Verbesserung der Lebens-, Wohn- und Arbeitsbedingungen im Dorf und zum anderen die Erhaltung des eigenständigen dörflichen Charakters.
Die daraus erwachsenden Aufgaben der Dorferneuerung, die in verschiedenen Veröffentlichungen[5] zum Thema dargestellt wurden, umfassen folgende Bereiche:

- Maßnahmen, die der Ordnung, Gestaltung und Entwicklung ländlicher Siedlungen und der Stärkung ihrer Wirtschaftskraft dienen, um die Lebensbedingungen der dort lebenden Menschen zu verbessern (Dorfentwicklung)

- Behebung von Mängeln in der Bausubstanz (Dorfsanierung)

- Behebung von Funktionsschwächen durch Schaffung einer entsprechenden Infrastruktur.

Es kristallisieren sich hier deutlich die Schwerpunkte "Verbesserung der Bausubstanz mit Schutz und Pflege der erhaltenswürdigen Dorfbestandteile"

---

[1] HENKEL, 1979(a), S. 137.

[2] UHLIG/LIENAU, 1972, S. 47; HENKEL, 1979(a), S. 137.

[3] HENKEL, 1979(a), S. 138.

[4] ABB, 1980, S. 209.

[5] Vgl. u.a. ABB, 1980; BRANDT, 1983; BRENKE, 1987; HENKEL, 1979 (a u. b); LEIKAM, 1977; SEELE, 1979; WEISS, 1980.

sowie "Verbesserung der kommunalen Infrastruktur" heraus, die sich in der bei WEISS aufgestellten Definition wiederfinden[6]:

"Unter Dorferneuerung werden koordinierte und direkt für das einzelne Dorf wirksame Maßnahmen der Agrarstrukturverbesserung und Landschaftspflege, der Städtebauförderung und Denkmalpflege, der regionalen Wirtschaftspolitik, der Sozialstrukturpolititk und insbesondere der ländlichen Kommunalpolitik verstanden."

Wichtig ist es zu erkennen, daß die Dorferneuerung keine einzelne, partielle Aufgabe zur Entwicklung ländlicher Siedlungen ist, sondern ein komplexes Bündel von Aufgabenstellungen beinhaltet, da es kein Patentrezept zur Erneuerung des "Dorfes" schlechthin gibt. Die Dorferneuerung muß vielmehr ganzheitliche Lösungen suchen, deren Ziel die erhaltende Erneuerung mit einer Gestaltung des Dorfes ist[7].

4.3.1 Entwicklung der Dorferneuerung und rechtliche Grundlagen

Dorferneuerung im Sinne von Entwicklung und Sanierung von Dörfern ist keineswegs eine neue Erscheinung auf dem Gebiet der Agrarstrukturmaßnahmen. Seit den 20er Jahren wurden bereits Ortslagen in Agrarstrukturmaßnahmen mit einbezogen. Schon die Reichsumlegungsordnung enthält einen direkten Hinweis auf die Dorferneuerung in § 41, wenn von "Ortsauflockerung" gesprochen wird, ebenso das Flurbereinigungsgesetz von 1953 in § 37 im Zusammenhang mit der Neugestaltung des Flurbereinigungsgebietes.

Einen ersten Höhepunkt erlebte die Dorferneuerung zu Beginn der 60er Jahre, als nach Inkrafttreten des Bundesbaugesetzes 1960 zahllose Modellvorhaben von Bund und Ländern anliefen, um die Möglichkeiten und Methoden der Dorferneuerung auszuloten[8].

Den Gedanken der Dorferneuerung hat besonders die Welle der Aussiedlungen von Höfen aus der Ortslage heraus zwischen 1956 und 1968 gefördert, die gerade in den Realerbteilungsgebieten Südwestdeutschlands zu einem erheblichen Kulturlandschaftswandel geführt hat[9]. Durch die freiwerdenden Flächen im Dorf ergab sich hier ein konkreter Ansatzpunkt für eine neue Ortsplanung unter Berücksichtigung der Faktoren Althofsanierung, Ortsauflockerung und Verkehrserschließung. Dies führte zu der Forderung seitens der mit der Durchführung von Agrarstrukturmaßnahmen betrauten Landeskulturämter (in Niedersachsen heute Ämter für Agrarstruktur), alle Flurbe-

---

[6] WEISS, 1980, S. 323.

[7] HENKEL, 1979(b), S. 21; MAGEL, 1983, S. 141.

[8] ABB, 1980, S. 205.

[9] ERNST, 1967, S. 369 ff.

reinigungsmaßnahmen nach Möglichkeit mit Maßnahmen der Dorferneuerung zu verbinden[10].
Der Flurbereinigung fiel also schon früh eine wichtige Rolle bei der Dorferneuerung zu, zumal auch eine entsprechende Förderung außerhalb der Flurbereinigung erst deutlich später durch das Städtebauförderungsgesetz von 1971 möglich wurde und somit die Durchführung von Dorferneuerungsmaßnahmen noch weitgehend an eine Flurbereinigung gebunden war[11].

Die Novellierung des Flurbereinigungsgesetzes im Jahr 1976 brachte auch auf dem Gebiet der Dorferneuerung eine entscheidende Wende: war im alten Flurbereinigungsgesetz nur von "Ortsauflockerung" die Rede, so heißt es im novellierten Gesetz ebenfalls in § 37: "Maßnahmen der Dorferneuerung können durchgeführt werden", wodurch die Dorferneuerung rechtlich verankert wurde und eine bessere finanzielle Basis erhielt.
Der Grund für die traditionell enge Verbindung zwischen Dorferneuerung und Flurbereinigung ist darin zu sehen, daß umfassende Maßnahmen der Dorferneuerung oft die Eigentumsverhältnisse an den Grundstücken berühren und durch die Flächenneuordnung nach dem Flurbereinigungsgesetz die Voraussetzungen für entsprechende Erneuerungsmaßnahmen geschaffen werden können.

Gefördert wird die Dorferneuerung innerhalb der Flurbereinigung nach den "Grundsätzen für die Förderung der Flurbereinigung" im Rahmen der Gemeinschaftsaufgabe des Bundes und der Länder nach Art. 91a GG (Mitwirkung des Bundes bei Gemeinschaftsaufgaben)[12].
Bei den Zielen der Dorferneuerung innerhalb der Flurbereinigung läßt sich zwischen agrarischen und nicht-agrarischen Zielen differenzieren. Zu den Erstgenannten zählt die Schaffung von für die Land- und Forstwirtschaft geeigneten Hoflagen und Verkehrswegen innerhalb der Ortslagen. Das nicht-agrarische Aufgabenfeld umfaßt dagegen die Verbesserung der allgemeinen Lebensverhältnisse in den Dörfern durch entsprechende Maßnahmen zur Förderung der Wohn-, Wirtschafts- und Erholungsfunktion des ländlichen Raumes, eingeschränkt durch die Maßgabe, daß die Interessen der Verfahrensteilnehmer nicht beeinträchtigt werden dürfen[13]. Der Grund für die geringere Anzahl der innerhalb der Flurbereinigung geförderten Dörfer (im Vergleich zu derjenigen außerhalb der Flurbereinigung) liegt in der Tatsache begründet, daß der Durchführung der Dorferneuerung in Verbindung

---

[10] Diese Forderung wurde besonders in Hessen verlautbart und spiegelt sich in Veröffentlichungen der hessischen Flurbereinigungsverwaltung wider; s. ERNST, 1968, S. 224. Auch in Bayern wurde schon früh in der Flurbereinigungspraxis die Dorferneuerung mit der Flurbereinigung verknüpft; s. STRÖSSNER, 1984, S. 57.

[11] ABB weist in dem Zusammenhang noch darauf hin, daß auch die finanziellen Fördermittel der Dorferneuerung in der Flurbereinigung noch zu gering waren, um deutliche Erfolge zu erzielen; s. ABB, 1980, S. 206.

[12] GESETZ über die Gemeinschaftsaufgabe "Verbesserung der Agrarstruktur und des Küstenschutzes", BGBl I, 1988, S. 1055.

[13] SEELE, 1979, S. 99.

mit einer Flurbereinigung größere planerische Hindernisse im Wege stehen, da die Dorferneuerungsmaßnahmen im Wege- und Gewässerplan der Flurbereinigung mit planfestgestellt werden müssen, was in jedem Fall einen erheblich höheren Verwaltungsaufwand erfordert.

Die Förderung der Dorferneuerung außerhalb der Flurbereinigung war ab 1971 zunächst nach dem Städtebauförderungsgesetz (StBauFG) und ab 1976 nach dem am 18. August 1976 novellierten Städtebauförderungsgesetz sowie dem ebenfalls novellierten Bundesbaugesetz (BBauG) vom selben Datum möglich. In § 1 des Städtebauförderungsgesetzes heißt es sinngemäß, daß

- städtebauliche Sanierungs- und Entwicklungsmaßnahmen in Stadt und Land gefördert und durchgeführt werden sollen und

- die bauliche Struktur in allen Bereichen des Bundesgebietes entwickelt werden soll.

Dennoch lief die tatsächliche Durchführung von Dorferneuerungsmaßnahmen sehr langsam an, was ABB außer auf die zu knappen Fördermittel auf die Dominanz der Städte bei den Erneuerungsbemühungen im Rahmen des Städtebauförderungsgesetzes zurückführt[14]. Der Grund für die in der Realität unterrepräsentierte Förderung von Dorferneuerungsvorhaben nach dem Städtebauförderungs- und dem Bundesbaugesetz lag zum einen besonders in der Komplexität des Verfahrens[15] und zum anderen in der für die Aufbringung des Eigenanteils zu geringen Finanzkraft der Gemeinden[16], die es ländlichen Siedlungen nur schwer möglich machte, Förderungen nach diesem Gesetz zu bekommen.

Einen wesentlichen Impuls für die Entwicklung der Dorferneuerung gab das mehrjährige öffentliche sog. "Zukunftsinvestitionsprogramm" (ZIP) zwischen 1977 und 1980[17]. Die Dorferneuerung konnte im Rahmen der Gemeinschaftsaufgabe des Bundes und der Länder "Verbesserung der Agrarstruktur

---

[14]ABB, 1980, S. 206. Auch QUADFLIEG betont, daß die Förderung der Dorferneuerung im Vollzug dieses Gesetzes unverhältnismäßig hinter der Stadterneuerung zurückblieb; s. QUADFLIEG, 1978, S. 47. Auch lag die Größe der in diese Förderprogramme aufgenommenen Siedlungen meist deutlich über derjenigen eines Dorfes; s. FRITZSCHE/STUMPF, 1978, S. 219.

[15]HENKEL, 1979(a), S. 138 u. 139.

[16]FRITZSCHE/STUMPF, 1978, S. 219.

[17]Dieses Programm wurde am 23. März 1977 von der Bundesregierung beschlossen und sollte im einzelnen Verbesserungen in folgenden Bereichen herbeiführen:
- Verkehrssystem
- rationelle und umweltfreundliche Energieverwendung
- wasserwirtschaftliche Versorgung
- Wohnumwelt
- Berufsbildung

Die Dorferneuerung war Teil des Bereichs "Verbesserung der Wohnumwelt". Das Dorferneuerungsprogramm wurde jedoch aus Haushaltsgründen nicht gleich als ständige Maßnahme in die Gemeinschaftsaufgabe "Verbesserung der Agrarstruktur und des Küstenschutzes" des Bundes übernommen, sondern bestand erst ab 1984 als selbständige Maßnahme innerhalb der Gemeinschaftsaufgabe. (Vielfach wurde die Dorferneuerung aber von einzelnen Bundesländern in die Landesprogramme aufgenommen, so auch in Niedersachsen).

und des Küstenschutzes" durchgeführt werden und wurde innerhalb des Zukunftsinvestitionsprogramms zu einem Sonderprogramm mit einem Gesamtvolumen von 268 Mio. DM gemacht. Die Förderung der Dorferneuerung nach diesem Investitionsprogramm sah als unabdingbare Voraussetzung die Erstellung eines Dorferneuerungsplanes vor, der Aufschluß über die Struktur des Dorfes und über die angestrebten, durchsetzbaren Maßnahmen der Verbesserung geben mußte[18]. Zu diesem Zeitpunkt existierten jedoch kaum entsprechende Pläne, so daß es zunächst nur zu kurzfristig aufgestellten Erneuerungskonzepten anstelle einer anvisierten ganzheitlichen Dorferneuerungsplanung kam, die sich erst längerfristig entwickeln konnte und auf Länderebene gefördert wurde[19]. Die Nachteile der Dorferneuerung innerhalb des ZIP können dahingehend zusammengefaßt werden, daß zwar verhältnismäßig umfangreiche finanzielle Mittel zur Verfügung standen, die Zielsetzung jedoch eher eine allgemeine Konjunkturbelebung war und weniger eine echte Dorferneuerung auf der Basis sorgfältiger Planung.

Es wurde auch schnell deutlich, daß eine Dorferneuerung keine extern aufoktruierte Maßnahme sein kann, sondern daß für einen Erfolg eine intensive und rechtzeitige Bürgerbeteiligung erforderlich ist[20].

Die Grundsätze für die Förderung sind im jeweiligen Rahmenplan der Gemeinschaftsaufgabe "Verbesserung der Agrarstruktur und des Küstenschutzes" enthalten und beziehen sich generell auf "eine Förderung in Gemeinden und Ortsteilen, deren Siedlungsstruktur durch die Land- und Forstwirtschaft geprägt ist"[21].

In Niedersachsen wurde auf Landesebene das Modellvorhaben Dorferneuerung zwei Jahre nach Auslaufen des Zukunftsinvestitionsprogramms nach umfangreicher Auswertung der dort gewonnenen Erfahrungen gestartet[22]. Dieses Modellvorhaben, das sich auf 12 ausgewählte Dörfer in Niedersachsen erstreckte, sollte die "Vorreiterrolle" für ein später geplantes Landesprogramm Dorferneuerung spielen, in dem die gewonnenen Erkenntnisse berücksichtigt werden sollten. Diese fanden zunächst ihren Niederschlag im Erlaß der "Richtlinien über die Gewährung von Zuwendungen zur Dorferneuerung"[23], die in der heute gültigen Fassung das Verfahren der Dorferneuerung regeln und Einzelheiten hinsichtlich der Förderung, der Zuwendungsvoraussetzungen sowie weitere Bestimmungen zu Art, Höhe etc. der Zuwendungen enthalten.

---

[18] HENKEL, 1979(a), S. 139.

[19] Eine weitere Förderung hatte nach dem 1988 verabschiedeten, sog. Strukturhilfegesetz bestanden, die für Niedersachsen jedoch 1992 endete.

[20] Diesem wurde besonders in dem Niedersächsischen "Modellvorhaben Dorferneuerung" (1982-1984) Rechnung getragen, wo die Bürgerbeteiligung im Mittelpunkt der Dorferneuerung stand.

[21] BUNDESTAGSDRUCKSACHE 11/4330, S. 26.

[22] Mit der Planung war schon 1981 begonnen worden, die Mittel waren im Haushalt von 1982 bereitgestellt worden; s. LANDZETTEL, 1985, S. 3.

[23] Die sog. "Dorferneuerungsrichtlinien"; RICHTLINIEN über die Gewährung von Zuwendungen zur Dorferneuerung mit Runderlaß vom 28.09.1984 (mit Änderungen vom 30.8.1985 und 3.3.1989).

In den Jahren 1989 bis 1992 war in Niedersachsen zusätzlich eine Förderung von Dorferneuerungsvorhaben aus Strukturhilfemitteln des Bundes möglich, die jedoch aufgrund der erfolgten Erweiterung des Bundesgebietes zum Endes des Jahres 1992 auslaufen, so daß prinzipiell außerhalb der Flurbereinigung die Förderung nur nach den oben erwähnten Richtlinien im Rahmen der Gemeinschaftsaufgabe des Bundes und der Länder möglich ist[24].
Ab 1993 ist in Niedersachsen schließlich die Einrichtung des seit langem geplanten eigenen Landesprogramms zur Dorferneuerung vorgesehen.
Die Dorferneuerung hat seit ihrem Beginn ähnlich wie die Flurbereinigung eine deutliche Entwicklung durchlaufen, da sie sich auch den allgemein gewandelten umweltpolitischen Erfordernissen anpassen mußte. Hier ist besonders auf den derzeit im Vordergrund stehenden Ansatz der Dorfökologie[25] innerhalb der Dorferneuerung hinzuweisen, durch den die Belange des Naturschutzes und der Landschaftspflege auch im Ortsbereich berücksichtigt werden, während früher zunächst siedlungsstrukturelle, bauliche und verkehrstechnische Aspekte dominierten. In Niedersachsen gab es hierfür eine modellhafte Untersuchung "Dorfökologie in der Dorferneuerung", die in drei Beispieldörfern durchgeführt und deren Abschlußbericht 1990 vorgelegt wurde[26]. Eine genaue Darstellung dieses Bereiches erscheint im Rahmen dieser Studie nicht möglich. Es handelt sich hierbei jedoch um ein in der allgemeinen Literatur noch wenig erforschtes Gebiet[27], das aufgrund der heutigen Umweltproblematik und des vor dem Hintergrund überfüllter Städte aufgewerteten ländlichen Raumes stark an Bedeutung gewonnen hat.

---

[24]Der Landkreis Cuxhaven ist darüberhinaus sog. "Ziel 5 b-Gebiet", für das in den Jahren 1991 bis 1993 noch die sog. "EG-Strukturfondmittel Ziel 5 b" zur Förderung der Entwicklung des ländlichen Raumes bestehen. Für den Zeitraum von insgesamt drei Jahren sind 4,2 Millionen DM für Dorferneuerungen bereitgestellt. In Niedersachsen sind insgesamt acht Landkreise als ländliche Gebiete im Sinne des Ziels 5 b von der EG-Kommission anerkannt worden. Für eine entsprechende Förderung müssen hier nachfolgende Kriterien erfüllt sein:
- hoher Anteil der in der Landwirtschaft beschäftigten Personen im Vergleich zur Gesamtzahl der Erwerbstätigen
- niedriges Agrareinkommen, ausgedrückt insbesondere als landwirtschaftliche Bruttowertschöpfung je landwirtschaftliche Arbeitseinheit
- niedriger sozioökonomischer Entwicklungsstand, beurteilt nach dem Bruttoinlandsprodukt pro Kopf.
ARBEITSBERICHT der niedersächsischen Agrarstrukturverwaltung, 1991, S.63.

[25]Der Begriff "Dorfökologie" ist noch jung und beschäftigt sich mit der Frage, inwieweit Werte und Normen, insbesondere des Natur- und Umweltschutzes, zu dem System "Leben im Dorf" in Beziehung stehen bzw. darin eingebracht werden können. Integriert sind in die Dorfökologie auch gesellschaftliche Wert- und Zielvorstellungen. "Dorfökologie will die Weiterentwicklung der Lebensabläufe im Dorf unter Beachtung ökologischer und ökonomischer Gesetzmäßigkeiten"; MAGEL, 1983, S. 140 f.

[26]DORFÖKOLOGIE - Dorferneuerung in Niedersachsen, 1990.

[27]Hier ist zunächst auf die einschlägigen Aufsätze von MAGEL (1983 u. 1988) und ALTHAUS (1984) zu verweisen.

II   Regionale Entwicklungen im Elbe-Weser-Raum

1   Analyse regionaler Beispiele

1.1   Die "klassische" Flurbereinigung nach § 1 des Flurbereinigungsgesetzes

In diesem zweiten anwendungsbezogenen Teil der Studie sollen die in den vorangegangenen Kapiteln dargelegten Entwicklungen an Fallbeispielen nachvollzogen werden. Der Abschnitt wurde in Verfahrensgruppen nach den bekannten Flurbereinigungsgruppen untergliedert, denen die Einzelbeispiele zugeordnet sind.
Am Ende des Kapitels folgt eine Zusammenfassung der festgestellten Entwicklung mit einer abschließenden Gesamtbewertung auch vor dem Hintergrund der diesbezüglichen Verhältnisse auf Landesebene.

1.1.1   Die Flurbereinigung Hesedorf (1960-1979)

Hesedorf liegt ca. 3 km südöstlich von Bremervörde im Winkel zwischen der Bundesstraße B 74 von Stade im Norden und der B 71 von Zeven und Rotenburg im Süden kommend[1].
Der Raum Bremervörde ist ein deutlich landwirtschaftlich geprägter Raum. In der Agrarkarte des Landes Niedersachsen von 1980 ist diese Region im nördlichen Teil der Hamme-Oste-Niederung als Agrargebiet II[2] ausgewiesen.
In der Gemarkung Bremervörde und Hesedorf wurde in den Jahren 1960-1968 eine Flurbereinigung durchgeführt, die nach § 1 des Flurbereinigungsgesetzes von 1953 eingeleitet wurde.
Das Flurbereinigungsgebiet gliedert sich in mehrere deutlich zu unterscheidende kulturlandschaftliche Einheiten: Nördlich der Linie Bremervörde - Horner Holz am unteren Ende des Oste-Schwinge-Kanals bildet die

---

[1] Vgl. Karte 10.1.

[2] Definition von Agrargebieten und landwirtschaftlichen Problemgebieten nach der AGRARKARTE des Landes Niedersachsen, 1980:

Agrargebiete
    Agrargebiet I: - Gebiete mit vorherrschend günstiger landwirtschaftlicher Betriebs- und Produktionsstruktur
    Agrargebiet II: - Gebiete mit entwicklungsfähiger landwirtschaftlicher Betriebs- und Produktionsstruktur (überwiegend entwicklungsfähig durch Agrarstrukturverbesserungsmaßnahmen)

Landwirtschaftliche Problemgebiete
    Problemgebiet I: - schwach strukturierte Gebiete, die nur durch gesamtwirtschaftliche Maßnahmen in Verbindung mit Maßnahmen zur Veränderung der landwirtschaftlichen Betriebs- und Produktionsstruktur saniert werden können
    Problemgebiet II: - Gebiete mit geringer entwicklungsfähiger landwirtschaftlicher Betriebs- und Produktionsstruktur.

Senke des Horner Moores mit Höhen um 5-7 m über NN (oberer Kartenausschnitt) den nördlichen Teil des Flurbereinigungsgebietes, an den im Süden das Vörder Feld angrenzt, eine Geestaufwölbung mit Höhen zwischen 10 und 17 m über NN. Im Osten schließt das außerhalb des Verfahrensgebietes liegende zusammenhängende Waldgebiet des Horner Holzes an.

Durch den Pulvermühlenbach (und die Bahntrasse der Strecke Bremervörde-Stade) von dem Waldgebiet des Horner Holzes getrennt liegt im Süden die Gemarkung Hesedorf mit der Ortschaft (vom Verfahren ausgeschlossen), umgeben von dem nach Süden hin allmählich bis zu Höhen um 15 m über NN ansteigenden Gelände, in das die Niederungen der Fließgewässer Hese und Fischgraben eingebettet sind. Die südliche Grenze des Verfahrensgebietes bildet das geschlossene Waldgebiet des Staatsforstes Beverner Wald.

Die Ackerflächen der Gemarkung konzentrieren sich von jeher sowohl im Bereich des Vörder Feldes als auch im Osten in der Bosteler Heide[3].
Der Kulturlandschaftswandel während der vergangenen Jahrhunderte infolge intensiver landwirtschaftlicher Nutzung und Aufsiedelung durch die Nähe von Bremervörde war erheblich, die ehemaligen Heideflächen und das weiträumige Moorgebiet nördlich des Vörder Feldes wurden größtenteils dezimiert. In den Jahren 1843 bis 1856 fand eine Spezialteilung mit Verkoppelung statt[4], die sich jedoch nur in einem östlich der Ortschaft liegenden Teil mit dem hier gewählten Flurbereinigungsgebiet überschneidet.

Die in den Jahren 1960 bis 1979 durchgeführte Flurbereinigung in Hesedorf wurde als Beispiel ausgewählt, da es sich um eines der frühen nach dem im Jahre 1953 erlassenen Flurbereinigungsgesetz eingeleiteten Verfahren handelt, das noch deutlich vor Einsetzen des in den vorstehenden Kapiteln dargelegten Wandels im Flurbereinigungswesen stattfand. Entsprechend gestaltete sich die Durchführung der Flurbereinigungsmaßnahmen[5].

Im Einleitungsbeschluß wird als Grund für die Durchführung der Flurbereinigung primär die vorhandene Besitzerzersplitterung bei den dem Verfahren unterliegenden Grundstücken sowie das unzureichende Wege- und Gewässernetz genannt. Insbesondere durch eine Zusammenlegung der Grundstücke und den Ausbau des Wegenetzes sollten hier Verbesserungen der Landeskultur erreicht werden.

---

[3] Dies verdeutlicht schon die Kurhannoversche Landesaufnahme von 1764 (Blatt 17, Bremervörde). Auf eine zeichnerische Darstellung wurde hier verzichtet, da in diesem Beispiel ein historischer Vergleich nicht im Vordergrund steht.

[4] Spezialteilung und Verkoppelung (AZ: Brv. 80).

[5] Die im folgenden aufgeführten Daten und Sachinformationen wurden den Archivakten dieses Flurbereinigungsverfahrens entnommen und teilweise durch mündliche Auskünfte des zuständigen Dezernenten ergänzt; s. Archivakte und Flurbereinigungsplan der FLURBEREINIGUNG Hesedorf, 1960-1979.

Das Verfahrensgebiet wurde in den zu verbessernden Bereichen folgendermaßen klassifiziert:

- <u>Ackerland</u>: 31% der Verfahrensfläche (390 ha), davon 230 ha als geschlossene Ackerfläche (Vörder Feld), der Rest südlich der Ortslage in der Gemarkung Hesedorf und beidseitig der Landesstraße nach Horneburg[6].

- <u>Grünland</u>: 54% der Verfahrensfläche (680 ha), überwiegend im kultivierten Horner und Elmerdammsmoor im Norden des Flurbereinigungsgebietes mit im Vergleich zu den anderen Grünlandstandorten östlich von Hesedorf schlechteren Bodenverhältnissen[7].

- <u>Verkehr</u>: Zur Zeit der Durchführung des Verfahrens wurde davon ausgegangen, daß die geplante Umgehungsstraße im Zuge der B 71 zur Entlastung Bremervördes durch das Verfahrensgebiet laufen würde. Aus diesem Grund wurde als Verfahrensgrenze der voraussichtliche östliche Trassenrand dieser Umgehung gewählt, um die Flurbereinigung ungestört von überörtlicher Verkehrsplanung und eventuell damit zusammenhängender Bodenspekulation durchführen zu können (vgl. auch Fußnote 9).

Im Rahmen der Flurbereinigung, die sich über eine Verfahrensfläche von 1175 ha erstreckte, sollten folgende Maßnahmen durchgeführt werden:

- Zusammenlegung von Grundstücken
- Ausbau eines zweckmäßigen Wege- und Gewässernetzes
- Aussiedlungen aus der Ortslage[8]
- Anlage von Windschutzstreifen

Es wurden außer der in der Planung berücksichtigten Umgehungsstraße keine neuen öffentlichen Wege geplant[9]. Die auszubauenden öffentlichen Wege und die Wirtschaftswege sollten eine Befestigungsbreite von 3 m haben. Als Befestigungsart wurde Verbundstein vorgesehen[10]; in zwei Abschnitten erhielten neuangelegte Wirtschaftswege eine Schwarzdeckenbefestigung[11].

Zur Bewertung des kulturlandschaftlichen Einflusses dieses Flurbereinigungsverfahrens wurde das Vörder Feld als Ausschnitt aus dem Verfahrens-

---

[6] Für diesen Bereich wird im Schätzungsgutachten besonders auf die Notwendigkeit der Anlage von Windschutzstreifen hingewiesen.

[7] Im Schätzungsgutachten werden für dieses Gebiet Tiefkulturmaßnahmen (Tiefpflügen, Drainage) empfohlen.

[8] Aussiedlungen sind nicht durchgeführt worden. Wie auch in vielen anderen Flurbereinigungsverfahren scheiterte die Aussiedlung von Betrieben aus der Ortslage in andere Flächen der Gemarkung häufig an der fehlenden Bereitschaft der Teilnehmer zu diesem Schritt.

[9] Eine Ausnahme bildete die ehemals geplante Umgehungsstraße von Bremervörde (durch Verlegung der Bundesstraßen Nr. 71 und 74), die in der Flurbereinigungsplanung berücksichtigt wurde. Die geplante Trasse sollte westlich von Hesedorf die von Süden kommende B 71 nach Norden bis zur B 74 verlängern.

[10] Bei Verbundstein handelte es sich um eine zu der Zeit gängige Befestigungsart, die zwar teurer war als andere Befestigungen, jedoch aufgrund ihrer zu erwartenden längeren Haltbarkeit bevorzugt wurde und erst im Zuge der weiteren Entwicklung von Straßenbefestigungen durch die sich allmählich durchsetzende Schwarzdeckenbefestigung (Bitumen) abgelöst wurde.

[11] Vgl. Karte 10.2.

gebiet gewählt, da sich hier die Maßnahmen dieses Verfahrens konzentrierten.
Die feststellbaren Veränderungen betreffen nur die Gelände- und Vegetationsstruktur. Änderungen bei letzterer haben sich im Verfahrensgebiet nur im ehemaligen Moorgebiet des Elmerdamms- und Horner Moors nördlich des Vörder Feldes vollzogen, da dieses Gebiet nahezu geschlossen in Grünlandnutzung überführt wurde. Die Vorgabe im Verfahren hatte darin bestanden, diese Moorflächen in Ackerland zu verwandeln, die Genehmigung zum Tiefpflügen lag vor. Aus Kostenerwägungen und privaten Nutzungsinteressen (Jagd) wurden diese ursprünglich geplanten Maßnahmen nicht durchgeführt, sondern die Moorflächen lediglich durch Drainagemaßnahmen als Weideland nutzbar gemacht.

Die auffällig sichtbaren Veränderungen fallen in den Bereich der Geländestruktur und können am gewählten Kartenausschnitt aufgezeigt werden.
Wie in den zuvor analysierten Verkoppelungs- und Umlegungsbeispielen vor und um die Jahrhundertwende betreffen auch hier die festgestellten Veränderungen den Wirtschaftswegebau und treten als linienhafte Strukturelemente in den Vordergrund. Auch im Beispiel Hesedorf wurde das alte Wirtschaftswegenetz aufgelöst und durch ein funktionales, größtenteils rechtwinkliges Gefüge überdeckt. Die im Ausschnitt dargestellte Windschutzstreifenbepflanzung unterstützt diese Struktur durch wegparallele Anlage.
Die Flächenzusammenlegung kann gemäß den in diesem Zusammenhang in vorangegangenen Abschnitten angestellten Überlegungen nicht als Kulturlandschaftswandel angesprochen werden, da die Flächennutzung unverändert blieb. Die Lage des neuen und alten Besitzstandes ist in Karte 10.2 am Beispiel einer Eigentümereinheit dargestellt[12]. Der Besitz bestand vor der Flurbereinigung aus 33 einzelnen Flurstücken (bis auf 0,0034 ha ausschließlich Ackerland), die zu 5 zusammenhängenden Flächen von insgesamt 66,1833 ha zusammengefaßt wurden, was einem Zusammenlegungsverhältnis von 1:6 in diesem Fall entspricht. Diese für damalige Verhältnisse durchschnittliche bis gute Quote wird in heutigen Verfahren kaum noch erreicht und ist aufgrund des allgemein geänderten Flurbereinigungscharakters schon seit längerem kein vorrangiges Ziel bei der Durchführung von Flurbereinigungen mehr.

Die agrarwirtschaftliche Situation hat sich im Erhebungszeitraum zwischen 1949 und 1987[13] in mehreren Punkten erheblich geändert, wobei sich nur in einem Punkt ein Zusammenhang mit den durchgeführten Agrarstrukturmaßnahmen vermuten läßt:
Generell ist ein Bedeutungsrückgang der Landwirtschaft zu erkennen, der sich an einem kontinuierlichen Rückgang der landwirtschaftlichen Betriebe seit 1949 von 102 auf 40 Betriebe 1987 zeigt. Die landwirtschaftlich genutzte Fläche nahm ebenfalls ab, jedoch nur um ca. 5%.

---

[12]Genehmigt durch die Amtsleitung des Amtes für Agrarstruktur Bremerhaven.

[13]Vgl. Tab. 9.1-9.6.

Im Zeitraum der Flurbereinigung veränderte sich die Flächennutzung dahingehend, daß der Flächenanteil von Ackerland und Dauergrünland zugunsten des Futterpflanzenanbaus abnahm, der besonders nach 1971 einen drastischen Zuwachs erfuhr[14]. Der Viehbestand stieg im gleichen Zeitraum um 633 Tiere bei einer gleichzeitigen Abnahme der Anzahl der Betriebe mit Viehhaltung um annähernd 50%. Die hieraus erkennbare Entwicklung zur intensiven Tierhaltung mit hohem Bedarf an Futterpflanzen und Weideflächen spiegelt sich in der deutlichen Zunahme der in nicht-ackerbauliche Nutzung überführten Ödlandbereiche der von den Flurbereinigungsmaßnahmen erfaßten Flächen wider.

Der Bedeutungsrückgang der Landwirtschaft wird auch durch die Veränderungen in der Erwerbstätigenstruktur mit einer Verschiebung des Schwergewichts von der Land- und Forstwirtschaft zugunsten anderer Wirtschaftsbereiche deutlich:

Tab. 10.1: ENTWICKLUNG DER ERWERBSTÄTIGENSTRUKTUR IN HESEDORF 1960-1987:

Jahr	Erwerbstätige im Wirtschaftsbereich							
	Land./Forst.-		Prod.Gew.		Handel/Verk.		Übr./Dlstg.	
	Anz.	%	Anz.	%	Anz.	%	Anz.	%
1960	191	31	169	27	70	11	194	31
1970	81	12,1	200	29,9	86	12,8	303	45,2
1987	39	4,8	227	28,2	119	14,7	422	52,3

Quelle: Vgl. Tab. 9.1 - 9-6.

Der Anteil der in der Land- und Forstwirtschaft Beschäftigten nahm markant zugunsten anderer Wirtschaftsbereiche ab, wobei der stärkste Zuwachs im Dienstleistungssektor zu erkennen ist. Dies ist in diesem Fall besonders mit der Nähe zu Bremervörde als übergeordnetes Zentrum[15] zu erklären, das ein größeres Angebot an nicht-landwirtschaftlichen Arbeitsplätzen bietet.

Zusammenfassend stellt die in Hesedorf durchgeführte Flurbereinigung nach § 1 des Flurbereinigungsgesetzes von 1953 ein typisches Verfahren dieser Gruppe aus der Zeit vor der Novellierung des Gesetzes im Jahre 1976 dar, dessen Schwerpunkt auf der ausschließlichen Verbesserung der agrarstrukturellen Verhältnisse durch Maßnahmen des Wirtschaftswegebaus und der Melioration zur Erschließung von Ödland und zur verbesserten Grünlandnutzung lag.

---

[14] Vgl. Tab. 9.1 - 9.6.

[15] Bremervörde ist im regionalen Raumordnungsprogramm für den Landkreis Rotenburg(W) von 1985 als Mittelzentrum ausgewiesen.

Karte 10.1: FLURBEREINIGUNG HESEDORF (1960 - 1979)
KULTURLANDSCHAFT VOR DEM VERFAHREN

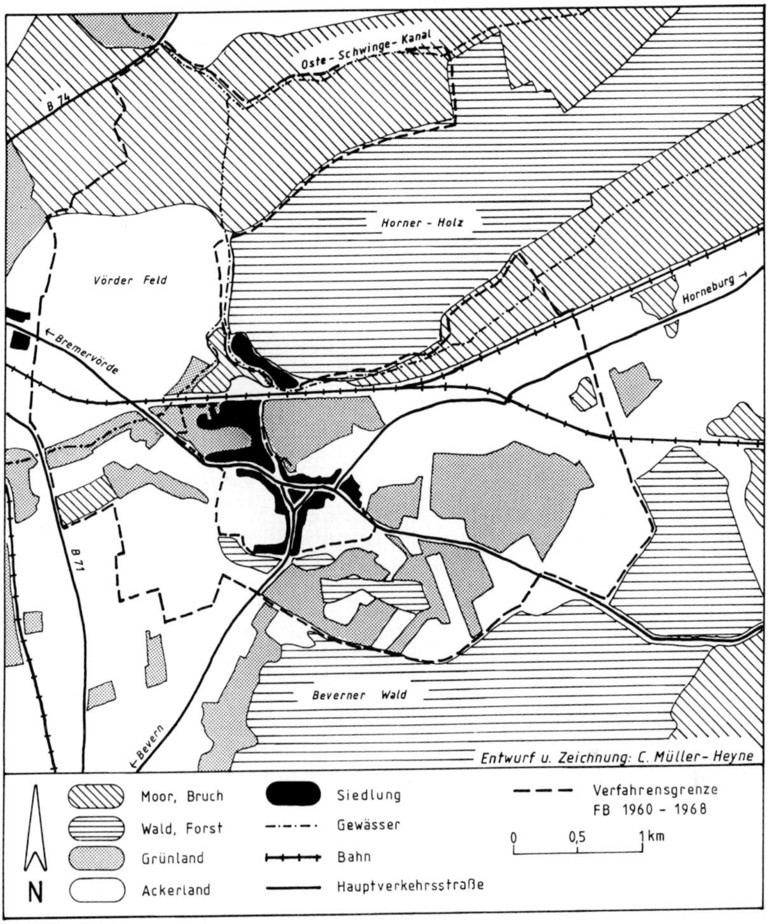

Quelle: Meßtischblatt der Preußischen Landesaufnahme 1:25.000, Blatt Bevern, Ausgabe 1956.

Karte 10.2: **FLURBEREINIGUNG HESEDORF (1960 - 1979):**
MASSNAHMEN DER FLURBEREINIGUNG (Ausschnitt)

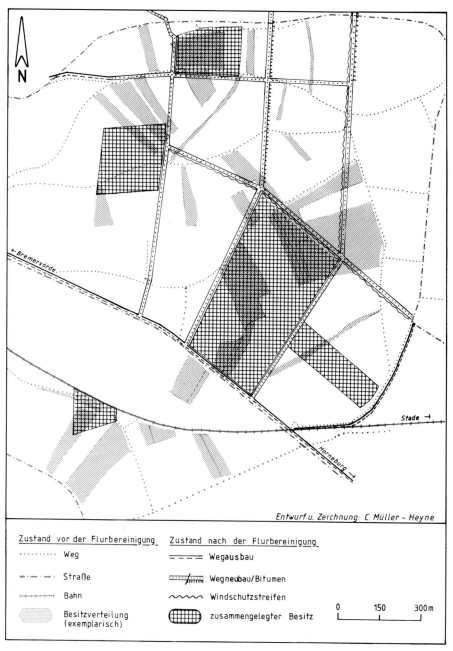

Quelle: Flurbereinigungsplan der FLURBEREINIGUNG Hesedorf (AZ: Brv.128), 1968.

1.1.2 Die Flurbereinigung Geesteniederung Süd (1961-1992)

Das zweite Beispielverfahren dieser Gruppe wurde ausgewählt, weil aufgrund der räumlichen Überschneidung mit dem im ersten praktischen Teil (Kap. C III 2.3) untersuchten Verfahren Sellstedt zum einen ein durchgehender Vergleich der kulturräumlichen Entwicklung ermöglicht wird und dieses Verfahren zum anderen durch seine umfangreichen Entwässerungsmaßnahmen ein typisches Beispiel für die Gruppe der frühen, großen integralen Flurbereinigungen nach § 1 (FlurbG) darstellt.

In der hier untersuchten Gemeinde Sellstedt haben die mit den morphologischen Verhältnissen verbundenen Probleme (Lage im Niederungsgebiet der mittleren und unteren Geeste) dazu geführt, daß in dem Raum schwerpunktartig Maßnahmen zur Verbesserung der Agrarstruktur durchgeführt wurden und derzeit noch werden[1].
In der Agrarkarte des Landes Niedersachsen ist die Gemeinde Sellstedt als Agrargebiet II ausgewiesen[2]. Sie bildet einen räumlichen Schwerpunkt für die vorrangige Entwicklung der Agrarstruktur im Regierungsbezirk Lüneburg[3].
Bei den Böden entlang des Flußlaufs handelt es sich um teilweise überschlickte Niedermoorböden und nährstoffarme Hochmoorböden, die zu den Geesträndern hin in humose Sandböden übergehen, welche im Untersuchungsraum feucht bis naß und grundwasserbeeinflußt sind[4]. Die Böden in den Flußniederungen sind auch nach Melioration absolute Grünlandstandorte.
Für die Entwässerung ist die Geeste mit ihren Zuflüssen Hauptvorflut.

In der Gemeinde Sellstedt im ehemaligen Landkreis Wesermünde (heute Cuxhaven) hatte man sich ab 1956 und verstärkt ab 1960 um die Durchführung einer integralen Flurneuordnung bemüht und im Sommer 1960 eine solche Flurbereinigung beim Niedersächsischen Kulturamt in Bremerhaven beantragt. Die Anordnung geschah per Beschluß im November 1961, die Schlußfeststellung beendete das Verfahren 1992[5].

---

[1] Vgl. Karte 9.e und 9.f: Gruppenflurbereinigungen Geesteniederung Süd und Nord, Kührstedt-Ringstedt, Köhlen und Wehdel-Geestenseth mit einem Gesamtflächenumfang von rund 17 000 ha. Diese Unternehmungen basierten auf dem vom Wasser- und Bodenverband Geesteniederung aufgestellten "Generalplan für die Melioration der Geesteniederung" von 1958, der die Entwässerung der Niederung durch die Anlage von Poldern und Schöpfwerken, den Ausbau der Vorflut, die Bedeichung der Geeste und die Kultivierung der landwirtschaftlich nutzbaren Flächen durch intensive Dränung vorsah (im Rahmen der Flurbereinigung durchzuführen).

[2] Vgl. die Erläuterungen zur Agrarkarte in Fußnote 2, Kapitel D II 1.1.1 (Flurbereinigung Hesedorf).

[3] Vgl. auch Regionaler agrarstruktureller ENTWICKLUNGSPLAN für den Regierungsbezirk Lüneburg 1983-1987, 1982, S. 55 f.

[4] Bodenkundliche STANDORTKARTE, 1978.

[5] Die im folgenden ausgewerteten Daten wurden den Archivakten des Flurbereinigungsverfahrens Geesteniederung Süd entnommen und teilweise durch mündliche Auskünfte des zuständigen Dezernenten ergänzt; s. Ar-

Das Verfahrensgebiet umfaßt den ganzen Gemeindebezirk Bramel und Sellstedt mit Ausnahme der Ortslage und des Siedlungsgebietes im Westen entlang der Landstraße nach Schiffdorf. Es erstreckt sich von der Geeste im Norden bis zum Oberlauf der Rohr im Süden, die zugleich die Grenze zu dem im Norden anschließenden, gleichzeitig eingeleiteten Flurbereinigungsverfahren Geesteniederung Nord und zur Flurbereinigung Donnern im Süden (1957 eingeleitet) bildete. Im Wesen schließt sich das 1966 initiierte Verfahren Schiffdorf[6] und im Osten das von Wehdel-Geestenseth an.
Die Verfahrensfläche beträgt 3 432 ha mit 560 Teilnehmern, die in einer Teilnehmergesellschaft zusammengefaßt wurden ("Teilnehmergesellschaft der Flurbereiniung Geesteniederung Süd, Kreis Wesermünde 24").
Als wichtigste Aufgabe dieser Flurbereinigung wurde die Melioration des gesamten Gebietes angesehen, das zu 70% unter 3 m über NN liegt und in welchem die landwirtschaftliche Nutzung durch mangelnde Entwässerung stark bedroht war.
In den ersten Vorüberlegungen zu einem Flurbereinigungsverfahren im Jahre 1956 wurden folgende Maßnahmen beantragt: Ausbau der Vorflut, Binnenentwässerung, Dränung, Schöpfwerkbau sowie Befestigung des Wegenetzes.
Die agrarstrukturellen Verhältnisse vor der Flurbereinigung waren durch eine klein- bis mittelbäuerliche Betriebsstruktur mit einer (im Vergleich zu heute) hohen Zahl von Betrieben gekennzeichnet, wobei die Zahl der Betriebe mit Flächen unter 15 ha überwog[7]. Die Flächen in Ackernutzung betrugen 16-25% der gesamten landwirtschaftlichen Nutzfläche. Der Viehbesatz galt als annähernd durchschnittlich, das gleiche galt für die Mechanisierung der Betriebe.

Die vorhandenen Ackerflächen wurden im Dreifelder-System bearbeitet, wobei eine feste Einteilung der Schläge aufgrund der Vielzahl der Flächen und der unterschiedlichen Wasserverhältnisse nicht möglich war. Der gesamte Grünlandbereich war von Gräben durchzogen, die vor der Flurbereinigung als Grenze und zugleich als Viehtränke dienten. Es wurde erkannt, daß dieses System nach einer umfangreichen Entwässerung und Dränung aufgrund der Bodensackung aufgegeben werden müsse, so daß schon aus diesem Grunde eine Zusammenlegung von Teilstücken (Mindestgröße 6 ha) erforderlich sei. Als Grenzen waren dann die verbliebenen offenen Gräben sowie zu ziehende Zäune vorgesehen. Das System dieser Entwässerungs- und Grenz-

---

chivakte und Flurbereinigungsplan der FLURBEREINIGUNG Geesteniederung Süd, 1961-1992.

[6] Das Verfahren Schiffdorf war deutlich kleiner (267 ha), da hier aufgrund der von Bremerhaven ausgehenden zunehmenden Wohnbebauung nicht die Ausdehnung und Festigung der landwirtschaftlichen Nutzung im Vordergrund stand, sondern vermehrt Feldlagen für Wohnbebauung vorgesehen waren.

[7] Erhebung durch die Landwirtschaftskammer Hannover; Archivakte der FLURBEREINIGUNG Geesteniederung Süd, 1961-1992.

gräben und sein Wandel nach Durchführung der Flurbereinigung ist beim Vergleich der Kartenausschnitte 11.1 und 11.2 deutlich zu erkennen[8].
Vom Landkreis Wesermünde war für das gesamte Gebiet des Entwässerungsverbandes der Geesteniederung (etwa 10 000 ha, davon 2 300 ha in der Gemarkung Sellstedt) der erwähnte Generalplan zur umfassenden Wasserregulierung aufgestellt worden. Für das Verfahrensgebiet der Flurbereinigung Geesteniederung Süd waren im einzelnen die Schaffung von vier Poldern mit je einem Schöpfwerk, die Verbreiterung und Begradigung der Geeste als Hauptvorfluter, die Eindeichung des Sellstedter Sees als Hochwasserausgleichsbecken sowie der Bau von Kanälen geplant. Die Wegeverhältnisse wurden in dem Vorplanungsgutachten als ebenfalls unzureichend angesehen, da der Verkehr mit neuzeitlichem landwirtschaftlichen Gerät auf den meisten Wegstrecken unmöglich war.
Bei Einleitung des Verfahrens wurde eine Durchführung nach § 1 des Flurbereinigungsgesetzes von 1953 beantragt, da alle Voraussetzungen als gegeben angesehen wurden[9].
Der Rohentwurf des Wege- und Gewässerplanes sah folgende in diesem Verfahren durchzuführende Maßnahmen vor:

- <u>Wegebau</u>: Ausbau öffentlicher Wege sowie Aus- und Neubau des Wirtschaftswegenetzes
- <u>Gewässerbau</u>: Kanal- und Grabenbau (offene Anlage), insbesondere Ausbau der Entwässerungsanlagen in den Gebieten unter 3 m über NN; Polderbau zwischen der Geeste und der Ortslage Bramel sowie im Bereich des Sellstedter Sees mit jeweils eigenen Schöpfwerken,
- <u>Windschutz</u>: Schutzpflanzungen im Geest- und Moorgebiet zum Erosionsschutz und zur Gliederung der offenen Landschaft,
- <u>Auflockerung der Ortslage</u>: Aussiedlungen,
- <u>Landbau</u>: Flach- und Tiefumbruch zur Verbesserung des Acker-Grünlandverhältnisses,
- <u>Rodungen</u>: nur im Bereich der zu kultivierenden Moore,
- <u>Aufforstungen</u>: in "Restkeilen" unkultivierbarer Flächen und im Gebiet der Altarme von Bächen,
- <u>Ödlandkultivierungen</u>: Kultivierung der im Verfahrensgebiet liegenden Moorflächen,
- <u>Maßnahmen zur Verbesserung der Agrarstruktur</u>: Beseitigung der Besitzzersplitterung und der unwirtschaftlichen Grundstücksformen.

Bei der Planung des inneren Verkehrsnetzes sollte weitestgehend auf das bestehende Wegenetz zurückgegriffen werden, und nur in den ursprünglich stark vermoorten Gebietsteilen sollte dieses aufgrund der geringen Tragfähigkeit des Moorbodens umgestaltet werden (südlich des Sellstedter

---

[8] Aufgrund der zeichnerischen Genauigkeit wurde in dieser Kartendarstellung die ausschnittweise Abbildung der Topographischen Karten 1:25 000 der Ausgaben 1956 und 1990 gewählt.

[9] Vorplanungsgutachten der Landbauaußenstelle Stade und Bestätigung der Landwirtschaftskammer Hannover 1960, Archivakte (AZ: W 24).

Sees). Generell wurde das bestehende Wegenetz mit Wegabständen von z.T. nur 200 m als vielfach zu dicht angesehen.

Das Wege- und Gewässernetz vor der Flurbereinigung ist in seinem südöstlichen Bereich im Ausschnitt dargestellt (Karte 11.4): Sie zeigt das dichte System der Wirtschaftswege, das in seiner Struktur bereits im Zuge der ersten Verkoppelung angelegt worden war, allerdings größtenteils unbefestigt blieb. Der von der Ortslage Sellstedt nach Norden führende Fahrweg (Ortsverbindung Sellstedt-Bramel, "Bobetsdamm") war für eine Höherstufung zur Kreisstraße (= Landesstraße 2. Ordnung) vorgesehen. Geplant war der Ausbau der öffentlichen Wege auf einer Länge von 3 km und der der Wirtschaftswege auf 77 km Länge mit einer resultierenden Wegenetzdichte von 26,5 m/ha.

Die Kronenbreite der Ortsverbindungen sollte 9,0 m betragen, die der Wirtschaftswege 7,0 m. Als Wegebefestigung wurde bei der einfachen Befestigung Sandaufschüttung, in den weicheren Moorgebieten Schlacke vorgesehen.

Zur Durchführung kamen folgende Wegebauleistungen[10]:

```
Einfache Befestigung  (Schlacke/Sand)  41,252
Leichte Befestigung   (Spurbahn)        7,473
                      (Pflaster)        1,133
Schwere Befestigung   (Beton)          30,811
                      (Bitumen)         0,529
```

Am deutlichsten zeigen sich die Veränderungen im Gebiet südlich des Sellstedter Sees im Vergleich der Karten 11.4 und 11.6. Dort wurde das engmaschige Netz der größtenteils unbefestigten Wirtschaftswege, die bautechnisch falsch im tiefen Moor angelegt waren, weitgehend aufgelöst, desgleichen im Nordosten der Ortslage. Bei den nach Durchführung der Maßnahmen verbliebenen unbefestigten Wegen handelt es sich entweder um Stichwege oder Verbindungswege mit sekundärer Bedeutung.

Die Neugestaltung des Wegenetzes setzte eine umfangreiche Entwässerung voraus. An Gewässerbaumaßnahmen wurden durchgeführt:

```
Kanäle und Abzugsgräben (offener Ausbau):  16,786 km
Dränage (Rohrleitungen)                     8,4141 km
```

Die von Dränungsmaßnahmen betroffene Fläche betrug 1 119,58 ha (das entspricht etwa 1/3 der gesamten Verfahrensfläche).

Ein anderes Ziel der Flurbereinigung, nämlich die Verbesserung des Acker-Grünlandverhältnisses, wurde neben der Verbesserung des Wegenetzes ebenfalls erreicht. Dies zeigt sich besonders im Süden und Südosten des Kartenausschnitts (Karte 11.3 und 11.7), wo der Flächenanteil des Ackerlandes gegenüber dem des Grünlandes deutlich zunahm. Die Statistik[11] unterstreicht dieses Ergebnis und läßt darüberhinaus erkennen, daß damit

---

[10] Vgl. Karte 11.5.

[11] Tab. 9.1 - 9.6.

besonders eine Erhöhung des Futterpflanzenanbaus verbunden war. Somit wurde, in Verbindung mit den dränierten Flächen, neben der Ackernutzung eine intensive Grünlandnutzung möglich (Viehaufzucht und Mast). Die vorherrschende Produktionsrichtung ist heute durch Grünlandwirtschaft mit Milchviehhaltung und Futterbau gekennzeichnet. Der agrare Sektor hat wie in fast allen anderen Beispielen insgesamt an Bedeutung verloren, bei den Erwerbstätigen hat sich auch hier eine Verlagerung innerhalb der Wirtschaftsbereiche von der Land- und Forstwirtschaft zu anderen nicht-landwirtschaftlichen Bereichen vollzogen:

Tab. 10.2: ENTWICKLUNG DER ERWERBSTÄTIGENSTRUKTUR IN SELLSTEDT
1960 - 1987

Jahr	Erwerbstätige im Wirtschaftsbereich							
	Land./Forst.		Prod.Gew.		Handel/Verk.		Übr./Dlstg.	
	Anz.	%	Anz.	%	Anz.	%	Anz.	%
1960	237	40,2	211	35	92	15	59	9,8
1970	128	24	205	38,3	112	21	89	16,7
1987	56	8,2	203	29,5	147	21,4	281	40,9

Quelle: Vgl. Tab. 9.1 - 9.6.

Wie im vorangegangenen Beispiel von Hesedorf ist auch hier die Nähe übergeordneter Zentren (Schiffdorf, Bremerhaven) von Bedeutung, wobei durch das Arbeitsplatzangebot und verstärkter Berufspendlertum einer allmählichen Verstädterung dieser ehemals rein ländlich geprägten Orte Vorschub geleistet wird.

Betrachtet man nun die kulturlandschaftlichen Auswirkungen[12], so sind die zu erwartenden Veränderungen unschwer zu erkennen: der ausgedehnte Moorkomplex südwestlich des Sellstedter Sees wurde beseitigt und die Fläche in Grünlandnutzung überführt. Vereinzelte vernäßte, sumpfige Restflächen blieben zwischen der Ortslage und dem Sellstedter See bestehen. Die intensive, im westlichen Teil des Kartenausschnitts durchgeführte Dränung endet am sog. Brameler Randgraben, der die Grenze des Naturschutzgebietes "Ochsentriftmoor" bildet, welches auch den Sellstedter See umfaßt. Entsprechend vergrößerten sich die südlich des Sees in Staunässe stehenden Randbereiche, die keiner landwirtschaftlichen Nutzung mehr unterliegen.

Der Sellstedter See hat eine Größe von ca. 67 ha und stellt als verlandender Hochmoorsee mit seiner geringen Wassertiefe (um 0,5 m) ein gegenüber den Einflüssen der Landwirtschaft sensibles Biotop dar. Ende der 70er Jahre wurde das Gebiet von der oberen Naturschutzbehörde als für den Naturschutz wertvoller Bereich anerkannt und es begannen Bestrebungen, es unter Schutz zu stellen. Da das Flurbereinigungsverfahren bereits weit fortgeschritten war (die Besitzeinweisung war 1972 erfolgt), mußte das

---

[12]Vgl. Karten 11.3 u. 11.7.

Amt für Agrarstruktur in Bremerhaven versuchen, eine wertgleiche Abfindung derjenigen Teilnehmer, denen im neugeplanten Naturschutzgebiet mehr Fläche zugewiesen worden war, als sie vorher dort hatten, herbeizuführen. In diesem Fall wurde versucht, durch Ankauf der Flächen und durch Tausch möglichst viele der im zukünftigen Naturschutzgebiet liegenden Flächen in den Besitz der öffentlichen Hand zu bringen. Hier zeigt sich bereits, wie durch die allmählich stärker in den Vordergrund tretenden Interessen des Naturschutzes und der Landschaftspflege ein Nutzungskonflikt zwischen der Landwirtschaft und dem Naturschutz entstehen konnte, für dessen Lösung noch kein definiertes und erprobtes Schema vorlag. Die Voraussetzungen wurden erst mit der Novellierung des Flurbereinigungsgesetzes von 1976 geschaffen, das die Möglichkeit zur Durchführung von Verfahren auch mit der Primärzielsetzung Naturschutz eröffnete[13].

Die 1992 durch Schlußfeststellung formal beendete Flurbereinigung Geestenniederung Süd stellt ein typisches Beispiel einer sog. integralen Flurneuordnung dar mit umfangreichen Maßnahmen zur Verbesserung der Agrarstruktur und der Wasserregulierung, wie sie nach dem 1953 geschaffenen Flurbereinigungsgesetz in Gebieten eingeleitet wurden, die durch ihre besonderen landwirtschaftlichen Ungunstfaktoren einer Förderung bedurften. Die überwiegend durch Dränung herbeigeführte Entwässerung stellt nach heutigen Gesichtspunkten einen schweren Eingriff in den Naturhaushalt dar, da durch die Verrohrung im Gegensatz zu offenen Gräben keinerlei Möglichkeit zur Neubildung von Biotopen bleibt, wie dies heute durch besondere Grabengestaltung erreicht werden kann[14].
Die intensive Melioration hat naturgemäß zu einem Rückgang der Feuchtflächen geführt, von denen nur Reste (z.B. der Sellstedter See) verblieben, die nach dem Niedersächsischen Moorschutzprogramm als Naturschutzgebiet auszuweisen und zu sichern sind. Auch im Niedersächsischen Landschaftsprogramm von 1989 wurden die Feuchtgrünlandregionen und Moorstandorte dieses Gebietes mit der ersten Prioritätsstufe A (vorrangig schutzbedürftig) versehen[15].
Das im Osten von Sellstedt südlich an den Sellstedter See angrenzende "Wilde Moor" wurde im Moorschutzprogramm erfaßt und untersucht[16]. Die dort empfohlene Unterschutzstellung wurde zum Teil realisiert: die in zweiter Priorität ausgewiesene, an den Grünlandbereich westlich angrenzende Fläche wurde nicht mit in das Naturschutzgebiet aufgenommen, dafür aber der (im Moorschutzprogramm ausgesparte) Sellstedter See.

---

[13]Vgl. Kap. D II 1.3.2.

[14]Vgl. Kap. D II 1.1.3.1.

[15]Niedersächsisches LANDSCHAFTSPROGRAMM, 1989.

[16]Niedersächsisches MOORSCHUTZPROGRAMM Teil 1, 1981, Inventarnummer 442.

FLURBEREINIGUNG GEESTENIEDERUNG SÜD (1961 - 1992)

Karte 11.1: ENTWÄSSERUNGS- UND GRENZGRÄBEN 1956

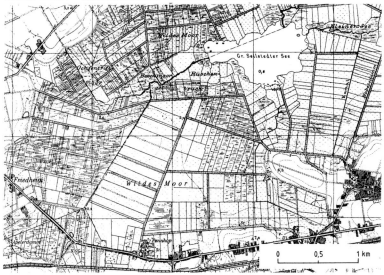

Karte 11.2: ENTWÄSSERUNGS- UND GRENZGRÄBEN 1990

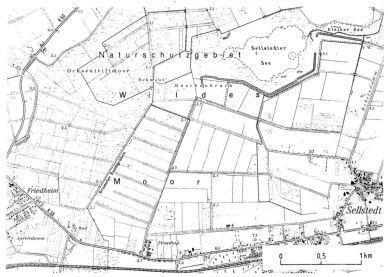

Quellen: Meßtischblatt der Preußischen Landesaufnahme 1:25.000,
Blatt Bramel (Nr.2418), Ausgabe 1956;
TK 1:25.000, Blatt Kührstedt (Nr.2418), 8.Aufl.,1990.
Vervielfältigt mit Erlaubnis des Herausgebers: Nieders.
Landesverwaltungsamt - Landesvermessung - (B-4-721/92)

Karte 11.3: FLURBEREINIGUNG GEESTENIEDERUNG SÜD (1961-1992): KULTURLANDSCHAFT 1956

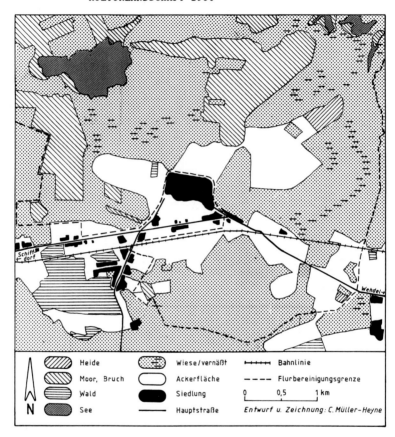

Quelle: Meßtischblatt der Preußischen Landesaufnahme 1:25.000, Blatt Bramel, Ausgabe 1956.

Karte 11.4: FLURBEREINIGUNG GEESTENIEDERUNG SÜD (1961-1992):
WEGE- UND GEWÄSSERNETZ VOR DEM VERFAHREN

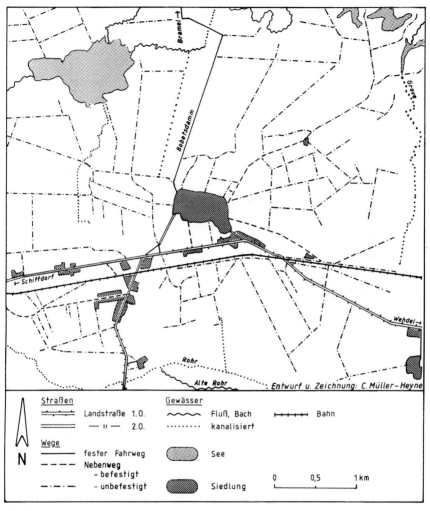

Quellen: Flurbereinigungsplan d. FLURBEREINIGUNG Geesteniederung Süd
(AZ: W 24); Meßtischblatt der Preußischen Landesaufnahme
1:25.000, Blatt Bramel, Ausgabe 1956.

Karte 11.5: **FLURBEREINIGUNG GEESTENIEDERUNG SÜD (1961-1992):
WEGE- UND GEWÄSSERBAU (Ausschnitt)**

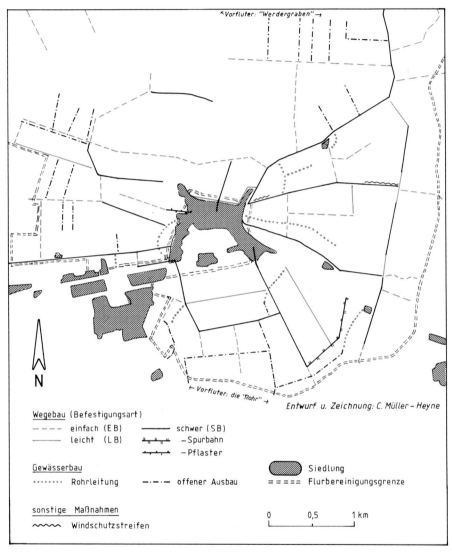

Quelle: Flurbereinigungsplan der FLURBEREINIGUNG Geesteniederung Süd
(AZ: W 24).

Karte 11.6: FLURBEREINIGUNG GEESTENIEDERUNG SÜD (1961-1992):
WEGE- UND GEWÄSSERNETZ NACH DEM VERFAHREN

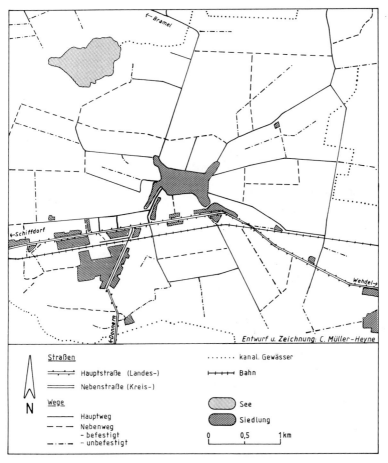

Quellen: Flurbereinigungsplan der FLURBEREINIGUNG Geesteniederung Süd (AZ: W 24); TK 1:25.000, Blatt Kührstedt
(Nr.2418), Ausgabe 1990.

Karte 11.7: FLURBEREINIGUNG GEESTENIEDERUNG SÜD (1961-1992): KULTURLANDSCHAFT 1990

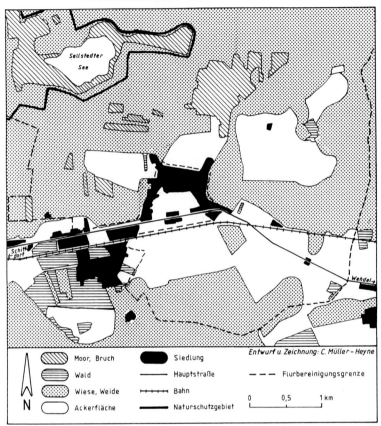

Quelle: TK 1:25.000, Blatt Kührstedt (Nr.2418), Ausgabe 1990.

1.1.3 Die Flurbereinigungen im Grauwall-Gebiet

Das letzte Verfahren aus der Gruppe der Flurbereinigungen nach § 1 betrifft wie im vorangegangenen Beispiel einen durch eine besondere Entwässerungsproblematik gekennzeichneten Raum. Es handelt sich bei diesem Beispiel jedoch um eines der letzten nach den Verfahrenszielen von § 1 eingeleiteten Verfahren nach 1980, dem das novellierte Flurbereinigungsgesetz von 1976 zugrunde liegt. An diesem Beispiel soll aufgezeigt werden, inwieweit, trotz der im Grunde erforderlichen Entwässerungsmaßnahmen mit hoher Eingriffsintensität, die Belange des Naturschutzes und der Landschaftspflege berücksichtigt werden.
Das Verfahren gehört zu einer Gruppe anderer, dieser Flurbereinigung vorangegangener Verfahren im Grauwall-Raum, der zur besseren Einschätzung zunächst kurz hinsichtlich der besonderen naturlandschaftlichen und wasserwirtschaftlichen Verhältnisse dargestellt werden soll.

Das Grauwall-Gebiet bezeichnet das um den Grauwallkanal gelegene Niederungsgebiet östlich des Geestrückens der Hohen Lieth (Hohe Heide). Ähnlich wie in der Region der im vorangegangenen Kapitel behandelten Geestenniederung ist auch hier ein deutlicher Schwerpunkt von aneinandergrenzenden Flurbereinigungsverfahren zu erkennen[1]. Hierbei handelt es sich um ein mit besonderen Problemen belastetes landwirtschaftlich genutztes Gebiet, das von jeher durch eine schwierige Entwässerungssituation gekennzeichnet war: von der Geest her entwässern zahlreiche Zuläufe, die sich dort zwischen Marsch und Geestrand stauen, in den Sietlandbereich.

Diese Situation hatte dazu geführt, daß 1966 mit dem Bau eines in Nord-Süd-Richtung verlaufenden Kanals begonnen wurde (Grauwallkanal), der im Süden bei Weddewarden begann und ursprünglich bis nördlich von Midlum führen sollte[2]. Der Kanal ist heute bis zur südlichen Grenze der Flurbereinigung Norder-Specken eingedeicht und bis kurz vor Midlum (Sohlanhebung) ausgebaut und geht dann über in den Midlumer Bach (hier endet auch seine Funktion als Hauptvorfluter für den Grauwall-Raum).
Die Oberbreite im voll ausgebauten Bereich beträgt 30 m mit einem nach ursprünglicher Planung 1,60 m hohen Stauspiegel. Das Entwässerungssystem des Kanals ist verbunden mit Schöpfwerken, die die Wasserführung in dem in 23 Polder gegliederten Niederungsgebiet regulieren. In der ursprünglichen Planung sollten (inkl. des nun nicht mehr zu bauenden letzten oberen Abschnitts) 23 solcher Schöpfwerke eingerichtet werden.

---

[1] Vgl. Karte 9.e, 9.f u. 12.1.

[2] Es war auch erwogen worden, das Kanalwasser im Süden für die Wasserführung der Bremischen Hafenbecken zu nutzen, um dort die ständig erforderlichen Ausbaggerkosten zu senken. Eine erwartete stärkere Sedimentation bei der Verbindung von Süß- und Salzwasser führte jedoch zur Rückkehr zur ursprünglichen Planung eines Siels bei Weddewarden.

Das Entwässerungssystem wird im östlichen Bereich durch die von der Geest kommenden Zuflüsse[3] (als freiflutende Einmündungen in den Kanal) gespeist und auf der westlichen Seite durch ein System von sog. Wasserlösen, die die Nebenvorfluter für die Entwässerungsgräben 2. und 3. Ordnung zwischen dem Grauwallkanal und der Küstenlinie bilden und zum Teil über ein Siel in die Außenweser entwässern[4]. Die Verbindung zum Grauwallkanal besteht entweder über Stauklappen, Schöpfwerke oder Nebengräben.

Die gegebenen schlechten Entwässerungsbedingungen und damit verbunden auch die Wegverhältnisse führten in den 60er Jahren zur Einleitung von Flurbereinigungsverfahren, um zusammen mit dem Ausbau der Entwässerung durch den von Süden nach Norden fortschreitenden Kanalbau auch die weiteren agrarstrukturellen Verhältnisse zu verbessern[5]. Natürlich sollte auch dabei zersplitterter Grundbesitz zusammengelegt werden, die Betonung lag aber auf einer geplanten Integralmelioration mit umfassenden Wege- und Gewässerbaumaßnahmen, die insbesondere die Betriebe im Sietlandbereich des Grauwall-Gebietes in ihrer Wettbewerbsfähigkeit fördern sollten.

Das erste Verfahren wurde 1962 eingeleitet (Imsum[6]), die nächsten folgten 1964 (Sievern und Wremen), 1977 (Mulsum-Dorum-Holßel) und 1981 (Norder-Specken)[7]. Für den zugrundeliegenden Untersuchungsschwerpunkt einer Darstellung der Entwicklung von Agrarstrukturmaßnahmen ist die nähere Betrachtung des jüngsten Verfahrens im Grauwall-Gebiet (Norder-Specken) interessant, da sich hier exemplarisch Änderungen in der Planung und Durchführung dieser Agrarstrukturmaßnahmen aufzeigen lassen, die auf die im theoretischen Teil ausgeführten Entwicklungen zurückzuführen sind[8].

1.1.3.1 Die Flurbereinigung Norder-Specken (ab 1981)

Die ursprüngliche Bezeichnung dieses Verfahrens war Dorum-Holßel-Midlum. Es wurde auf Anregung des Heimatbundes "Männer vom Morgenstern" nach den für die dortigen Verhältnisse typischen, das Sietland in Ost-West-Richtung querenden Wegen, sog. "Specken", in "Norder-Specken" umbenannt.

---

[3] Wremer Moorgraben, Sieverner, Holßeler, Midlumer und Kransburger Bach.

[4] Vgl. Karte 12.1.

[5] Diesem Projekt ging die von der Landbauaußenstelle Stade 1960 angefertigte "Übersichtsplanung für das Gebiet des Meliorationsvorhabens Grauer Wall" voraus, die die Durchführung von Flurbereinigungsverfahren in den von wasserwirtschaftlichen Maßnahmen betroffenen Gemarkungen vorsah.

[6] Dieses Verfahren wurde in der Darstellung in Karte 12.1 nicht mehr berücksichtigt.

[7] Vgl. Karte 12.1.

[8] Vgl. Kap. D I 2 u.3.

Die Ziele des Verfahrens nach dem Erläuterungsbericht[9] bei Einleitung des Verfahrens waren:

- Koordinierung der Ausbaumaßnahmen des Grauwallkanals und anderer wasserwirtschaftlicher Maßnahmen zur nachhaltigen Verbesserung der Vorflutverhältnisse,
- Beseitigung der Flurzersplitterung,
- Verbesserung der Erschließungsverhältnisse,
- Verbesserung der Agrarstruktur und Erhaltung des Landschaftsbildes durch ergänzende Maßnahmen.

Die Größe betrug bei Einleitung 1 300 ha mit 383 Beteiligten. Das Verfahrensgebiet schließt unmittelbar an das Gebiet der südlich gelegenen Flurbereinigungen der Grauwall-Verfahren Mulsum-Dorum-Holßel, Sievern, Wremen und das 1979 abgeschlossene Verfahren Imsum an.

Aufgrund diverser, bei Einleitung bereits zur Verfügung stehender Einzelgutachten und Planungsunterlagen sowie den im Zusammenhang mit den in den bereits laufenden Verfahren gemachten Erfahrungen wurden keine neuen Gutachten (z.B. agrarstrukturelle Vorplanung) mehr angefertigt, sondern es wurde von der Notwendigkeit eines Folgeverfahrens und den zu erwartenden Erfolgen ausgegangen.

Die landwirtschaftliche Produktionsstruktur wird durch absolutes Vorherrschen der Grünlandwirtschaft auf Brack- und Flußmarschböden mit extensiver Standweiden- sowie Mähnutzung bestimmt[10].

Nach der Agrarkarte des Landes Niedersachsen von 1980 ist das Verfahrensgebiet größtenteils dem Agrargebiet II zugeordnet mit Ausnahme des Gebietsteils Holßel (landwirtschaftliches Problemgebiet I)[11]. Die weiteren Mängel der landwirtschaftlichen Betriebsstruktur neben der Entwässerungsproblematik betreffen die Besitzerspliterung mit den langen zurückzulegenden Wirtschaftswegen in überwiegend schlechtem Ausbauzustand ohne Befestigung und die großen Schlaglängen von bis zu 700 m.

Bei Beginn des Flurbereinigungsverfahrens war der Ausbau des Grauwallkanals bereits auf einer Länge von 3,5 km (der Gesamtanteil im Verfahrensgebiet beträgt 5 km) erfolgt, so daß die einzuleitende Flurbereinigung eine echte Folgemaßnahme dieses wasserwirtschaftlichen Bauvorhabens und der vorangegangenen Agrarstrukturmaßnahmen darstellt.

Bei diesem Verfahren wurden als erstem der Grauwall-Verfahren auch landschaftspflegerische Maßnahmen mit eingeplant, denen die "Generelle Landschaftsplanung" des Wasserwirtschaftsamtes Stade aus dem Jahr 1975/76 zugrunde lag. Danach war vorgesehen, schädliche Eingriffe in den Natur-

---

[9]Archivakte der FLURBEREINIGUNG Norder-Specken, ab 1981. Vorverfahrensakte.

[10]Die bodenkundliche Standortkarte weist in dem Gebiet überwiegend feuchte, grundwasserbeeinflußte staunasse, schluffige Tonböden aus; s. bodenkundliche STANDORTKARTE, 1977.

[11]Vgl. die Erläuterungen zur Agrarkarte in Fußnote 2 in Kap. D II 1.1.1 (Flurbereinigung Hesedorf).

haushalt möglichst zu vermeiden und die geplanten Maßnahmen landschaftsschonend durchzuführen.
Dieses wurde in der Planung dahingehend berücksichtigt, daß Reihenbepflanzungen von Wegen und Gewässern aufgrund ihrer untypischen Landschaftseinbindung aufgegeben wurden zugunsten von Gruppenbepflanzungen mit landschaftstypischen Gehölzen an bestimmten Punkten wie Wegkreuzungen, Brücken oder Gebäuden.

Die im Verlaufe des Verfahrens eingetretenen Planänderungen, die übereinstimmend eine Rücknahme der geplanten Eingriffsintensität zum Ziel hatten, betreffen angesichts des vorgesehenen Maßnahmeschwerpunktes konsequenterweise primär den Ausbau des Wege- und Gewässernetzes. In Zusammenarbeit mit dem Amt für Wasser und Abfall Stade wurde insbesondere der geplante Gewässerausbau überarbeitet und neu konzipiert.

Die resultierenden Änderungen betreffen die Bereiche Ausbautechnik, den Wege- und Gewässerverlauf (lineare Führung) und die landschaftspflegerischen Begleitmaßnahmen. Diese sollen im folgenden im Überblick dargestellt werden, um die zunehmende Sensibilisierung für die Intensität des Eingriffs in den Landschafts- und Naturhaushalt bei Agrarstrukturmaßnahmen aufzuzeigen.

Die Ausbautechnik umfaßt folgende Aspekte:
- Reduktion der geplanten Schöpfwerkzahl um 2 auf nunmehr 1 Werk am südlichen Ende für die Polder G und X zusammen[12]. Hier konnten durch einen Düker Polder verbunden und somit auf das Schöpfwerk verzichtet werden.
- Der Grauwallkanal war ursprünglich so angelegt, daß ein leichtes Gefälle für ein gleichmäßiges Fließverhalten sorgen sollte (u.a. durch Sohlabstürze). Aufgrund der nachteiligen erosiven Tätigkeit und eines sich möglicherweise ergebenden zeitweiligen Trockenfallens wurde dies zugunsten sog. Sohlgleiten (fließender Übergang über im Kanalbett ausgebrachte Steine) aufgegeben und das Gefälle dahingehend verändert, daß ein Fließen verhindert wird, damit für eine möglichst ständige, gleichmäßige Vernässung der Kanalrandbefestigung gesorgt wird.
- Die Bedeichung des Kanals war ursprünglich auf 2 m Höhe veranschlagt und gebaut worden (1,60 m höchster Stauspiegel und 0,40 m Reserve). Im Verlauf der Durchführung der Flurbereinigung war entschieden worden, die Entwässerung im Verfahrensgebiet der im Süden liegenden Flurbereinigung Wremen über die Wremer Wasserlöse mit Siel zur Außenweser zu regeln[13], wodurch das Wremer Wassereinzugsgebiet wegfiel und der Stauraum der Seitenkanäle noch immer weit über der notwendigen Mindestkapazität lag. Der verbleibende, nun zu hohe Deich wurde bereits teilweise geschliffen und soll auf endgültig 1 m Höhe durchgehend ausgerichtet werden.
- Die Kanalrandbefestigungen wurden in den vorangegangenen Verfahren noch seitenwandig durch einen Senkrechtverbau angelegt mit einer

---
[12] Die Einteilung des Verfahrensgebietes in Polder gliedert sich in 10 auf westlicher Kanalseite liegende Polder (Buchstabenkodierung) und 13 auf der östlichen Seite (Nummerierung).

[13] Vgl. Karte 12.1.

Befestigung aus Bongossi (Tropenholz)[14]. Heute werden solche Befestigungen im allgemeinen mit einheimischer Kiefer vorgenommen, deren Nachteil jedoch die Verrottung bei Semifeuchte ist.
Im Verfahrensgebiet der Flurbereinigung Norder-Specken wurde bei keiner Befestigung dieser Art mehr Bongossi verbaut.

- Eine weitere bautechnische Änderung des Kanalrandes betrifft das Bauprofil. Durch den Ausbau sog. Bermen, horizontalen oder konkav gewölbten Einschnitten zur Unterteilung der Böschung, wird die Kanalbreite in verschiedene Tiefenzonen gegliedert, die unterschiedlich trockenfallen bzw. benetzt sein können und dadurch einer vielfältigen Vegetation und amphibischen Lebewesen Lebensraum bieten können.

Hinsichtlich des Gewässerausbaus lassen sich folgende Entwicklungsstufen im Verlauf der Flurbereinigungsverfahren im Grauwall-Gebiet unterscheiden:
Im Verfahrensgebiet der Flurbereinigung Imsum wurden die Gewässer vorzugsweise noch verrohrt (was nach heutiger Auffassung einen nicht tragbaren Eingriff in den Naturhaushalt bedeutet) und die offenen Ausbauten trugen durchgehend Bongossibefestigungen. Im Verfahren Sievern wurde ebenfalls noch ausschließlich Bongossi im Sohlverbau verwandt. Im Verfahren Wremen kam Bongossi nur noch z.T. zur Anwendung, jedoch erstmalig nicht mehr im seitwandigen Senkrechtverbau. Dieser wurde durch eine schräge Böschung mit einem neuentwickelten sog. "Sohlsicherungsblock für kleine Sohlbreiten" abgelöst[15]. Im zweitjüngsten Verfahren dieses Gebietes wurde der Einsatz tropischer Hölzer zur Kanalbefestigung zunehmend reduziert bis zur endgültigen Aufgabe und Ersatz durch einheimische Hölzer.

Die Änderungen hinsichtlich der *topographischen* Kriterien betreffen den *Wege- und Gewässerverlauf*.
In den Karten 12.2 und 12.3 wurde der jeweils geplante Ausbau dargestellt, wobei beiden Karten der gleiche Zustand jeweils vor der Flurbereinigung unterlegt wurde.
Bei einem Vergleich wird deutlich, inwieweit die inzwischen überholte Ausbauplanung von 1987 noch durch einen durchweg geradlinigen, rechtwinklig angeordneten Ausbau der neu geplanten Wege und Gewässer gekennzeichnet ist.
Im Gegensatz dazu läßt sich in der neuen Planung feststellen, daß die Führung unregelmäßiger geworden ist bzw. auf diverse Aus- und Neubauten verzichtet wurde (z.B. im Falle des in nord-südlicher Richtung verlaufenden Kanalseitenweges).
Dies ist mit dem Versuch zu erklären, daß in zunehmendem Maße versucht wird, das schon vorhandene Wege- und Gewässernetz weiter zu nutzen (dies zeigt sich besonders im südlichen Kartenausschnitt von Karte 12.3),

---

[14] Bongossi: dunkelbraunes, sehr schweres Holz von Lophira alata aus dem westafrikanischen Äquatorialwald. Witterungs- und bohrmuschelfestes Holz für schwere Konstruktionen im Holz-, Tief- und Wasserbau; s. BROCKHAUS, 1967, III, S. 109.

[15] Hier wurde schon an die Amphibien gedacht, wenngleich auch der Plan der zusätzlichen Installation von Froschleitern fallengelassen wurde.

wodurch es zur Beibehaltung der ursprünglichen (linienhaften) Strukturen kommt[16].
Der letzte Bereich betrifft die landschaftspflegerischen Begleitmaßnahmen. (Karte 12.4).

Karte 12.4: FLURBEREINIGUNG NORDER-SPECKEN (ab 1981)
GEPLANTE MASSNAHMEN ZUR LANDSCHAFTSPFLEGE

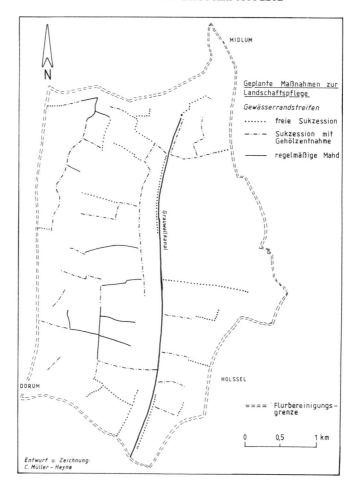

Quelle: Wege- und Gewässerplan mit landschaftspflegerischem Begleitplan der FLURBEREINIGUNG Norder-Specken (AZ: C 3), 1987 mit Planänderungen von 1992.

---

[16]Hier muß natürlich auch die Flurzersplitterung und die in dem Zusammenhang angestrebte Zusammenlegung berücksichtigt werden, um ein angemessenes Verhältnis zu wahren.

Diesen liegt ein neues Konzept zum Gewässerrandstreifenschutz zugrunde.
Hiernach werden drei Arten von Gewässerrandstreifenbewuchs unterschieden:
- freie Sukzession: hier wird nicht regulierend eingegriffen, sondern der Vegetationsstruktur freien Lauf gelassen,
- Sukzession mit Gehölzentnahme: hier werden als einziger Eingriff die emporwachsenden heimischen Hochstauden entnommen,
- regelmäßige Mahd.

Hierdurch soll versucht werden, das dem ursprünglichen Landschaftsbild zugrundeliegende System nachzuempfinden, wobei durch die Abfolge von Gebieten mit freier Sukzession bis hin zu denen mit regelmäßiger Mahd der ursprüngliche Übergang von der Geest über das zunehmend freiliegendere Sietland zum Kernbereich am Kanal mit überwiegender Buschfreiheit im Staunässebereich nachgestaltet werden soll.

Dieses bisher nur in der Planung existierende Konzept stellt in diesem Bereich ein Beispiel für nach heutiger landschaftspflegerischer Auffassung sinnvolle und realisierbare flurbereinigungsbegleitende Maßnahmen dar[17].

Zusammenfassend ist festzustellen, daß das nach den Zielen des § 1 eingeleitete Verfahren Norder-Specken von den zuvor dargestellten Verfahren gleichen Typs die deutlichste Eingriffsreduzierung vornimmt und somit ein Beispiel für die heutige, in zunehmendem Maße die landschaftspflegerischen Belange berücksichtigende Flurbereinigungsarbeit darstellt.

---

[17] Der Institution Flurbereinigung kommt in diesem Beispiel auch die oft sehr schwierige Aufgabe zu, die Flächen für eine entsprechende Schutzzonierung durch Verhandlung mit den Beteiligten zur Verfügung stellen zu können.

Karte 12.1: FLURBEREINIGUNGEN IM GRAUWALL-GEBIET: ENTWÄSSERUNGSSYSTEME

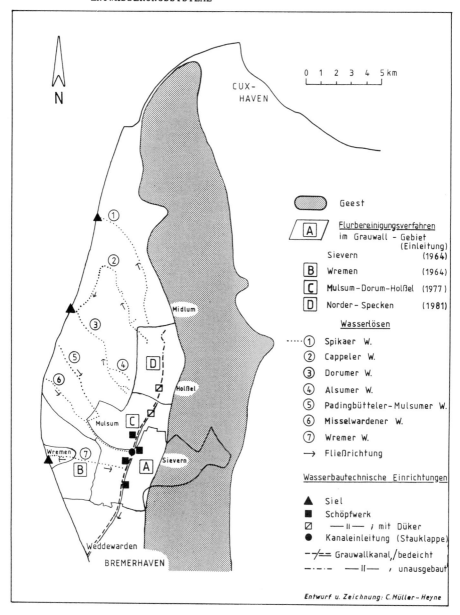

Quellen: Amt f. Agrarstruktur Bremerhaven u. Staatliches Amt f. Wasser u. Abfall Stade.

Karte 12.2: FLURBEREINIGUNG NORDER-SPECKEN (ab 1981): WEGE- UND GEWÄSSERBAU NACH ALTER PLANUNG

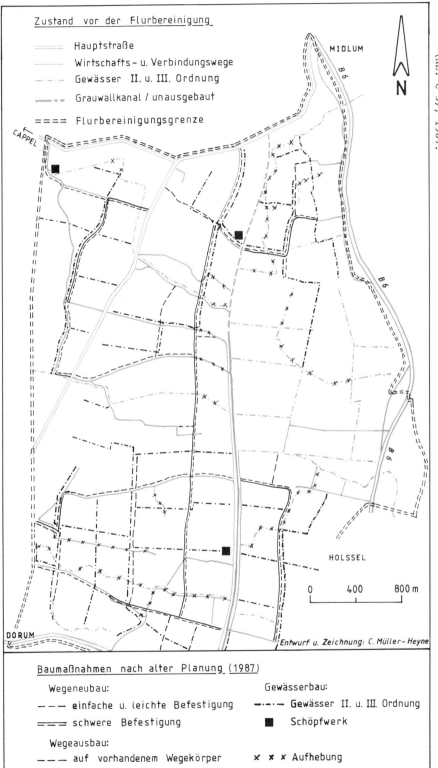

1.2 Die Sonderflurbereinigungen

Für die Darstellung der Entwicklung von Agrarstrukturmaßnahmen unter dem gewählten Aspekt erschien es sinnvoll, besonders solche Verfahren auszuwählen, die sich in ihrem Wesen und ihrer Bedeutung deutlich wandelten (z.B. das "klassische" Flurbereinigungsverfahren nach § 1 FlurbG oder Flurneuordnungsverfahren mit veränderter Primärzielsetzung). Naturgemäß haben sich auch bei den anderen, nicht unter § 1 fallenden, Verfahrenstypen gerade hinsichtlich der Eingriffstatbestände in den Natur- und Landschaftshaushalt Veränderungen in der Planung und Durchführung ergeben, die jedoch ihrem Wesen nach durchaus mit den vorstehend dargestellten Verfahren vergleichbar sind. Für eine vertiefte Untersuchung im Rahmen dieser Studie kann die vereinfachte Flurbereinigung stark komprimiert behandelt werden, da sie qua definitionem schon von vornherein eine geringere Eingriffsintensität aufweist.

Um das Spektrum der Agrarstrukturmaßnahmen heutigen Zuschnitts möglichst vollständig zu erfassen, sollen anhand zweier Beispiele im folgenden auch Verfahren aus der Gruppe der Sonderflurbereinigungen vorgestellt werden.

1.2.1 Die vereinfachte Flurbereinigung

1.2.1.1 Die Flurbereinigung Ostersode (1958-1973)

In der Gemarkung Ostersode wurde in den Jahren 1958 bis 1973 ein vereinfachtes Flurbereinigungsverfahren nach § 86 des Flurbereinigungsgesetzes durchgeführt. Diese Verfahrensart ist, wie an anderer Stelle dargelegt[1], nach dem Flurbereinigungsgesetz von 1953 eingeführt worden, um entweder landeskulturelle, etwa durch infrastrukturelle Erschließungsmaßnahmen entstandene, Nachteile zu beseitigen, oder zur Durchführung kleinflächiger Verfahren, die keine aufwendigen Wege- und Gewässerbaumaßnahmen erfordern.

In dem hier gewählten Beispiel war während der ersten Umlegung (Rezeß von 1945) das Wegenetz an die vorherrschenden Verhältnisse (vorangegangene Verkoppelung in der benachbarten Gemarkung) angepaßt worden, insbesondere durch eine Nord-Süd-Verbindung von dem Ort Karlshöfenermoor durch die Breddorfer Wiesen nach Breddorf[2].

---

[1] Vgl. Kap. D I 1.
[2] Vgl. Karte 8.2 und 8.4 sowie Kap. C III 2.4.

Im Jahr 1954 wurde dieser bestehende Gemeindeverbindungsweg aufgrund seiner wenig direkten Streckenführung[3] verlegt und auf einer direkten Linie in südöstlicher Richtung nach Breddorf geführt. Dies hatte jedoch zur Folge, daß eine Reihe von landwirtschaftlich genutzten Grundstücken so durchschnitten war, daß die Bewirtschaftung nachhaltig erschwert wurde[4]. Dadurch waren in idealer Weise die Voraussetzungen für eine vereinfachte Flurbereinigung geschaffen, die 1958 für eine Verfahrensfläche von 44 ha eingeleitet wurde.

Karte 13 zeigt die durch die Verlegung des Gemeindeverbindungsweges nach Breddorf (ab 1966 Kreisstraße) dringend erforderlich gewordene Umflurung, die sich den neuen Wegeverhältnissen anpaßt. Maßnahmen des Wege- und Gewässerbaus wurden nur in geringem Umfang durchgeführt (Ausbau des Verbindungsweges und Ziehung eines Kanals, der auch vom neuen Flurformenbild her dieser Maßnahme zuzuordnen ist, da sich der Verlauf am neuen Parzellengefüge orientiert).

Aus diesen Ausführungen ergibt sich ebenfalls eine Aussage hinsichtlich des kulturlandschaftlichen Wandels: die Flurform, die aus der Karte oder einem Luftbild deutlich wird, ist in ihrer Grundstruktur, die bereits blockförmig in der ersten Umlegung angelegt wurde, erhalten geblieben. Auch die Flächennutzungsart im Flurbereinigungsgebiet ist unverändert geblieben. Nach wie vor herrscht auf den feuchten bis nassen grundwasserbeeinflußten Böden[5], die bisher mangels Melioration nur extensiv genutzt werden können, Grünlandnutzung vor. Es ist durch die vereinfachte Flurbereinigung weder zu einem Flächennutzungswandel noch zu einer Verlagerung der Landschaftsgefügegrenzen gekommen, die festgestellten Kulturlandschaftsveränderungen betreffen ausschließlich die Gelände- und hydrographische Struktur durch den in nur geringem Umfang durchgeführten Wege- und Gewässerbau.

Diesen Verhältnissen entsprechend gehört das Gebiet in der Agrarkarte[6] auch zur Kategorie "Landwirtschaftliches Problemgebiet II" mit einer nur gering entwicklungsfähigen Betriebs- und Produktionsstruktur. Dort, wo bereits durch Entwässerung begrenzt ackerfähige Böden bestehen, wird verstärkt Futterfeldbau betrieben[7].

Angesichts dieser Gesamtsituation und der Tatsache, daß heute eine intensive Förderung in durch die naturräumliche Ausstattung benachteiligten Regionen aufgrund der dann notwendigen Eingriffe fragwürdig geworden ist,

---

[3] Die Strecke führte erst weit nach Süden, um dann in einem scharfen Knick nach Osten abzubiegen (Karte 8.4).

[4] Hauptakte (Aktenzeichen OHZ 169); vgl. auch Karte 13.

[5] Bodenkundliche STANDORTKARTE, 1978.

[6] AGRARKARTE Niedersachsen 1980; vgl. Erläuterungen zur Agrarkarte in Fußnote 2 in Kap. D II 1.1.1 (Flurbereinigung Hesedorf).

[7] Vgl. Kap. C II 2.

ist mit einer zukünftigen Einleitung von Flurbereinigungsverfahren mit primär agrarer Zielsetzung nach dem Stand der Dinge nicht zu rechnen. Im Regionalen Raumordnungsprogramm für den Landkreis Osterholz[8] wird den veränderten Verhältnissen und der besonderen landschaftlichen und ökologischen Bedeutung dieses Raumes insofern Rechnung getragen, als daß das Gebiet nordöstlich von Worpswede nahezu vollständig als Vorranggebiet für Natur und Landschaft mit besonderer Bedeutung für Erholung ausgewiesen ist.

---

[8] Regionales RAUMORDNUNGSPROGRAMM Landkreis Osterholz, 1985.

Karte 13: FLURBEREINIGUNG OSTERSODE (1958 - 1973):
NEUPARZELLIERUNG, WEGE- UND GEWÄSSERBAU

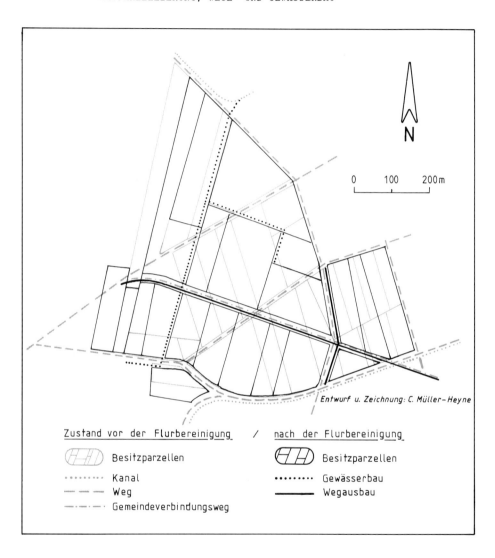

Quelle: Flurbereinigungsplan der FLURBEREINIGUNG Ostersode (AZ: OHZ 169), 1963.

1.2.2 Die Unternehmensflurbereinigung

Der zweite Verfahrenstyp aus der Gruppe der Sonderflurbereinigungen ist die Unternehmensflurbereinigung[1]. Sie spielt im Rahmen des gewählten Untersuchungsschwerpunktes eine untergeordnete Rolle, da sie ihrer gesetzlichen Zielsetzung nach Flächen für Großbauvorhaben bereitstellen muß, um den Landverlust gleichmäßig auf die Beteiligten zu verteilen. Aus diesem Grund soll sie nicht primär als eine Agrarstrukturmaßnahme im Sinne der in dieser Untersuchung zugrundegelegten Definition aufgefaßt werden.

Dennoch wurde die im folgenden dargestellte Unternehmensflurbereinigung Wohlsdorf als Beispiel herangezogen, da es sich um kein reines Verfahren nach § 87 (FlurbG) handelt, sondern mehr um einen aus übergeordneter Planung heraus erwachsenen Sonderfall einer Kombination aus zwei unterschiedlichen Verfahrenstypen.

1.2.2.1 Die Flurbereinigung Wohlsdorf (ab 1981)

Im Landkreis Rotenburg wurde im Mai 1982 eine Flurbereinigung nach der Zielsetzung des § 87 (FlurbG) eingeleitet, die im Zusammenhang mit einem größeren Straßenbauvorhaben stand[2].
Zu der Zeit war geplant, die Bundesstraße 75 und die Kreisstraße 19 zu verlegen[3]. Ausgangspunkt war die Tatsache, daß die B 75 durch die Ortslage von Rotenburg verlief und die Bundesbahnstrecke Bremen - Hamburg zwischen Rotenburg und Scheeßel durch einen beschränkten, höhengleichen Bahnübergang gequert werden mußte. Von Seiten der Straßenbauverwaltung war die Verlegung der Trasse in eine nördliche Umgehung der Kreisstadt Rotenburg geplant. Im Zusammenhang damit sollte die Kreisstraße 19, die von Westerholz im Norden, ebenfalls unter Überquerung der Bahn durch einen Schrankenübergang, nach Rotenburg verlief, auf einer neuen Trasse nordöstlich an Rotenburg vorbeigeführt und kreuzungsfrei an die B 75 angeschlossen werden.
Die Straßenbauverwaltung hatte als Unternehmensträger bereits vor Einleitung des Verfahrens den Flächenankauf für das westliche und östliche Teilstück der neuen Trasse der B 75 vorangetrieben. Um die Bereitstellung von Flächen im Kernbereich der neuen Trasse, durch den auch die neue Kreisstraße 19 verlaufen sollte, zu beschleunigen, wurde 1982 die Unternehmensflurbereinigung über eine Fläche von 2 070 ha mit folgender Zielsetzung angeordnet:

---

[1] Vgl. Kap. D I 1.3.

[2] Die im folgenden ausgewerteten Daten und Sachinformationen wurden den Archivakten des Flurbereinigungsverfahrens Wohlsdorf entnommen und teilweise durch mündliche Auskünfte des zuständigen Dezernenten ergänzt; s. Archivakte der FLURBEREINIGUNG Wohlsdorf, ab 1981.

[3] Vgl. Karte 14.

- Verteilung des Landverlustes auf einen größeren Kreis von Teilnehmern,
- Vermeidung von Nachteilen für die allgemeine Landeskultur, die durch die Straßenbaumaßnahmen entstehen würden,
- Ausgleich der durch die Neutrassierung der B 71[4], B 75 und K 19 vorgenommenen Eingriffe in die Landschaft.

Durch die Aufgabe der Planung für die Neutrassierung der B 71 als Ortsumgehung war die Situation entstanden, daß das Verfahrensgebiet für ein reines Unternehmensverfahren nach § 87 viel zu groß war, denn die Trassenplanung war bei der Festlegung der Verfahrensgrenzen durch das Amt für Agrarstruktur Verden mit berücksichtigt worden. Der Bereich östlich von Rotenburg bildete dabei einen deutlichen Flächenüberhang. Aus diesem Grund erfolgte ein Änderungsbeschluß im September 1982, der zur Erweiterung der Verfahrenszielsetzung gemäß § 1 führte, so daß westlich der Bahn eine Flurbereinigung nach § 87 für die Nordumgehung Rotenburgs durch Neutrassierung der B 75 und K 19 sowie östlich der Bahn eine Flurbereinigung nach § 1 mit den üblichen Zielen erfolgte. Die Größe des Verfahrensgebietes wurde den geänderten Planungsverhältnissen angepaßt und auf 1789 ha verkleinert.

Von der Straßenbauverwaltung wurden im Verfahrensgebiet folgende Baumaßnahmen durchgeführt:

- 4,5 km Bundesstraße (B 75)
- 1,8 km Kreisstraße (K 19)
- 4,0 km Wirtschaftswege
- Beseitigung von 2 höhengleichen Bahnübergängen
- Bau von 3 Brücken

Die kulturlandschaftlichen Veränderungen in dem von den ausgeführten Straßenbaumaßnahmen betroffenen Bereich sind gravierend, da die Trasse der neuen B 75 und größtenteils auch der K 19 quer durch das Wümmetal verläuft. Die wesentlichen Verfahrensteile waren vor dem Runderlaß "Naturschutz und Landschaftspflege in der Flurbereinigung"[5] durchgeführt worden (die Nordumgehung der B 75 wurde 1985 eröffnet). Daher wurden Ausgleichsmaßnahmen nur in Form eines Gesamtausgleiches geschaffen, wobei

---

[4] Zu dem Zeitpunkt war darüberhinaus der Bau eines Anschlußstücks (in Form einer Ostumgehung von Rotenburg) der von Bremervörde kommenden B 71 geplant, die bisher mit der B 75 zusammen durch Rotenburg und von dort in südöstlicher Richtung weiter nach Soltau verlief (Diese Streckenführung besteht bis heute fort). In der Planung wäre die B 71 bis zum Schnittpunkt mit der K 19 verlaufen und dann in südöstlicher Richtung als Verlängerung der K 19 auf einer neuen Trasse bis zum Anschluß an die ursprüngliche B 71 nordwestlich von Brockel geführt worden. Der ursprünglich geplante Verlauf der neuen B 71 wurde in Karte 14 aufgrund des Planungsstops und der langjährigen politischen Diskussion nicht dargestellt. Der Trassenansatz ist jedoch an dem atypischen Ende des Teilstücks K 19 nach Überquerung der Bahn noch gut zu erkennen und in der Verlängerung in südwestlicher Richtung nach Brockel leicht nachvollziehbar.

[5] NATURSCHUTZ u. LANDSCHAFTSPFLEGE in der Flurbereinigung, 1986; RdErl. d. ML vom 14.03.1986.

dem hochgerechneten Gesamteingriff entsprechende Gesamtausgleichsmaßnahmen gegenübergestellt wurden[6].

Karte 14: FLURBEREINIGUNG WOHLSDORF (ab 1981)

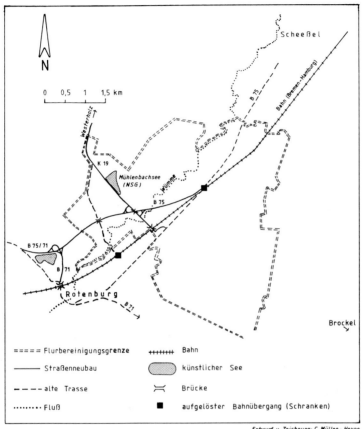

Quelle: Flurbereinigungsplan der FLURBEREINIGUNG Wohlsdorf (AZ: ROW 188), Stand 8/92.

Aus diesem Grund (und aufgrund der Tatsache, daß von der Straßenbauverwaltung für den südwestlichen und nordöstlichen Teil der B 75 bereits eine Planfeststellung ohne gleichzeitige Aufstellung eines landschafts-

---

[6] Dies steht im Gegensatz zu dem heute praktizierten Direktausgleich nach den vom Niedersächsischen Ministerium für Ernährung, Landwirtschaft und Forsten 1991 herausgegebenen "Leitlinien Naturschutz und Landschaftspflege in Verfahren nach dem Flurbereinigungsgesetz".

pflegerischen Begleitplans sowie der Planfeststellung desselben bei der Bezirksregierung erwirkt worden war) wurden landschaftspflegerische Maßnahmen unter Leitung des Amtes für Agrarstruktur nicht in dem Umfang durchgeführt, wie sie nach derzeitig gültigen Bestimmungen festzulegen wären.
Durch den notwendigen Bodenaushub für die Brücken- und Straßenbaumaßnahmen waren im Verlauf der beiden Straßen B 75 und K 19 zwei künstliche Seen entstanden[7]. Der neben der K 19 liegende Mühlenbachsee hatte zunächst ausschließlich die Funktion eines Rückhaltebeckens, was dadurch erreicht wurde, daß der Westerholzer und Everinghausen-Scheeßeler Kanal, die vorher direkt in die Wümme entwässerten, durch den See geleitet wurden und durch den Bau eines Staudurchlasses eine verzögerte Einleitung in die Wümme erwirkt wurde, um die Wümme bei Hochwasserständen zu entlasten.

Durch die allmähliche Ausbreitung von Pflanzengesellschaften und nach Entwicklung zu einem eigenständigen Biotop wurde von der unteren Naturschutzbehörde die Unterschutzstellung des Mühlenbachsees angeordnet. Das nun bestehende Naturschutzgebiet kann jedoch nicht als Ausgleichsmaßnahme für die getätigten Eingriffe angesehen werden, sondern stellt vielmehr ein Zufallsprodukt durch die besondere, hier skizzierte Entwicklung dar.

---

[7] Der zweite so entstandene künstliche See (Weichelsee) im Nordwesten von Rotenburg wird als Erholungs- und Freizeitsee genutzt.

1.3 Das beschleunigte Zusammenlegungsverfahren

Auch die hier zuletzt behandelte, ebenfalls durch das Flurbereinigungsgesetz von 1953 geschaffene Verfahrensart, die beschleunigte Zusammenlegung, hat nach der Novellierung von 1976 eine gewichtige Bedeutungserweiterung erlangt, die in Kap. D I 2 im Zusammenhang mit den erweiterten Aufgaben und Zielen der Flurbereinigung unter veränderten Rahmenbedingungen besprochen wurde.
Dieser Wandel mit einer möglichen Zielerweiterung soll im folgenden exemplarisch an zwei Verfahren aus der Zeit vor und nach der Novellierung aufgezeigt werden.

1.3.1 Die Flurbereinigung Dipshorn (1958-1962)

Nach dem Flurbereinigungsgesetz von 1953 war das beschleunigte Zusammenlegungsverfahren in solchen Fällen vorgesehen, wo keine größeren wege- und wasserbautechnischen Maßnahmen erforderlich waren.
In Dipshorn wurde 1958 ein Verfahren für eine Fläche von 140 ha nach § 91 eingeleitet, das bereits 1962 abgeschlossen war. Als Grund wird im Beschluß[1] ausschließlich zersplitterter Grundbesitz genannt, der eine Bewirtschaftung erschwerte. Wegebaumaßnahmen wurden bis auf den Ausbau einiger bestehender Wirtschaftswege (in nur geringem Umfang) nicht durchgeführt.
Aus diesen Verhältnissen erklärt sich das bizarre Gebilde der Verfahrensgrenzen[2], die lediglich aus isolierten Parzellenverbänden bestehen, innerhalb derer einzelne Grundstücke zusammengefaßt wurden.

Eine Betrachtung der Kulturlandschaftsveränderungen im Zeitraum nach Ende der ersten Verkoppelung bis zu Beginn dieser Zusammenlegung zeigt zunächst, daß sich ein tiefgreifender Wandel im gesamten Kartenausschnitt vollzogen hat[3]: die weiträumigen Heideflächen wurden in der Zeit bis 1958 in kleinere, isoliert liegende Komplexe aufgelöst, ebenso die überwiegend im nördlichen Teil des Kartenausschnitts vorhandenen kleinen Moor- und Heideseen. Zugenommen hat der Anteil der Ackerflächen und in besonderem Maße der Grünlandanteil.

Die nach dem Einleitungsbeschluß vom 22. September 1958 zu dem beschleunigten Zusammenlegungsverfahren hinzugezogenen Flächen erstreckten sich

---

[1] Archivakte der beschleunigten ZUSAMMENLEGUNG Dipshorn, 1958-1962.

[2] Vgl. Karte 15.1 und 15.2 sowie 6.3: In diese auf das erste Verfahren in Dipshorn (Verkoppelung) bezogenen Karten wurden zum besseren Vergleich die Grenzen beider Verfahren aufgenommen.

[3] Vgl. Karten 6.3 und 15.1.

größtenteils auf Ackerstandorte[4]. Bei den Verfahrensflächen handelte es sich primär um Erstbereinigungen. Nur ein kleiner Teil der zur Kernflur zu zählenden Altackerflächen, bei denen im Zuge der Verkoppelung von 1876 bereits Besitzparzellen zusammengelegt worden waren, wurde in diesem Verfahren von 1958 erneut erfaßt.
Durch einen Vergleich der Meßtischblätter von 1899 und 1958 wird deutlich, daß die übrigen Flächen dieses Flurbereinigungsverfahrens besonders in jenen Bereichen liegen, in denen es durch Flächennutzungsänderungen zu einem Kulturlandschaftswandel (vor der Flurbereinigung) gekommen ist. Flurzersplitterung im Zuge der Erschließung dieser ehemaligen Ödland- und Heideflächen durch Teilungen führte gerade hier zu einem erhöhten Zusammenlegungsbedarf.

Auf die Frage nach einem durch die Flurbereinigung ausgelösten Kulturlandschaftswandel ist festzustellen, daß es nur zu äußerst geringen Veränderungen gekommen ist, was angesichts der relativ kurzen Verfahrensdauer von vier Jahren und der spezifischen Zielsetzung des Verfahrens auch anzunehmen war (vgl. Karte 15.1 u. 15.2). Die Verfahrensgrenzen verlaufen nicht übereinstimmend mit vorher bestehenden Landschaftsgefügegrenzen, auch sind nach Abschluß des Verfahrens diesbezüglich kaum Veränderungen zu erkennen, die einen solchen Zusammenhang vermuten ließen. Lediglich im nördlichen und östlichen Teil des Ausschnitts (ehemaliges Ödland) fanden innerhalb der Verfahrensflächen Umwandlungen in Grünland statt.

Zusammenfassend ist festzuhalten, daß das beschleunigte Zusammenlegungsverfahren von Dipshorn eine typische Agrarstrukturmaßnahme dieser Verfahrensgruppe nach dem 1953 erlassenen Flurbereinigungsgesetz darstellt, bei der funktionsgemäß die Verbesserung der landwirtschaftlichen Betriebsverhältnisse durch Arrondierung im Vordergrund stand. Aufgrund des nicht erforderlichen Wege- und Gewässerbaus fehlen entsprechende kulturlandschaftliche Veränderungen, wie sie vergleichsweise bei den Verfahren nach § 1 festzustellen waren. Dieser Verfahrenstyp hat nach der Novellierung des Flurbereinigungsgesetzes von 1976 eine weitreichende Veränderung durch die Erweiterung der möglichen Zielsetzung in Richtung des Natur- und Landschaftsschutzes erfahren, die im nachfolgenden Kapitel dokumentiert wird.

---

[4] Dies geht ebenfalls aus dem von den Beteiligten gestellten Antrag auf Durchführung einer Zusammenlegung vom 22. Juli 1958 hervor; Hauptakte der beschleunigten ZUSAMMENLEGUNG Dipshorn, 1958-1962.

Karte 15.1: FLURBEREINIGUNG DIPSHORN (1958-1962):
KULTURLANDSCHAFT VOR DEM VERFAHREN

Karte 15.2: **FLURBEREINIGUNG DIPSHORN (1958-1962):
KULTURLANDSCHAFT NACH DEM VERFAHREN**

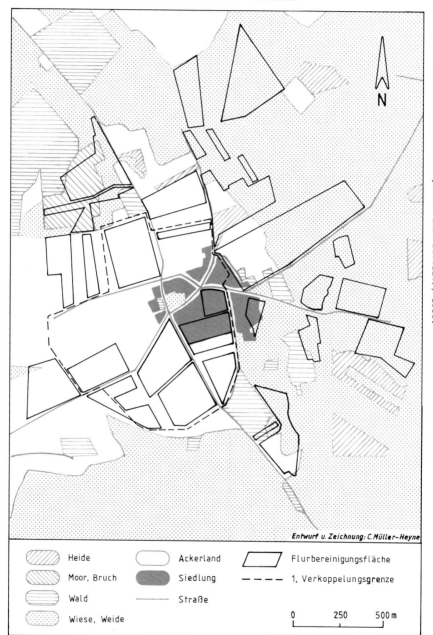

1.3.2 Die Durchführung von Flurneuordnungsverfahren mit der Primärzielsetzung Naturschutz

In Abschnitt D I, insbesondere in den Kapiteln 2 und 3 wurde die jüngere Entwicklung von Agrarstrukturmaßnahmen in Richtung auf eine offenere, nicht mehr agrarbezogene Zielsetzung dargelegt, die verstärkt die Belange des Naturschutzes berücksichtigt. Zu diesem Zweck wurde besonders das beschleunigte Zusammenlegungsverfahren nach § 91-103 des Flurbereinigungsgesetzes von 1976 eingeführt. Da in Gebieten mit ursprünglich rein agrarer Nutzung durch eine solche Zielsetzung Nutzungskonflikte entstehen können, kann eine dauerhafte und für alle Beteiligten zufriedenstellende Lösung im Sinne eines Ausgleichs zwischen Landwirtschaft und Naturschutz nur über einen Flächenaustausch vollzogen werden. Im folgenden soll die Realisierung dieser Möglichkeit an einem konkreten Beispiel dargestellt werden.

1.3.2.1 Die Flurbereinigung Stemmen (ab 1986)

Das Verfahrensgebiet liegt im Landkreis Rotenburg, etwa 16 km nordöstlich von Rotenburg[1].
Die Gemarkung Stemmen erstreckt sich über eine Fläche von 2400 ha und liegt naturräumlich in der Wümmeniederung, einer von Mooren durchsetzten, durch periglaziale Prozesse geschaffenen Sanderfläche, die durch die fast gefällelose, teilweise stark mäandrierende Wümme durchschnitten wird. Die Talsandflächen sind durch ihren hohen Grundwasserstand feuchte und reine Grünlandstandorte mit flachgründigen Niedermoor- und Gley-Böden[2]; durch intensive Entwässerung wurde jedoch vereinzelt ackerbauliche Nutzung möglich.
Weitere ackerfähige Flächen mit Braunerden und schwach bis mittel ausgeprägten Podsolen werden durch einige flache Grund- und Endmoränenreste (insbesondere zwischen der Ortslage Stemmen und der Bundesstraße 75) gebildet, die früher Eichen-Buchenwaldstandorte waren.

Die Ausgangssituation für die Landwirtschaft
Die Situation der Landwirtschaft ist seit Beginn der 60er Jahre durch einen vermehrten Rückgang der Betriebe von etwa 100 Betrieben (nach den Zählungen von 1949 und 1960) auf 72 im Jahre 1970 und 57 1979 mit einer bis heute weiterhin leicht abnehmenden Tendenz gekennzeichnet[3]. Auch die landwirtschaftliche Nutzfläche nahm insgesamt ab Beginn der 70er Jahre ab. Die Betriebsstruktur wandelte sich ebenfalls deutlich ab dieser Zeit:

---

[1] Die im folgenden ausgeführten Daten und Sachinformationen wurden den Archivakten des Flurbereinigungsverfahrens Stemmen entnommen und teilweise durch mündliche Auskünfte des zuständigen Dezernenten ergänzt; s. Archivakte der beschleunigten ZUSAMMENLEGUNG Stemmen, ab 1986.

[2] Bodenkundliche STANDORTKARTE, 1978.

[3] Vgl. Tab. 11.0.

die Zahl der über eine landwirtschaftlich genutzte Fläche von mehr als 50 ha verfügenden Betriebe nahm merklich zu. Der Dauergrünlandanteil erhöhte sich bis 1987 absolut, der Ackerflächenanteil stieg dagegen nur bis 1970 und war ab dann rückläufig. Danach ist hier ein Rückgang bei gleichzeitig sprunghaft ansteigendem Futterpflanzenanbau zu verzeichnen. Die Milchviehhaltung steht im Vordergrund, eine Intensivierung ist hier besonders seit 1979 zu erkennen (Erhöhung des Tierbestandes bei gleichzeitiger Abnahme der Betriebszahl)[4].

Tab. 11.0: ENTWICKLUNG DER LANDWIRTSCHAFTLICHEN BETRIEBSSTRUKTUR IN STEMMEN 1949-1987

1. Landwirtschaftliche Betriebe und Hauptnutzungsarten

	LW-Betr.	LW-Fläche ha	Ackerland ha	davon f. Futterpfl.	Wiesen/Weiden Dauergrünland
1949	105	1053	512	1	534
1960	100	1280	592	1	680
1970	72	1443	678	6	763
1979	57	1388	669	31	717
1983	52	1373	632	85	739
1987	51	1358	609	153	758

2. Betriebsstruktur

	Betriebsgrößenklasssen (LF - ha)						Betr. mit Viehh.	davon mit Milchk.	insg. Tiere
	<2	2-5	5-10	10-20	20-50	>50			
1949	17	15	32	23	18	–			
1960	10	17	21	34	18	–			
1970	10	8	7	13	31	3	60	54	1486
1979	9	6	4	7	25	6	44	32	1727
1983	6	8	4	6	21	7	38	27	1877
1987	5	11	4	7	12	12	31	22	1961

Quelle: Vgl. Tab. 9.1-9.6

Zusammenfassend zeichnet sich ab den 70er Jahren also eine Entwicklung in Richtung einer intensiven Dauergrünlandbewirtschaftung mit Feldfutterbau für die Milchviehhaltung ab. Die Ausweitung der Veredelungswirtschaft brachte die Notwendigkeit einer intensiveren Flächennutzung mit sich. Die Betriebe bewirtschafteten in großem Umfang auch die Grünlandflächen in den naturschutzwürdigen Gebietsteilen in der Gemeinde Stemmen.

Den Akten zum Flurbereinigungsverfahren ist zu entnehmen, daß einzelne Betriebe wegen dringend benötigter weiterer Flächen Kultivierungsanträge für Ödlandflächen beim Landkreis gestellt hatten, die <u>vor</u> der Unterschutzstellung bereits positiv entschieden worden waren. Dies hatte die

---

[4] Eine besondere Expansion von Betrieben wurde Anfang der 80er Jahre noch durch einzelbetriebliche Fördermaßnahmen hervorgerufen (Bau von acht Boxenlaufställen und zwei Schweinemastställen).

Konsequenz, daß nach der Unterschutzstellung eine weitere intensive Nutzung nicht mehr möglich war und somit der Bedarf an einem Flächentausch wuchs, da für den überwiegenden Teil der Landwirte ein Verkauf der Flächen nicht in Betracht kam.

Ausgangssituation für den Naturschutz
In der Gemeinde Stemmen gab es bereits vor der Einleitung des Verfahrens zwei Naturschutzgebiete (Ekelmoor: 652 ha nach Verordnung vom 22.01.1985; Schneckenstiege: 148 ha nach Verordnung vom 04.12.1984). Die Unterschutzstellung geht auf die Ergebnisse des Moorschutzprogramms Teil 1 und 2 zurück[5].
Für die Zukunft ist die Unterschutzstellung einer weiteren Fläche (NSG Kinderberg) geplant, die in den südlichen Teil des Verfahrensgebietes hineinragt und bereits im voraus flächenmäßig in diesem Verfahren berücksichtigt wurde.

Unter Landschaftsschutz steht bereits der gesamte Uferbereich der Wümme, die das Verfahrensgebiet von Nordosten nach Südwesten durchzieht. Die Schutzwürdigkeit der Wümmeniederung ergibt sich aus dem Regionalen Raumordnungsprogramm des Landkreises Rotenburg (W)[6], dem Fließgewässerschutzkonzept sowie dem Fischotterschutzprogramm des Landes Niedersachsen.
Der besondere Wert der unter Naturschutz stehenden Bereiche besteht darin, daß die Flächen Lebensraum für typische Hochmoorvegetation und bestandsgefährdete Vogelarten bilden[7].
Die schon vor dem Verfahren bestehenden Naturschutzgebiete haben durch anthropogene Einwirkungen bereits eine erhebliche Veränderung erfahren. Die Bestrebungen des Naturschutzes gingen dahin, durch Ausweitung der Schutzgebiete die entstandenen Beeinträchtigungen rückgängig zu machen (etwa durch Entfernen der Entwässerungseinrichtungen) und die Renaturierung der dann unter Schutz gestellten Nutzflächen einzuleiten, um so einen wirkungsvollen Beitrag zum Arten- und auch Landschaftsschutz zu leisten.
Aus der dargelegten Ausgangssituation hinsichtlich Landwirtschaft und

---

[5] MOORSCHUTZPROGRAMM Teil 1, 1981: Ekelmoor (Inventarnummer 678); Teil 2, 1986: Schneckenstiege (zu Königsmoor: Inventarnummer 680). Der Gesamtkomplex des Ekelmoores ist darin mit 1 210 ha verzeichnet, von denen sich zum Erhebungsdatum 360 ha in industrieller Abtorfung befanden und 580 ha als wertvollster Bereich (nicht in Abtorfung) ausgewiesen wurden. In Ergänzung zum zu der Zeit schon bestehenden Naturschutzgebiet von 112 ha wurde die nordwestlich angrenzende Fläche der wertvollsten Kategorie sowie eine etwa 750 m südöstlich des Ekelmoores jenseits der Bundesstraße 75 liegende Fläche hinzugefügt, die als Naturschutzgebiet Schneckenstiege ausgewiesen wurde.

[6] Regionales RAUMORDNUNGSPROGRAMM, 1985, S.26 ff. u. 54. Die Wümmeniederung ist als Vorranggebiet für Natur und Landschaft ausgewiesen.

[7] Hier besonders: Pflanzen: Sonnentau, Rosmarinheide, Moosbeere und Schnabelried; Tiere: Birkhuhn, Uferschnepfe, Großer Brachvogel, Bekassine, Sumpfohreule. Das Naturschutzgebiet Schneckenstiege dient als erweiterter Lebensraum und Rastplatz während des Vogelzuges sowie generell als Ausweichbiotop.

Naturschutz ergibt sich ein Nutzungskonflikt, der durch das 1986 eingeleitete Flurbereinigungsverfahren beseitigt werden sollte. Ziel des Verfahrens war es, die Flächen in den Naturschutzgebieten in das Eigentum der öffentlichen Hand zu überführen, um so eine weitere Beeinträchtigung durch die Landwirtschaft zu verhindern und die Renaturierungsmaßnahmen (Wasserrückhaltung durch Grabenstau) erfolgreich durchführen zu können.
Dabei sollte wie folgt verfahren werden:
- Erwerb sämtlicher land- und forstwirtschaftlicher Nutzflächen
- Erwerb unkultivierter Flächen aus dem Eigentum entwicklungsfähiger Betriebe
- Erwerb von Flächen außerhalb der Naturschutzgebiete zum lagerichtigen Austausch mit Flächen im Naturschutzgebiet.

Aus der Zielsetzung läßt sich ableiten, daß die Pläne des Naturschutzes für dieses Gebiet über die eines "bewahrenden" Naturschutzes hinausgehen, bei welchem nur der bestehende Zustand eines unter Schutz zu stellenden Gebietes konserviert werden soll. Sind jedoch wie im vorliegenden Fall weitere Maßnahmen geplant, soll also ein "gestaltender" Naturschutz ausgeübt werden, so ist zur Lösung des in dem Fall unweigerlich entstehenden Nutzungskonfliktes eine klare Entflechtung der Nutzungen erforderlich. Dies kann nur durch eine räumliche, d.h. flächenbezogene Trennung ermöglicht werden. Eine Flurneuordnung mit den erforderlichen Flächen sowohl in den Schutzgebieten als auch außerhalb für die Bereitstellung von Tauschflächen schien im Fall der Flurbereinigung Stemmen das probate Mittel zu sein.

Das Verfahren
Die ersten Vorüberlegungen für ein Flurbereinigungsverfahren fanden bereits 1982 noch deutlich vor der Ausweisung der Naturschutzgebiete Ekelmoor und Schneckenstiege statt. Das Verfahren wurde dann am 14.10.1986 nach § 91 des Flurbereinigungsgesetzes eingeleitet. Die Verfahrensfläche betrug 2 578 ha[8], davon befanden sich 2 464 ha in der Gemeinde Stemmen u. 88 ha in der Gemeinde Lauenbrück. Im Einleitungsbeschluß wurden folgende Ziele des Verfahrens genannt:
- Weitestgehende Überführung der Flächen des Naturschutzgebietes in die öffentliche Hand
- Schaffung der Voraussetzungen, die Flächen zielsetzungsgemäß zu entwickeln
- Möglichkeiten der Verbesserung der Arbeits- und Produktionsbedingungen durch Tausch und Flächenzusammenlegung

Folgende Überlegungen standen für die Wahl eines Verfahrens nach § 91 im Vordergrund:

---

[8] Die Größe des Verfahrens wurde von der weitläufigen Streulage der umzulegenden Flächen der Beteiligten (vgl. Karte 16.1) und der Notwendigkeit des Erwerbs von Austauschflächen im gesamten Gebiet bestimmt.

- Ziel war die Durchführung von Maßnahmen des Naturschutzes und der Landschaftspflege,

- wasserwirtschaftliche Maßnahmen oder Wegebau in größerem Umfang waren nicht erforderlich,

- die Mitwirkung der Gesamtheit der beteiligten Grundstückseigentümer war vorgesehen (§ 92 FlurbG), wodurch sich ein Verfahren weniger "dirigistisch" durchführen läßt. Hierfür ist eine teilweise erst durch langwierige Verhandlungen zu erreichende positive Einstellung aller Teilnehmer zu dem jeweiligen Verfahren erforderlich.

Das Prinzip der Freiwilligkeit erschien angesichts des situationsbedingten Nutzungskonfliktes aufgrund der heutigen Umweltschutzorientierung besonders geeignet, einen einvernehmlichen Flächenaustausch durchzuführen[9].

Eine Abwicklung nach dem Verfahren des freiwilligen Landtauschs (§ 103-103i) wäre theoretisch ebenfalls denkbar gewesen, schied aber aufgrund der hohen Anzahl notwendiger Tauschaktionen aus, da in einem durch die Flurbereinigungsbehörde geleiteten und koordinierten Verfahren ein Gesamttauschkonzept erstellt werden kann und die finanzielle Belastung der Teilnehmer im freiwilligen Landtauschverfahren im Endeffekt höher liegt (Aufbringen eventuell anfallender Vermessungskosten sowie eine hier nicht mögliche Finanzierung weiterer agrarstruktureller Maßnahmen - im Fall Stemmen die teilweise notwendige Erschließung der Tauschflächen durch Wegebaumaßnahmen, die den Teilnehmern zugute kommen)[10].

Der für die primäre Zielsetzung des Verfahrens erforderliche Ankauf von Flächen und die Tauschvereinbarungen erfolgten im wesentlichen zwischen 1987 und 1989, die Einweisung der Teilnehmer in den neuen Besitz im Herbst 1989. Das Ergebnis ist in Karte 16.2 dargestellt. Nach Abschluß des Tausches befanden sich von den insgesamt 773 ha umfassenden Naturschutzgebietsflächen 515 ha im Besitz der öffentlichen Hand[11], ein kleiner Bereich an der Wümme gehört dem Deutschen Bund für Vogelschutz, 250

---

[9] Der Flächenerwerb erfolgte über Landverzichtserklärungen nach § 52 des Flurbereinigungsgesetzes (ganze oder teilweise Abfindung in Geld) und Tausch. Die Abfindungen wurden ausgehandelt und in sog. Planvereinbarungen festgehalten. Diese Vereinbarungen wurden zwischen dem Amt für Agrarstruktur und den Eigentümern geschlossen. Außerdem waren in den Jahren 1985-86 vorbereitend Flächen von insg. 65,7 ha, teils bereits der Niedersächsischen Landgesellschaft (NLG), teils der Domänenverwaltung gehörend, aus anderen Gemarkungen so verlegt worden, daß sie nun in diesem Verfahren als Austauschflächen für den Naturschutz zur Verfügung standen. Die Niedersächsische Landgesellschaft ist ein gemeinnütziges Unternehmen zur Entwicklung des ländlichen Raumes. Zu ihren Aufgaben zählen u.a. Landan- und -verkäufe, um die Flächenmobilität im Flurbereinigungsverfahren zu gewährleisten. Die NLG ist z.B. im Falle eines geplanten Verfahrens bestrebt, im Vorweg bereits ausreichend Flächen zu erwerben, damit diese dann während des Verfahrens als Tauschflächen angeboten werden können.

[10] Die in diesem Verfahren entstandenen Kosten mußten abzüglich der Beiträge von Bund und Land (ca. 82%) und einem Flächenbeitrag der Naturschutzverwaltung von den Teilnehmern nur für den ihnen entstandenen Vorteil -etwa durch Wegebau- aufgebracht werden.

[11] Die als "Flächen im öffentlichen Besitz" ausgewiesenen Gebietsteile fassen die dem Land Niedersachsen und dem Landkreis Rotenburg gehörenden Flächen zusammen.

ha sind im privaten Besitz verblieben[12]. Die außerhalb des Naturschutzgebietes entlang der Wümme an Landwirte neu zugeteilten Flächen sind mit Nutzungseinschränkungen zugunsten des Fließgewässerschutzes sowie des Fischotterschutzprogrammes des Landes Niedersachsens versehen. Bei den ebenfalls im Privatbesitz verbliebenen Flächen außerhalb des Naturschutzgebietes entlang der Wümme sind den Eigentümern Nutzungsbeschränkungen auferlegt, so daß keine Beeinträchtigung der Belange des Naturschutzes besteht.

Weitere außerhalb des Naturschutzgebietes durch die öffentliche Hand erworbene Flächen dienen ebenfalls dem Naturschutz, wobei 24 ha auf das geplante Naturschutzgebiet "Kinderberg" (davon 44 ha im Verfahrensgebiet, am Südrand gelegen) und 41 ha auf andere schutzwürdige Einzelflächen[13] entfallen.

Eigentumsverhältnisse in den bestehenden Naturschutzgebieten[14]:

	vor d.FB(ha)	nach d.FB(ha)	Veränderung(ha)
Land Nieders.	--	382	+382
Ldkrs. ROW	120	133	+ 13
DBV	8	8	--
NLG	41	--	- 41
Privat	407	53	-354
Privat unverändert	197	197	--
	773	773	

Das Verfahren in Stemmen, das erstmalig mit der Primärzielsetzung Naturschutz durchgeführt wurde und in dem durch einen freiwilligen Flächentausch ein Ausgleich zwischen den Interessen der Landwirtschaft und den Belangen des Naturschutzes geschaffen wurde, stellt ein Beispiel für ein Flurbereinigungsverfahren heutiger Prägung dar. Ähnliche Verfahren mit einer primären Naturschutzausrichtung zur Behebung von Interessenkonflikten werden im Landkreis Rotenburg derzeit in Hemslingen (Einleitungsbeschluß 1988) und Unterstedt (Einleitungsbeschluß 1991) durchgeführt.

---

[12] Davon entfallen 197 ha auf solche Flächen, die zum Erreichen der Zielsetzung des Naturschutzes nicht zwangsläufig in das Eigentum der öffentlichen Hand überführt werden mußten. Dies stand vor Einleitung des Verfahrens fest. Ein Erwerb der Flächen wäre zudem sehr kostspielig gewesen, da bestimmte wertbildende Faktoren vorhanden waren (Eigenjagd, industrielle Abtorfung). 53 ha konnten wegen des Prinzips der absoluten Freiwilligkeit des Tausches nicht in öffentliches Eigentum überführt werden. Es handelt sich im wesentlichen um die Flächen eines Grundeigentümers im südlichen Bereich des Naturschutzgebietes Schneckenstiege. Der Erwerb der Flächen wäre zwar wünschenswert gewesen, ist aber aus der Sicht der Naturschutzverwaltung für den gestaltenden Naturschutz nicht von grundsätzlicher Bedeutung.

[13] 1. Fläche für die Bewahrung einer sog. "Dammkultur" (dichte Abfolge von Wiesen und Gräben mit entsprechender Ausprägung der Vegetation); 2. Fläche für den Schutz eines als "Wildkinderstube" ausgezeichneten Gebietes.

[14] Aufstellung des Amtes f. Agrarstruktur Verden.

Noch im Verlauf des Jahres 1992 ist die Einleitung eines weiteren Verfahrens mit der gleichen Zielsetzung in Fischerhude bei Bremen geplant, wo bereits die Dorferneuerung nach neuesten Prinzipien in einem Modellvorhaben realisiert wurde[15].

---

[15] Fischerhude zählte zu den drei Auswahldörfern des Modellvorhabens "Dorfökologie in der Dorferneuerung" zur Förderung des Natur- und Umweltschutzes im Dorf im Jahr 1990; s. DORFÖKOLOGIE, 1990. Vgl. Kap. D I 4.3.

Karte 16.1: FLURBEREINIGUNG STEMMEN (ab 1986):
FLÄCHENVERTEILUNG VOR DEM VERFAHREN

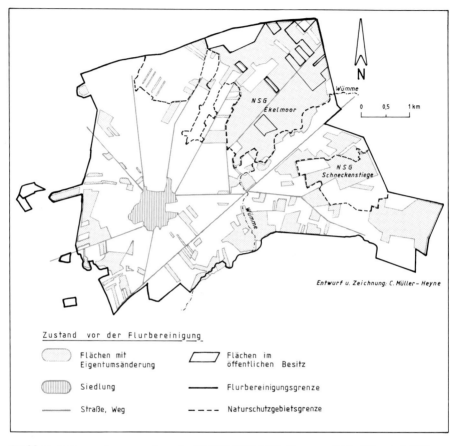

Quelle: Zusammenlegungsplan d. ZUSAMMENLEGUNG Stemmen/ROW (Stand 9/92).

Karte 16.2: FLURBEREINIGUNG STEMMEN (ab 1986):
FLÄCHENVERTEILUNG NACH DEM VERFAHREN

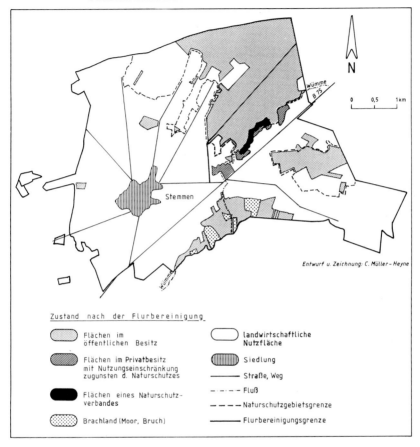

Quelle: Zusammenlegungsplan d. ZUSAMMENLEGUNG Stemmen/ROW (Stand 9/92).

III Zusammenfassung der Entwicklung nach 1953

1 Quantitative Entwicklung und Verteilung der Agrarstrukturmaßnahmen

Die quantitative Entwicklung und Verteilung der Agrarstrukturmaßnahmen im Elbe-Weser-Raum ist nach dem Erlaß des Flurbereinigungsgesetzes von 1953 genauer nachvollziehbar als im vorigen Zeitraum, da durch die Schaffung der verschiedenen Verfahrenstypen eine bessere Übersicht gegeben werden kann.

Die kartographische Darstellung[1] ist in zwei Phasen unterteilt, die sich wiederum an gesetzlich determinierten Zeiträumen orientieren[2].

Im ersten Zeitraum (Karte 9.e) zwischen 1953 und 1976 dominierte das sog. "normale" Flurbereinigungsverfahren nach § 1 des Flurbereinigungsgesetzes. Es wurden insgesamt 29 Verfahren über insgesamt 48 760 ha Verfahrensfläche im Untersuchungsraum eingeleitet (= 78,2% der insgesamt flurbereinigten Fläche). Den zweitgrößten Anteil hatte das beschleunigte Zusammenlegungsverfahren nach § 91 mit 19 Verfahren (8 947 ha = 14,3%). Der Grund für die relativ hohe Anzahl von Zusammenlegungsverfahren (nach § 91 FlurbG) im Untersuchungsraum ist darin zu sehen, daß die Flurbereinigungsbehörden, beispielsweise im Falle personeller Überlastung, die Durchführung dieses speziellen Verfahrens anderen Institutionen übertragen können, insbesondere landwirtschaftlichen Berufsvertretungen oder Dienststellen der landwirtschaftlichen Verwaltung (§ 99.2 FlurbG). Dieses war im Zuständigkeitsbereich des Amtes für Agrarstruktur Bremerhaven oft der Fall.

Die vereinfachte Flurbereinigung nach § 86 spielte bis 1976 mit 4 Verfahren über insgesamt 1 533 ha (= 2,4%) eine quantitativ völlig untergeordnete Rolle, ebenso die Unternehmensflurbereinigung nach § 87 mit einem Verfahren über 3 156 ha (vgl. Abb.3.1 u. 3.2).

Dieses Bild spiegelt zunächst deutlich die mit dem Erlaß des Flurbereinigungsgesetzes von 1953 intendierte Zielsetzung wider, die land- und forstwirtschaftliche Erzeugung zum Zweck einer zunehmenden wirtschaftlichen Unabhängigkeit von Importen zu steigern[3]. Hierfür war die Durchführung großflächiger integraler Flurneuordnungsmaßnahmen erforderlich, durch welche primär die Entwässerung der Wirtschaftsflächen, verbunden mit der Schaffung eines größtenteils neuen, leistungsfähigen Wirtschaftswegenetzes bewirkt wurde, das den rationellen Einsatz des modernisierten Maschinenparks ermöglichen sollte.

---

[1] Karte 9.e u. 9.f.

[2] 1. Flurbereinigungsgesetz vom 14.07.1953 und novelliertes Flurbereinigungsgesetz vom 16.03.1976. Die Zuordnung erfolgte aufgrund des Zeitpunkts der Verfahrenseinleitung.

[3] Vgl. Kap. D I 1.

Karte 9.e: AGRARSTRUKTURMASSNAHMEN 1953 - 1976: FLURBEREINIGUNGEN

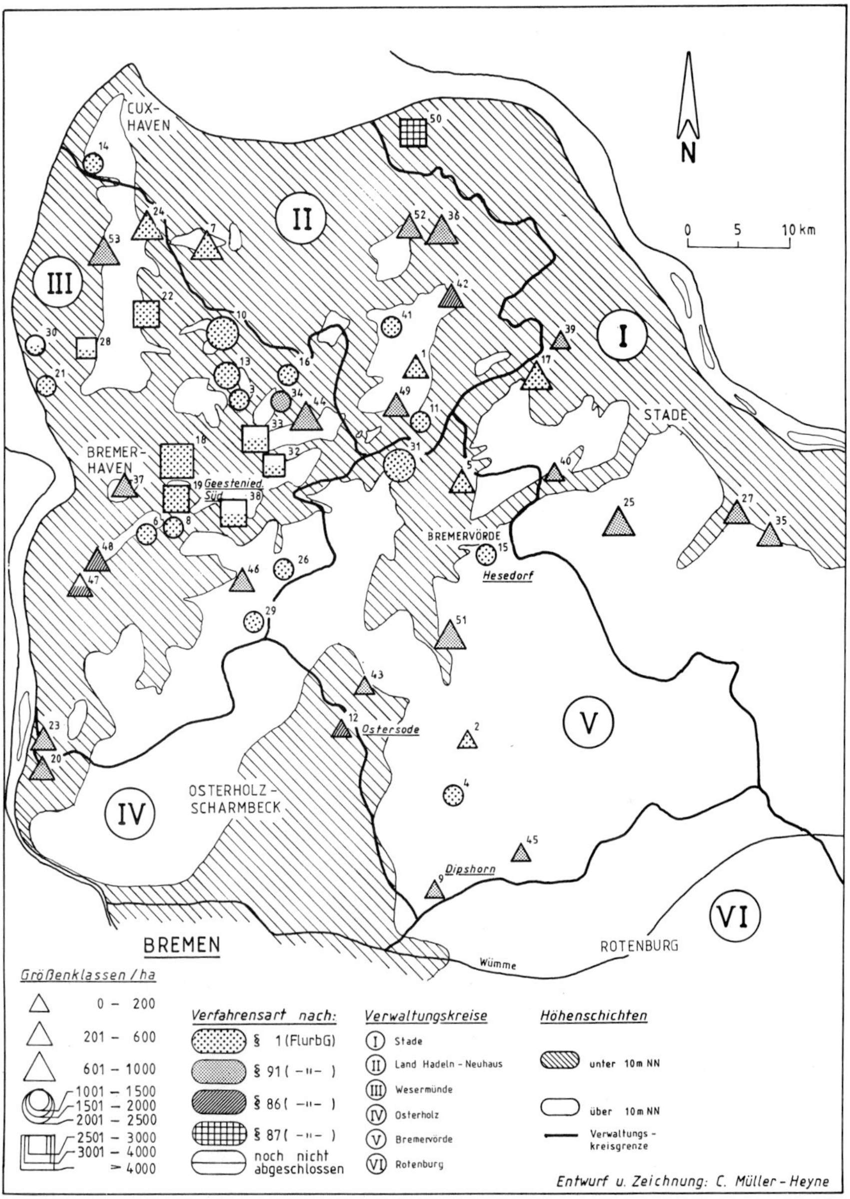

Quelle: Amt für Agrarstruktur Bremerhaven; eigene Datenaufbereitung.

Tab. 3.4 VERZEICHNIS DER AGRARSTRUKTURMASSNAHMEN ZWISCHEN 1953 UND 1976[1]:
FLURBEREINIGUNGEN

Grundlage für: *Karte 9.e*

Nr.i.d. Karte	Verfahren	Einleitung	§	ha	Kreis	Anzahl
1	Lamstedt	1953	1	560	LH	
2	Ostereistedt	1953	1	167	BRV	
3	Alfstedt-Bederkesa	1954	1	1240	WES	
4	Kirchtimke	1954	1	1058	BRV	
5	Niederochtenhausen	1955	1	392	BRV	
6	Bexhövede	1956	1	1332	WES	
7	Wanna-West	1956	1	828	LH	
8	Donnern	1957	1	1438	WES	
9	Dipshorn	1958	91	140	BRV	
10	Flögeln	1958	1	2233	Wes	
11	Hollen	1958	1	1438	LH	
12	Ostersode	1958	86.3	44	OHZ	
13	Bederkesa	1959	1	1711	WES	
14	Berensch-Oxstedt	1959	1	1074	LH	
15	Hesedorf	1960	1	1175	BRV	
16	Ankelohe	1961	1	1139	WES	
17	Burweg	1961	1	779	STD	
18	Geestenniederung-Nord	1961	1	4287	WES	
19	Geestenniederung-Süd	1961	1	3432	WES	
20	Aschwarden	1962	91	378	OHZ	
21	Imsum	1962	1	1001	WES	
22	Neuenwalde	1962	1	3006	WES	
23	Wurthfleth	1962	91	527	WES	
24	Wanhöden	1963	1	997	WES	
25	Wedel	1963	91	814	STD	
26	Appeln	1964	1	1493	WES	
27	Horneburg	1964	91	235	STD	
28	Sievern	1964	1	2666	WES*	
29	Wellen	1964	1	1209	WES	
30	Wremen	1964	1	1372	WES*	
31	Alfstedt	1965	1	2135	BRV	
32	Köhlen	1965	1	2678	WES*	
33	Kührstedt-Ringstedt	1965	1	3561	WES*	
34	Lintig	1965	91	1322	WES	
35	Neukloster	1965	91	298	STD	
36	Oberndorf	1966	91	865	LH	
37	Schiffdorf	1966	91	267	WES	
38	Wehdel - Geestenseth	1966	1	3047	WES*	

[1] Vgl. Verzeichnis der Abkürzungen.

noch Tab. 3.4

Nr.i.d. Karte	Verfahren	Einleitung	§	ha	Kreis	Anzahl
39	Engelschoff	1967	91	131	STD	
40	Hagenah	1967	91	145	STD	
41	Nordahn-Varrel	1967	1	1312	LH	
42	Warstade	1967	86.3	408	LH	
43	Karlshöfen	1968	91	163	BRV	
44	Meckelstedt	1968	91	986	WES	
45	Nartum	1968	91	164	BRV	
46	Osterndorf	1968	91	402	WES	
47	Stotel-Holte	1968	86.1	526	WES*	
48	Nesse	1969	86.1	555	WES	
49	Armstorf	1971	91	361	LH	
50	Nordkehdingen-West	1971	87	3156	STD*	
51	Ober-Ochtenhausen	1972	91	698	BRV	
52	Wingst-Voigtding	1973	91	379	LH	
53	Midlum	1974	91	672	WES	
		TOTAL		62.396 ha	/	53

*= Verfahren ohne Schlußfeststellung (Stand 08/92)

Quelle: Amt für Agrarstruktur Hannover (Archiv) u. Bremerhaven; eigene Datenaufbereitung.

Karte 12.3: FLURBEREINIGUNG NORDER-SPECKEN (ab 1981):
WEGE- UND GEWÄSSERBAU NACH NEUER PLANUNG

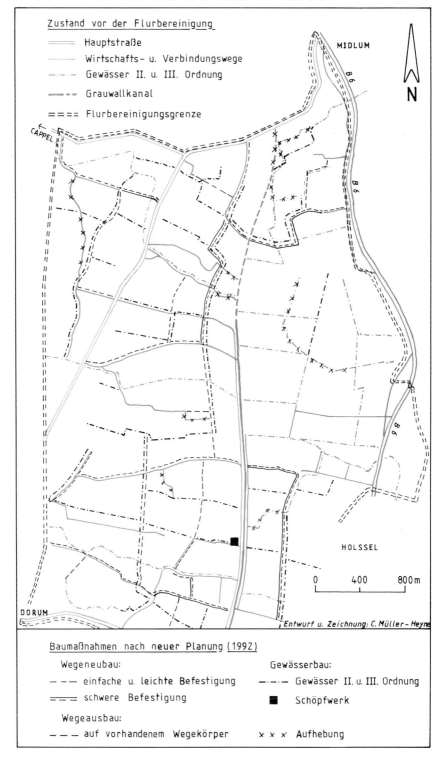

Quelle: Wege- und Gewässerplan mit landschaftspflegerischem Begleitplan der FLURBEREINIGUNG Norder-Specken (AZ: C 3), 1987, mit Planänderungen von 1992.

Karte 9.f: AGRARSTRUKTURMASSNAHMEN NACH 1976: FLURBEREINIGUNGEN

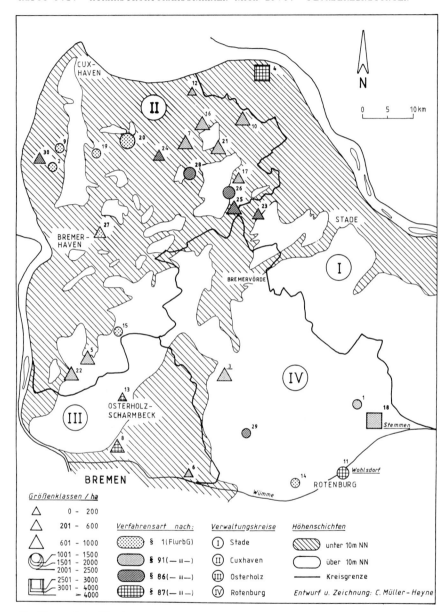

Quellen: Amt für Agrarstruktur Bremerhaven und Verden;
eigene Datenaufbereitung.

Tab. 3.5 VERZEICHNIS DER AGRARSTRUKTURMASSNAHMEN NACH 1976[1]:
FLURBEREINIGUNGEN

Grundlage für: *Karte 9.f*

Nr.i.d. Karte	Verfahren	Einleitung	§	ha	Kreis	Anzahl
1	Hamersen	1976	91	1076	ROW*	
2	Mulsum-Dorum-Holßel	1977	1	1328	CUX	
3	Hanstedt	1977	91	891	ROW*	
4	Nordkehdingen-Ost	1978	87	2898	STD	
5	Dorfhagen	1978	91	647	CUX*	
6	Seeberger-Vorweiden	1979	91	79	OHZ*	
7	Oppeln	1980	91	841	CUX*	
8	Ritterhude	1981	87	767	OHZ	
9	Norder-Specken	1981	1	1370	CUX	
10	Bentwisch	1982	91	940	CUX*	
11	Wohlsdorf	1982	1	1756	ROW	
12	Belum	1983	91	153	CUX*	
13	Freißenbüttel	1984	87	185	OHZ	
14	Waffensen	1984	86.3	1282	ROW	
15	Bokel	1985	1	1362	CUX	
16	Wingst I	1985	91	880	CUX	
17	Wohlenbeck	1985	91	237	CUX*	
18	Stemmen	1986	91	2654	ROW	
19	Krempel	1986	1	1430	CUX	
20	Wanna	1986	1	2286	CUX	
21	Weißenmoor	1987	91	739	CUX	
22	Lehnstedt	1987	91	689	CUX	
23	Brobergen	1988	86.3	425	STD	
24	Medemstade	1988	86.3	403	CUX	
25	Nindorf	1989	86.3	978	CUX	
26	Lamstedt	1989	86.3	1510	CUX	
27	Polder Bramel(O)	1991	91	224	CUX	
28	Stinstedt(Had.)	1991	86.3	1534	CUX	
29	Bülstedt	1991	86.3	1011	ROW	
30	Dorum-Barlinghausen	1991	86.3	474	CUX	
			TOTAL	31.049 ha	/	30

* *Verfahren mit Schlußfeststellung*

Quelle: Amt für Agrarstruktur Bremerhaven;
eigene Datenaufbereitung.

---

[1] Vgl. Verzeichnis der Abkürzungen.

Regional konzentrieren sich diese Verfahren besonders in den Bereichen der nördlichen und südlichen Geestniederung (im Raum östlich von Bremerhaven) und im Grauwall-Gebiet (nördlich von Bremerhaven). Hierbei handelt es sich um Niederungsgebiete, in denen die agrarwirtschaftlichen Bedingungen durch die schwierige Entwässerungssituation in besonderem Maße erschwert waren. Für diese Verfahren und größtenteils auch für die übrigen in den höher liegenden Regionen verteilten Verfahren gilt, daß sie großflächig angelegt wurden (ab 1 000 ha), um auf diese Weise einen möglichst flächendeckenden Erfolg zu erzielen[4].

Bei den beschleunigten Zusammenlegungsverfahren (§ 91) ist kein besonderes Verteilungsmuster erkennbar; sie sind überwiegend am Geestrandbereich angeordnet und haben deutlich geringere Flächenabmessungen. Meliorative Maßnahmen waren hier in der Regel nicht erforderlich, die Arrondierung von Wirtschaftsflächen stand gemäß der gesetzlichen Zielsetzung im Vordergrund.

Aufgrund der schon erwähnten Ausrichtung auf umfassende Flurbereinigungen nach § 1 spielte die "abgespeckte" Version der vereinfachten Flurbereinigung (§ 86) eine untergeordnete Rolle. Eine Ausnahme bilden die Verfahren Stotel/Holte und Nesse[5], die der Beseitigung von Zerschneidungsschäden durch den Autobahnbau (Bremen-Bremerhaven) dienten[6] und die die einzigen Verfahren dieser Art im Elbe-Weser-Raum waren und sind.

Im zweiten Erfassungszeitraum (Karte 9.f) nach der Novellierung des Flurbereinigungsgesetzes zeigt sich im Untersuchungsraum folgendes Bild: Die ehemals deutliche Vorrangstellung der "großen" Flurbereinigungen ist aufgehoben und einer Ausweitung der Sonderflurbereinigungen und der beschleunigten Zusammenlegung gewichen (vgl. Abb. 3.1 - 3.3).

Auf Landesebene ist die gleiche Entwicklung bei den umfangreichen Flurbereinigungen (nach § 1 FlurbG) zu beobachten, wobei hier allerdings ein deutlicher Zuwachs von Verfahren mit dem Ziel der Bereitstellung von Land für größere Unternehmungen der öffentlichen Hand (Unternehmensflurbereinigungen, § 87 FlurbG) zu verzeichnen ist (vgl.Abb. 5)[7].

---

[4] Bei den oben erwähnten Verfahren in den Niederungsgebieten gehen die Verfahrensflächen ineinander über, weshalb hier auch von "Gruppenflurbereinigungen" gesprochen werden kann.

[5] Nr. 47 u. 48 in Karte 9.e.

[6] Nach dem Flurbereinigungsgesetz ist dieses Verfahrensziel nach § 86.1 definiert.

[7] Auf diese Entwicklung wird bereits in den amtsinternen Arbeitsberichten der niedersächsischen Agrarstrukturverwaltung hingewiesen, erstmalig 1982, ab dann regelmäßig in den darauffolgenden Berichten; s. ARBEITSBERICHT der niedersächsischen Agrarstrukturverwaltung, 1982-1990.

Abb. 3.1: AGRARSTRUKTURMASSNAHMEN NACH 1953 UND 1976: QUANTITATIVE ENTWICKLUNG

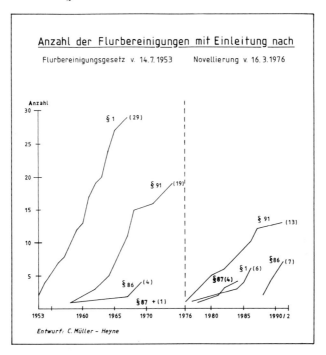

ANTEILSMÄSSIGE VERTEILUNG NACH VERFAHRENSARTEN

Abb. 3.2: 1953 - 1976

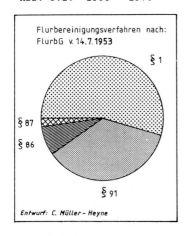

Abb. 3.3: nach 1976

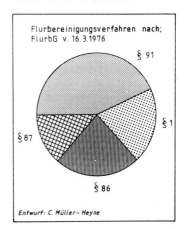

Quellen: Amt für Agrarstruktur Bremerhaven; eigene Datenaufbereitung.

Ein Vergleich der Ausbauleistungen (Wege- und Gewässernetz) unterstreicht die auf Landesebene erkennbare Entwicklung einer rückläufigen Gesamtsumme der Maßnahmen für den Wege- und Gewässerbau (vgl. Abb. 4.1).

Abb. 4.1 : AGRARSTRUKTURMASSNAHMEN NACH 1976 IM VERGLEICH: AUSBAULEISTUNGEN INNERHALB VON FLURBEREINIGUNGEN (Wege und Gewässer)

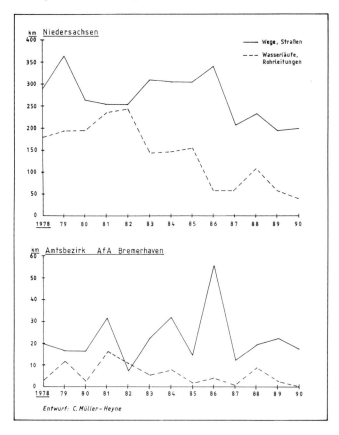

Quelle: ARBEITSBERICHT der niedersächsischen Agrarstrukturverwaltung, 1978-1990; eigene Datenaufbereitung.

Im Elbe-Weser-Raum, für den die Arbeitsergebnisse der Agrarstrukturverwaltung Bremerhaven zugrundegelegt wurden[8], tritt diese Entwicklung mit

---

[8] Der Amtsbezirk umfaßte vor der Gebietsreform von 1977 die alten Kreise Stade, Land Hadeln, Wesermünde, Osterholz und Bremervörde (vgl. Karte 9.e u. 9.f). Nach der Reform ging der letztgenannte Kreis in dem südlich daran anschließenden Kreis Rotenburg auf, dessen ehemalige Kreisgrenze zu Bremervörde aber die südliche Amtsbezirksgrenze des Agrarstrukturamts Bremerhavens blieb, so daß der heutige Kreis Rotenburg (Wümme)

geringer Verzögerung ein, was im Zusammenhang mit den zuvor erwähnten, noch abzuschließenden großräumigen Flurbereinigungen in den Niederungsgebieten dieses Amtsbezirks zusammenhängt. Das gleiche gilt für die Maßnahmen der Bodenverbesserung (vgl. Abb. 4.2).

Abb. 4.2 : AGRARSTRUKTURMASSNAHMEN NACH 1976 IM VERGLEICH: AUSBAULEISTUNGEN VON FLURBEREINIGUNGEN (Bodenverbesserung)

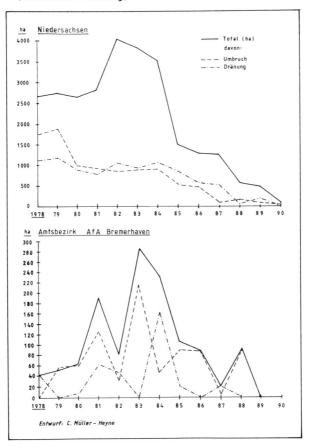

Quelle: ARBEITSBERICHT der niedersächsischen Agrarstrukturverwaltung, 1978-1990; eigene Datenaufbereitung.

---

jeweils zur Hälfte in den Amtsbezirken der Agrarstrukturämter von Bremerhaven und Verden liegt. Die Grenze verläuft etwa parallel südlich der Autobahn Bremen-Hamburg am nördlichen Rand der Wümmeniederung. Aufgrund dieser Abgrenzungen können die Arbeitsergebnisse des Amtsbezirks Bremerhaven als statistische Grundlage für den gewählten Untersuchungsraum herangezogen werden.

Dieses wird auch im Gesamtergebnis, in welchem die Resultate der geordneten Fläche und des geleisteten Wege- und Gewässerbaus verbunden sind, deutlich (vgl. Abb. 4.4). Der Grund für diese Entwicklung ist unter Berücksichtigung des theoretischen Hintergrundes leicht nachvollziehbar[9]: die Belange des Naturschutzes und der Landschaftspflege traten mit dem novellierten Flurbereinigungsgesetz in den Vordergrund und die Zahl der Verfahren, die diese Ziele besonders berücksichtigen, nehmen seitdem zu[10]. Das beschleunigte Zusammenlegungsverfahren nach § 91 bietet in dieser Hinsicht folgende Vorteile: mehr Bürgernähe, weitgehende Freiwilligkeit, kein Gewässerbau und eine Reduzierung der Verfahrenszielsetzungen[11].

Abb. 4.3 : AGRARSTRUKTURMASSNAHMEN NACH 1976 IM VERGLEICH: AUSBAULEISTUNGEN VON FLURBEREINIGUNGEN (Landschaftspflege)

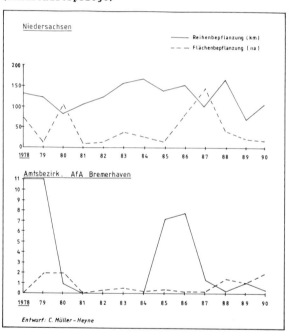

Quelle: ARBEITSBERICHT der niedersächsischen Agrarstrukturverwaltung, 1978-1990; eigene Datenaufbereitung.

---

[9] Vgl. Kap. D I 2.

[10] Verfahren nach § 91 und § 86 des Flurbereinigungsgesetzes vom 16.03.1976.

[11] Bei den Verfahren nach § 91 ist im Arbeitsbereich des Amtes für Agrarstruktur Verden in jüngster Zeit die Entwicklung zu größeren Verfahrensabmessungen zu beobachten, da sie als Naturschutzverfahren einen umfangreichen Flächenaustausch erfordern, dafür aber einen begrenzten Umfang an Maßnahmen und damit eine geringere Eingriffsintensität haben.

Die Entwicklung des Einsatzes landschaftspflegerischer Maßnahmen ist von der statistischen Datengrundlage her weniger aufschlußreich.
Ab 1978 wurden erstmals 3,65 Mio.DM mit der Zweckbestimmung "Pflege und Gestaltung der Kultur- und Erholungslandschaft bei Flurbereinigungsmaßnahmen" nach den Förderungsrichtlinien vom 21.04.1978 bereitgestellt[12]. Gefördert werden sollten nach diesen Richtlinien die Bereitstellung von Land für Zwecke des Naturschutzes, der Landschaftspflege und der Erholung sowie Maßnahmen des Naturschutzes, der Landschaftspflege und der landschaftsgebundenen Erholung.

Der Schwerpunkt der Förderung lag von Anfang an auf dem Landerwerb, insbesondere zur Sicherung, Erweiterung und Neuausweisung schutzwürdiger Flächen und Biotope[13]. Daraus folgt, daß eine Interpretation der diesbezüglich graphisch dargestellten Entwicklung das Bild verzerren würde, zumal in der Statistik nur die Zahlen für die Landschaftspflegemaßnahmen ausgewiesen sind, die tatsächlich innerhalb der Flurbereinigung durchgeführt wurden. Unberücksichtigt bleiben dabei eventuell durch andere Träger durchgeführte Maßnahmen, die ebenfalls landschaftspflegerischen Charakter haben.

Im Elbe-Weser-Raum berücksichtigen die letzten "normalen" Flurbereinigungen nach § 1, von denen zwei noch zur Gruppe der Grauwallkanal-Verfahren gehören[14], die gewandelten Rahmenbedingungen dahingehend, daß versucht wurde, die Eingriffsintensität zunächst etwa durch Streichung von Einzelmaßnahmen (z.B. Wegebau) und später im Zuge der Eingriffsregelung nach dem Niedersächsischen Naturschutzgesetz durch Ausgleich und Ersatzmaßnahmen herabzusetzen[15]. Dieses betrifft ebenfalls die Unternehmensflurbereinigung nach § 87.

Zusammenfassend ergibt die Entwicklung der Förderung der Dorferneuerung im Zeitraum ab 1977 folgendes Bild:
Ab 1977 konnte die Dorferneuerung erstmalig außerhalb der Flurbereinigung im Rahmen des sog. Zukunftsinvestitionsprogramms (ZIP) durchgeführt werden, wobei die umfangreiche Erneuerung von Gemeinden und Ortsteilen, deren Siedlungsstruktur durch die Land- und Forstwirtschaft geprägt ist, angestrebt wurde. Dieses Programm war ein begrenzter Sonderrahmenplan innerhalb der Gemeinschaftsaufgabe "Verbesserung der Agrarstruktur und des Küstenschutzes", deren Maßnahmen als gemeinsames Ziel die Verbesse-

---

[12]ARBEITSBERICHT der niedersächsischen Agrarstrukturverwaltung, 1978, S. 35.

[13]ARBEITSBERICHT der niedersächsischen Agrarstrukturverwaltung, 1978, S. 37. Dieses war besonders ein geplanter Arbeitsschwerpunkt ab 1987; s. ARBEITSBERICHT, 1986, S. 85.

[14]Die Verfahren Mulsum-Dorum-Holßel und Norder-Specken, (Nr. 9 u. 2) in Karte 9.f.

[15]Vgl. insbesondere das in Kap. D II 1.1.3.1 dargestellte Verfahren Norder-Specken.

rung der Lebensverhältnisse im ländlichen Raum haben. Niedersachsen hatte hier einen deutlichen Nachholbedarf gegenüber den anderen Bundesländern, die schon länger über eigene Landesprogramme verfügten[16].
Obwohl die Dorferneuerung auch vor diesem Programm keine neue Erscheinung war, so gelang doch erstmalig eine Hinwendung zum Bereich "historisch gewachsenes Siedlungsgefüge und Ortskern". Vorher waren die Dorferneuerungsmaßnahmen überwiegend auf die Neugestaltung und die Weiterentwicklung etwa der gemeindlichen Infrastruktur sowie auf die Ausweisung von Neubau- und Gewerbegebieten ausgerichtet gewesen.
Trotzdem behielten diese außerhalb der Flurbereinigung durchgeführten Unternehmungen noch den Charakter von Maßnahmen zur Verbesserung der Agrarstruktur und unterlagen entsprechenden Einschränkungen[17].
Das besondere Verdienst der im Rahmen des ZIP durchgeführten Dorferneuerungen wird darin gesehen, daß die anstehenden Probleme vieler Dörfer erstmalig näher in das Bewußtsein der Öffentlichkeit traten und eine Sensibilisierung hinsichtlich zukünftiger Projekte (Dorfökologie, historische Erneuerung) gelang.

Nach Beendigung des Sonderprogramms ZIP konnte die Dorferneuerung vorübergehend bis 1984 nur innerhalb der Flurbereinigung gefördert werden. 1984 wurde die Dorferneuerung als ständiger Maßnahmenbereich in die Gemeinschaftsaufgabe der Bundes und der Länder aufgenommen.
Diverse Modellvorhaben zur Dorferneuerung ab 1982, die sich besonders auf die gewandelten Ansprüche an solche Maßnahmen einstellten, wurden bis 1990 realisiert und lieferten mit ihren Arbeitsergebnissen eine Basis für die Planung und Durchführung zukünftiger Dorferneuerungen.

---

[16] 1977 zeichnete sich auch schon deutlich ab, daß im Geltungszeitraum dieses Sonderrahmenplans von 1977 bis 1980 noch nicht einmal der dringendste Bedarf in Niedersachsen gedeckt werden konnte; s. ARBEITSBERICHT der niedersächsischen Agrarstrukturverwaltung, 1977, S. 43.

[17] ARBEITSBERICHT der niedersächsischen Agrarstrukturverwaltung, 1980, S. 58.

Abb. 4.4: AGRARSTRUKTURMASSNAHMEN IM VERGLEICH:
- GESAMTERGEBNISSE -

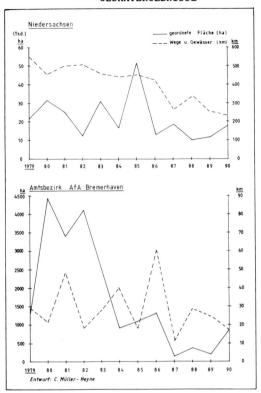

Abb. 5: ANZAHL DER FLURBEREINIGUNGEN IN NIEDERSACHSEN

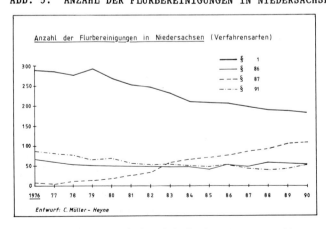

Quelle: ARBEITSBERICHT der Niedersächsischen Agrarstrukturverwaltung 1976-1990; eigene Datenaufbereitung.

E ZUSAMMENFASSUNG UND SCHLUSSBETRACHTUNG

Die Entwicklung der Agrarstrukturmaßnahmen im Elbe-Weser-Raum, die in der vorliegenden Studie, in drei übergeordnete Zeiträume gegliedert, untersucht und dargestellt wurde, war maßgeblich von den morphologischen und historisch-genetisch determinierten Grundfaktoren abhängig.

Die im wesentlichen auf die formenden Kräfte des Saaleglazials sowie der nacheiszeitlichen Prozesse zurückgehenden naturräumlichen Einheiten von Geest, Marsch und Moor und die sich in diesen Teilräumen vollziehende Kulturlandschaftsentwicklung waren mitentscheidend für den Beginn, den Verlauf und die Ausprägung staatlich gelenkter Maßnahmen zur Erschließung und weiteren Entwicklung der ländlichen Kulturlandschaft.

Der erste Bereich der in dieser Studie untersuchten Maßnahmen betrifft die Kulturlandschaftserschließung. Hier wurde am Beispiel der erst neuzeitlich besiedelten Moorgebiete im Hamme-Oste-Raum gezeigt, wie durch ein staatlich gelenktes Besiedlungsprojekt, das aufgrund eines drastisch gestiegenen Bevölkerungsdrucks erforderlich geworden war, eine weiträumige und planvolle Erschließung und Inkulturnahme von Land erfolgte. Dabei war es das Ziel der Untersuchung zu zeigen, wie nachhaltig die Auswirkungen dieses Vorhabens waren, die zu einer Umgestaltung der Naturlandschaft führten und die bis heute das individuelle Siedlungs- und Flurformengefüge prägen.

Den zweiten Bereich der staatlich gelenkten Maßnahmen bildeten die die Kulturlandschaft weiterentwickelnden Maßnahmen, die infolge der Agrarreform des 19. Jahrhunderts sowohl die wirtschaftliche Situation als auch das Flurformenbild in den bereits seit der Zeitenwende besiedelten Räumen, insbesondere in der Geest, veränderten.

Die Geest- und Marschgebiete durchliefen hinsichtlich ihrer agrarwirtschaftlichen Struktur ab dem Mittelalter gegensätzliche Entwicklungen. Während die Marschgebiete wirtschaftlich aufblühten, erfuhren die Geestregionen einen Niedergang. Dieser war u.a. auf die durch die besondere bäuerliche Sozialstruktur (mit der persönlichen Abhängigkeit der Bauern) bedingte unflexible und unangepaßte Wirtschaftsweise zurückzuführen, infolge derer es zu einer weiträumigen Verheidung der ehemals baumbestandenen Gebiete kam.
Auch die Höfeteilungen hatten mit ihrer weitgehenden Besitzersplitterung einen wichtigen Anteil an der Verschärfung dieser Verhältnisse.
Diese Entwicklung wurde erst durch das Einsetzen der Agrarreformen im 19. Jahrhundert gestoppt und in das Gegenteil verkehrt, als die Marschgebiete durch kriegsbedingte Besatzung, Handelsbeschränkungen sowie Mißernten handfesten Krisenjahren ausgesetzt waren, während die Geestgebiete sich bereits durch die beginnende Agrarreform mit ihren strukturverbessernden Maßnahmen, den Allmendteilungen und Verkoppelungen von der Rezession zu erholen begannen.

Durch eine vertiefte, neben den gesellschaftspolitischen auch die gesetzlichen Hintergründe berücksichtigenden Untersuchung wurde die Entwicklung von Agrarstrukturmaßnahmen zunächst bis zum Erlaß des ersten Flurbereinigungsgesetzes von 1953 als ein in sich geschlossener Prozeß rekonstruiert, dessen einzelne Entwicklungsschritte sich deutlich in der statistischen und quantitativen Verteilung im Elbe-Weser-Raum widerspiegeln.

Die Durchführung dieser Maßnahmen und ihre Auswirkungen auf die Kulturlandschaft wurden dabei anhand verschiedener, diesen Epochen zugeordneten Regionalbeispielen verdeutlicht.

Der Vergleich der zu verschiedenen Zeitpunkten durchgeführten Flurbereinigungen anhand der Fallstudien ergab, daß die Auswirkungen der Flurbereinigung sich von der Veränderung des Flächennutzungsgefüges zunehmend in Richtung einer ausschließlichen Beeinflussung der Geländestruktur verlagerten. Dies ist auf den Wege- und Gewässerbau als Schwerpunkt der späteren Flurbereinigungen zurückzuführen.
Hierbei mußte deutlich zwischen den durch die Agrarstrukturmaßnahmen herbeigeführten Kulturlandschaftsveränderungen einerseits und dem sich unabhängig von ihrer Durchführung vollziehenden Wandel andererseits unterschieden werden, was durch eine detaillierte, kartengestützte Untersuchung in den Fallbeispielen illustriert wurde.

Im Mittelpunkt des zweiten theoretischen Hauptteils steht die Entwicklung zur heutigen Flurbereinigung ab 1953 unter besonderer Berücksichtigung der sich ändernden Anforderungen an Agrarstrukturmaßnahmen heutiger Zeit. Die Flurbereinigung war nach ihrer Institutionalisierung mit ihren verschiedenen Verfahrenstypen zunächst darauf ausgerichtet, entsprechend ihrer gesetzlichen Zielsetzung, nämlich der Steigerung der landwirtschaftlichen Produktion, maßgebliche Erfolge in diesem Bereich zu erzielen. Hiermit waren häufig gewichtige Eingriffe in den Landschaftshaushalt und in die einer rationellen Landbewirtschaftung entgegenstehenden Agrarstruktur verbunden, die Flur wurde "bereinigt" unter Eliminierung störender unregelmäßiger Feldbegrenzungen und unvorteilhafter Wege- und Gewässerführung.

Ab Mitte der 60er Jahre wurden neue Anforderungen an die Flurbereinigung gestellt. Sie wurde zunehmend als eine Maßnahme zu integrierender Neuordnung des ländlichen Raumes angesehen, die ebenfalls die Bereiche Dorfentwicklung und -erneuerung, Ansiedlung von Industrie und Gewerbe sowie Planungen örtlicher und überregionaler Verkehrsträger umfassen sollte. Der außeragrarische Wirkungsbereich hatte somit entscheidend an Bedeutung gewonnen.
Die Flurbereinigung geriet zunehmend in die öffentliche Diskussion und wurde vermehrt Gegenstand der Kritik von Seiten der Landschaftspflege und des Naturschutzes. Diese Entwicklung führte 1976 zur Novellierung des Flurbereinigungsgesetzes, welche diese geänderten Ansprüche durch eine Erweiterung der Zielformulierung im Gesetzestext und des Wirkungsspektrums bei einzelnen Verfahrensarten berücksichtigte, wobei insbesondere

den Erfordernissen des Naturschutzes und der Landschaftspflege Rechnung getragen wurde.
Dieser Entwicklungsprozeß wurde gerade hinsichtlich des letztgenannten Aspekts wiederum anhand von zeitlich gestaffelten Fallbeispielen veranschaulicht.
Hierbei war es auch ein Anliegen der Untersuchung, die zukünftige Rolle der Flurbereinigung als eine "Agrarstrukturmaßnahme" mit vollständig neuer Zielsetzung aufzuzeigen, die die Möglichkeit bietet, zunehmend die Belange des Naturschutzes und der Landschaftspflege im Sinne eines gestaltenden Naturschutzes zu verwirklichen.

In dieser Hinsicht können gerade auch von Seiten benachbarter Wissenschaften, die das Spektrum der Flurbereinigung etwa in den Bereichen Biologie, Landschaftspflege und Raumplanung berühren, wichtige Beiträge zur weiteren Forschungs- und Entwicklungsarbeit geleistet werden.

Insgesamt wurde durch die Studie deutlich gemacht, wie bedeutend der die Landschaft gestaltende Einfluß der verschiedenen Agrarstrukturmaßnahmen während ihrer langen Entwicklung war und inwieweit dieser Einfluß zum einen von den jeweiligen naturgeographischen Verhältnissen und zum anderen von den sich wandelnden gesellschaftspolitischen Anforderungen mitbestimmt wurde.

F LITERATURVERZEICHNIS

1 Allgemeine Literatur

ABB, W.(1968): Die Flurbereinigung, das Instrument zur integralen Neuordnung des ländlichen Raumes. In: Zeitschr. f. Kulturtechnik u. Flurber., 9.Jg., 1968, S.1-14.

ABB, W.(1980): Dorferneuerung. Eine konjunkturpolitische Aufgabe? In: Zeitschr. f. Vermessungswesen, 105.Jg., H.5, 1980, S.205-214.

ABEL, W.(1966): Agrarkrise und Agrarkonjunktur. 2.Aufl. Hamburg, Berlin 1966.

ABEL, W.(1967a): Geschichte der deutschen Landwirtschaft vom frühen Mittelalter bis zum 19. Jahrhundert. 2.Aufl. Stuttgart 1967.

ABEL, W.(1967b): Agrarpolitik. 3.Aufl. Göttingen 1967.

ADELHARDT, A.(1989): Flurbereinigung im Dienste einer integrierten Agrar- und Umweltpolitik - aus der Sicht der Agrarpolitik. In: Ber. aus d. Flurber., H.62, 1989, S.27-29.

AGRARBERICHTERSTATTUNG (Niedersachsen)1983: (Totaler Teil), Gemeindestatistik, Teil 1 u. 2 (unveröff.).

AGRARBERICHTERSTATTUNG (Niedersachsen)1987: (Totaler Teil), Gemeindestatistik Teil 1 u. 2 (unveröff.).

AKADEMIE (1979) f. Raumforschung u. Landesplanung (Hrsg.): Die ökologische Orientierung der Raumplanung. 17. Wissenschaftliche Plenarsitzung 1978 in Saarbrücken. Hannover 1979. (Forschungs- u. Sitzungsber., Bd.131).

ALTENFELD, F.(1982): Betrachtungen über Unternehmensflurbereinigungen. In: Zeitschr. f. Kulturtechnik. u. Flurber.23, 1982, S.8-13.

ALTHAUS, D.(1984): Die Ökologie des Dorfes. Wiesbaden, Berlin 1984.

ALTMÜLLER, R. u. J. BELLER, D. LÜDERWALDT, P. MIOTK, U. D. POHL(1980): Aufgaben und Methode eines Programmes zur Erfassung der für den Naturschutz wertvollen Bereiche in Niedersachsen. (Neues Archiv f. Nieders., Bd.29, H.4, 1980, S.389-402).

ARBEITSBERICHT der Niedersächsischen Agrarstrukturverwaltung 1976-1991. Hrsg.: Nieders. Minist. f. Ernährung, Landwirtschaft u. Forsten.

ARGE (1988) Flurbereinigung: Flurbereinigung als Chance für den ländlichen Raum. 10 Jahre Arbeitsgemeinschaft Flurbereinigung. (Schriftenr. d. Arge Flurber., H.15, o.O., 1988).

Wirtschaftliche AUSWIRKUNGEN (1964) zur Verbesserung der Agrarstruktur. Stuttgart 1964. (Schriftenr. f. Flurber., H.39).

AUWECK, F.(1978): Kartierung von Kleinstrukturen in der Kulturlandschaft In: Natur- und Landschaft 53, 1978, S.84-89.

BACH, A.(1953): Deutsche Namenskunde II. Die deutschen Ortsnamen. Bd. 1. Heidelberg 1953.

BACH, A.(1954): Deutsche Namenskunde II. Die deutschen Ortsnamen. Bd. 2. Heidelberg 1954.

BARNARD, E.(1977): Landschaftspflege und Naturschutz in landwirtschaftlichen Vorranggebieten. In: Naturschutz u. Landwirtschaft. Hrsg.: W. Erz. Bonn, Bad-Godesberg 1977, S.75-84. (Jahrb. f. Naturschutz u. Landschaftspflege, Bd.27).

BARNER, J.(1975): Einführung in die Raumforschung und Landesplanung. Stuttgart 1975.

BATZ, E.(1977): Förderung der Landentwicklung - ein Umbruch in der Zielsetzung der Flurbereinigung? In: Zeitschr. f. Vermessungswesen 5, 1977, S.139-201.

BATZ, E.(1980): Landentwicklung im Wandel - Versuch einer Standortbestimmung. In: Zeitschr. f. Vermessungswesen 4, 1980, S.566-573.

BATZ, E.(1983): Flurbereinigung im Kreuzfeuer der Anforderungen. In: Zeitschr. f. Vermessungswesen 1, 1983, S.53-59.

BATZ, E.(1988): Flurbereinigung und Anforderungen ihrer Partner. In: Zeitschr. f. Kulturtechnik und Flurber.29, 1988, S.202-209.

BAUER, F. u. F. FRANKE, K. GÄTSCHENBERGER(1979): Die Wirkung agrarstruktureller Maßnahmen auf die Erlebnisqualität der Erholungslandschaft Münster-Hiltrup 1979. (Schriftenr. f. Flurber., H.68).

BAUER, R.(1981): Flurnamenbereinigung durch Flurbereinigung? In: Ber. aus d. Flurber., H.39, 1981, S.67-75.

BECK, H.(1976): Untersuchung über die Effizienz von Flurbereinigungsverfahren. München 1976. (Diss).

BECKER, F.(1976): Neuordnung ländlicher Siedlungen in der Bundesrepublik Deutschland. Paderborn 1976. (Bochumer Geogr. Arbeiten, H. 26).

BENING, D.H.L.(1848): Die Hannoversche Gesetzgebung über die Theilung der Gemeinheiten und Zusammenlegung der Grundstücke. Heidelberg 1848. (Archiv der politischen Oekonomie und Polizeiwissenschaft, Neue Folge, Bd.8, H.1).

BENING, D.H.L.(1858): Die Umbildung der ländlichen Zustände in Folge der Gemeinheitstheilungen und Verkoppelungen. Hannover 1858.

BENING, D.H.L.(1866): Hannover bei seiner Vereinigung mit Preussen. Hannover 1866.

BERENS, C.(1985): Die agrarstrukturelle Vorplanung - ein Beitrag zur überörtlichen Entwicklung eines Raumes. In: Zeitschr. f. Kulturtechnik u. Flurber.27, 1985, S.388-397.

BERGMANN, E.(1992): Räumliche Aspekte des Strukturwandels in der Landwirtschaft. In: Geogr. Rundschau 44, H.3, 1992, S.143-147.

BERGMANN, H.(1971): Entwicklungstendenzen der Agrarstruktur und ihre Bestimmungsgründe. In: Zukunft des ländlichen Raumes. 1. Teil. Hannover 1971, S.131-153. (Forschungs- u. Sitzungsber. d. Akad. f. Raumforschung u. Landesplanung, Bd.66).

BERGMEIER, H.(1986): "Wie sie Einödinen gemachet." München 1986. (Ber. aus d. Flurber., H.56).

BERGWELT, R.(1989): Flurbereinigung im Dienste einer integrierten Agrar- und Umweltpolitik - aus der Sicht der Umweltpolitik. In: Ber. aus d. Flurber., H.62, 1989, S.31-35.

BERKENBUSCH, F.(1972): Die Rechtsgeschichte der Flurbereinigung in Deutschland. Göttingen 1972. (Diss.).

BERÜCKSICHTIGUNG (1984) ökologischer Belange in Flurbereinigungsverfahren. Münster 1984. (Schriftenr. d. Bundesminist. f. Ernährung, Landwirtschaft und Forsten. Reihe B: Flurbereinigung, H.74).

BEYER, R.(1986): Der ländliche Raum und seine Bewohner. Bamberg 1986.

BIELENBERG, W.(1979): Die Änderung des Rechts der Bodenordnung durch die Novelle zum Bundesbaugesetz 1979. In: Vermessungswesen u. Raumordnung 41, H.8, 1979, S.422-432.

BIERHALS, E. u. H. KIEMSSTEDT, H. SCHARPF(1974): Aufgaben und Instrumentarium ökologischer Landschaftsplanung. In: Raumforschung u. Landschaftsplanung, 32.Jg., H.2, 1974, S.76-88.

BIRKHOLZ, B. u. E. SCHMATZLER, H. SCHNEEKLOTH(1980): Untersuchungen an niedersächsischen Torflagerstätten zur Beurteilung der abbauwürdigen Torfvorräte und der Schutzwürdigkeit im Hinblick auf eine optimale Nutzung. Hannover 1980. (Schriftenr. "Naturschutz und Landschaftspflege in Niedersachsen", H.12).

BLOCH, A.(1967): Die Bedeutung der Flurbereinigung für die Verwirklichung der Ziele der Landesplanung. In: Die Entwicklung des ländlichen Raumes als Aufgabe der Raumordnungs- und regionalen Strukturpolitik, Stuttgart 1967, S.65-75. (Schriftenr. f. Flurber., H.48).

BÖHME, H.- D.(1980): Dorferneuerungsplan - Verfahren und Bodenordnung. In: Materialiensammlung des Lehrstuhls f. ländliche Neuordnung u. Flurbereinigung der TU München, H.3, 1980, S.114-122.

BORCHERDT, C.(1982): Landschaftsverbrauch. In: Landschaftsschutzpolitik. Hrsg.: Landeszentrale f. polit. Bildung Baden Württemberg. Stuttgart, Berlin et.al. 1982, S.97-120.

BORN, M.(1970): Zur Erforschung der ländlichen Siedlungen. In: Geogr. Rundschau, H.22, 1970, S.369-374.

BORN, M.(1974): Entwicklung der deutschen Agrarlandschaft. Darmstadt 1974.

BORN, M.(1977): Geographie der ländlichen Siedlungen. Stuttgart 1977.

BOUSTEDT, O.(1975): Grundriß der empirischen Regionalforschung, Teil I: Raumstrukturen. Teil II: Bevölkerungsstrukturen. Teil III: Siedlungsstrukturen. Teil IV: Regionalstatistik. Hannover 1975. (Taschenbücher zur Raumplanung Bde.4-7).

BRANDT, H.(1983): Neue Aufgaben für die Flurbereinigung in Niedersachsen. In: Zeitschr. f. Vermessungswesen 12, 1983, S.535-540.

BRENKE, S.(1987): Dorfentwicklung und Dorferneuerung. In: Beitr. Akad. f. Raumforschung u. Landesplanung, Bd.101, 1987, S.58-61.

BRINKSCHULTE, H.(1981): Zentrale Planung im ländlichen Raum. Bonn 1981. (Diss).

BROCKHAUS Enzyklopädie (1967), Bd.III, Wiesbaden 1967.

BROCKSIEPER, R.(1987): Der ländliche Raum. Ein "ökologischer Ausgleichsraum"? In: Beitr. d. Akad. f. Raumforschung u. Landesplanung, Bd. 101, 1987, S.102-104.

BUCHWALD, K.(1968): Der Beitrag der Landespflege zur Raumordnung. Hannover 1968, S.9-20. (Forschungs- u. Sitzungsber. d. Akad. f. Raumforschung u. Landesplanung 43).

BUCHWALD, K.(1970): Landespflege. In: Handwörterbuch der Raumforschung und Raumordnung. Hrsg.: Akad. f. Raumforschung u. Landesplanung, 2.Aufl., Hannover 1970, Sp.1670-1706.

BUCHWALD, K.(1980): Folgerungen für eine ökologische Orientierung der Fachplanungen. In: Handbuch für Planung, Gestaltung u. Schutz der Umwelt. Hrsg.: K. Buchwald u. W. Engelhardt, Bd.3, München 1980, S.271-272.

BUCHWALD, K. u. B. KÜGELGEN(1980): Beurteilung von Flächennutzung und Flächennutzungswandel in der Bundesrepublik Deutschland aus umweltpolitischer Sicht. In: Handbuch für Planung, Gestaltung und Schutz der Umwelt. Hrsg.: K. Buchwald u. W. Engelhardt, Bd.3, München 1980, S.186-218.

BUCHWALD, K. u. W. ENGELHARDT (Hrsg.)(1980): Handbuch für Planung, Gestaltung u. Schutz der Umwelt. Bd.3. München 1980.

BUNDESDRUCKSACHE(1974) 7/3020 v. 23.12.1974. (Begründung zum Gesetzesentwurf zur Neufassung des Flurbereinigungsgesetzes).

BUNDESTAGSDRUCKSACHE 11/4330, S.26. (Grundsätze für die Förderung nach der Gemeinschaftsaufgabe "Verbesserung der Agrarstruktur und des Küstenschutzes").

CLOUT, H.D.(1983): Planungsstudien in ländlichen Räumen. In: Die ländliche Siedlung als Forschungsgegenstand der Geographie. Hrsg.: G. Henkel, Darmstadt 1983, S.279-293.

CZOMMER, P.(1978): Flurbereinigung - ein Instrument zum Schutz und zur Ordnung des ländlichen Raumes. In: Zeitschr. f. Vermessungswesen 4, 1978, S.174-179.

DAGOTT, E.(1934): Die Entwicklung der Gemeinheitsteilung in Deutschland. Königsberg 1934. (Diss.)

DAUBERT, G.-J.(1988): Das ökologische Gutachten als Planungsinstrument in der Flurbereinigung. In: Zeitschr. f. Vermessungswesen 9, 1988, S.453-458.

DEIXLER, W.(1979): Erfordernisse d. Naturschutzes und der Landschaftspflege in der Flurbereinigung aufgrund der Möglichkeiten des Naturschutzrechts in Bund und Ländern. In: Jahrb. f. Naturschutz u. Landschaftspflege 29, 1979, S.21-36.

DEIXLER, W.F.(1980): Landschaftsgestaltung durch die Flurbereinigung. In: Natur und Recht 2, 1980, S.60-65.

DENECKE, D.(1972): Die historisch-geographische Landesaufnahme. In: Hans-Poser-Festschrift, Göttingen 1972, S.401- 436. (Gött. Geogr. Abh., H.60).

DENECKE, D.(1975): Dorfentwicklung. Grundsätze zur Entwicklung ländlich geprägter Orte. Hrsg.: Minist. f. Ernährung, Landwirtschaft u. Umwelt für Baden-Württemberg, Stuttgart 1975.

DEWERS, F.(1928): Beiträge zur Kenntnis des Diluviums in der Umgebung des Dümmer-Sees. In: Abh. Naturwiss. Verein Bremen, Bd. 27, H.1, 1928, S.1-46.

DIEKMANN, J.(1989): Das neue Baugesetzbuch - was nun? In: Zeitschr. f. Vermessungswesen 3, 1989, S.117-127.

DIETRICHS, B.(1982): Bundesraumordnungsprogramm. In: Grundriß der Planung. Hrsg.: Akad. f. Raumforschung u. Landesplanung. Hannover 1982, S.313-331.

DIPPOLD, R.(1988): Die Verbesserung städtebaulicher Verhältnisse im Interferenzfeld von kommunaler Raumplanung, Dorferneuerung und Flurbereinigung. Darmstadt 1988. (Diss.).

DITTRICH, E.(1966): Leerformeln in Raumforschung und Raumordnung. In: Raumforschung und Raumordnung, 24.Jg., H.5, 1966, S.193-198.

DONIE, M.(1989): Die Wechselbeziehungen zwischen landwirtschaftlichem Strukturwandel, Agrar- u. Umweltpolitik und Flurbereinigung. In: Zeitschr. f. Vermessungswesen 8, 1989, S.352-354.

DORFENTWICKLUNG(1975): Grundsätze und Vorschläge zur Entwicklung ländlich geprägter Orte. Hrsg.: Minist. für Ernährung, Landwirtschaft u. Umwelt für Baden-Württemberg. Stuttgart 1975.

DORFENTWICKLUNG(1982): Beiträge zur funktionsgerechten Gestaltung der Dörfer. Hrsg.: Minist. für Ernährung, Landwirtschaft, Umwelt u. Forsten, Baden-Württemberg. Inst. f. ländliche Siedlungsplanung, Universität Stuttgart 1982.

DORFERNEUERUNG (1977) in der Flurbereinigung. Fortbildungsseminar des Deutschen Vereins für Vermessungswesen vom 18. bis 22.4.1977 in München. Materialsammlung 1. Hrsg.: Lehrstuhl für ländliche Neuordnung und Flurber. der TU in München. München 1977.

DORFERNEUERUNG(1979): Münster-Hiltrup 1979. (Schriftenr. d. Bundesminist. f. Ernährung, Landwirtschaft u. Forsten).

DORFERNEUERUNG(1989): Münster-Hiltrup 1989. (Schriftenr. d. Bundesminist. f. Ernährung, Landwirtschaft u. Forsten, Reihe B: Flurbereinigung, Sonderheft).

DORFÖKOLOGIE(1990) - Dorferneuerung in Niedersachsen. Hrsg.: Nieders. Minist. f. Ernährung, Landwirtschaft u. Forsten. Hannover 1990.

DRECKER, P.(1982): Struktur und Tätigkeit von Naturschutzbehörden auf Bezirks- und Landeskreisebene bzw. kreisfreien Städten - dargestellt am Beispiel Niedersachsens. Universität Hannover 1982. (Unveröffentl. Dipl. arb. am Institut f. Landschaftspflege u. Naturschutz der Universität Hannover).

EGGELSMANN, R.(1981): Ökohydrologische Aspekte von anthropogen beeinflußten und unbeeinflußten Mooren Nordwestdeutschlands. Oldenburg 1981.

EHLERS, E.(1988): Die Agrarlandschaft d. Bundesrepublik Deutschland und ihr Wandel seit 1949. In: Geogr. Rundschau, H.1, 1988, S.30-40.

EILFORT, H.(1980): Die Behandlung von Ausgleichsmaßnahmen im Sinne von § 8 BNatSchG für Unternehmenseingriffe in Flurbereinigungen unter Anwendung der § 87-89 FlurbG. In: Zeitschr. f. Kulturtechnik u. Flurber.21, 1980, S.20-26.

EISENMANN, H.(1988): Flurbereinigung in den ausgehenden 80er Jahren. In: Ber. aus d. Flurber., H.60, 1988, S.13-18.

ELSASSER, H.(1977): Der ländliche Raum-Begriff und Abgrenzung in der Geographie. In: Der ländliche Raum - eine Aufgabe der Raumplanung. Hrsg.: M. Lendi, Zürich 1977, S.64-71.

ELSNER, G.H. u. R.C. SMARDON (Hrsg.)(1979): Our national landscape. Proceedings of a Conference of Applied Techniques for Analysis and Management of the Visual Resource. Pacific Southwest Forest and Range Experiment Station. Berkeley 1979.

Die ENTWICKLUNG (1987) des ländlichen Raumes: Vorbereitung für die Europäische Kampagne. Hrsg.: Akademie für Raumforschung und Landesplanung. Hannover 1987. (Beitr.d. Akad. f.Raumforschung u.Landesplanung, Bd.101).

ENTWICKLUNGSCHANCEN (1978) peripherer Regionen. Münster-Hiltrup 1978. (Schriftenr. f. Flurber., H.66).

ENTWICKLUNGSPROBLEME (1978) peripherer Regionen und strategische Lösungsansätze. Münster-Hiltrup 1978. (Schriftenr. f. Flurber., H.67).

Städtebauliche ERNEUERUNG (1990) von Dörfern u. Ortsteilen. Aufgabe-Verfahren - Förderung. Hrsg.: Bundesminist. für Raumordnung, Bauwesen und Städtebau, o.O. 1990.

ERNST, E.(1967): Veränderungen in der westdeutschen Kulturlandschaft durch bäuerliche Aussiedlungen. In: Geogr. Rundschau, 19.Jg., 1967, S.369-382.

ERNST, E.(1968): Siedlungsgeographische Folgeerscheinungen der Agrarstrukturverbesserungen innerhalb der Dörfer. In: Ber. z. dt. Landeskunde, Bd.4, 1968/2, S.223-237.

ERNST, E.(1983): Veränderungen in der westdeutschen Kulturlandschaft durch bäuerliche Aussiedlungen. In: Die ländliche Siedlung als Forschungsgegenstand der Geographie. Hrsg.: G. Henkel, Darmstadt 1983, S.247-278.

ERZ, W.(Hrsg.)(1977): Naturschutz und Landwirtschaft. Bonn/Bad-Godesberg 1977. (Jahrb. für Naturschutz und Landschaftspflege, Bd.27).

FINKE, L.(1979): Flurbereinigung - Kritische Anmerkungen aus der Sicht der Landschaftsplanung. In: Flurbereinigung und Kulturlandschaftsentwicklung. Vorträge auf der Arbeitstagung des Verbandes deutscher Hochschulgeographen in Borken-Gemen 1979, Münster 1979, S.45-56.

FISCHER, K.(1969): Die ländliche Nahbereichsplanung. Hiltrup 1969. (Schriftenr. f. Flurber., H.52).

FLURBEREINIGUNG(1980) - Naturschutz u. Landschaftspflege. Münster-Hiltrup 1980. (Schriftenr. d. Bundesminist. f. Ernährung, Landwirtschaft u. Forsten. Reihe B: Flurbereinigung, Sonderheft).

FLURBEREINIGUNG(1982): Wertermittlung in der Flurbereinigung. Münster-Hiltrup 1982. (Schriftenr. d. Bundesminist. f. Ernährung, Landwirtschaft u. Forsten. Reihe B: Flurbereinigung, Sonderheft).

FLURBEREINIGUNG(1987): Der Plan über die gemeinschaftlichen und öffentlichen Anlagen in der Flurbereinigung. Münster-Hiltrup 1987. (Schriftenr. d. Bundesminist. f. Ernährung, Landwirtschaft u. Forsten, Sonderheft).

FLURBEREINIGUNG(1989): Dorferneuerung. Münster-Hiltrup 1989. (Schriftenr. d. Bundesminist. f. Ernährung, Landwirtschaft u. Forsten. Reihe B: Flurbereinigung, Sonderheft).

FÖRSTER, E.(1970): Die Flurbereinigung als Instrument der Raumordnung. In: Planen im ländlichen Raum, Bonn 1970, S.47-58. (Kleine Schriften des Deutschen Verbandes für Wohnungswesen, Städtebau u. Raumplanung).

FRICKE, W.(1983): Versuch einer Bewältigung der Vielfalt siedlungsgeographischer Forschungsansätze. In: Die ländliche Siedlung als Forschungsgegenstand der Geographie. Hrsg.: G. Henkel, Darmstadt 1983, S.435-442.

FRIEDERICH, H.(1982): Zur Behandlung von Ausgleichsmaßnahmen im Sinne von § 8 BNatSchG für Unternehmenseingriffe (z.B. Straßenbauvorhaben) in Flurbereinigungen unter Anwendung der §§ 87-89 FlurbG. In: Zeitschr. f. Kulturtechnik u. Flurber.,23, S.334-338.

FRITZSCHE, H.(1981): Rural development by land consolidation in the Fed. Rep. of Germany. In: Canadian Surveyor, H.12, 1981, S.415-423.

FRITZSCHE, H. u. M. STUMPF(1978): Praxisorientierte Dorferneuerungsforschung. In: Innere Kolonisation, 27.Jg., H.6, 1978, S.218-221.

FRITZSCHE, H. u. R. HOISL, M. STUMPF(1982): Planungsdaten zur ländlichen Neuordnung. o.O. 1982. (Schriftenr. der Arbeitsgemeinschaft Flurbereinigung - Arge Flurb - H.8, Ausgabe Bayern).

GALLUSSER, W. A.(1977): Geographie und Landschaftsplanung. In: Der ländliche Raum - eine Aufgabe der Raumplanung. Hrsg.: M. Lendi, Zürich 1977, S.34-42.

GANSER, K.(1976): Raumordnung aus der Sicht der Geographen. In: Geogr. Rundschau 18, H.10, 1976, S.397-405.

GANSER, K.(1979): Realisierbarkeit umweltverträglicher Raumordnungskonzepte. In: Forschungs- u. Sitzungsber. d. Akad. f. Raumforschung u. Landesplanung 131, 1979, S.36-45.

GASSNER, E.(1979): Hat die Dorferneuerung noch Chancen? In: Vermessungswesen u. Raumordnung 41, H.1, 1979, S.57-93.

GATZWEILER, H.P. et.al.(1977): Der ländliche Raum in der Bundesrepublik Deutschland. Eine indikatorengestützte Bestandsaufnahme. Bundesforschungsanstalt für Landeskunde und Raumordnung. Arbeitsbericht 1977/5. Bonn-Bad Godesberg 1977.

GATZWEILER, H.P.(1979): Der ländliche Raum - benachteiligt für alle Zeiten? In: Geogr. Rundschau, H.31, 1979, S.10-16.

GEMEINDESTATISTIK(1953) für Niedersachsen 1949: Landwirtschaftliche Betriebszählung, H.5, Teil 4. Hrsg.: Niedersächsisches Amt f. Landesplanung u. Statistik, Hannover 1953.

GEMEINDESTATISTIK(1964) Niedersachsen 1960/61: Betriebsstruktur der Landwirtschaft, Bd.30, Teil 4. Hrsg.: Niedersächsisches Landesverwaltungsamt - Statistik, Hannover 1964.

GEMEINDESTATISTIK(1974) Niedersachsen 1970: Grunderhebung zur Landwirtschaftszählung von 1971, Band 170, Teil 4. Hrsg.: Niedersächsisches Landesverwaltungsamt - Statistik, Hannover 1974.

GEMEINDESTATISTIK(1974) Niedersachsen 1970: Vollerhebung zur Landwirtschaftszählung von 1971, Band 230, Teil 4. Hrsg.: Niedersächsisches Landesverwaltungsamt - Statistik, Hannover 1974.

GERCKE, F.(1970): Flurbereinigung. In: Handwörterbuch der Raumforschung und Raumordnung. Hrsg.: Akad. f. Raumforschung u. Landesplanung, Hannover 1970, Sp.751-758.

GERMAN, R.(1979): Probleme bei der Zusammenarbeit von Naturschutz und Flurbereinigung. In: Jahrb. f. Naturschutz u. Landschaftspflege 29, 1979, S.97-104.

GILDEMEISTER, R.(1973): Landesplanung. Westermann - Das Geographische Seminar. Braunschweig 1973.

GLÄSSER, E.(1969): Die ländlichen Siedlungen. In: Geogr. Rundschau, Bd.21, 1969, S.161-170.

GÖTTLICH, K.-H.(Hrsg.)(1980): Moor- und Torfkunde. 2.Aufl. Stuttgart 1980.

GRABSKI, U.(1985): Landschaft und Flurbereinigung. Münster-Hiltrup 1985. (Schriftenr. d. Bundesminist. f. Ernährung, Landwirtschft u. Forsten. Reihe B: Flurbereinigung, H.76).

GRABSKI, U.(1987a): Die Entwicklung der Landschaftspflege in der ländlichen Raumplanung der Bundesrepublik Deutschland. In: Zeitschr.f. Kulturtechnik u. Flurber.28, 1987, S.1-8.

GRABSKI, U.(1987b): Ausstattungsräumliche Gliederung und Bewertung von Landschaftselementen in der Kulturlandschaft - Eine neue Konzeption zur Landschaftsaufnahme und -bewertung in der Flurbereinigung. In: Zeitschr. f. Kulturtechnik u. Flurber.28, 1987, S.65-74.

GRUNDRISS (1982) der Raumordnung. Hrsg.: Akad.f. Raumforschung u. Landesplanung. Hannover 1982.

GUMMERT, H. u. U. WERSCHNITZKY(1964): Wirtschaftliche Auswirkungen von Maßnahmen zur Verbesserung der Agrarstruktur. Stuttgart 1964. (Schriftenr. f. Flurber., H.39).

HAGGETT, P.(1973): Einführung in die kultur- und sozialgeographische Regionalanalyse. Berlin, New York 1973.

HAHN-HERSE, G. u. H. KIEMSTEDT(1978): Inhalte und Ablauf der landschaftspflegerischen Begleitplanung in der Flurbereinigung. In: Landschaft und Stadt 10, 1978, S. 36-44.

HALFPAP, M.(1989): Siedlungen und Wirtschaft der holsteinischen Elbmarschen unterhalb Hamburgs unter historisch-genetischem Aspekt einschließlich der Betrachtung der heutigen Situation. Hamburg 1989. (Diss). (Mitt. d. Geogr. Ges. in Hamburg, Bd.79).

HAMPICKE, U.(1977): Landwirtschaft und Umwelt. Ökologische und ökonomische Aspekte einer rationalen Umweltstrategie, dargestellt am Beispiel der Landwirtschaft der Bundesrepublik Deutschland. (Urbs et Regio 5, 1977, Kasseler Schriften zur Geographie und Planung).

HANDWÖRTERBUCH (1970) der Raumforschung und Raumordnung. Hrsg.: Akad. f. Raumforschung und Landesplanung, 2.Aufl., (3 Bde.), Hannover 1970.

HANKE, H.(1974): Untersuchung zur Umweltverträglichkeitsprüfung im Bereich der Flurbereinigung. In: Ber. über Landwirtschaft, Neue Folge, Bd.52, H.1, 1974, S.280-313.

HEINRICHS, W.C.(1975): Die Neuordnung des ländlichen Raumes durch Flurbereinigung. Münster-Hiltrup 1975. (Schriftenr. f. Flurber., Sonderheft).

HENKEL, G.(1978): Strukturwandel ländlicher Siedlungen in der Bundesrepublik Deutschland. Paderborn 1978.

HENKEL, G.(1979a): Dorferneuerung. In: Geogr. Rundschau, 31.Jg., 1979 H.4, 1979, S.137-142.

HENKEL, G.(1979b): Flurbereinigung und Dorferneuerung. In: Flurbereinigung und Kulturlandschaftsentwicklung. Vorträge auf der Arbeitstagung deutscher Hochschulgeographen in Borken-Gemen 1979, Münster 1979, S.13-27.

HENKEL, G.(1981): Der Beitrag der genetischen Siedlungsforschung zur Dorfentwicklung. In: Ber. z. dt. Landeskunde 55, H.2, 1981, S.415-438.

HENKEL, G.(Hrsg.)(1983): Die ländliche Siedlung als Forschungsgegenstand der Geographie. Darmstadt 1983.

HENKEL, G.(1984): Dorferneuerung in der Bundesrepublik Deutschland. In: Geogr. Rundschau, 36.Jg., H.4, 1984, S.171-176.

HESSE, J.J.(1981): Räumliche Planung. In: Öffentliche Verwaltung in d. Bundesrepublik Deutschland. Hrsg.: K. König, Baden-Baden 1981.

HILLEBRANDT, R. u. C. ENGELS, R. GEITH(1938): Reichsumlegungsordnung. Berlin 1938.

HÖMBERG, A.(1935): Die Entstehung der westdeutschen Flurformen. Berlin 1935.

HOISL, R.(1978): Flurbereinigung im Wandel. In: Ber. aus d. Flurber., H.30, 1978, S.15-22.

HOISL, R.(1979a): Ländliche Neuordnung in Gegenwart und Zukunft. In: Zeitschr. f. Kulturtechnik u. Flurber.20, 1979, S.335-344.

HOISL, R.(1979b): Zukunftsaspekte der Flurbereinigung. In: Ber. aus. d. Flurber., H.31, 1979, S.63-72.

HOISL, R.(1982a): Planungstheoretische Grundlagen der Flurbereinigung. In: Materialiensammlung d. Lehrstuhls f. ländliche Neuordnung u. Flurber. d. TU München, H.6, 1982, S.30-33.

HOISL, R.(1982b): Integrated rural planning in the FRG. (Textsammlung des Japanese Institute of Irrigation and Drainage, 1982).

HOISL, R.(1983): Planungstheoretische Grundlage zum Plan über die gemeinschaftlichen und öffentlichen Anlagen (§ 41 FlurbG). In: Der Wege- und Gewässerplan mit landschaftspflegerischem Begleitplan. Hrsg.: Minist. f. Ernährung, Landwirtschaft u. Forsten, Baden Württemberg. Landesamt f. Flurber. u. Siedlung in Baden-Württemberg, 1983, S.23-42.

HOISL, R.(1984): Flurbereinigung und Umweltschutz. Dorf - Landschaft Umwelt. Dokumentation Dorf - Forum Berlin 1984. Hrsg.: Deutsche Akademie d. Forschung u. Planung im ländlichen Raum, Senator f. Wirtschaft u. Verkehr, Berlin 1984, S.54-56.

HOISL, R.(1986): Landschaftsveränderung durch Flurbereinigung. In: Vermessungswesen u. Raumordnung, 48, 1986, S.268-276.

HOISL, R.(1988a): The assessement of minor rural roads. In: Minor rural roads - Planning, design and evaluation. o.O. 1988. Hrsg.: Centre for Agricultural Publishing and Documentation. Rudoc Wageningen, Netherlands.

HOISL, R.(1988b): Landschaftsästhetische Auswirkungen von Flurbereinigungsmaßnahmen. Entwicklung eines Bewertungsinstruments. In: Schriftenr. der Forschungsgesellschaft f. Agrarpolitik u. Agrarsoziologie e.V., H.281, 1988, S.35-43.

HOISL, R.(1989): Kulturtechnik und Landesentwicklung. In: Zeitschr. f. Kulturtechnik u. Landesentwicklung 30, 1989, S.1-8.

HOISL, R.(1991): Planungen für den ländlichen Raum im vereinten Deutschland - erstes gesamtdeutsches Flurbereinigungsseminar, Hahnenklee v. 5.-7.12.1990. Hrsg.: Bundesminist. f. Ernährung, Landwirtschaft u. Forsten, 1991, S.101-110.

HOISL, R. u. H. KARMAN (1982): Flurbereinigung - ländlicher Wegebau. Anwendung des Asphaltoberbaus (AOB) im ländlichen Wegebau. Hiltrup 1982. (Schriftenr. d. Bundesminist. f. Ernährung, Landwirtschaft u. Forsten, Reihe B: Flurbereinigung, H.72).

HOISL, R. u. W. NOHL, S. ZEKORN, G. ZÖLLNER(1985): Landschaftsästhetik in der Skizze eines Flurbereinigungsprojekts. In: Zeitschr. f. Kulturtechnik u. Flurber.26, S.346-353.

HOISL, R. u. W. NOHL, S. ZEKORN, G. ZÖLLNER(1987): Landschaftsästhetik in der Flurbereinigung. München 1987. (Materialiensammlung d. Lehrstuhls f.ländliche Neuordnung u. Flurber. der TU München, H.8).

HOISL, R. u. W. NOHL, S. ZEKORN, G. ZÖLLNER(1988): Entwicklung eines Bewertungsinstruments zur Ermittlung der landschaftsästhetischen Auswirkungen von Flurbereinigungsmaßnahmen - empirische Grundlagen. In: Zeitschr. f. Kulturtechnik u. Flurber.29, 1988, S.217-226.

HOLZMANN, P.(1976): Landschaftsplanung und Landwirtschaft. Möglichkeiten der aktiven Mitwirkung der Landwirtschaft und der Integration ihrer Belange in die Gesamtplanung. In: Umwelt 1976. Seminar Landschafts- und Stadtplanung, Kreis Unna, S.25-40.

HOLZMANN, P.(1977): Flurbereinigung und Naturschutz. In: Naturschutz und Landwirtschaft. Hrsg.: W. Erz, Bonn, Bad-Godesberg 1977, S.38-47. (Jahrb. f. Naturschutz u. Landschaftspflege, Bd.27).

HOTTES, K. u. F. BECKER, J. NIGGEMANN(1975): Flurbereinigung als Instrument der Siedlungsneuordnung. Münster-Hiltrup 1975. (Schriftenr. f. Flurber., H.64).

HOTTES, K. u. F. BECKER, J. NIGGEMANN(1976): Siedlungsneuordnung durch Flurbereinigung in Nordrhein-Westfalen. Hiltrup 1976. (Forschung u. Beratung, Reihe C, H.29).

HOTTES, K. u. J. BLENCK, U. MEYER(1973): Die Flurbereinigung als Instrument aktiver Landschaftspflege. Forschung und Beratung. Hiltrup 1973. (Schriftenr. f. Flurber., Reihe C, H.21).

HOTTES, K. u. J. NIGGEMANN(1971): Flurbereinigung als Ordnungsaufgabe. Hiltrup 1971. (Schriftenr. f. Flurber., H.56).

HOTTES, K. u. R. TEUBERT, W.v.KÜRTEN(1974): Flurbereinigung als Instrument aktiver Landschaftspflege. Hiltrup 1974. (Schriftenr. f. Flurber., H.61).

HOYER, K.(1987): Der Gestaltswandel ländlicher Siedlungen unter dem Einfluß der Urbanisierung. Eine Untersuchung im Umland von Hannover. Göttingen 1987. (Diss.).

HÜBLER, K.(1967): Die Änderung in der Flächennutzung im Bundesgebiet. In: Ber. über Landwirtschaft, Neue Folge 45, 1967, S.376-394.

HÜBLER, K.- H.(1981): Ist eine Neuorientierung der Raumordnungspolitik auch aus ökologischen Gründen erforderlich? In: Garten und Land 91, H.1, 1981, S.34-41.

HÜLBUSCH, K.- H.(1983): Wo steht der Naturschutz in Theorie, Forschung und Praxis. In: Jahrb. f. Naturschutz u. Landschaftspflege, Bd.33, 1983, S.166-176.

HUNKE, H.(1974): Raumordnungspolitik. Vorstellungen und Wirklichkeit. Hannover 1974.

INTEGRATION(1989) ökologischer Sachverhalte in niedersächsische Raumordnungsprogramme. Schriften der Landesplanung. Hrsg.: Nieders. Innenministerium, Hannover 1989.

JAHN, F.- A.(1987): Entwicklung ländlicher Regionen aus der Sicht der Raumordnungspolitik. In: Beitr. d. Akad. f. Raumforschung u. Landesplanung, Bd.101, 1987, S.13-19.

JAHN-DEESBACH(1977): Landwirtschaftliche Problemgebiete und Naturschutz. In: Naturschutz und Landwirtschaft. Hrsg.: W. Erz, Bonn, Bad-Godesberg 1977, S.52-62. (Jahrb. f. Naturschutz u. Landschaftspflege, Bd.27).

KAMPMANN, G.(1927): Die Grundstücksumlegung in Preußen. Köln 1927. (Diss.).

KAPPERT, G.(1980): Begriffe und Organisation der Raumordnung und Landesentwicklung. In: Handbuch für Planung, Gestaltung und Schutz der Umwelt. Hrsg.: K. Buchwald u. W. Engelhardt, Bd.1, München 1980, S.149-155.

KAPPERT, G.(1982): Landesentwicklungsprogramme. In: Grundriß der Raumordnung. Hrsg.: Akad. f. Raumforschung u. Landesplanung. Hannover 1982, S.334-342.

KARMANN, H.(1977): Dorferneuerung - eine Herausforderung für die Flurbereinigung. In: Mitteilungsblatt des Vereins für Vermessungswesen, Landesverein Bayern, 1977, 3, S.202-215.

KAULE, G.(1983): Erfordernisse des Biotopschutzes und Instrumente der Flurbereinigung: Gutachten i. Auftr. d. Rates v. Sachverständigen f. Umweltfragen. Stuttgart 1985. (Manuskriptdruck).

KAULE, G.(1989): Flurbereinigung im Dienste einer integrierten Agrar- und Umweltpolitik - aus der Sicht der Ökologie. In: Ber. aus d. Flurber., H.62, 1989, S.43-47.

KIEMSTEDT, H.(1967): Zur Bewertung der Landschaft für die Erholung. Stuttgart 1967. (Beiträge zur Landespflege, Sonderheft 1).

KLEMPERT, B.(1964): Die Wirtschaftswege. Beiträge über ihre Anlage und Befestigung. Lengerich (Westf.) 1964. (Schriftenr. f. Flurber., H.37).

KLEMPERT, B.(1970): Standard - Wegebefestigungen in Marsch, Moor und Geest. Berlin-Bonn 1970. (Schriftenr. f. Flurber., H. 53).

KLEMPERT, B.(1979): Wegenetze in flurbereinigten Gebieten. Untersuchungen über natürliche und wirtschaftliche Einflüsse auf die benötigten Straßen- und Wegstrecken. In: Vermessungswesen u. Raumordnung 41, 1979, S.13-27.

KNAUER, N.(1977): Was heißt ordnungsgemäße landwirtschaftliche Nutzung? In: Naturschutz und Landwirtschaft. Hrsg.: W. Erz. Bonn, Bad-Godesberg 1977, S.27-37. (Jahrb. f. Naturschutz und Landschaftspflege, Bd.27).

KNAUER, N.(1979): Naturschutz und Flurbereinigung in der Diskussion. In: Jahrb. für Naturschutz u. Landschaftspflege 29, 1979, S.9-14.

KNEER, M.(1974): Dorferneuerung. In: Innere Kolonisation - Land und Gemeinden 2/1978, Landschriftenverlag Bonn 1974, S.52-56.

KÖHNE, M.(1989): Flurbereinigung im Dienste einer integrierten Agrar- und Umweltpolitik - aus der Sicht der Agrarwirtschaft. In: Ber. aus d. Flurber., H.62, 1989, S.37-41.

KÖTTER, T.(1990): Wirkungen und Erfolge der Dorferneuerung - Ein Konzept zur Erfolgskontrolle von Dorferneuerungsmaßnahmen. In: Vermessungswesen u. Raumordnung, 1990, S.169-181.

KOHLER, W.(1971): Flurbereinigung und Dorferneuerung. Karlsruhe 1971. (Schriftenr. f. Flurber., Sonderheft).

KOLODZIEJCOK, K.G.(1975): Die Entwicklung des Naturschutzrechts in der Bundesrepublik Deutschland. In: Natur und Landschaft 50, 1975, S.3-7.

KRAUSE, A.(1976): Landwirtschaftlicher Wasserbau und Landespflege. In: Innere Kolonisation, 25.Jg., H.6, 1976, S.247-252.

KRENZLIN, A.(1961): Die Entwicklung der Gewannflur als Spiegel kulturlandschaftlicher Vorgänge. In: Ber. z. dt. Landeskunde 27, 1961, S.19-36.

KRENZLIN, A. u. L. REUSCH(1961): Die Entstehung der Gewannflur nach Untersuchungen im nördlichen Unterfranken. Frankfurt a. M. 1961. (Frankfurter Geogr. Hefte, H.1).

KROES, G.(1971): Der Beitrag der Flurbereinigung zur regionalen Entwicklung: sozialökonomische Auswirkungen, Kosten, Konsequenzen. Hiltrup 1971. (Schriftenr. f. Flurber., H.55).

KROESCH, V.(1987): Aspekte des Umweltschutzes im ländlichen Raum. In: Beitr. der Akad. für Raumforschung und Landesplanung, Bd.101, 1987, S.109-111.

KRONER, G.(1987): Aspekte der Regionalplanung im ländlichen Umland von Verdichtungsräumen. In: Beitr. der Akad. für Raumforschung und Landesplanung, Bd.101, 1987, S.105-108.

KUNTZE, H.(1971): Landeskultur kulturhistorisch gesehen. In: Zeitschr. f. Kulturtechnik u. Flurber., 1971, S.257-264.

KUROWSKI, E.(1980): Gestaltswandel der ländlichen Siedlungen. Hiltrup 1980. (Schriftenr. d. Bundesminist. für Ernährung, Landwirtschaft u. Forsten, H.70).

LÄPPLE, E.C.(1978): Änderung der Grundsätze für die Förderung der agrarstrukturellen Vorplanung. In: Innere Kolonisation, 27.Jg., H. 6, 1978, S.221-224.

LÄPPLE, E.C.(1981): Untersuchung zur Effizienz der Flurbereinigung. In: Zeitschr. f. Kulturtechnik u. Flurber.22, 1981, S.323-332.

LÄPPLE, E. C.(1987): Dorfentwicklung und Dorferneuerung. In: Beitr. der Akad. f. Raumforschung u. Landesplanunung Bd.101, 1987, S.62-63.

LÄPPLE, E. C.(1990): Flurbereinigung im Umbruch. In: Zeitschr. f. Kulturtechnik u. Landentwicklung, Bd.31, S.337-346.

LANDESENTWICKLUNGSPROGRAMM (1973) Niedersachsen 1985. Hrsg.: Nieders. Ministerpräsident - Staatskanzlei. Hannover 1973.

LANDESRAUMORDNUNGSPROGRAMM (1980) Niedersachsen. Hrsg.: Der Nieders. Minister des Innern. Hannover 1980.

Niedersächsisches LANDSCHAFTSPROGRAMM(1989). Hrsg.: Der Nieders. Minist. f. Ernährung, Landwirtschaft u. Forsten. Hannover 1989.

LANDWIRTSCHAFTSZÄHLUNG(1979) 1979, zugl. Agrarberichterstattung Niedersachsen 1979. Hrsg.: Nieders. Landesamt f. Statistik, Hannover 1979. (unveröff.).

LANDZETTEL, W. et.al.(1985): Dorferneuerung in Niedersachsen. Hannover 1985.

LANDZETTEL, W. et.al.(1989): Das Bild der Dörfer. Dorferneuerung in Niedersachsen. Hannover 1989.

LEHMANN, A.(1973): Flurbereinigung aus der Sicht der Regionalplanung. In: Mitteilungen der Landesstelle für Naturschutz und Landespflege in Nordrhein-Westfalen, 11.Jg., Bd.2, 1973, S.272-274.

LEIKAM, K.(1977a): Aufgaben der Flurbereinigung bei der Dorferneuerung. In: Zeitschr. f. Vermessungswesen 5, 1977, S.201-208.

LEIKAM, K.(1977b): Maßnahmen der Dorferneuerung im Rahmen der Flurbereinigung. In: Materialiensammlung d. Lehrstuhls f. ländliche Neuordnung u. Flurber. d. TU München, H.1, 1977, S.18-26.

LEITFADEN (1991) zur Durchführung von Raumordnungsverfahren mit integrierter Umweltverträglichkeit. Hrsg.: Nieders. Innenministerium, Raumordnung u. Landesplanung. Hannover 1991.

LEITLINIE(1991) Naturschutz und Landschaftspflege in Verfahren nach dem Flurbereinigungsgesetz. Hrsg.: Nieders. Minist. f. Ernährung, Landwirtschaft u. Forsten, Hannover 1991.

LENDI, M.(1977): Der ländliche Raum - eine Aufgabe der Raumplanung. Zürich 1977.

LIEDTKE, H.(1981): Die nordischen Vereisungen in Mitteleuropa. (2.erw. Aufl.) Trier 1981. (Forschungen z. dt. Landeskunde, Bd.204).

LIENAU, C.(1986): Geographie der ländlichen Siedlungen. Westermann - Das Geographische Seminar. Braunschweig 1986.

LIENAU, C.(1989): Geographie der ländlichen Siedlungen. In: Geogr. Rundschau, 3, 1989, S.134-139.

LILLOTTE, F. J.(1969): Flurbereinigung und Landbeanspruchung für öffentliche Zwecke. In: Landwirtschaft im Strukturwandel, Bonn 1969, S.19-35. (Schriftenr. d. Hauptverbandes d. landwirtschaftlichen Buchstellen und Sachverständigen e.V., H.64).

LOSCH, S.(1987): Bodenschutz in agglomerationsnahen ländlichen Räumen. In: Beitr. d. Akad. f. Raumforschung und Landesplanung, Bd.101, 1987, S.112-117.

LÜTHE, F.(1966): Geschichte der deutschen Agrarverfassung. Stuttgart 1966.

LUFT, H.(1983): Landschaftsplanung u. Bauleitplanung. In: Zeitschr. f. Vermessungswesen, H.12, 1983, S.571-574.

MAGEL, H.(1977): Einführung bzw. Zusammenfassung und Analyse zum 9. Fortbildungsseminar "Dorferneuerung in der Flurbereinigung". In: Materialiensammlung d. Lehrstuhls f.ländliche Neuordnung u. Flurber. d. TU München, H.1, 1977, S.1-4 u. S.60-64.

MAGEL, H.(1980): Naturschutz u. Landschaftspflege in der Flurbereinigung. In: Zeitschr. f. Kulturtechnik u. Flurber. 21, 1980, S.303-312.

MAGEL, H.(1983): Einige Bemerkungen zur Dorfökologie und Dorferneuerung. In: Zeitschr. f. Vermessungswesen 4, 1983, S.139-145.

MAGEL, H.(1984): Zur ökologischen Verantwortung der Flurbereinigung. In: Zeitschr. f. Kulturtechnik u. Flurber.25, 1984, S.129-138.

MAGEL, H.(1988a): Zum Stellenwert der Landschaftsplanung in der Flurbereinigung am Beispiel Bayern. In: Zeitschr. f. Vermessungswesen 3, 1988, S.137-145.

MAGEL, H.(1988 b): Dorfökologie in der Dorferneuerung - Möglichkeiten und Grenzen. In: Ber. aus d. Flurber., H.60, 1988, S.49-56.

MAIER, J.(1980): Der ländliche Raum: Leitbilddiskussion und innovationsorientierte Regionalpolitik. In: Regionalplanung unter veränderten wirtschaftlichen Rahmenbedingungen, Bayreuth 1980, S.12-19. (Arbeitsmaterialien zur Raumordnung u. Raumplanung, H.7).

MAIER, J.(Hrsg.)(1982): Strukturprobleme ländlicher Räume. Vorträge auf dem Geographentag in Mannheim 1981. Bayreuth 1982.(Arbeitsmaterialien z. Raumordnung u. Raumplanung, H.24).

MARDER,(n.n.)(1929): Die Gemeinheitsteilung und Verkoppelung im ehemaligen Königreich Hannover. Ein Beitrag zur Geschichte des Vermessungswesens. In: Zeitschrift f. d. Vermessungswesen, Bd. 58, 1929, S.693-718.

MAURER, J.(1977): Zum Begriff des Raumes in der Raumplanung und in der Geographie. In: Der ländliche Raum. Hrsg.: M. Lendi, Zürich 1977. S.43-46.

MAURER, J.(1989): Neue Herausforderungen an die Flurbereinigung. In: Ber. aus d. Flurber., H.62, 1989, S.21-26.

MAYHEW, A.(1970): Zur strukturellen Reform der Landwirtschaft in der Bundesrepublik Deutschland erläutert an der Flurbereinigung in der Gemeinde Moorriem/Wesermarsch. Münster 1970. (Westfälische Geogr. Studien 22).

MEIER, H.(1987): Die Eingriffsregelung des Niedersächsischen Naturschutzgesetzes. Hannover 1987. (Naturschutz und Landschaftspflege in Niedersachsen, Beih.16).

MEISEL, K.(1977): Auswirkungen landwirtschaftlicher Intensivierungsmaßnahmen auf die Acker- und Grünlandvegetation und die Bedeutung landwirtschaftlicher Problemgebiete für den Arten-und Biotopschutz. In: Naturschutz und Landwirtschaft. Hrsg.: W. Erz. Bonn, Bad-Godesberg 1977, S.63-74. (Jahrb. f. Naturschutz und Landschaftspflege, Bd.27).

MEITZEN, A.(1868): Der Boden und die landwirtschaftlichen Verhältnisse des Preußischen Staates. Bd.I. Berlin 1868.

MEURER, R.(1985): Flurbereinigung und Umweltkonflikte und Strategien. In: Zeitschr. f. Kulturtechnik u. Flurber.26, 1985, S.66-80.

MEYER, G.(1965): Die Verkoppelung im Herzogtum Lauenburg unter Hannoverscher Herrschaft. Quellen und Dartstellungen zur Geschichte Niedersachsens. Hildesheim 1965.

MEYER, G.U.(1980): Die Dynamik der Agrarformation. Göttingen 1980. (Göttinger Geogr. Arbeiten, H.75).

MEYER, K.(1964): Ordnung im ländlichen Raum. Grundlagen und Probleme der Raumplanung und Landentwicklung. Stuttgart 1964.

MEYER, K.(1970a): Ländlicher Raum. In: Handwörterbuch für Raumforschung u. Raumordnung. Hrsg.: Akad. f. Raumforschung u. Landesplanung, Bd.1, Hannover 1970, 2.Aufl., Sp.1802-1815.

MEYER, K.(1970b): Landeskultur. In: Handwörterbuch für Raumforschung u. Raumordnung. Hrsg.: Akad. f. Raumforschung u. Landesplanung, Bd.1, Hannover 1970, 2.Auf., Sp.1666-1669.

MEYER, K.(1970c): Agrarreform. In: Handwörterbuch für Raumforschung u. Raumordnung. Hrsg.: Akad. f. Raumforschung u. Landesplanung, Bd. 1, Hannover 1970, 2.Aufl., Sp.334-341.

MEYER, K.(1972): Zur Neuorientierung im landeskundlichen Aufgabenbereich. In: Die Zukunft des ländlichen Raumes. 2.Teil. Hannover 1972. (Veröff. d. Akad. f. Raumforschung u. Landesplanung, Bd.83).

MÖLLER, D. u. G. RUWENSTROTH(1984): Berücksichtigung ökologischer Belange in Flurbereinigungsverfahren. Münster-Hiltrup 1984. (Schriftenr. d. Bundesminist. f. Ernährung, Landwirtschaft u. Forsten, Reihe B: Flurbereinigung, H.74).

MÖSER, H.(1971): Haltbarkeit, Unterhaltung und Wirtschaftlichkeit von Wegbefestigungen. Hiltrup 1971. (Schriftenr. f. Flurber., H.58).

MOEWES, W.(1982): Siedlungsstruktureller Wandel in seinen Konsequenzen für die Raumplanung. In: Geogr. Zeitschr., Bd.2, 1982, S.283-305.

Niedersächsisches MOORSCHUTZPROGRAMM Teil 1, 1981 und Teil 2, 1986. Hrsg.: Nieders. Minist. f. Ernährung, Landwirtschaft u. Forsten, Hannover 1981/86.

MRASS, W.(1970): Die Organisation des staatlichen Naturschutzes und der Landschaftspflege im Deutschen Reich und der Bundesrepublik Deutschland seit 1935, gemessen an der Aufgabenstellung in einer modernen Industriegesellschaft. Bad Godesberg 1970. (Landschaft u. Stadt, Beih.1).

MRASS, W.(1979): Ziele und Aufgaben der landschaftspflegerischen Begleitplanung in der Agrarplanung. In: Jahrb. f. Naturschutz u. Landschaftspflege 29, 1979, S.61-68.

MRASS, W.(1981): Ökologische Entwicklungstendenzen im ländlichen Raum und ihre Auswirkungen auf die Flurbereinigung. In: Ber.aus d. Flurber., H.37, 1981, S.29-40.

MÜLLER, G.(1961): Das Stadt-Land-Problem unter Berücksichtigung einer regionalen Wirtschafts- und Raumordnungspolitik in bezug auf Aktiv- und Passivräume, untersucht am Beispiel des sogenannten Elbe-Weser-Dreiecks. Hamburg - Bremen - Regierungsbezirk Stade 1961. (Manuskript in der Regierung in Stade, Dezernat Landesplanung und Statistik).

MÜLLER, H. J.(1976): Methoden zur regionalen Analyse und Prognose. Hannover 1976. (Taschenbücher zur Raumplanung, Bd.1).

MÜLLER-WILLE, W.(1944): Langstreifenflur und Drubbel. In: Deutsches Archiv f. Landes- u. Volksforschung, 8.Jg., H.1, 1944, S.9-44.

MÜLLN, G.(1977): Zur Einleitung von Flurbereinigungen - Anregungen und Hinweise. In: Zeitschr. f. Kulturtechnik u. Flurber.18, 1977, S.65-73.

NAGEL, F.N.(1978): Historische Verkoppelung und Flurbereinigung der Gegenwart - ihr Einfluß auf den Wandel der Kulturlandschaft. Mit einem Beispiel aus der Lüneburger Heide: Betzendorf (1776-1977). In: Zeitschr. f. Agrargeschichte u. Agrarsoziologie, 26.Jg., 1978, S.13-41.

NATURSCHUTZ (1980) und Landschaftspflege. Münster 1980. (Schriftenr. f. Flurber., Reihe B, Sonderband).

NAURATH, B.(1958): Die Aussiedlung im Flurbereinigungsverfahren. Stuttgart 1958. (Schriftenr. f. Flurber., H.19).

NIEMEIER, G.(1977): Siedlungsgeographie. Westermann - Das Geographische Seminar. Braunschweig 1977.

NIEMEIER, G.(1977): Siedlungsgeographie. Westermann - Das Geographische Seminar. Braunschweig 1977.

NIEMEIER, H.G.(1977): Zur gedanklichen Entwicklung des staatlichen Planens. In: Der ländliche Raum - eine Aufgabe der Raumplanung. Hrsg.: M. Lendi, Zürich 1977, S.158-166.

NIESMANN, K.(1966): Untersuchungen über Bodenerosion und Bodenerhaltung in Verbindung mit Flurbereinigung. Stuttgart 1966. (Schriftenr. f. Flurber., H.40).

NIGGEMANN, J.(1979): Die Rolle der Flurbereinigung in der Kulturlandschaftsentwicklung. In: Flurbereinigung und Kulturlandschaftsentwicklung . Vorträge auf der Arbeitstagung des Verbandes deutscher Hochschulgeographen in Borken-Gemen 1979. Münster 1979, S.1-12.

NIGGEMANN, J.(1984): Ländliche Siedlungen im Strukturwandel. In: Erdkunde 38, 1984, S.94-97.

NITZ, H.-J.(1980): Ländliche Siedlungen und Siedlungsräume - Stand und Perspektiven in Forschung und Lehre. In: Tagungsbericht und wissenschaftliche Abhandlungen. Hrsg.: G. Sandner u. H. Nuhn, Wiesbaden 1980, S.79-102. (Verhandl. d. deutschen Geographentages, Bd.42).

NITZ, H.- J.(1982): Kulturlandschaftsverfall und Kulturlandschaftsumbau in der Randökumene der westlichen Industriestaaten. In: Geogr. Zeitschr. 70, 1982, S.162-183.

NITZ, H.- J.(1984): Siedlungsgeographie als historisch-gesellschaftswissenschaftliche Prozeßforschung. In: Geogr. Rundschau 36, 1984, H.4, S.162-169.

NONHOFF, F.(1965): Aufgaben einer gemeinsamen Agrarstruktur. Landvolk auf dem Wege nach Europa. In: Schriftenr. f. ländl. Sozialfragen, H. 48, 1965, S.61-76.

OBERHOLZER, G.(1981): Flurbereinigung und Artenrückgang. In: Natur und Landschaft 56, H.7/8, 1981, S.283-284.

OBERHOLZER, G.(1984a): Die Flurbereinigung im Spannungsfeld zwischen Landwirtschaft und den übrigen Bereichen des ländlichen Raumes. In: Zeitschr. f. Vermessungswesen 2, 1984, S.58-65.

OBERHOLZER, G.(1984b): Landespflege in der Flurbereinigung. München 1984. (Schriftenr. wissenschaftlicher Studiengang Vermessungswesen der Hochschule der Bundeswehr München, H.13).

ODZUK, W.(1978): Anthropogene Veränderungen eines Moorökosystems durch Erholungssuchende. In: Natur und Landschaft, 53.Jg. H.6, 1978, S. 192-194.

OLSCHOWY, G.(1979): Naturschutz und Landwirtschaft. In: Natur und Landschaft, 54.Jg., H.1, 1979, S.16-20.

OPPERMANN, E.(1960): Weitere Untersuchungen über wirtschaftliche Auswirkungen und Maßnahmen zur Verbesserung der Agrarstruktur im Rahmen der Flurbereinigung. Stuttgart 1960. (Schriftenr. f. Flurber., H.29).

Die ökologische ORIENTIERUNG (1979) der Raumplanung. Hrsg.: Akad. f. Raumforschung u. Landesplanung, 17.Wiss. Plenarsitzung 1978 in Saarbrücken. Hannover 1979. (Forschungs- u. Sitzungsber., 131).

ORTSBILDINVENTARISATION(1976). Aber wie? Methoden dargelegt am Beispiel von Beromünster. Zürich 1976. (Veröffentlichungen des Instituts für Denkmalpflege an der Eidgenössischen TH Zürich).

OSTHOFF, F.(1967): Flurbereinigung und Dorferneuerung. Hiltrup (Westf.) 1967. (Schriftenr. f. Flurber., H.42).

OVERBECK, F.(1975): Botanisch-geologische Moorkunde. Neumünster 1975.

PAULUS. M.(1983): Dorferneuerung, eine agrarstrukturelle Maßnahme der Flurbereinigung. In: Ber. aus d. Flurber., H.46, 1983, S.141-143.

PELTZER, H.(1981): Flurbereinigung und Naturschutz. In: Zeitschr. f. Vermessungswesen, 106. Jg., H.1, 1981, S.1-9.

PFADENHAUER, J.(1976): Arten und Biotopschutz - ein landeskulturelles Problem. In: Landschaft u. Stadt, 8.Jg. H.1, 1976, S.37-45.

PFLEIDERER, K.(1987): Entwicklung ländlicher Regionen aus der Sicht der Landwirtschaft. In: Beitr. d. Akad. f. Raumforschung und Landesplanung 101, 1987, S.29-39.

PFLUG, W.(1969): 200 Jahre Landespflege in Deutschland - Eine Übersicht. Festschrift für E. Kühn. Düsseldorf, Köln 1969, S.237-280.

PIETSCHER, H. W.(1979): Aufgaben und Gliederung der niedersächsischen Agrarstrukturverwaltung - fünf Jahre nach der Reform. In: Neues Archiv f. Nieders., 4.Jg., 1979, Bd.22, S.460-495.

Der PLAN (1987) über die gemeinschaftlichen und öffentlichen Anlagen in der Flurbereinigung. (Schriftenr. d. Bundesminist. f. Ernährung, Landwirtschaft u. Forsten, Reihe B: Flurbereinigung, Sonderheft).

PLANCK, U.(1984): Vom Dorf zur Landgemeinde. In: Geogr. Rundschau 36, 1984, S.180-185.

PRIEBE, H.(1964): Wirtschaftliche Auswirkungen von Maßnahmen zur Verbesserung der Agrarstruktur im Rahmen der Flurbereinigung. Stuttgart 1964. (Schriftenr. f. Flurber., H.39).

PRÖLL, E.(1990): Landentwicklung und Dorferneuerung - eine europäische Herausforderung. In: Ber. aus d. Flurber., H.65, S.125-129.

QUADFLIEG, F.(1976): Das "neue" Flurbereinigungsgesetz und seine Auswirkungen. In: Zeitschr. f. Vermessungswesen, 101.Jg., H.5, 1976, S. 169-175.

QUADFLIEG, F.(1978): Die Dorferneuerung im Rahmen der Förderung von Zukunftinvestitionen. In: Innere Kolonisation - Land und Gemeinde 2, 1978. Landschriftenverlag Bonn 1978, S.47-49.

QUADFLIEG, F.(1979): Aufgabe des Naturschutzes und der Landschaftspflege in der Flurbereinigung nach dem Flurbereinigungsgesetz. In: Jahrb. f. Naturschutz u. Landschaftspflege 29, 1979, S.15-20.

QUADFLIEG, F.(1981): Das Verhältnis von Wege- und Gewässerplan mit landschaftspflegerischem Begleitplan nach §41 FlurbG und Bauleitplanung sowie anderen Fachplanungen. In: Vermessungswesen u. Raumplanung 43, H.4, 1981, S.209-216.

QUADFLIEG, F.(1989): Flurbereinigung im Dienste einer integrierten Agrar- und Umweltpolitik - aus der Sicht des Flurbereinigungs- und Umweltrechts. In: Ber. aus d. Flurber., H.62, 1989, S.49-51.

QUADFLIEG, F. u. H. LÖRKEN(1975): Novelle zum Flurbereinigungsgesetz im Deutschen Bundestag. In: Innere Kolonisation 24, 1975, S.50-53.

RAHMENPLAN (1989) der Gemeinschaftsaufgabe "Verbesserung der Agrarstruktur und des Küstenschutzes" für den Zeitraum 1952-1989. Bundestagsdrucksache 11/4330.

RANFTL, H.(1979): Berücksichtigung des Arten- und Biotopschutzes in der Flurbereinigung. In: Jahrb. f. Naturschutz- u. Landschaftspflege 29, 1979, S.37-50.

RAUMORDNUNG(1982) - Landesplanung. Aktuelle Themen zur niedersächsischen Landeskunde. H.2., Hannover 1982. (Veröff. d. nieders. Instituts f. Landeskunde u. Landesentwicklung an der Universität Göttingen).

RAUMORDNUNGSBERICHT (1984) Niedersachsen. Hannover 1984. (Schriften der Landesplanung Niedersachsen).

REICHHARDT, G.(1975): Raumordnung in Niedersachsen. In: Neues Archiv f. Nieders., Bd.24, H.2, 1975, S.93-102.

RESCHKE, K.(1979): Der landschaftspflegerische Begleitplan in der Flurbereinigung. In: Flurbereinigung und Kulturlandschaftsentwicklung. Vorträge auf der Arbeitstagung des Verbandes deutscher Hochschulgeographen in Borken-Gemen 1979, Münster 1979, S.29-44.

RINGLER, A.(1977): Zur Erfassung der landschaftsökologischen Funktion der Moore. In: Schriftenr. Naturschutz u. Landschaftspflege, H.8, 1977.

RÖCK, S.(1987): Siedlungsentwicklung und Dorferneuerung. In: Beitr. der Akad. f. Raumforschung und Landesplanung 101, 1987, S.64-67.

RÖSSLE, M.(1977): Methoden und Probleme der Erstellung von Dorferneuerungsplänen. In: Materialiensammlung d. Lehrstuhls f. ländliche Neuordnung u. Flurber. d. TU München, H.1, 1977, S.27-33.

ROHMER, W. u. H.J. STEINMETZ(1960): Bodenerhaltung in der Flurbereinigung. Lengerich (Westf.) 1960. (Schriftenr. f. Flurber., H.31).

RUWENSTROTH, G.(1984): Berücksichtigung ökologischer Belange in Flurbereinigungsverfahren. Restflächen und Kleinstrukturen in der Kulturlandschaft und ihre möglichen Veränderungen durch die Flurbereinigung. Münster-Hiltrup 1984. (Schriftenr. f. Flurber., H.74).

RUWENSTROTH, G. u. B. SCHIERENBECK(1980): Effizienz der Flurbereinigung. Ergebnisbericht zum Forschungsbericht d. Bundesminist. f. Ernährung, Landwirtschaft u. Forsten. Münster-Hiltrup 1980. (Schriftenr. d. Bundesminist. f. Ernährung, Landwirtschaft u. Forsten, Reihe B: Flurbereinigung, H.69).

RUWENSTROTH, G. u. B. SCHIERENBECK, H. STRANG(1982): Berechnung zur Effizienz von Maßnahmen und Maßnahmenbündeln in der Flurbereinigung. Bremen 1982. (Gesamtbericht, durchgef. von d. Gesellschaft f. Landeskultur Bremen).

SAALFELD, D.(1965): Agrargeschichte. In: Methodisches Handbuch f. Heimatforschung in Niedersachsen. Hrsg.: H. J. Jäger, Hildesheim 1965, S.281-305.

SAUERMANN, K.(1939): Die Umlegung. Leipzig 1939.

SCHÄFER, K.(1980): Ländliche Gemeinden. In: Handbuch für Planung, Gestaltung und Schutz der Umwelt, Bd.3. Hrsg.: K. Buchwald u. W. Engelhardt, München 1980, S.169-185.

SCHARNBERG, H.H.(1964): Die Rechts- und Ideengeschichte der Umlegungen mit besonderer Berücksichtigung ihrer staatlichen Förderung durch Zwang gegen Widerstrebende. Kiel 1964. (Diss.)

SCHMIDT, G.(1983): Naturschutz durch Flurbereinigung? In: Jahrb. f. Naturschutz u. Landschaftspflege 33, 1983, S.151-164.

SCHMITZ, G.(1979): Integrierbarkeit landschaftsökologischer Ziele in die Regionalplanung. In: Forschungs- u. Sitzungsber. d. Akad. f. Raumforschung u. Landesplanung 131, 1979, S.36-45.

SCHMITZ, G.(1982): Regionalpläne. In: Grundriß der Raumordnung. Hrsg.: Akad. f. Raumforschung u. Landesplanung, Hannover 1982, S.363-381.

SCHNEEKLOTH, H.(1962): Die Moorkartierung in Niedersachsen, ihre wirtschaftliche und wissenschaftliche Bedeutung. In: Bericht über den 8.internationalen Kongreß für universelle Moor- und Torfforschung, Bremen 1962, S.95-97.

SCHNEEKLOTH, H.(1974): Die Entstehung der Moore. In: Norddeutschland und angrenzende Gebiete im Eiszeitalter. Hrsg.: P. Woldstedt u. K. Duphorn, Stuttgart 1974, S.368-375.

SCHNEEKLOTH, H.(1977): Zum Stand der internationalen Klassifizierung der Torfe. In: TELMA, Bd.7, 1977, S.271-276.

SCHNEEKLOTH, H.(1983): Die Torfindustrie in Niedersachsen. Göttingen-Hannover 1983. (Veröff. d. Nieders. Instituts f. Landeskunde u. Landesverwaltung an der Universität Göttingen, Bd.120).

SCHNEEKLOTH, H. u. S. SCHNEIDER(1972): Vorschläge zur Klassifizierung der Torfe und Moore in der Bundesrepublik Deutschland. In: TELMA, Bd.2, 1972, S.57-63.

SCHNEIDER, u.a.(1967): Die Entwicklung des ländlichen Raumes als Aufgabe der Raumordnungs- und regionalen Strukturpolitik. Stuttgart 1967. (Schriftenr. f. Flurber., H.48).

SCHNIEDERS, R.(1977): Was bedeutet ordnungsmäßige landwirtschaftliche Nutzung. In: Naturschutz und Landwirtschaft. Hrsg.: W. Erz. Bonn, Bad-Godesberg 1977, S.18-26. (Jahrb. f. Naturschutz und Landschaftspflege, Bd.27).

SCHREIBER, K.- F.(1977): Naturschutz und Flurbereinigung - einige Bemerkungen zu einem viel diskutierten Problem. In: Naturschutz und Landwirtschaft. Hrsg.: W. Erz. Bonn, Bad-Godesberg 1977, S.48-51. (Jahrb. f. Naturschutz u. Landschaftspflege, Bd.27)

SCHUMANN, R.(1980): Straßenbau und Flurbereinigung. In: Vermessungswesen u. Raumplanung 42, H.7, 1980, S.336-340.

SCHWAAR, J.(1981): Möglichkeiten und Grenzen der Moorregeneration in Nordwestdeutschland. In: Aspekte der Moornutzung, Tagungsbericht d. Akad. f. Naturschutz u. Landschaftspflege 6/81, 1981, S.1-8, (unveröff.).

SCHWEDE, C.(1971): Entwicklungsziele der in der Bundesrepublik Deutschland mit der Verbesserung der Agrarstruktur befaßten Behörden und Institutionen im Vergleich mit den Organisationen im benachbarten Ausland unter besonderer Berücksichtigung der Flurbereinigung. Hiltrup 1971. (Schriftenreihe f. Flurber., H.57).

SEELE, W.(1979): Dorferneuerung und Flurbereinigung. In: Vermessungswesen u. Raumordnung 41, H.2, 1979, S.94-111.

SEELE, W.(1982): Zur bodenpolitischen Bedeutung der Landumlegung- insbesondere im Hinblick auf eine Weiterentwicklung der Umlegung nach dem Bundesbaugesetz. In: Vermessungswesen u. Raumordnung 44, H.7, 1982, S.353-373.

SÖHNGEN, H.H.(1975): Die Bewertung von Landschaftsbestandteilen in der Flurbereinigung. In: Natur- und Landschaft, 50.Jg., H.10, 1975, S.274-276.

SÖHNGEN, H.H.(1976): Praxis der Bestandsaufnahme u. Bewertung von Landschaftselementen als Grundlage des landschaftpflegerischen Begleitplans in der Flurbereinigung. In: Innere Kolonisation, Land und Gemeinde, 25.Jg., 1976, S.244-246.

SPITZER, H.(1985): Der ländliche Raum. Raumordnungsgemäße Bestimmung, Gliederung und Entwicklung. Hannover 1985. (Akad. f. Raumforschung u. Landesplanung. Beiträge 85).

STARK, J.(1975): Infrastrukturelle Entwicklung und ihre Bestimmungsgründe. Bonn 1975. (Schriftenr. f. Agrarpolitik u. Agrarsoziologie e.V., H.234).

STECKMANN, D.(1969): Ein Beitrag zur agrarräumlichen Gliederung Niedersachsens. In: Neues Archiv f. Nieders.19, 1969, S.107-116.

STIENS, G.(1986): Raumordnungspolitische Strategien und Instrumente im Wandel. In: Geogr. Rundschau, 38.Jg., H.9, 1986, S.437-440.

STINGELIN, A.(1977): Der ländliche Raum als Planungsgebiet. In: Der ländliche Raum - eine Aufgabe der Raumplanung, Zürich 1977, S.82-92.

STORBECK, D.(1970): Zur Operationalisierung der Raumordnungsziele. In: Kyklos, Bd.23, Basel 1970, S.98-116.

STREBEL, E.(1972): Meliorationswesen und Raumordnung. In: Der ländliche Raum - eine Aufgabe der Raumplanung. Hrsg.: M. Lendi, Zürich 1972, S.47-55.

STRÖSSNER, G.(1980): Entwicklung des ländlichen Raumes. In: Handbuch für Planung, Gestaltung und Schutz der Umwelt. Bd. 3. Hrsg.: K. Buchwald u. W. Engelhardt, München 1980, S.173-185.

STRÖSSNER, G.(1983): Herausforderungen an die Flurbereinigung. In: Zeitschr. f. Vermessungswesen 1, 1983, S.8-13.

STRÖSSNER, G.(1984): Zur Flurbereinigung im Spannungsfeld des ländlichen Raumes. In: Zeitschr. f. Vermessungswesen, H.2, 1984, S.53-58.

STRÖSSNER, G.(1988): Möglichkeiten und Grenzen der Flurbereinigung zum Aufbau eines Biotopverbundsystems. In: Ber. aus d. Flurber., H.60, 1988, S.19-25.

STRUFF, R.(1975): Abgrenzung des ländlichen Raumes. In: Zeitschr. f. Agrargeschichte u. Agrarsoziologie 23, 1975, S.86-96.

STRUFF, R. u. H. HENTELMANN, L. WILSTACKE(1978): Regionale Wirkungen der Flurbereinigung. Bonn, Bad Godesberg 1978. (Bundesminist. f. Raumordnung, Bauwesen u. Städtebau).

Dörflicher STRUKTURWANDEL (1979) in der Diskussion. Hrsg.: Kuratorium für Technik und Bauwesen in der Landwirtschaft e.V., Münster-Hiltrup 1979. (KTBL-Schrift 235).

TAXIS, H.D.(1982): Möglichkeiten der Flurbereinigung zur Erhaltung und Förderung der ökologischen Vielfalt. In: Zeitschr. f. Kulturtechnik u. Flurber.23, 1982, S.227-236.

TESDORPF, J.C.(1984): Landschaftsverbrauch. Berlin/Vilseck 1984.

TESDORPF, J.(1987): Landschaftsverbrauch in der Bundesrepublik Deutschland. In: Geogr. Rundschau 39, H.6, 1987, S.336-342.

THAER, A.(1802): Einleitung zur Kenntniß der englischen Landwirthschaft und ihrer neueren practischen und theoretischen Fortschritte in Rücksicht auf Vervollkommnung deutscher Landwirthschaft für denkende Landwirthe und Cameralisten. 2.Aufl., 4 Bde., Grätz 1802.

THAER, A.(1853): Grundsätze der rationellen Landwirtschaft. 4 Bde., Berlin 1853. (Neudruck der 1. Auflage aus den Jahren 1809-1812).

THUM, B.(1983): Dorferneuerung, eine einzelbetriebliche Maßnahme. In: Ber. aus d. Flurber., H.46, 1983, S.145-146.

UHLIG, H. u. C. LIENAU (Hrsg.)(1967): Flur und Flurformen. Gießen 1967. (Materialien zur Terminologie der Agrarlandschaft, Bd.1).

UHLIG, H. u. C. LIENAU (Hrsg.)(1972): Die Siedlungen des ländlichen Raumes. Gießen 1972. (Materialien zur Terminologie der Agrarlandschaft, Bd.2).

UHLING, J.(1989): Flurbereinigung - Landwirtschaft - Umweltschutz. In: Ber. Landwirtschaft 67, 1989, S.426-456.

UHLMANN, J.(1987): Allgemeine Thesen zu Dorfentwicklung und Dorferneuerung. In: Beiträge der Akademie für Raumforschung und Landesplanung 101, 1987, S.56-57.

VÖLKSEN, G.(1982): Aspekte der Landschaftsentwicklung. Göttingen, Hannover 1982. (Veröff. d. Nieders. Instituts für Landeskunde u. Landesentwicklung an der Universität Göttingen, H.1).

WEINZIERL, T.(1970): Raumordnende Flurbereinigungsmaßnahmen in Fremdenverkehrsgemeinden. Bonn 1970. (Schriftenr. f. Flurber., Sonderheft).

WEISS, E.(1980): Einige rechtliche und gestalterische Aspekte zur Dorferneuerung in der Flurbereinigung. In: Vermessungswesen u. Raumordnung 42, H.7, 1979, S.321-335.

WEISS, E.(1985): Flächenbereitstellungen für Naturschutzmaßnahmen durch Bodenordnungsverfahren nach dem Flurbereinigungsgesetz. In: Zeitschr. f. Vermessungswesen 12, 1985, S.543-557.

WESTERMANN(1982) Lexikon der Geographie. Sonderausgabe, Weinheim 1982.

WESTHOFF, V.(1968): Die ausgeräumte Landschaft. Biologische Verarmung und Bereicherung der Kulturlandschaften. In: Handbuch f. Landschaftspflege u. Naturschutz. Hrsg.: K. Buchwald u. W. Engelhardt, Bd.2, München, Basel, Wien 1968, S.1-10.

WILSTACKE, L.(1978): Der Beitrag der Flurbereinigung zur Raumordnung. Bonn 1978.

WÖBSE, H.H.(1984): Erlebniswirksamkeit der Landschaft und Flurbereinigung. Untersuchung zur Landschaftsästhetik. In: Landschaft u. Stadt 16, H.1/2, 1984, S.33-35.

WOLDSTEDT, P.(1928): Über einen wichtigen Endmoränenzug in Nordwestdeutschland. In: 21. Jahresber.d. Nieders.Geol. Ver. Hannover, 1928, S.10-16.

WOLDSTEDT, P. u. K. DUPHORN(1974): Norddeutschland und angrenzende Gebiete im Eiszeitalter. 3. Aufl., Stuttgart 1974.

ZILLIEN, F.(1986): Flurbereinigung im Wandel unter besonderer Berücksichtigung von Naturschutz und Landschaftspflege. In: Zeitschr. f. Kulturtechnik u. Flurber.27, 1986, S.368-378.

ZINNER, P.(1983): Dorferneuerung, eine gemeindliche Aufgabe. In: Ber. aus d. Flurber., H.46, 1983, S.139-140.

ZÖLLNER, G.(1989): Landschaftsästhetische Planungsgrundsätze für die Flurbereinigung und ihre Vereinbarkeit mit ökologischen und ökonomischen Anforderungen. München 1989. (Diss.). (Materialiensammlung d. Lehrstuhls f. ländliche Neuordnung u. Flurber. d. TU München, H.12).

Die ZUKUNFT (1971) des ländlichen Raumes. Teil 1. Grundlagen und Ansätze. Hannover 1971. (Veröff. d. Akad. f. Raumforschung u. Landesplanung. Forschungs- u. Sitzungsberichte 66).

Die ZUKUNFT (1972) des ländlichen Raumes. Teil 2. Entwicklungstendenzen der Landwirtschaft. Hannover 1972. (Veröff. d. Akad. f. Raumforschung u. Landesplanung. Forschungs- u. Sitzungsberichte 83).

Die ZUKUNFT (1976) des ländlichen Raumes. Teil 3: Sektorale und regionale Zielvorstellungen. Hannover 1976. (Veröff. d. Akad. f. Raumforschung u. Landesplanung. Forschungs- u. Sitzungsberichte 106).

2 Regionale, auf den Elbe-Weser-Raum bezogene Literatur

ABEL, H.(1932): Die Besiedlung von Geest und Marsch am rechten Weserufer bei Bremen. Frankfurt/M. 1932.

ANDERSON, H.J.(1961): Über das Alter der Hemmor-Stufe. In: Meyniana, Bd. 10, Kiel 1961, S.147-159.

BEBAUUNGSPLAN(1984) Ortsteil Teufelsmoor, Kreis Osterholz. Osterholz-Scharmbeck 1984. (unveröff.).

BECKER, E.(1963): Über die Siedlungsnamen auf -stedt, -stade und -sete der Kreise Wesermünde und Land Hadeln. In: Jahrb. der Männer vom Morgenstern 44, 1963, S.172-195.

BECKER, E.(1964): Über die Siedlungsnamen auf -heim der Kreise Wesermünde und Land Hadeln. In: Jahrb. der Männer vom Morgenstern 45, 1964, S.181-193.

BEHRE, K.E.(1976): Die Vegetationsentwicklung von Marsch, Moor und Geest im Elb-Weser-Gebiet. In: Führer zu vor- und frühgeschichtlichen Denkmälern, Bd.29, 1.Teil, 1976, S.43-53.

BERGER, H.(1949): Die Landwirtschaft im Bezirk Stade. In: Schriftenreihe des Informationsdienstes der Regierung in Stade, H.9, 1949, S.2-24.

BERGER, H.(1949): Der Regierungsbezirk Stade. Das Teufelsmoor. In: Schriftenreihe des Informationsdienstes der Regierung in Stade, H.10, 1949, S.3-23.

BIERWIRTH, L.(1967): Siedlungen und Wirtschaft im Lande Hadeln. Eine kulturgeographische Untersuchung. Bad-Godesberg 1967. (Forschungen z. dt. Landeskunde, Bd.164).

BOHMBACH, J.(1981): Der politische, wirtschaftliche und soziale Zustand des Landdrosteibezirks Stade bis 1849. In: Die Herzogtümer Bremen und Verden und das Land Hadeln in spät hannoverscher Zeit 1848-1866. Hrsg.: H.J. Schulze, Stade 1981, S.9-38. (Einzelschriften d. Stader Geschichts- u. Heimatvereins, B.28).

BRÜMMEL, P.(1975): Die Dienste und Abgaben bäuerlicher Betriebe im ehemaligen Herzogtum Bremen-Verden während des 18. Jahrhunderts. Göttingen 1975. (Diss).

BÜRGER, L.(1954): Forsten und Ödland in Niedersachsen 1800-1952. o.O. 1954.(Neues Archiv f. Nieders., Bd.7, 1954).

DECHEND, W. u. H.D. LANG(1965): Die geologische Entwicklung der Hadeler Marsch. In: Jahrb. der Männer vom Morgenstern 46, 1965, S.9-23.

DELFS, L.(1986): Schiffahrt auf der Geeste. Hamburg 1986. (Schriften d. Deutschen Schiffahrtsmuseums, Bd.17; zugl. Veröff. d. Stadtarchivs Bremerhaven, Bd.6).

DEWERS, F.(1950): Einige charakteristische Züge der Oberflächengestaltung des nordwestdeutschen Flachlandes und die bei ihrer Herausbildung wirksamen Faktoren. In: Neues Archiv f. Landes- u. Volkskunde von Niedersachsen, Bd.4, H.8, 1950, S.475-488.

DORFERNEUERUNG(1992) Neu Sankt Jürgen. Erläuterungen zum Planungsentwurf. Gemeinde Worpswede 1992. (unveröff.).

EGGELSMANN, R.(1980): Moorkanäle und Torfschiffahrt in den nordbremischen Mooren im 18. bis 20. Jahrhundert. In: Jahrb. der Wittheit, Bd.24, 1980, S.41-82.

EGGELSMANN, R.(1981): Ökohydrologische Aspekte von anthropogen beeinflußten und unbeeinflußten Mooren Norddeutschlands. Oldenburg 1981.

EHLERS, W.(1914): Die Besiedelung der Moorgebiete in den Niederungen der Wümme, Wörpe und mittleren Oste. In: Zeitschr. des Historischen Vereins für Nieders., 14.Jg., H.1/2, 1914, S.1-105.

Regionaler agrarstruktureller ENTWICKLUNGSPLAN(1982) 1983-1987 für den Regierungsbezirk Lüneburg. Hrsg.: Der Nieders. Minist. f. Ernährung, Landwirtschaft u. Forsten, Lüneburg 1982.

FESTSCHRIFT (1885/86) zur 50jährigen Jubelfeier des Provincial-Landwirtschafts-Vereins zu Bremervörde, Bd.1 u.2., Stade 1885/86.

FESTSCHRIFT(1989) 850 Jahre Sellstedt. Hrsg.: Ortsrat Sellstedt. Sellstedt 1989.

FIEDLER, B.- C.(1987): Die Verwaltung der Herzogtümer Bremen und Verden in der Schwedenzeit 1652-1712. Stade 1987. (Veröffentlichungen aus dem Stadtarchiv Stade, Bd.7).

FLIEDNER, D.(1970): Die Kulturlandschaft der Hamme-Wümme-Niederung. Göttingen 1970. (Gött. Geogr. Abh., H.55).

Archivakte und Flurbereinigungsplan der FLURBEREINIGUNG Geesteniederung Süd, Kreis Wesermünde (1961-1992). (AZ: W 24), Amt für Agrarstruktur Bremerhaven.

Archivakte und Flurbereinigungsplan der FLURBEREINIGUNG Hesedorf, Kreis Bremervörde (1960-1979). (AZ: Brv.128), Amt für Agrarstruktur Hannover (Archiv).

Archivakte der FLURBEREINIGUNG Norder-Specken, Kreis Cuxhaven (ab 1981). (AZ: C 3), Amt für Agrarstruktur Bremerhaven.

Archivakte und Flurbereinigungsplan der FLURBEREINIGUNG Ostersode, Kreis Osterholz (1958-1973). (AZ: OHZ 169), Amt für Agrarstruktur Hannover (Archiv).

Archivakte FLURBEREINIGUNG Wohlsdorf, Kreis Rotenburg (Wümme) (ab 1981). (AZ: ROW 188), Amt für Agrarstruktur Verden.

FORSCHUNGSVORHABEN(1972) Teufelsmoor Land Niedersachsen. Hrsg.: Gesellschaft f. Landeskultur Bremen, Bremen 1972.

GENERALPLAN(1937) zur Sanierung des Teufelsmoores. Erläuterungsbericht (H.1). Hrsg.: Wasserwirtschaftsamt Verden, Verden 1937.

GIESE, E.(1983): Siedlungsausbau und soziale Segregation der Bevölkerung in ländlichen Siedlungen der Geest Nordwestdeutschlands. In: Die ländliche Siedlung als Forschungsgegenstand der Geographie. Hrsg.: G. Henkel, Darmstadt 1983, S.224-244.

GOLKOWSKY, R.(1966): Die Gemeinheitsteilungen im nordwestdeutschen Raum. Göttingen, Hannover 1966. (Veröff. d. Nieders. Inst. f. Landeskunde u. Landschaftsentwicklung an d. Univ. Gött.; zugl. Schriften d. wirtschaftswiss. Ges. z. Stud. Nieders. e.V., Reihe A, Bd.81).

HAARNAGEL, W.(1961): Die Marschen im deutschen Küstengebiet der Nordsee und ihre Besiedlung. In: Ber. z. dt. Landeskunde, Bd.27, H.2, 1961, S.203-219.

HAARNAGEL, W.(1968): Die prähistorischen Siedlungsformen im Küstengebiet der Nordsee. Wiesbaden 1968. In: Erdkundl. Wissen, H.18, 1968, S. 67-84.

HAARNAGEL, W.(1976): Die Marschen und die Wurtensiedlungen im Elbe-Weser-Winkel. In: Führer zu vor- und frühgeschichtlichen Denkmälern, Bd. 30, 2.Teil, Mainz 1976, S.1-22.

HACKER, E:(1969): Die Böden des Hamme-Wümme-Gebietes. In: Landschaftshaushalt und Landschaftsentwicklung. Untersuchungsergebnisse aus dem Forschungsvorhaben Hamme-Wümme 1969. (Landschaft u. Stadt, Stuttgart 1969, Beiheft. 5, S.3-36).

HAGEDORN, H.(1961): Morphologische Studien in den Geestgebieten zwischen Unterelbe und Unterweser. Göttingen 1961. (Gött. Geogr. Abh., H. 26).

HAGEN, D.(1980): Die räumliche Zuordnung und Struktur des Altkreises Hadeln zwischen 1960 und 1975. In: Neues Archiv f. Nieders., Bd. 29, 1980, S.33-53.

HAMPE, F.(1940): Grundzüge einer Agrargeographie in Geest und Moor am Beispiel des Kreises Bremervörde. Hannover 1940. (Jahrb. d. Geogr. Ges. Hannover, Bd.38/39).

HANSEN, H.J. u. K. ROHMEYER(1982): Zwischen Elbe und Weser. Die ehemaligen Herzogtümer Bremen und Verden. Oldenburg, Hamburg, München 1982.

HARTMANN, W.(1969): Kulturlandschaftswandel im Raum der mittleren Wümme seit 1770 im Untersuchungsraum zum Einfluß von Standort und Agrarstrukturwandel auf die Landschaft. In: Landschaftshaushalt und Landschaftsentwicklung im Hamme-Wümme-Gebiet, Bd.1, 1969, S.3-53. (Beiheft 2 zu Landschaft u. Stadt).

HÖFLE, H.- C.(1976): Die Geologie des Elbe-Weser-Winkels. In: Führer zu vor- und frühgeschichtlichen Denkmälern 29, 1. Teil, Mainz 1976, S. 30-41.

HÖFLE, H.- C.(1980): Der Stand der Eiszeitforschung im Landkreis Rotenburg. In: Rotenburger Schriften, 53.Jg., 1980, S.15-25.

HÖSCHEN, W.(1956): Findorff. Hannover 1956. (Bedeutende Niedersachsen-Lebensbilder, H.2).

HÖVERMANN, J.(1951): Die Entwicklung der Siedlungsformen in den Marschen des Elb-Weser-Winkels. Remagen 1951. (Forschungen z. dt. Landeskunde, Bd.56).

HOFMEISTER, A.E.(1979): Besiedlung und Verfassung der Stader Elbmarschen im Mittelalter. Teil I: Die Stader Elbmarschen vor der Kolonisation des 12. Jahrhunderts. Hildesheim 1979. (Veröff. d. Inst. f.historische Landesforschung d. Univ. Gött., Bd.12).

HOFMEISTER, A.E.(1981): Besiedlung und Verfassung der Stader Elbmarschen im Mittelalter. Teil II: Die Hollerkolonisation und die Landesgemeinde Land Kehdingen und Altes Land. Hildesheim 1981. (Veröff. d. Inst. f. historische Landesforschung d. Univ. Gött., Bd.14).

HOLSTEN, H. u. H.SCHABLOWSKI(1932): Heimatkunde des Regierungsbezirks Stade. Bremervörde 1932.

HUBERT, H.(1989): Worpswede. Worpswede 1989.

HUCKER, B.U.(1976): Das Elbe-Weser-Dreieck im frühen und hohen Mittelalter. In: Führer zu vor- und frühgeschichtlichen Denkmälern, Bd.29, 1.Teil, Mainz 1976, S.251-261.

HUGENBERG, A.(1891): Innere Colonisation im Nordwesten Deutschlands. Straßburg 1891.

ILLIES,(1952): Die eiszeitliche Fluß- und Formengeschichte des Unterelbegebietes. In: Geol. Jahrb., Bd.66, 1952, S.525-558.

JÄGER, H.(1961): Die Allmendteilungen in Nordwestdeutschland in ihrer Bedeutung für die Genese der gegenwärtigen Landschaften. In: Geografiska Annaler 43, Stockholm, 1961, S.138-150.

JÄGER, H.(1965)(Hrsg.): Methodisches Handbuch für Heimatforschung in Niedersachsen. Hildesheim 1965.

JUBILÄUMSSCHRIFT(1967) 25 Jahre Wasser- und Bodenverband Teufelsmoor. Hrsg.: H. Schmidt-Barrien, Worpswede 1967.

KERSTING, W.C.(1953 u.1954): Das hollische Recht im Nordseeraum, aufgewiesen besonders an Quellen des Landes Hadeln. Teil 1 in: Jahrb. der Männer vom Morgenstern 34, 1953, S.18-36. Teil 2 in: Jahrb. der Männer vom Morgenstern 35, 1954, S.28-102.

KÖSTER, E.(1976): Historisch-geographische Untersuchung des Orts- und Flurgefüges zweier Dörfer im Kreis Rotenburg (Wümme). (Rotenburger Schriften, Sonderband 24).(Diss.).

KREMSER, W.(1990): Niedersächsische Forstgeschichte. Eine integrierte Kulturgeschichte des nordwestdeutschen Forstwesens. Rotenburg (W) 1990.

KUEHLKEN, F.(1965): Zwischen Niederweser und Niederelbe. Bremen 1965.

KUHLMANN, G.(1981): Ansätze zum Ausbau des Wirtschafts- und Verkehrssystems in der Mitte des 19. Jahrhunderts im Land zwischen Elbe und Wesermündung. In: Die Herzogtümer Bremen und Verden und das Land Hadeln in späthannoverscher Zeit 1848-1866. Hrsg.: H.J. Schulze. Stade 1981. (Einzelschriften d. Stader Geschichts- u. Heimatvereins, Bd.28).

LADE. U.(1976): Geologische und geographische Beschreibung (des Landes Hadeln - Anm. d. Verf.). In: Kreis Land Hadeln. Hrsg.: R. Lembcke. Otterndorf 1976, S.9-15.

Die LANDKREISE in Niedersachsen (1948-1972): (Veröff. d. Wirtschaftswiss. Ges. z. Studium Niedersachsens u. d. Nieders. Amtes f. Landesplanung u. Statistik, Bremen 1948-1972). Bde.:
  3: Der Landkreis Stade
  10: Der Landkreis Wesermarsch
  20: Der Landkreis Verden
  23: Der Landkreis Wesermünde

LANDSCHAFTSHAUSHALT (1979) Landschaftsentwicklung. Untersuchungsergebnisse aus dem Forschungsvorhaben Hamme-Wümme. Gutachten zur Landschaftsentwicklung der Teufelsmoor-Hamme-Wümme-Niederung. Hrsg.: K. Buchwald, A. Horstmann u. H. Stilliger, Hannover 1979.

LANDSCHAFTSRAHMENPLAN(1975) "Teufelsmoor" (Hammegebiet). Landschafts- und Stadtentwicklung. Hrsg.: Ges. f. Landeskultur Bremen, Bremen 1975.

LANG, D.(1971): Der geologische Aufbau des Landkreises Rotenburg (Wümme). Rotenburg (W) 1971. (Rotenburger Schriften, Sonderband 21).

LEERHOFF, H.(1985): Niedersachsen in alten Karten. Eine Auswahl von Karten des 16.-18. Jahrhunderts aus den niedersächsischen Staatsarchiven. Neumünster 1985.

LEHE, E.(1973): Geschichte des Landes Wursten. Bremerhaven 1973.

LEMBCKE, R.(1976)(Hrsg.): Kreis Land Hadeln. Geschichte und Gegenwart. Otterndorf 1976.

LENZ, W.(1953): Rezension der Arbeit von Jürgen Hövermann. In: Jahrb. der Männer vom Morgenstern 34, 1953, S.103-108.

LILIENTHAL, K.(1931): Jürgen Christian Findorff's Erbe. Heidelberg 1931.

LILIENTHAL, K.(1936): Jürgen Christian Findorff, der Kolonisator des Teufelsmoores. Hannover 1936. (Niedersachsen - Gestalten und Zeiten, H.5).

LILIENTHAL, K.(1937): Geschichtliches um den Nachlaß. Neues aus Findorff's Leben. In: Jürgen Christian Findorff, Beiträge und Fragmente zu einem Moorkatechismus. Hrsg.: K. Brüning, Oldenburg 1937, S. 34-45.

LILIENTHAL, K.(1982): Jürgen Christian Findorff's Erbe. 3.Aufl. Hrsg.: H. Schmidt-Barrien, Lilienthal 1982.

MANGELS, I.(1957): Die Verfassung der Marschen am linken Ufer der Elbe im Mittelalter. Bremen-Horn 1957.

MARCZINSKI, R.(1968): Zur Geschiebekunde und Stratigraphie des Saaleglazials im nördlichen Niedersachsen zwischen Unterweser und Unterelbe. Rotenburg/Hannover 1968. (Rotenburger Schriften, Sonderheft)

MATTHIESEN, H.(1992): Jürgen Christian Findorff auf der Spur. Bremervörde 1992.

MÖLLER, R.(1979): Niedersächsische Siedlungsnamen und Flurnamen. Heidelberg 1979. (Beitr. zur Namensforschung, Beiheft 16).

Niedersächsisches MOORSCHUTZPROGRAMM(1981). Teil 1. u. Teil 2 (1986). Hrsg.: Der Nieders. Minist. f. Ernährung, Landwirtschaft u. Forsten. Hannover 1981/86.

MÜLLER, W.(1962): Der Ablauf der holozänen Meerestransgressionen an der südlichen Nordseeküste und Folgerungen in Bezug auf eine geochronologische Holozängliederung. In: Eiszeitalter und Gegenwart, Bd.13, Öhringen 1962, S.197-226.

MÜLLER-HEYNE, C.(1983): Eine siedlungsgeographische Untersuchung des Teufelsmoores bei Bremen unter besonderer Berücksichtigung agrarwirtschaftlicher, naturschutzpolitischer und planerischer Überlegungen. Universität Hamburg 1983. (Unveröff. Staatsexamensarbeit).

MÜLLER-SCHEESSEL, K.(1975): Jürgen Christian Findorff und die kurhannoversche Moorkolonisation im 18.Jahrhundert. Hildesheim 1975.(Veröff. d. Inst. f. hist. Landesforschung d. Univ. Gött., Bd.7). (Diss.).

NAGEL, F.N.(1975): Eckel. Die Entwicklung des Flur- und Ortsbildes einer Gemeinde im Hamburger Umland. In: Mitteilungen d. Geogr. Ges. in Hamburg, Bd.63, 1975, S.115-154.

NEHRING, E.(1987): Das Pflugschatzregister der Börde Beverstedt von 1534. In: Jahrb. der Männer vom Morgenstern, H.66, 1987, S.35-66.

NIEDERSACHSEN - Lexikon(1969): Hrsg.: R. Klein. Frankfurt 1969.

OBERBECK, G.(1986a): Tiefland und Mittelgebirge - Niedersachsens Gliederung. In: Deutschland, Porträt einer Nation, Bd. 6, Gütersloh 1986, S.251-258.

OBERBECK, G.(1986b): Die Kulturlandschaft Niedersachsens und ihre Entwicklung. In: Deutschland, Porträt einer Nation, Bd.6, Gütersloh 1986, S.261-270.

PECH, A.(1971): Die Gemeinheitsteilungen im Landkreis Wesermünde 1760-1920. In: Jahrb. der Männer vom Morgenstern 52, 1971, S.193-217.

PECH, A.(1976): Siedlungs- und Flurformen auf der Wesermünder Geest. In: Führer zu vor- und frühgeschichtlichen Denkmälern, Bd.30, 2. Teil, Mainz 1976, S.33-45.

PELEIKIS, H. J.(1983): Hadeln und Wursten. Eine Perzeptionsstudie über die Lebensbedingungen in nicht geförderten Orten des nördlichen Elbe-Weser-Dreiecks. Hamburg 1983. (Arbeitsberichte und Ergebnisse zur wirtschafts- und sozialgeographischen Regionalforschung, H.11).

PERTSCH, R.(1970): Landschaftsentwicklung und Bodenbildung auf der Stader Geest. Bonn, Bad-Godesberg 1970. (Forschungen z. dt. Landeskunde, Bd.200).

PETIG, K.R. et.al.(1937): Das Teufelsmoor, sein heutiger Notstand und die Maßnahmen zu seiner Genesung. Arbeit im Reichsberufsstand deutscher Studenten der Universität Göttingen 1937/38. Göttingen 1937.

PIEKEN, H.(1956): Zur Entwicklung der Siedlungsformen in den Marschen des Elbe-Weser-Winkels. In: Die Erde 8, 1956, S.129-159.

PRECHT, F.(1972): Situation und Entwicklungsmöglichkeiten der Wirtschaft im Landkreis Bremervörde. In: Neues Archiv f. Nieders., Bd.21, H.2, 1972, S.140-154.

PRECHT, F.(1973): Regionalpolitische Aspekte und -planerische Ansätze im Landkreis Bremervörde. In: Neues Archiv f. Nieders., Bd.22, 1973, S.43-53.

PRECHT, F.(1974): Stadtregion Bremerhaven/Nordenhamm. Strukturelle Differenzierung, funktionale Gliederung und Grenze eines städtischen Wirtschaftsraumes. In: Neues Archiv f. Niedersachsen, Bd.23, 1974, S.140-162.

Regionales RAUMORDNUNGSPROGRAMM(1985) für den Landkreis Osterholz. Hrsg.: Landkreis Osterholz, Osterholz-Scharmbeck 1985.

Regionales RAUMORDNUNGSPROGRAMM(1985) für den Landkreis Rotenburg(Wümme). Hrsg.: Landkreis Rotenburg, Rotenburg (W) 1985.

RAUPACH, F.v.(1940): Beziehungen zwischen Marschsiedlungen und der ehemaligen Hochmoorverbreitung im Hadelner Sietland. In: Jahrb. der Männer vom Morgenstern 30, 1940, S.125-134.

RAUTER, W.(1963): Bibliographie zur Kulturgeographie von Niedersachsen unter Einfluß von Bremen. Göttingen 1963. (Gött. Geogr. Abh., H. 30).

REZESSVERZEICHNIS der Altkreise Wesermünde, Osterholz, Stade, Bremervörde und Land Hadeln. (Unveröff. Manuskript beim Amt für Agrarstruktur Bremerhaven).

RINGKLIB, H.(1852): Statistische Übersicht der Eintheilung des Königreichs Hannover. Hannover 1852.

RÖMER, U.(1981): Die Landwirtschaft im Landdrosteibezirk Stade um 1850. In: Die Herzogtümer Bremen und Verden und das Land Hadeln in späthannoverscher Zeit 1848-1866. Hrsg.: H.J. Schulze, Stade 1981, S. 81-87. (Einzelschriften d. Stader Geschichts- u. Heimatvereins, Bd. 28).

ROTENBURG Wümme(1968): Beiträge zur Geschichte u. Entwicklung eines Kreises. Rotenburg 1968. (Rotenburger Schriften, Sonderband).

RÜTHER, E.(1906): Entstehung und Besiedlung des Landes Hadeln und seine Orts- und Flurnamen. In: Jahrb. der Männer vom Morgenstern, H.7/8, 1906, S.53-74.

RÜTHER, E.(1932): Hadler Chronik. Quellenbuch zur Geschichte des Landes Hadeln. Otterndorf 1932.

SCHLAG, O.(1913): Das Hadelnsche Sietland, eine geographische Beschreibung mit besonderer Berücksichtigung des Landes und der hydrographischen Verhältnisse. In: Jahrb. der Männer vom Morgenstern, H.14/15, Hannover 1913, S.159-233.

SCHLOEN, W.(1939): Die Vererbung von Bauernhöfen im alten Amte Ottersberg. Göttingen 1939. (Diss.).

SCHMID, F.(1955): Die bisherigen Untersuchungen über das Unter/Obermaastricht-Grenzprofil von Hemmoor, seine Schichtfolge und Leitformen. In: Mitt. d. Geol. Staatsinstituts Hamburg, H.24, 1955, S.75-86.

SCHMID, P. u. W.H.ZIMMERMANN(1980): Siedlungsgenetisches Profil von der Marsch des Landes Wursten bis zum Geestgebiet von Flögeln. In: Exkursionen in Nordwestdeutschland und angrenzenden Gebieten. Hrsg.: W. Taubmann, Bremen 1980, S.149-160.

SCHNEEKLOTH, H. u. J. TÜXEN(1978): Die Moore in Niedersachsen. 5.Teil. Bereich des Blattes Hamburg-West der geologischen Karte der Bundesrepublik Deutschland. (1:200 000). o.O. 1978. (Veröff. d. Wirtschaftswiss. Ges. z. Stud. Nieders., Bd. 96, H.5).

SCHNEIDER, K.H. u. H.H. SEEDORF(1989): Bauernbefreiung und Agrarreform in Niedersachsen. Hannover 1989.

SCHROEDER-LANZ, H.(1964). Die Morphologie des Estetals. Hamburg 1964. (Hamburger Geogr. Studien, H.18).

SCHÜNKE, W.(1938): Marsch und Geest als Siedlungsboden im Lande Großhadeln. Kiel, Cuxhaven 1938.

SCHULZE, H.J. (Hrsg.)(1981): Die Herzogtümer Bremen und Verden und das Land Hadeln in späthannoverscher Zeit 1848-1866. Stade 1981. (Zugl. Einzelschriften des Stader Geschichts- u. Heimatvereins, Bd.28, 1981).

SCHUTZKONZEPTION (1991) für die Teufelsmoor-Wümme-Niederung. Hrsg.: Biologische Station Osterholz, WWF - Deutschland, Projekt Wümmewiesen u. BUND - Landesverband Bremen. Osterholz-Scharmbeck 1991.

SCHWARZ, G.(1955): Geographische Zusammenhänge der Verkoppelung in Niedersachsen. In: Tagungsberichte u. wissenschaftliche Abhandlungen Deutscher Geographentag Essen 1953. Wiesbaden 1955, S.187-194.

SEEDORF, H.H.(1962): Die Veränderungen des Siedlungs- und Flurbildes durch die Gemeinheitsteilungen und Verkoppelungen. In: Der Landkreis Verden. (Amtl. Kreisbeschreibung) Bremen-Horn 1962. S.155-157 u. 200-216.

SEEDORF, H.H.(1964a): Zur Entstehung der Moore im Kreise Rotenburg. In: Rotenburger Schriften, 64.Jg., H.21, 1964, S.68-81.

SEEDORF, H.H.(1964b): Über die Verbreitung, Besiedlung und Nutzung der Moore im Kreis Rotenburg. In: Rotenburger Schriften, 64.Jg., H. 20, 1964. S.7-15.

SEEDORF, H.H. et.al.(1968a): Der Landkreis Wesermünde. Bremen-Horn 1968. (Amtl. Kreisbeschreibungen, Bd.23).

SEEDORF, H.H.(1968b): Die Gemeinheitsteilung und Verkoppelung in Albstedt (Landkreis Wesermünde) als Beispiel der Agrarreform des vorigen Jahrhunderts. In: Jahrb. der Männer vom Morgenstern 49, 1968, S.147-159.

SEEDORF, H.H.(1989): Grundzüge einer Geschichte der Landwirtschaft für den ehemaligen Landkreis Wesermünde bis zum Beginn der Neuzeit. (Veröffentlichtes Manuskript aus den Jahren 1966/69). In: Jahrb. der Männer vom Morgenstern 68, 1989, S.11-62.

SIEVERS, J.(1977): Die Agrargesetzgebung für die Herzogtümer Bremen und Verden im 18. Jahrhundert. Hamburg 1977. (Diss.).

SINDRAM, M. u. I. TETZNER(1970): Allmenden und Allmendteilungen an zwei Beispielen aus der Lüneburger Heide (Leversen und Betzendorf). In: Naturwissenschaftlicher Verein Fürstentum Lüneburg 32, 1970/71, S. 57-85.

STAMANN, C.(1985): Streit um die Streckenführung der Bahn Bremen-Hamburg in den Jahren 1870-1874. In: Rotenburger Schriften, 85.Jg., H.62, 1985, S.93-111.

Sozio-ökonomische STRUKTURANALYSE (1976) und Prognose für das Gebiet Teufelsmoor - untere Hamme im Landkreis Osterholz. Hrsg.: Landwirtschaftskammer Hannover. Hannover 1976.

UHDEN, O.(1965): Die Entwicklung des Meliorationswesens in Niedersachsen. In: Neues Archiv f. Nieders., Bd.14, 1965/1, S.3-9.

UMLAND, W. u. J.v.d. WENSE (1976). Die Wingst. Vergangenheit und Gegenwart. Wingst 1976.

Archivakte und Rezeß über die UMLEGUNGSSACHE von Karlshöfen, Kreis Bremervörde (1945). (AZ: Brv.115), Amt für Agrarstruktur Hannover (Archiv).

Archivakte und Rezeß der VERKOPPELUNG von Dipshorn, Kreis Zeven (1876). (AZ: Z 202), Amt für Agrarstruktur Hannover (Archiv).

Archivakte und Teilungsurkunde über die VERKOPPELUNG von Sellstedt, Kreis Geestemünde (1912). (AZ: G 171). Amt für Agrarstruktur Hannover (Archiv).

VILLINGER, U.(1971): Die Siedlungen des Kreises Hadeln. In: Jahrb. der Männer vom Morgenstern, Bd.52, 1971, S.67-86.

VÖLKSEN, G.(1988): Die Marschen an der Unterelbe. Hannover 1988. (Aktuelle Themen zur nieders. Landeskunde, H.5).

WÄCHTER, H.H.(1959): Die Landwirtschaft Niedersachsens von Beginn des 19. Jahrhunderts bis zur Mitte des 20. Jahrhunderts. (Schriften d. wirtschaftswiss. Ges. z. Stud. Nieders., e.V., Hannover 1959).

WEBER, C. A.(1900): Über die Moore, mit besonderer Berücksichtigung der zwischen Unterweser und Unterelbe liegenden. In: Jahrb. der Männer vom Morgenstern, H.3, Bremerhaven 1900, S.3-23.

WITT, W.(1951): Der Landkreis Stade. Bremen-Horn 1951. (Amtl. Kreisbeschreibungen, Bd.3).

WÖHLKE, W.(1952): Bremervörde und sein Einzugsbereich. Göttingen 1952. (Gött. Geogr. Abh., H.12).

ZARNACK, H.(1959): Die Anfänge der Herrschaft der Askanier in Hadeln. In: Jahrb. der Männer vom Morgenstern 40, 1959, S.9-23.

Archivakte der beschleunigten ZUSAMMENLEGUNG Dipshorn, Kreis Bremervörde (1958-1962). (AZ: Brv.127). Amt für Agrarstruktur Hannover (Archiv).

Archivakte der beschleunigten ZUSAMMENLEGUNG Stemmen, Kreis Rotenburg(W) (ab 1986). Amt für Agrarstruktur Verden.

3 Gesetze und Gesetzessammlungen, Erlasse und Verordnungen

BUNDESBAUGESETZ (1960) vom 23.06.1960. BGBl. I, 1960, S.341.

BAUGESETZBUCH (1986) i. d. F. der Bekanntmachung vom 08.12.1986. BGBl. I, 1986, S.2191.

BUNDESNATURSCHUTZGESETZ (1987) i.d.F.v. 12.03.1987. BGBl. I, 1987, S.889.

FLURBEREINIGUNGSGESETZ (1953) v. 14.07.1953. BGBl. I, Nr.37, 1953. S. 591.

FLURBEREINIGUNGSGESETZ (1976) v. 16.03.1976. BGBl. I, Nr.27, 1976, S. 546.

Das neue FLURBEREINIGUNGSGESETZ (1976). Münster-Hiltrup 1976. (Schrifenr. f. Flurber., Sonderheft).

GESETZ (1988) über die Gemeinschaftsaufgabe "Verbesserung der Agrarstruktur und des Küstenschutzes " i.d.F. der Bekanntmachung v. 21.07.1988. BGBl. I, 1988, S.1055.

GESETZ (1988) zum Ausgleich unterschiedlicher Wirtschaftskraft in den Ländern (Strukturhilfegesetz) i.d.F. der Bekanntmachung v. 20.12.1988. BGBl. I, 1988, S.2358.

GESETZ-SAMMLUNG für die Königlich Preußischen Staaten. (Ab 1907:Preußische Gesetzessammlung), 1806-1910.

MINISTERIALBLATT (1841) für die gesamte innere Verwaltung in den Königlich Preußischen Staaten von 1841. Berlin 1841.

MYLIUS (1771): Neue Sammlung der Königlich Preußischen und Churfürstlichen Brandenburgischen sonderlich in der Chur- und Marck-Brandenburg publicirten und ergangenen Ordnungen, Edicten, Mandaten und Rescripten (Novum Corpus Constitutionem) Bd. 4, Berlin 1771.

Niedersächsisches NATURSCHUTZGESETZ (1990) i.d.F.v. 02.07.1990. Nds. GVBl., 1990, S.31.

NATURSCHUTZ u. LANDSCHAFTSPFLEGE (1986) in der Flurbereinigung. RdErl. d. ML v. 14.03.1986, Nds. MBl. Nr.14/1986, S.320.

REICHSUMLEGUNGSORDNUNG (1937) v. 16.06.1937. RGBl. I, 1937, S.629.

RICHTLINIE (1983) für den Landschaftsrahmenplan. RdErl. d. ML v. 30.12.1982, Nds. MBl., 1983, S.57.

RICHTLINIEN (1979) für die Aufstellung, Feststellung und Ausführung des Planes über die gemeinschaftlichen und öffentlichen Anlagen in der Flurbereinigung nach §41 des Flurbereinigungsgesetzes (Planfeststellungsrichtlinien FlurbG - PlafeR FlurbG -), RdErl. d. ML v. 12.12.1979, Nds. MBl., 1980, S.9.

RICHTLINIEN (1989) über die Gewährung von Landeszuwendungen zur Dorferneuerung aus Strukturhilfemitteln des Bundes (DorfR / StrHG), RdErl. d. ML v. 03.03.1989, Nds. MBl., 1989, S.521.

RICHTLINIEN (1984) über die Gewährung von Zuwendungen zur Dorferneuerung (Dorferneuerungsrichtlinien - DorfR / GemAgrG-), RdErl. d. ML v. 28.09.1984, Nds. MBl. I, 1984, S.828. Geändert durch RdErl. d. ML v. 30.08.1985, Nds. MBl., 1985, S.993 u.v. 03.03.1989, Nds. MBl., 1989, S.522.

RICHTLINIEN (1989) über die Gewährung von Zuwendungen zur Flurbereinigung (FlurbZR), RdErl. d. ML v. 30.11.1989, Nds.MBl. Nr.11/1990, S.342.

SPANGENBERG, E.(1820): Sammlung der Verordnungen und Ausschreibungen des Hannoverschen Staates. Bd. II, Hannover 1820.

STEUER, R.(1956): Flurbereinigungsgesetz. Kommentar. München, Berlin 1956.

UMLEGUNGSGESETZ (1936) vom 26.06.1936. RGBl. I, 1936, S.518.

4 Atlanten und Karten

AGRARKARTE (1980) des Landes Niedersachsen. Hrsg.: Nieders. Minist. f. Ernährung, Landwirtschaft u. Forsten, Hannover 1980.

Topographischer ATLAS (1977) Niedersachsen und Bremen. Hrsg.: H.H. Seedorf. Neumünster 1977.

Historische KARTEN aus dem Staatsarchiv Stade:
- Ostersode 1759. 42 K Ostersode 1.
- Neu St.Jürgen u. Wörpedorf 1758. 41 k 1 / 38 pm.

Topographische KARTEN, M. 1: 100 000. Hrsg.: Nieders. Landesverwaltungsamt - Landesvermessung, Hannover:
- Regionalkarte 3, Elbe-Weser-Dreieck, 1987.
- Regionalkarte 5, Rotenburg (Wümme), 1987.

Topographische KARTEN, M. 1: 25 000. Erst- u. Folgeausgaben der Königl. Preuß. Landesaufnahme. Hrsg.: Nieders. Landesverwaltungsamt - Landesvermessung, Hannover:
- Bevern, Blatt Nr.2521, Ausgaben 1899, 1956, 1990 (Kutenholz).
- Bramel, Blatt Nr.2418, Ausgaben 1893, 1938, 1956, 1968, 1990 (Kührstedt).
- Dorum, Blatt Nr.2317, Ausgaben 1893, 1987 (Langen).
- Gr. Sittensen, Blatt Nr.2723, Ausgaben 1899, 1990 (Sittensen).
- Kuhstedt, Blatt Nr.2619, Ausgaben 1899, 1957, 1990 (Vollersode).
- Ottersberg, Blatt Nr.2820, Ausgaben 1899, 1958, 1968, 1990.
- Rhade, Blatt Nr.2620, Ausgaben 1899, 1957, 1990 (Gnarrenburg).

Karten der kurhannoverschen LANDESAUFNAHME d. 18. Jahrhunderts. Hrsg.: Nieders. Landesverwaltungsamt - Landesvermessung u. d. Historischen Kommission f. Niedersachsen, Hannover 1959-1960:
- Bederkesa, Blatt Nr.11, 1768.
- Beverstedt, Blatt Nr.16, 1768.
- Bremervörde, Blatt Nr.17, 1764-1766.
- Dorum, Blatt Nr.6, 1768.
- Gyhum, Blatt Nr.28, 1779.
- Lauenbrück, Blatt Nr.29, 1770.
- Ottersberg, Blatt Nr.32, 1764.
- Selsingen, Blatt Nr.22, 1764-1766.
- Tarmstedt, Blatt Nr.27, 1770.

Bodenkundliche STANDORTKARTE (1977) 1:200 000. Karten des Naturraumpotentials von Niedersachsen und Bremen, Blatt Oldenburg. Hrsg.: Nieders. Landesamt f. Bodenforschung, Hannover 1977.

Bodenkundliche STANDORTKARTE (1978) 1:200 000. Karten des Naturraumpotentials von Niedersachsen und Bremen, Blatt Bremen. Hrsg.: Nieders. Landesamt f. Bodenforschung, Hannover 1978.

Geologische ÜBERSICHTSKARTE (1971) des Landkreises Rotenburg/Wümme 1: 100 000. Hrsg.: Heimatbund Rotenburg/W. Rotenburg/W. 1971.

VEGETATIONSKARTE (1979) der Bundesrepublik Deutschland, M. 1: 200 000. Potentielle Vegetation. Hrsg.: A. Krause u. L. Schröder, Bonn,Bad-Godesberg 1979. (Schriftenreihe f. Vegetationskunde, H.14).

VERKOPPELUNGSKARTEN u. Flurbereinigungspläne. Bestandteile der Rezesse u. Verfahrensakten:
- Dipshorn, Verkoppelungskarte, AZ: Z 202, 1876.
- Dipshorn, Zusammenlegungsplan, AZ: Brv.127, 1958.
- Geesteniederung Süd, Flurbereinigungsplan, AZ: W 24.
- Hesedorf, Flurbereinigungsplan, AZ: Brv.128, 1968.
- Karlshöfen/Ostersode, Umlegungsplan, AZ: Brv.115, 1945.
- Norder-Specken, Flurbereinigungsplan, AZ: C 3, 1987 u. 1992.
- Ostersode, Flurbereinigungsplan, AZ: Ohz. 169, 1963.
- Sellstedt, Verkoppelungskarte, AZ: G 171, 1912.
- Stemmen, Zusammenlegungsplan, AZ: Stemmen, Stand 9/92.
- Wohlsdorf, Flurbereinigungsplan, AZ: ROW 188, Stand 9/92.

Deutscher WETTERDIENST (1964): Klima-Atlas von Niedersachsen. Offenbach a.M. 1964.

ANHANG

Tab. 4.1 VERZEICHNIS DER AGRARSTRUKTURMASSNAHMEN NACH VERWALTUNGS-
KREISEN BIS ZUM FLURBEREINIGUNGSGESETZ VON 1953[1]:

- TEILUNGEN u. ABLÖSUNGEN (in Verbindung mit Verkoppelungen)
- VERKOPPELUNGEN
- UMLEGUNGEN

Kreis: WESERMÜNDE

Gemeindebezirk	VERFAHRENSDATEN :			
	Bezeichnung	Verfahrensart	ha	Rezeßdatum
Adelstedt	c Adelstedt	ST + VK	114	1869
Albstedt	b Albstedt	ST + VK	836	1855
Alfstedt	c Alfstedt	ST + VK	582	1855
Altenwalde	d Altenwalde	VK	181	1913
Altluneberg	b Altluneberg	VK	21	1906
Ankelohe	a Ankelohe	ST + VK	904	1853
Apeler	b Apeler	VK	41	1903
Axstedt	b Axstedt	Priv. - VK	*201	o.R.
Bederkesa	e Bederkesa	Umlegung	31	1936
Bexhövede	f Bexhövede	Teil - VK	---	o.R.
Bockel	c Bockel	Fr.abl.+ VK	8	1856
	d Bockel	VK	220	1909
Bramel	a Bramel	ST + VK	913	1855
	b Bramel	VK	218	1912
	c Bramel	VK	16	1907
Bramstedt	a Bramstedt	Fr.abl.+ VK	169	1831
	b Bramstedt	ST + VK	866	1870
Brunshausen	a Brunshausen	ST + VK	370	1859
Cassebruch	h Cassebruch	VK	*17	----
	d Cassebruch	VK	21	1872
	g Cassebruch	VK	*120	1922
Debstedt	d Debstedt	VK	34	1921
	e Debstedt	Umlegung	709	1944
Dohren	a Dohren	ST + VK	215	1849
Donnern	b Bexhövede	Fr.abl.+ VK	81	1842
	c Bexhövede	ST + VK	856	1859
Dorfhagen	b Dorfhagen	ST + VK	559	1864
Drangstedt	b Drangstedt	VK	---	----
	c Drangstedt	ST + VK	1076	1839
Driftsethe	c Driftsethe	VK	230	1894
Düring	d Düring	VK	---	o.R.
Elfershude	b Adelstedt	ST + VK	106	1873
Elmlohe	a Elmlohe	ST + VK	744	1857
Finna	c Finna	ST + VK	271	1862
Flögeln	d Flögeln	ST + VK	1647	1869
Frelsdorf	c Frelsdorf	ST + VK	1676	1862

[1] Vgl. Verzeichnis der Abkürzungen.

noch Tab. 4.1

Gemeindebezirk	VERFAHRENSDATEN : Bezeichnung	Verfahrensart		ha	Rezeßdatum
Geestemünde	b Geestendorf		VK	*180²	1839
	d Geestemünde	Teil-	VK	26	1904
	e Geestendorf		VK	*22	1907
	f Geestendorf		VK	*40³	1911
Geestenseth	b Geestenseth	ST +	VK	929	1853
Großenhain	c Großenhain	ST +	VK	1182	1858
Hagen	h Hagen		VK	171	1912
	k Hagen	Umlegung		118	1926
Harrendorf	c Harrendorf	Priv. -	VK	65	o.R.
Heerstedt	a Heerstedt	ST +	VK	521	1854
Heine	b Heine	ST +	VK	411	1867
Heyerhöfen	a Heyerhöfen	ST +	VK	58	1853
Holßel	f Holßel	Umlegung		1171	----
Hoope	b Hoope	ST +	VK	437	1864
Köhlen	b Köhlen	ST +	VK	2481	1855
Krempel	a Krempel	GT +	VK	1055	1864
Kührstedt	d Kührstedt	ST +	VK	1033	1856
Langen	d Langen		VK	26	1921
Laven	a Laven	ST +	VK	225	1859
	b Laven		VK	44	1906
Lehe	d Lehe		VK	15	1906
	e Lehe		VK	10	1907
	f Lehe	Umlegung		327	1927
Lehnstedt	b Lehnstedt	ST +	VK	422	1865
Lintig	b Lintig		VK	184	1861
Lohe	b Lohe		VK	93	1896
	a Lohe	ST +	VK	503	1856
Loxstedt	b Loxstedt		VK	33	1849
	c Loxstedt		VK	306	1890
Lübberstedt	a Lübberstedt	ST +	VK	1274	1861
Marschkamp	b Marschkamp	ST +	VK	461	1857
Meckelstedt	b Meckelstedt	ST +	VK	1307	1866
Meyerhof	a Meyerhof	ST +	VK	63	1855
Nesse	a Nesse	T +	VK	153	1890
Neuenlande	a Neuenlande		VK	35	1901
Neuenwalde	d Neuenwalde	Umlegung		586	----
Offenwarden	a Offenwarden		VK	46	1879
	b Offenwarden	T +	VK	28	1886
Rechtenfleth	a Rechtenfleth		VK	50	1897
Ringstedt	c Ringstedt		VK	433	1907
Sandstedt	c Sandstedt		VK	48	1901
Schiffdorf	b Schiffdorf	T +	VK	981	1852
	c Schiffdorf		VK	399	1912
Sellstedt	b Sellstedt		VK	266	1859
	c Sellstedt	Teil-	VK	225	1912
Sievern	e Sievern	Teil -	VK	28	1913
	f Sievern		VK	283	1933
	g Sievern	Umlegung		294	1946

---

[2] Nachvermessungsangabe im Rezeßverzeichnis: 15 ha.
[3] Nachvermessungsangabe im Rezeßverzeichnis: 1 ha.

noch Tab. 4.1

Gemeindebezirk	VERFAHRENSDATEN : Bezeichnung	Verfahrensart			ha	Rezeßdatum
Spaden	e Spaden			VK	104	1894
	f Spaden	Umlegung			226	1923
Stinstedt	c Stinstedt			VK	80	1846
Stotel	d Stotel	Teil-		VK	190	1898
Uthlede	d Uthlede			VK	238	1922
	e Uthlede			VK	118	1926
	f Uthlede	Umlegung			193	----
Wanhöden	c Wanhöden	Umlegung			138	1939
Wehdel	b Wehdel	T	+	VK	1531	1853
Wehden	b Wehden	Umlegung			257	1936
Wehldorf	a Wehldorf	T	+	VK	482	1849
Wellen	a Wellen	ST	+	VK	790	1833
Wersabe	d Wersabe	ST	+	VK	107	1909
Westerbeverstedt	d Freschluneburg			VK	232	1902
Wittstedt	e Wittstedt			VK	123	1863
Wollingst	b Wollingst	ST	+	VK	1267	1856
Wolthöfen	a Lübberstedt	ST	+	VK	*1366	1861
Wulsbüttel	b Wohlsbüttel	ST	+	VK	358	1863
Wulsdorf	a Wulsdorf			VK	162	1845
	d Wulsdorf			VK	253	1866
	f Wulsdorf			VK	92	1921

* = ungefähre Angabe

Quelle: Amt für Agrarstruktur Hannover (Archiv) u. Bremerhaven; eigene Datenaufbereitung.

Tab. 4.2 VERZEICHNIS DER AGRARSTRUKTURMASSNAHMEN NACH VERWALTUNGS-
KREISEN BIS ZUM FLURBEREINIGUNGSGESETZ VON 1953[1]:

- TEILUNGEN (in Verbindung mit Verkoppelungen)
- VERKOPPELUNGEN
- UMLEGUNGEN

Kreis: OSTERHOLZ

Gemeindebezirk	VERFAHRENSDATEN: Bezeichnung	Verfahrensart		ha	Rezeßdatum
Burgdamm	d Burgdamm	Umlegung		*143	----
Fähr	c Fähr		VK	29	1912
Freißenbüttel	c Freißenbüttel	Umlegung		997	----
Garlstedt	b Garlstedt		VK	201	1876
Hambergen	f Hambergen		VK	1525	1889
Hellingst	b Hellingst		VK	930	1849
Hülseberg	b Hülseberg		VK	460	1880
Langen Heide	b Langeheide	Umlegung		953	1940
Lintel	b Lintel		VK	58	1908
Lüssum	b Lüssum	Teil-	VK	10	1911
Meyenburg	e Meyenburg		VK	34	1879
Neuenkirchen	e Neuenkirchen		VK	34	1842
	f Neuenkirchen	Teil-	VK	336	1914
Ohlenstedt	c Ohlenstedt		VK	120	1872
	d Ohlenstedt	Umlegung		72	1942
Oldendorf	c Oldendorf	Umlegung		394[2]	1937
Pennigbüttel	d Pennigbüttel	Umlegung		1308	----
Rade	b Rade		VK	88	1841
Rekum	c Rekum		VK	22	1903
Ritterhude	f Ritterhude		VK	364	1901
	g Ritterhude		VK	92	1936
Sandhausen	b Sandhausen	Umlegung		761	----
Scharmbeck	c Scharmbeck		VK	99	1942
Steden	e Steden		VK	160	1876
Teufelsmoor	a Teufelsmoor	Umlegung		---	----
	l Teufelsmoor	T +	VK	49	1916
	o Teufelsmoor		VK	34	1923
Vorbruch	b Vorbruch		VK	24	1850
	d Vorbruch		VK	--	----

* = ungefähre Angabe

Quelle: Amt für Agrarstruktur Hannover (Archiv) u. Bremerhaven;
eigene Datenaufbereitung.

---

[1] Vgl. Verzeichnis der Abkürzungen.
[2] Nachvermessungsangabe im Rezeßverzeichnis: 202 ha.

Tab. 4.3 VERZEICHNIS DER AGRARSTRUKTURMASSNAHMEN NACH VERWALTUNGS-
KREISEN BIS ZUM FLURBEREINIGUNGSGESETZ VON 1953[1]:

- **TEILUNGEN** u. **ABLÖSUNGEN** (in Verbindung mit Verkoppelungen)
- **VERKOPPELUNGEN**
- **UMLEGUNGEN**

Kreis: STADE

Gemeindebezirk	VERFAHRENSDATEN: Bezeichnung	Verfahrensart			ha	Rezeßdatum
Agathenburg	b Agathenburg	Umlegung			---	----
Ahlerstedt	h Ahlerstedt			VK	800	1868
Ahrenswohlde	c Ahrenswohlde	ST	+	VK	72	1847
Apensen	f Apensen	ST	+	VK	180	1857
Barge	d Barge	ST	+	VK	300	1841
Bargstedt	c Bargstedt	ST	+	VK	1124	1851
Beckdorf	c Beckdorf	ST	+	VK	1070	1857
Behrste	a Behrste	ST	+	VK	193	1861
	c Hude	ST	+	VK	252	1868
Bliedersdorf	h Bliedersdorf	ST	+	VK	1050	1855
Bokel	b Bokel	ST	+	VK	272	1845
Borrel	c Cammerbusch	ST	+	VK	662	1843
Borstel	a Borstel			VK	179	1849
Brest	a Brest	ST	+	VK	942	1849
Brobergen	c Brobergen			VK	164	1876
Campe	b Campe			VK	154	1911
Cranenburg	c Cranenburg	ST	+	VK	395	1869
Deinste	a Deinste	ST	+	VK	1116	1838
Dollern	b Dollern	ST	+	VK	950	1856
Düdenbüttel	a Düdenbüttel	ST	+	VK	476	1844
Essel	c Essel			VK	791	1898
Estorf	b Estorf			VK	103	1863
	b Estorf			VK	690	1865
Goldbeck	a Goldbeck	GT, ST	+	VK	300	1861
	c Goldbeck	ST	+	VK	522	1858
Gräpel	b Gräpel			VK	529	1864
	d Gräpel			VK	336	1878
Gr. Fredenbeck	b Gr. Fredenbeck			VK	749	1864
Grundoldendorf	d Grundoldd.	ST	+	VK	214	1865
Hagen	a Hagen	ST	+	VK	453	1858
Hammah	c Hammah	ST	+	VK	712	1854
Harsefeld	e Harsefeld	ST	+	VK	899	1861
Hedendorf	l Hedendorf	ST	+	VK	474	1859
Heinbockel	c Heinbockel	ST	+	VK	828	1855
Helmste	b Helmste	ST	+	VK	881	1846
Hollenbeck	a Hollenbeck	ST	+	VK	475	1844
Horneburg	o Horneburg			VK	297	1908
Issendorf	c Issendorf	ST	+	VK	996	1864
Kakerbeck	d Kakerbeck	ST	+	VK	546	1848
	e Dosthof	ST	+	VK	244	1852
Kl. Fredenbeck	e Kl. Fredenb.			VK	1055	1869
	f Dinghorn	ST	+	VK	287	1864
Kutenholz	c Kutenholz			VK	1754	1862

[1] Vgl. Verzeichnis der Abkürzungen.

noch Tab. 4.3

Gemeindebezirk	VERFAHRENSDATEN: Bezeichnung	Verfahrensart			ha	Rezeßdatum
Mittelsdorf	a Mittelsdorf	ST	+	VK	447	1862
Mulsum	c Mulsum			VK	3000	1862
Nindorf	b Nindorf	ST	+	VK	538	1860
Nottensdorf	g Nottensdorf	ST	+	VK	468	1851
Oersdorf	d Oersdorf	ST	+	VK	1062	1849
Ohrensen	c Ohrensen	ST	+	VK	1095	1855
Oldendorf	d Oldendorf	ST	+	VK	1386	1856
	e Oldendorf	ST	+	VK	---	o.R.
	i Kaken	GT	+	VK	300	1844
	l Oldendorf	ST	+	VK	---	o.R.
Ottendorf	c Klethen	ST	+	VK	163	1856
	d Klethen			VK	110	1868
	e Ottendorf	ST	+	VK	629	1862
Ottensen	a Ottensen	ST	+	Vk	616	1849
Reith	b Reith	ST	+	VK	405	1846
	c Reith			VK	41	1925
Sauensiek	b Bockhorst	ST	+	VK	183	1877
Schwinge	c Schwinge			VK	1597	1862
	d Schwinge			VK	---	o.R.
Stade	c Hohenwedel			VK	141	1862
Wangersen	e Wangersen			VK	730	1864
Wedel	Wedel	T	+	VK	662	1840
Wiegersen	a Wiegersen	ST	+	VK	1231	1839
	c Wiegersen			VK	---	----
Wiepenkathen	c Wiepenkathen	ST	+	VK	1008	1868
Wohlerst	d Wohlerst	ST	+	VK	971	1859

Quelle: Amt für Agrarstruktur Hannover (Archiv) u. Bremerhaven; eigene Datenaufbereitung.

noch Tab. 4.4

Gemeindebezirk	VERFAHRENSDATEN: Bezeichnung	Verfahrensart		ha	Rezeßdatum
Granstedt	b Granstedt	ST	+ VK	1160	1850
Gr.Meckelsen	c Gr.Meckelsen	ST	+ VK	1009	1859
	d Gr.Meckelsen	Umlegung		475	RAB
Gr.Sittensen	c Gr.Sittensen	GT	+ VK	1351	1858
	d Gr.Sittensen	Umlegung		183	RAB
Gyhum	a Gyhum	T	+ VK	869	1841
	c Gyhum	Umlegung		218	RAB
Haaßel	- Haaßel	ST	+ VK	842	1851
Hamersen	a Hamersen	ST	+ VK	1378	1851
Hanstedt	g Hanstedt	ST	+ VK	1134	1857
Hatzte	c Hatzte	ST	+ VK	1023	1858
	d Hatzte	Umlegung		469	RAB
Heeslingen	e Heeslingen	ST	+ VK	1016	1857
	h Heeslingen		VK	34	1860
	i Offensen	ST	+ VK	---	1876
Hepstedt	e Hepstedt	GT	+ VK	2419	1877
Hesedorf	a Hesedorf	Gem.T.	+ VK	1143	1843
Hesedorf	c Hesedorf	ST	+ VK	808	1856
Hipstedt	- Hipsedt	ST	+ VK	752	1857
Horst	- Horst	ST	+ VK	121	1862
Ippensen	c Gr.u.Kl.Ipp.	ST	+ VK	1310	1845
Kirchwistedt	b Kirchwistedt	ST	+ VK	458	1854
Kl. Meckelsen	e Marschhorst	GT	+ VK	299	1850
	f Kl.Meckelsen	ST	+ VK	1003	1859
Kl.Sittensen	b Kl.Sittensen	ST	+ VK	941	1854
Kuhstedt	c Kuhstedt		VK	1464	1855
Lavenstedt	a Lavenstedt	ST	+ VK	536	1848
Malstedt	c Malstedt	ST	+ VK *	871	1866
Meinstedt	b Meinstedt	GT	+ VK	606	1851
Minstedt	c Minstedt	ST	+ VK	82	1855
Nartum	b Nartum	T	+ VK	1363	1853
Neuenbülstedt	d Neuenbülstedt		VK	254	1900
Niederochtenhausen	c Nied.ocht.hs.	Umlegung		216	1937
Oberochtenhausen	e Ober.ocht.hs.	Fr.abl.+	VK	42	1843
Oerel	d Oerel	ST	+ VK	1693	1864
Oese	e Oese		VK	256	1853
Ohrel	a Ohrel	ST	+ VK	890	1851
Oldendorf	e Oldendorf	ST	+ VK	866	1854
Ostereistedt	e Ostereistedt	ST	+ VK	1227	1854
Parnewinkel	b Parnewinkel	ST	+ VK	643	1854
Rhade	h Rhade		VK	1170	1857
Rockstedt	f Rockstedt	ST	+ VK	296	1851
Rüspel	b Rüspel	ST	+ VK	532	1855
Sandbostel	b Sandbostel	ST	+ VK	786	1858
Sassenholz	b Sassenholz	ST	+ VK	600	1855
Seedorf	- Seedorf	ST	+ VK	925	1854
Selsingen	c Selsingen	ST	+ VK	967	1852
Spreckens	c Spreckens		VK	510	1865
Steddorf	e Steddorf	ST	+ VK	*716	1854
	e Sellhorn	ST	+ VK	383	1861
Steinfeld	- Steinfeld	GT	+ VK	*767	o.R.

noch Tab. 4.4

Gemeindebezirk	VERFAHRENSDATEN: Bezeichnung	Verfahrensart			ha	Rezeßdatum
Tarmstedt	a Tarmstedt	ST	+	VK	1258	1873
	c Tarmstedt			VK	178	1875
Tiste	b Tiste	ST	+	VK	1200	1852
Vierden	c Ramshausen			VK	108	1862
	d Vierden	ST	+	VK	753	1854
Volkensen	a Volkensen	GT	+	VK	394	1851
Volkmarst	- Volkmarst			VK	1097	1848
Vorwerk	a Vorwerk	GT	+	VK	363	1846
Weertzen	d Weertzen	ST	+	VK	295	1850
Wehldorf	b Wehldorf	ST	+	VK	726	1849
Wense	b Viehbrock	ST	+	VK	206	1841
	c Wense	ST	+	VK	663	1855
Westertimke	d Westertimke	ST	+	VK	1040	1865
Wiersdorf	e Wiersdorf	ST	+	VK	525	1858
Wilstedt	b Wilstedt			VK	831	1864
Wistedt	d Wistedt	ST	+	VK	1069	1848
	e Osenhorst	ST	+	VK	214	1859
Wohnste	b Gr./Kl.Wohnste	GT	+	VK	1912	1847
Zeven	b Zeven	ST	+	VK	*2232	1860

* = ungefähre Angabe

Quelle: Amt für Agrarstruktur Hannover (Archiv) u. Bremerhaven; eigene Datenaufbereitung.

Tab. 4.5 VERZEICHNIS DER AGRARSTRUKTURMASSNAHMEN NACH VERWALTUNGS-
KREISEN BIS ZUM FLURBEREINIUNGSGESETZ VON 1953[1] :

- **TEILUNGEN** u. **ABLÖSUNGEN** (in Verbindung mit Verkoppelungen)
- **VERKOPPELUNGEN**
- **UMLEGUNGEN**

Kreis: LAND HADELN - NEUHAUS

Gemeindebezirk	VERFAHRENSDATEN: Bezeichnung	Verfahrensart		ha	Rezeßdatum
Abbenseth	b Abbenseth	ST	VK	214	1857
	c Langeln	ST +	VK	352	1869
Armstorf	b Armstorf	Fr.abl.+	VK	23	1863
	d Armstorf	ST +	VK	1619	1877
Dormsode	- Dormsode	ST +	VK	23	1863
Hollen	e Hollen		VK	536	1864
Klint	h Klint		VK	67	1875
Lamstedt	d Lamstedt		VK	---	o.R.
	- Lamstedt	Umlegung		505	na53
Mittelstennahe	c Mittelstennahe		VK	418	1881
Nindorf	f Nindorf		VK	821	1886
Nordahn	b Nordahn	Umlegung		136	1922
Westersode	- Westersode	Umlegung		683	1964[2]
Wanna	a Wanna	ST +	VK	---	---
	c Westerwanna	Umlegung		371	1945
	- Osterwanna	Umlegung		275	1961[3]
Gudendorf	- Gudendorf	Umlegung		523	1958[4]

Quelle: Amt für Agrarstruktur Hannover (Archiv) u. Bremerhaven; eigene Datenaufbereitung.

---

[1] Vgl. Verzeichnis der Abkürzungen.
[2] Verfahrenseinleitung 1950.
[3] Verfahrenseinleitung 1950.
[4] Verfahrenseinleitung 1939.

Tab. 5.1 ENTWICKLUNG DER AGRARSTRUKTURMASSNAHMEN IN DEN
VERWALTUNGSKREISEN NACH VERFAHRENSARTEN BIS 1872[1]:

- **TEILUNGEN u. ABLÖSUNGEN** (in Verbindung mit Verkoppelungen)
- **VERKOPPELUNGEN**

Grundlage für: Karte 9.a

KREIS	T + VK	VK	TOTAL
WES	ha: 31.024	ha: 1.281	ha: 32.305
	# : 41	# : 8	# : 49
OHZ	ha: ---	ha: 1.076	ha: 1.076
	# : ---	# : 4	# : 4
STADE	ha: 27.866	ha: 11.437	ha: 39.303
	# : 44	# : 13	# : 57
BRV	ha: 62.144	ha: 9.265	ha: 71.409
	# : 78	# : 14	# : 92
LH-N	ha: 612	ha: 536	ha: 1.148
	# : 4	# : 1	# : 5
TOTAL	ha: 121.646	ha: 23.595	ha: 145.241
	# : 167	# : 40	# : 207

Quelle: Amt für Agrarstruktur Hannover (Archiv) u. Bremerhaven;
eigene Datenaufbereitung.

---

[1] Vgl. Verzeichnis der Abkürzungen.

Tab. 5.2 ENTWICKLUNG DER AGRARSTRUKTURMASSNAHMEN IN DEN VERWALTUNGSKREISEN NACH VERFAHRENSARTEN ZWISCHEN 1872 UND 1920[1]:

- **TEILUNGEN** u. **ABLÖSUNGEN** (in Verbindung mit Verkoppelungen
- **VERKOPPELUNGEN**

Grundlage für: Karte 9.b

KREIS	T + VK		VK		TOTAL	
WES	ha:	394	ha:	3.465	ha:	3.859
	# :	4	# :	28	# :	32
OHZ	ha:	49	ha:	3.319	ha:	3.368
	# :	1	# :	12	#:	13
STADE	ha:	183	ha:	1.742	ha:	1.925
	# :	1	# :	5	# :	6
BRV	ha:	4.374	ha:	514	ha:	4.888
	# :	3	# :	3	# :	6
LH-N	ha:	1.619	ha:	1.306	ha:	2.925
	# :	1	# :	3	# :	4
TOTAL	ha:	6.619	ha:	10.346	ha:	16.965
	# :	10	# :	51	# :	61

Quelle: Amt für Agrarstruktur Hannover (Archiv) u. Bremerhaven; eigene Datenaufbereitung.

---

[1] Vgl. Verzeichnis der Abkürzungen.

Tab. 5.3 ENTWICKLUNG DER AGRARSTRUKTURMASSNAHMEN IN DEN VERWALTUNGSKREISEN NACH VERFAHRENSARTEN ZWISCHEN[1]:
- 1920 und 1937

Tab. 5.4 - 1937 und 1953

Tab. 5.3

- VERKOPPELUNGEN
- UMLEGUNGEN

Grundlage für: Karte 9.c

Tab. 5.4

- UMLEGUNGEN

Grundlage für: Karte 9.d

KREIS	VK / UMLEGUNGEN		KREIS	UMLEGUNGEN	
WES	ha:	1.870	WES	ha:	3.791
	# :	12		# :	9
OHZ	ha:	126	OHZ	ha:	2.282
	# :	2		# :	6
STADE	ha:	41	STADE	ha:	475
	# :	1		# :	1
BRV	ha:	14	BRV	ha:	2.316
	# :	1		# :	9
LH-N	ha:	136		ha:	1.861
	# :	1		# :	4
TOTAL	ha:	2.187	TOTAL	ha:	10.725
	# :	17		# :	29

Quelle: Amt für Agrarstruktur Hannover (Archiv) u. Bremerhaven; eigene Datenaufbereitung.

---

[1] Vgl. Verzeichnis der Abkürzungen.

Tab. 5.5 ENTWICKLUNG DER AGRARSTRUKTURMASSNAHMEN IN DEN VERWAL-
TUNGSKREISEN NACH VERFAHRENSARTEN ZWISCHEN 1953 und 1976[1]:

- **FLURBEREINIGUNGEN**

Grundlage für: Karte 9.e

Kreis	§ 1	§ 91	§ 86	§ 87
WES	ha: 37.842	ha: 4.176	ha: 1.081	-----
	# : 18	# : 6	#: 2	-----
BRV	ha: 4.927	ha: 1.165	-----	-----
	# : 5	# : 4	-----	-----
STD	ha: 779	ha: 1.623	-----	ha: 3.156
	# : 1	# : 5	-----	# : 1
LH	ha: 5.212	ha: 1.605	ha: 408	-----
	# : 5	# : 3	# : 1	-----
OHZ	-----	ha: 378	ha: 44	-----
	-----	# : 1	# : 1	-----
TOTAL	ha: 48.760	ha: 8.947	ha: 1.533	ha: 3.156
	# : 29	# : 19	# : 4	# : 1

Quelle: Amt für Agrarstruktur Hannover (Archiv) u. Bremerhaven;
eigene Datenaufbereitung.

[1] Vgl. Verzeichnis der Abkürzungen.

Tab. 5.6 ENTWICKLUNG DER AGRARSTRUKTURMASSNAHMEN IN DEN VERWALTUNGSKREISEN NACH VERFAHRENSARTEN NACH 1976[1]:

- FLURBEREINIGUNGEN

Grundlage für: Karte 9.f

Kreis	§ 1	§ 91	§ 86	§ 87
CUX	ha: 7.776	ha: 5.350	ha: 4.899	-----
	#: 5	#: 9	#: 5	-----
ROW	ha: 1.282	ha: 4.627	ha: 1.011	ha: 1.756
	#: 1	#: 3	#: 1	#: 1
STADE	ha: -----	-----	ha: 425	ha: 2.898
	#: -----	-----	#: 1	#: 1
OHZ	ha: -----	ha: 79	-----	ha: 952
	#: -----	#: 1	-----	#: 2
TOTAL	ha: 9.058	ha: 10.056	ha: 6.335	ha: 5.606
	#: 6	#: 13	#: 7	#: 4

Quelle: Amt für Agrarstruktur Bremerhaven;
eigene Datenaufbereitung.

---

[1] Vgl. Verzeichnis der Abkürzungen.

Tab. 6.1 ENTWICKLUNG DER AGRARSTRUKTURMASSNAHMEN IN DEN VERWAL-
TUNGSKREISEN NACH GRÖSSENKLASSEN BIS ZUM FLURBEREINI-
GUNGSGESETZ VON 1953[1]:

Grundlage für: Karten 9 a - d

WESERMÜNDE

Größenklassen(ha)	KARTE A	KARTE B	KARTE C	KARTE D	TOTAL
0 - 100	6	17	4	2	29
101 - 200	6	7	3	1	17
201 - 400	7	7	5	3	22
401 - 600	9	1	-	-	10
601 - 800	2	-	-	2	4
801 - 1000	7	-	-	-	7
1001 - 1500	8	-	-	1	9
über 1500	4	-	-	-	4
TOTAL	49	32	12	9	102

OSTERHOLZ

Größenklassen(ha)	KARTE A	KARTE B	KARTE C	KARTE D	TOTAL
0 - 100	3	6	2	2	13
101 - 200	-	2	-	-	2
201 - 400	-	3	-	2	5
401 - 600	-	1	-	1	2
601 - 800	-	-	-	-	-
801 - 1000	1	-	-	1	2
1001 - 1500	-	-	-	-	-
über 1500	-	1	-	-	1
TOTAL	4	13	2	6	25

STADE

Größenklassen (ha)	KARTE A	KARTE B	KARTE C	KARTE D	TOTAL
0 - 100	1	-	1	-	2
101 - 200	7	3	-	-	10
201 - 400	9	2	-	-	11
401 - 600	11	-	-	1	12
601 - 800	9	1	-	-	10
801 - 1000	7	-	-	-	7
1001 - 1500	10	-	-	-	10
über 1500	3	-	-	-	3
TOTAL	57	6	1	1	65

---

[1]Vgl. Verzeichnis der Abkürzungen.

noch Tab. 6.1

BREMERVÖRDE

Größenklassen (ha)	KARTE A	KARTE B	KARTE C	KARTE D /RAB	TOTAL
0 - 100	7	1	1	1 -	10
101 - 200	3	1	-	- 2	6
201 - 400	14	1	-	2 2	19
401 - 600	10	-	-	- 2	12
601 - 800	15	1	-	- -	16
801 - 1000	15	-	-	- -	15
1001 - 1500	22	1	-	- -	23
über 1500	6	1	-	- -	7
TOTAL	92	6	1	3 6	108

LANDHADELN - NEUHAUS

Größenklassen (ha)	KARTE A	KARTE B	KARTE C	KARTE D	TOTAL
0 - 100	2	1	-	-	3
101 - 200	-	-	1	-	1
201 - 400	2	-	-	2	4
401 - 600	1	1	-	1	3
601 - 800	-	-	-	1	1
801 - 1000	-	1	-	-	1
1001 - 1500	-	-	-	-	-
über 1500	-	1	-	-	1
TOTAL	5	4	1	4	14

GESAMTÜBERSICHT: ALLE KREISE

Größenklassen (ha) - TOTAL -	KARTE A	KARTE B	KARTE C	KARTE D	TOTAL
0 - 100	19	25	8	5	57
101 - 200	16	13	4	3	36
201 - 400	32	13	5	11	61
401 - 600	31	3	-	5	39
601 - 800	26	2	-	3	31
801 - 1000	30	1	-	1	32
1001 - 1500	40	1	-	1	42
über 1500	13	3	-	-	16
TOTAL	207	61	17	29	314

Quelle: Amt für Agrarstruktur Hannover (Archiv) u. Bremerhaven; eigene Datenaufbereitung.

Tab. 6.2 ENTWICKLUNG DER AGRARSTRUKTURMASSNAHMEN IN DEN VERWALTUNGS-
KREISEN ZWISCHEN 1953 UND 1976[1]:

Grundlage für: Karte 9.e

Größenklassen (ha)	WES	BRV	STD	LH	OHZ	TOTAL
0 - 200	-	4	2	-	1	7
201 - 600	5	1	2	4	1	13
601 - 1000	3	1	2	2	-	8
1001 - 1500	9	2	-	3	-	14
1501 - 2000	1	-	-	-	-	1
2001 - 2500	1	1	-	-	-	2
2501 - 3000	2	-	-	-	-	2
3001 - 4000	4	-	1	-	-	5
über 4000	1	-	-	-	-	1
TOTAL:	26	9	7	9	2	53

Tab. 6.3 ENTWICKLUNG DER AGRARSTRUKTURMASSNAHMEN IN DEN VERWALTUNGS-
KREISEN NACH GRÖSSENKLASSEN NACH DER NOVELLIERUNG DES FLUR-
BEREINIGUNGSGESETZES 1976:

Grundlage für: Karte 9.e

Größenklassen (ha)	CUX	STD	OHZ	ROW	TOTAL
0 - 200	1	-	2	-	3
201 - 600	4	1	-	-	5
601 - 1000	7	-	1	1	9
1001 - 1500	4	-	-	3	7
1501 - 2000	1	-	-	1	2
2001 - 2500	2	-	-	-	2
2501 - 3000	-	1	-	1	2
3001 - 4000	-	-	-	-	-
über 4000	-	-	-	-	-
TOTAL:	19	2	3	6	30

Quelle: Amt für Agrarstruktur Hannover (Archiv) u. Bremerhaven;
eigene Datenaufbereitung.

---

[1] Vgl. Verzeichnis der Abkürzungen.

Tab. 7.1 ENTWICKLUNG VON AUSBAULEISTUNGEN INNERHALB VON FLURBEREINIGUNGEN 1978 BIS 1990[1]

Jahr	Bodenverbesserung Total(ha)	davon Umbruch	davon Dränung	Wege, Straßen (km)	Wasserläufe, Rohrleitung (km)
1978	41,00	-	41,00	20,00	4,00
1979	49,00	49,00	-	17,00	12,00
1980	63,00	54,00	9,00	17,00	4,00
1981	188,00	124,00	64,00	33,00	16,00
1982	80,29	30,60	49,69	8,35	10,92
1983	281,34	218,59	-	23,06	5,07
1984	238,66	44,14	166,52	32,56	7,66
1985	116,02	89,82	26,20	14,90	1,94
1986	91,85	91,85	-	57,83	2,74
1987	23,63	3,73	23,63	11,55	0,06
1988	98,04	98,04	-	19,59	9,51
1989	-	-	-	23,78	2,17
1990	-	-	-	18,00	-

Quelle: ARBEITSBERICHT der niedersächsischen Agrarstrukturverwaltung, 1978-1990.

Tab. 8 ENTWICKLUNG DER DORFERNEUERUNG (Förderung innerhalb) ZIP / GA   Flurbereinigung (Anzahl der geförderten Dörfer)

Tab. 7.2 LANDSCHAFTSPFLEGE Pflanzungen Reihen-/ Flächen (km)   (ha)

Jahr	ZIP / GA	Flurbereinigung	Reihen-/ (km)	Flächen (ha)
1978	8	-	11,00	-
1979	10	2	11,00	2,0
1980	-	2	1,00	2,0
1981	-	-	-	-
1982	-	-	-	0,2
1983	-	3	-	0,6
1984	5	5	-	0,2
1985	27	6	7,19	0,6
1986	35	7	7,98	0,1
1987	38	7	1,52	0,1
1988	40	6	0,3	1,5
1989	47	6	1,19	1,1
1990	50	6	0,30	2,1

Quelle: ARBEITSBERICHT der niedersächsischen Agrarstrukturverwaltung 1978-1990.

---

[1] Die Daten gelten für den Amtsbezirk des Agrarstrukturamtes Bremerhaven.

STATISTIK ZUR AGRAR- UND BETRIEBSSTRUKTUR DER BEISPIELGEMEINDEN

Betriebsstruktur der Landwirtschaft 1949 - 1987

I   Land- und forstwirtschaftliche Betriebe
II   Betriebsgrößenklassen (Daten nur bis einschl.1971)
III Landwirtschaftliche Hauptnutzungsarten
IV   Viehbestand (Daten nur bis einschl.1961)
V   Betriebsstruktur (Daten erst ab einschl.1971)
VI   Viehhaltung (Daten erst ab einschl.1971)

Tab. 9.1 BETRIEBSSTRUKTUR DER LANDWIRTSCHAFT 1949

Gemeinden	I Land-/forstwirtschaftliche Betriebe				II Betriebe nach Größenklassen (landw. benutzte Fläche in ha)					
	Betr. zahl	Betr. fläche	Landw. Betr.	Landw. Fläche[1]	<2	2-5	5-10	10-20	20-50	>50
Kreis BRV										
Dipshorn	25	337	25	237	4	3	6	11	1	-
Hesedorf	102	1282	102	1009	15	24	28	25	10	-
Kreis OHZ										
N.St.Jürgen	68	940	71	719	5	15	12	38	1	-
Ostersode	58	839	58	698	-	6	15	33	4	-
Teufelsmoor	64	1744	64	1307	4	16	14	8	12	10
Kreis WES										
Sellstedt	129	1916	128	1551	23	28	13	33	31	-

	III Landwirtschaftliche Hauptnutzungsarten			IV Viehbestand	
	Ackerland	davon f. Futterpfl.	Wiesen/Weiden Dauergrünland	Milchkühe	Schweine
Kreis BRV					
Dipshorn	109	-	125	114	249
Hesedorf	343	2	654	403	875
Kreis OHZ					
Ostersode	125	-	568	300	433
N.St.Jürgen	185	-	526	316	653
Teufelsmoor	219	2	1083	336	573
Kreis WES					
Sellstedt	319	3	1231	471	673

Quelle: GEMEINDESTATISTIK für Niedersachsen 1949, H.5, Teil 4: Landwirtschaftliche Betriebszählung.

---

[1] Landwirtschaftliche Fläche = landwirtschaftlich genutzte Fläche.

Tab. 9.2 BETRIEBSSTRUKTUR DER LANDWIRTSCHAFT 1960/61

I Land/forstwirtschaftliche Betriebe   II Betriebe nach Größenklassen
                                             (landw. Nutzfläche in ha)

	Betr. zahl	Betr. fläche	Landw. Betr.	Landw. Nutzfl.	<2	2-5	5-10	10-20	20-50	>50
Gemeinden										
Kreis BRV										
Dipshorn	23	341	23	259	4	-	4	12	3	-
Hesedorf	94	1309	90	1068	19	8	20	30	11	2
Kreis OHZ										
N.St.Jürgen	68	932	68	720	8	12	10	32	6	-
Ostersode	56	836	56	714	5	5	5	33	8	-
Teufelsmoor	55	1617	54	1284	2	9	10	9	18	6
Kreis WES										
Sellstedt	112	1823	107	1534	18	20	11	21	37	-

III Landwirtschaftl. Hauptnutzungsarten   IV Viehbestand

	Ackerland	davon Futterpfl.	Wiesen/Weiden Dauergrünland	Rindvieh	davon Milchk.	Schweine
Kreis BRV						
Dipshorn	112	-	143	231	129	167
Hesedorf	457	2	602	1183	408	660
Kreis OHZ						
N.St.Jürgen	185	-	531	858	345	462
Ostersode	143	-	570	830	329	284
Teufelsmoor	212	1	1067	1229	382	346
Kreis WES						
Sellstedt	320	-	1187	1703	575	349

Quelle: GEMEINDESTATISTIK Niedersachsen 1960/61, Statistik von Niedersachsen, Bd.30, Teil 4: Betriebsstruktur der Landwirtschaft.

Tab. 9.3 BETRIEBSSTRUKTUR DER LANDWIRTSCHAFT 1971/72

I Land-/forstwirtschaftliche Betriebe

II Betriebe nach Größenklassen (landw. genutzte Fl. in ha)

Gemeinden	Betr. zahl	Betr. fläche	Landw. Betr.	Landw. Fläche[1]	<2	2-5	5-10	10-15	15-20
Kreis BRV									
Dipshorn	15	335	15	285	1	-	1	2	5
Hesedorf	65	1165	59	964	5	9	15	8	4
Kreis OHZ									
N.St.Jürgen	50	883	48	764	2	6	4	7	12
Ostersode	51	917	51	801	3	7	3	7	15
Teufelsmoor	49	1554	48	1179	2	5	10	5	5
Kreis WES									
Sellstedt	67	1767	64	1532	4	6	5	5	3

III Landwirtschaftl. Hauptnutzungsart

Fortsetzung:	20-30	30-50	>50	Ackerland	davon Futterpfl.	Dauergrünland
Kreis BRV						
Dipshorn	4	2	-	117	11	167
Hesedorf	6	10	2	416	18	545
Kreis OHZ						
N.St.Jürgen	15	2	-	238	-	525
Ostersode	13	3	-	158	-	642
Teufelsmoor	9	4	8	127	1	1048
Kreis WES						
Sellstedt	18	21	2	333	38	1188

[1] Zu landwirtschaftlich genutzten Flächen gehören Acker- und Gartenland, Obstanlagen, Baumschulen, Dauergrünland, Rebland, Korbweiden- u. Pappelanlagen sowie Weihnachtsbaumkulturen außerhalb des Waldes. Nicht dazu gehören: nicht mehr genutzte landwirtschaftliche Fläche (ehemaliges Ackerland, Dauergrünland, Obstanlagen, Rebanlagen), Öd- und Unland, unkultivierte Moorflächen, Waldflächen, Forsten, Holzungen, Gewässer, Gebäude-, Hofflächen, Wegeland, Parkanlagen, Ziergärten und Rasenflächen; s. Einführung zur GEMEINDESTATISTIK Niedersachsen, Band 170, 1972, S. 8.

noch Tab. 9.3

V Betriebsstruktur

Gemeinden	Landw. Betr.	Landw. Fläche	Vollerwerb	Nebenerwerb
Kreis BRV				
Dipshorn	15	335	12	3
Hesedorf	59	1131	23	36
Kreis OHZ				
N.St.Jürgen	48	879	39	9
Ostersode	49	904	36	13
Teufelsmoor	46	1505	25	21
Kreis WES				
Sellstedt	63	1739	46	17

VI Viehhaltung

Gemeinden	Betr. mit Viehhaltg.	darunter mit Milchk.	insg. Tiere
Kreis BRV			
Dipshorn	14	14	404
Hesedorf	51	45	1361
Kreis OHZ			
N.St.Jürgen	44	44	1041
Ostersode	49	45	1045
Teufelsmoor	43	41	1286
Kreis WES			
Sellstedt	57	56	2107

Quelle: GEMEINDESTATISTIK Niedersachsen 1970, Statistik von Niedersachsen Band 170 (Grunderhebung), Teil 4: Landwirtschaft 1971/72 u. Bd. 230 (Vollerhebung), Teil 4: Landwirtschaft 1971/72.

Tab. 9.4 BETRIEBSSTRUKTUR DER LANDWIRTSCHAFT 1979

I Land-/forstwirtschaftliche Betriebe[1]
III Landwirtschaftliche Hauptnutzungsarten

Gemeinden	Betr. zahl	Betr. fläche	Landw. Betr.	Landw. Fläche	Ackerland	davon Futterpfl.	Grünld.
Kreis ROW							
Dipshorn	11	309	11	282	143	11	139
Hesedorf	48	1094	45	950	407	49	540
Kreis OHZ							
N.St.Jürgen	39	896	39	859	220	27	634
Ostersode	42	906	42	815	164	16	651
Teufelsmoor	33	1249	32	957	65	23	890
Kreis CUX							
Sellstedt	46	1521	43	1342	354	93	986

V Betriebsstruktur
VI Viehhaltung

Gemeinden	Landw. Betr.	Landw. Fläche	Voll erw.	Neben- erwerb	Betr.mit Viehhaltg.	darunter m.Milchk.	insg. Tiere
Kreis ROW							
Dipshorn	11	282	9	2	9	8	341
Hesedorf	44	948	22	23	32	30	1507
Kreis OHZ							
N.St.Jürgen	38	850	24	15	37	33	1115
Ostersode	42	815	26	16	36	33	1215
Teufelsmoor	32	956	16	16	31	27	1174
Kreis CUX							
Sellstedt	42	1340	28	15	37	32	2149

Quelle: LANDWIRTSCHAFTSZÄHLUNG 1979, zugl. Agrarberichterstattung (Niedersachsen) 1979, (unveröff.).

---

[1] Aufgrund der Eingemeindungen (Gemeindereform 1974, Gebietsreform 1977) weisen die Gemeindestatistiken in den Landwirtschaftszählungen ab 1979 keine Daten für die Betriebsgrößenklassen auf Gemeindeteil- bzw. Ortsteilebene auf.

Tab. 9.5   BETRIEBSSTRUKTUR DER LANDWIRTSCHAFT 1983

I Land-/forstwirtschaftliche Betriebe

III Landwirtschaftliche Hauptnutzungsarten

Gemeinden	Betr. zahl	Betr. fläche	Landw. Betr.	Landw. Fläche	Ackerland	davon Futterpfl.	Grünl.
Kreis ROW							
Dipshorn	11	326	10	288	132	31	155
Hesedorf	45	1092	39	950	392	143	555
Kreis OHZ							
N.St.Jürgen	41	869	40	894	192	61	629
Ostersode	39	897	39	816	136	43	678
Teufelsmoor	33	1277	32	980	40	15	939
Kreis CUX							
Sellstedt	43	1438	41	1275	318	147	946

V Betriebsstruktur

VI Viehhaltung

Gemeinden	Landw. Betr.	Landw. Fläche	Vollerw.	Nebenerwerb	Betr.mit Viehhaltg.	darunter m.Milchk.	insg. Tiere
Kreis ROW							
Dipshorn	10	287	7	3	8	7	417
Hesedorf	38	947	17	22	30	25	1864
Kreis OHZ							
N.St.Jürgen	39	816	18	22	36	33	1147
Ostersode	38	813	23	16	34	28	1337
Teufelsmoor	32	981	12	20	28	20	1203
Kreis CUX							
Sellstedt	39	1249	25	16	32	26	2101

Quelle: AGRARBERICHTERSTATTUNG (Niedersachsen) 1983, (Totaler Teil), Gemeindestatistik Teil 1 u. 2, (unveröff.).

Tab. 9.6   BETRIEBSSTRUKTUR DER LANDWIRTSCHAFT 1987

I Land-/forstwirtschaftliche Betriebe

Gemeinden	Betr. zahl	Betr. fläche	Landw. Betr.	Landw. Fläche
Kreis ROW				
Dipshorn	11	326	10	288
Hesedorf	45	1095	40	966
Kreis OHZ				
N.St.Jürgen	39	863	38	822
Ostersode	33	898	33	823
Teufelsmoor	32	1192	31	939
Kreis CUX				
Sellstedt	39	1419	36	1253

III Landwirtschftliche Hauptnutzungsarten

		davon	
Gemeinden	Ackerland	Futterpfl.	Grünl.
Kreis ROW			
Dipshorn	112	49	173
Hesedorf	375	145	591
Kreis OHZ			
N.St.Jürgen	191	79	627
Ostersode	127	76	695
Teufelsmoor	59	38	881
Kreis CUX			
Sellstedt	304	147	948

V Betriebsstruktur

Gemeinden	Landw. Betr.	Landw. Fläche	Vollerw.	Nebenerwerb
Kreis ROW				
Dipshorn	9	285	7	2
Hesedorf	38	964	17	23
Kreis OHZ				
N.St.Jürgen	37	815	16	22
Ostersode	32	819	17	16
Teufelsmoor	30	897	10	21
Kreis CUX				
Sellstedt	35	1253	21	15

VI Viehhaltung

Gemeinden	Betr.mit Viehhaltg.	darunter m.Milchk.	insg. Tiere
Kreis ROW			
Dipshorn	7	7	475
Hesedorf	28	22	1994
Kreis OHZ			
N.St.Jürgen	30	27	1261
Ostersode	29	23	1568
Teufelsmoor	21	16	1381
Kreis CUX			
Sellstedt	27	23	2069

Quelle: AGRARBERICHTERSTATTUNG (Niedersachsen) 1987, (Totaler Teil), Gemeindestatistik Teil 1 u. 2, (unveröff.).

GEOGRAPHISCHE GESELLSCHAFT IN HAMBURG

VORSTAND

Prof. Dr. Gerhard Oberbeck (1. Vorsitzender, Geschäftsführung ab 1. 4. 1993)
Prof. Dr. Dieter Jaschke (2. Vorsitzender, Geschäftsführung bis 31. 3. 1993)
Dr. Christian Brinckmann (Schatzmeister)
Prof. Dr. Frank N. Nagel (Schriftleitung)
Dr. Harald Brandes
Dr. Werner Budesheim
Dr. Erwin Eggert
Dr. Erhard Hruschka
Prof. Dr. Günther Jantzen
Prof. Dr. Gerhard Kaufmann
Prof. Dr. Dietbert Thannheiser

TÄTIGKEITSBERICHT
Veranstaltungen der Geographischen Gesellschaft in Hamburg

1. Ehrungen

Verleihung der Ehrenmitgliedschaft an Konsul Oswald Dreyer-Eimbcke, Wohltorf
Prof. Dr. Jürgen Hövermann, Göttingen

2. Vorträge

Prof. Dr. G. Sandner, (Hamburg): „Die Territorialisierung der Weltmeere – Die Aneignung von Meeresräumen durch die Küstenstaaten in den letzten Jahrzehnten". 12. November 1992

Prof. Dr. H. Klug (Kiel): „Meeresverschmutzung aus geographischer Sicht".
26. November 1992

Prof. Dr. D. Uthoff (Mainz): „Das Nahrungspotential der Meere – Eine Reserve für die Länder der Dritten Welt?"
10. Dezember 1992

Prof. Dr. W. Taubmann (Bremen): „Stadt und Land in der Volksrepublik China – Aktuelle Verstädterungsprozesse".
7. Januar 1993

Prof. Dr. E. Dege (Kiel): „Südkorea – Frischer Wind im Land der Morgenstille".
21. Januar 1993

Prof. Dr. G. Voppel (Köln): „Japan – Zwischen Tradition und Fortschritt".

3. Exkursionen

Prof. Dr. J. Lafrenz: „Neuruppin – Neustrelitz – Neubrandenburg. Planstädte und Stadtplanung im Wandel der Zeit".
16. Mai 1993

Prof. Dr. G. Oberbeck: „Aktuelle stadtgeographische Fragen und Probleme von Oldenburg und Wilhelmshaven".
20. Juni 1993

Thomas Neumann: „Die Schaalsee-Region – Probleme des Naturschutzes im Grenzraum zwischen Schleswig-Holstein und Mecklenburg-Vorpommern".
29. August 1993

Dr. H. Brandes: „Thüringen."
12. – 22. Oktober 1993

Tab. 4.4 VERZEICHNIS DER AGRARSTRUKTURMASSNAHMEN NACH VERWALTUNGS-KREISEN BIS ZUM FLURBEREINIGUNGSGESETZ VON 1953[1]:

- **TEILUNGEN u. ABLÖSUNGEN** (in Verbindung mit Verkoppelungen)
- **VERKOPPELUNGEN**
- **UMLEGUNGEN**

Kreis: BREMERVÖRDE

Gemeindebezirk	*VERFAHRENSDATEN:* Bezeichnung	Verfahrensart			ha	Rezeßdatum
Ahe	- Ahe	ST	+	VK	602	1847
Alfstedt	f Alfstedt			VK	951	1868
Altenbülstedt	b Altenbülstedt	T	+	VK	272	1862
Altwistedt	b Altwistedt	ST	+	VK	498	1849
Anderlingen	c Anderlingen			VK	42	1855
Badenstedt	e Badenstedt	ST	+	VK	813	1858
Barchel	c Barchel	ST	+	VK	681	1856
Basdahl	d Basdahl	ST	+	VK	945	1853
Bevern	c Bockel	ST	+	VK	433	1838
	g Bevern	ST	+	VK	638	1845
Bockel	a Bockel	ST	+	VK	*458	o.R.
	c Bockel	Umlegung			153	RAB
Brauel	c Brauel	Fr.abl.+		VK	49	1852
	d Brauel	ST	+	VK	536	1854
Breddorf	d Breddorf	T	+	VK	*900	1867
	g Breddorf	ST	+	VK	697	1913
Bremervörde	d Bremervörde			VK	14	1924
Brillit	b Brillit	ST	+	VK	625	1851
	c Osterwehde	ST	+	VK	275	1851
Brümmerhof	b Brümmerhof			VK	---	o.R.
	g Brümmerhof	Priv.T.+		VK	152	1865
Brüttendorf	d Brüttendorf	ST	+	VK	386	1842
Buchholz	b Buchholz			VK	232	1861
Byhusen	a Byhusen	ST	+	VK	1146	1843
Calbe	b Calbe	ST	+	VK	1038	1853
Carlshöfen	f Carlshöfen			VK	118	1867
Carlshöfen	g Umlegung				242	1946
Deinstedt	c Rohr	Fr.abl.+		VK	19	1837
Dipshorn	b Dipshorn			VK	82	1875
Ebersdorf	d Ebersdorf	GT	+	VK	914	1854
	e Ebersdorf	ST	+	VK	2384	1866
Elm	d Elm			VK	2036	1869
Elsdorf	h Burgelsdorf	ST	+	VK	1865	1854
	m Elsdorf	Umlegung			269	RAB
Engeo	b Engeo			VK	416	1840
Farven	b Farven	ST	+	VK	1115	1838
Freyersen	a Freyersen	T	+	VK	427	1838
Glinstedt	c Glinstedt	ST	+	VK	1497	1865
Godenstedt	d Godenstedt	ST	+	VK	765	1855
Grafel	a Winderswohlde	ST + Teil-		VK	309	1838
	b Grafel	ST	+	VK	627	1842

[1] Vgl. Verzeichnis der Abkürzungen.

Mitteilungen der Geographischen Gesellschaft in Hamburg

Bd. 64 (1976) Lafrenz, J., I. Möller: Gruppenspezifische Aktivitäten als Reaktion auf die Attraktivität einer Fremdenverkehrsgemeinde Pilot-study am Beispiel der Bädergemeinde Haffkrug-Scharbeutz

Breitengroß, J. P.: Tarifstruktur und Transportkosten in Zaire. Ein Beitrag zur räumlichen Wirkung von Tarifsystemen

Schliephake, K.: Verkehr als regionales System. Begriffliche Einordnung und Beispiele aus dem mittleren Hessen (vergriffen)
DM 14,-

Bd. 65 (1976) Nagel, F. N.: Burgund (Bourgogne). Struktur und Interdependenzen einer französischen Wirtschaftsregion (Région de Programme)
DM 25,-

Bd. 66 (1976) Wolfram, U.: Räumlich-strukturelle Analyse des Mietpreisgefüges in Hamburg als quantitativer Indikator für den Wohnlagewert
DM 28,-

Bd. 67 (1977) Söker, E.: Das Regionalisierungskonzept. Instrumente und Verfahren der Regionalisierung. Methodisch-systematische Überlegungen zu Analysetechniken in der Geographie
DM 12,-

Bd. 68 (1978) Ehlers, J.: Die quartäre Morphogenese der Harburger Berge und ihrer Umgebung
DM 24,-

Bd. 69 (1979) Tönnies, G.: Die Entwicklung von Bevölkerung und Wirtschaft in den nordwestdeutschen Stadtregionen
DM 18,-

Bd. 70 (1979) Jaschke, D.: Das australische Nordterritorium. Potential, Nutzung und Inwertsetzbarkeit seiner natürlichen Ressourcen
DM 32,-

Bd. 71 (1981) Nagel, F. N.: Die Entwicklung des Eisenbahnnetzes in Schleswig-Holstein und Hamburg. Unter besonderer Berücksichtigung der stillgelegten Strecken
DM 48,-

Bd. 72 (1982) Beiträge zur Stadtgeographie I.
Städte in Übersee

Hofmeister, B.: Die Stadt in Australien und USA – Ein Vergleich ihrer Strukturen

Nagel, F. N. und Oberbeck, G.: Neue Formen städtischer Entwicklung im Südwesten der USA – Sonnenstädte der zweiten Generation

Jaschke, D.: Entwicklung der Gestalt kolonialzeitlicher Städte in Südostasien – Das Beispiel George Town auf Penang

Wolfram-Seifert, U.: Die Agglomeration Medan – Entwicklung, Struktur und Funktion des dominierenden Oberzentrums auf Sumatra (Indonesien)
DM 55,-

Bd. 73 (1983) Schnurr, H.-E.: Das Wanderungsgeschehen in der Agglomeration Bremen von 1970 bis 1980
DM 40,-

Bd. 74 (1984) Budesheim, W.: Die Entwicklung der mittelalterlichen Kulturlandschaft des heutigen Kreises Herzogtum Lauenburg. Unter besonderer Berücksichtigung der slawischen Besiedlung.
DM 45,-

Bd. 75 (1985)		Beiträge zur Kulturlandschaftsforschung und zur Regionalplanung
	Denecke, D.:	Historische Geographie und räumliche Planung
	Kolb, A.:	Das frühe europäische Entdeckungszeitalter im indopazifische Raum.
	Jaschke, D.:	Der Einfluß des Fremdenverkehrs auf das Kulturlandschaftsgefüge mediterraner Küstengebiete
	Nagel, F. N.:	Die Magdalenen-Inseln (Iles-de-la-Madeleine/Québec). Kuturlandschaft, Ressourcen und Entwicklungsperspektiven eines kanadischen Peripherraumes. **DM 40,-**
Bd. 76 (1986)		Beiträge zur Stadtgeographie II. Städtesysteme und Verstädterung in Übersee
	Preston, R. E.:	Stability and change in the Canadian central place system between 1971 and the early 1980s
	Wolfram-Seifert, U.:	Die Entwicklung des Städtesystems in Indonesien – Vergleichende Analyse der Kotamadya nach der Ranggrößen-Verteilung
	Steinberg, H. G.:	Die Verstädterung der Republik Südafrika **DM 50,-**
Bd. 77 (1987)	Dreyer-Eimbeck, O.:	Island, Grönland und das nördliche Eismeer im Bild der Kartographie seit dem 10. Jahrhundert **DM 65,-**
Bd. 78 (1988)		Beiträge zur Landschaftsökologie und zur Vegetationsgeographie
	Thannheiser, D.:	Eine landschaftsökologische Studie bei Cambridge Bay, Victoria Island, N. W. T., Canada
	Sasse, E.:	Die Vegetation der Seemarschen Mittelnorwegens
	Willers, T.:	Die Vegetation der Seemarschen und Salzböden an der finnischen Küste **DM 65,-**
Bd. 79 (1989)	Halfpap, M.:	Siedlungen und Wirtschaft der holsteinischen Elbmarschen unterhalb Hamburgs unter historisch-genetischem Aspekt einschließlich der Beratung der heutigen Situation **DM 55,-**
Bd. 80 (1990)		Der nordatlantische Raum. Festschrift für Gerhard Oberbeck (mit 31 Beiträgen) **DM 98,-**
Bd. 81 (1991)	Baartz, R.:	Entwicklung und Strukturwandel der deutschen Hochseefischerei unter besonderer Berücksichtigung ihrer Bedeutung für Siedlung, Wirtschaft und Verkehr Cuxhavens **DM 75,-**
Bd. 82 (1992)	Hansen, K. C.:	Der Strukturwandel im deutsch-dänischen Grenzgebiet – dargestellt an ausgewählten Beispielen aus dem ländlichen Raum **DM 49,-**
Bd. 83 (1993)	Müller-Heyne, C.:	Staatlich gelenkte Maßnahmen zur Erschließung und Entwicklung der ländlichen Kulturlandschaft, aufgezeigt am Beispiel des Elbe-Weser-Raumes **DM 50,-**